中华传世藏书

【图文珍藏版】

吕氏春秋

[战国] 吕不韦⊙原著

王艳军⊙主编

第六册

线装书局

第七章 《吕氏春秋》名句鉴赏

天无私覆也，地无私载也，日月无私烛也，四时无私行也，行其德而万物得遂长焉。（《孟春纪·去私》）

外举不避仇，内举不避子。（《孟春纪·去私》）

【鉴赏】

这两句都出自《去私》篇，所言的核心思想就是去除私心。烛，即照。天覆盖万物，没有偏私；地承载万物，没有偏私；日月普照万物，没有偏私；春夏秋冬更迭交替，没有偏私。天地、日月、四季施其恩德，于是万物得以生长。天和地、日和月，春夏秋冬，寒来暑往，对人类来说，都是公平的。这是自然的规律。《吕氏春秋》是以道家的哲学思想为基础的，以道家思想为世界观和方法论。既然天地日月四时都对人类是公正无私的，那么，代表天地日月来管理天下的天子也应该是公正无私的。这是顺应自然规律的必然要求。天地日月四时行其恩德，自然万物才得以生长，那么作为天子，也只有行其恩德，天下的百姓才能得到生存。

那么，作为天子，应该施行什么样的恩德呢？《去私》篇在接下来的文中写道："尧有子十人，不与其子而授舜；舜有子九人，不与其子而授禹，至公也。"尧有十个儿子，但是他没有把帝位传给自己的儿子，而是传给了舜；舜也有九个儿子，但是他也没有把帝位转给自己的儿子，而是传给了禹。他们是最公正无私的了。

其实"天无私覆"句并非《吕氏春秋》的原创，而是出自孔子。《礼记·孔子闲居》引孔子的话说："天无私覆，地无私载，日月无私照。"这是孔子闲居时对他的弟子子夏所说的话。子夏问孔子："什么是禹、汤、文王这三王的德行呢？"孔子说："要奉行'三无私'来服务天下。"子夏又问"什么是三无私？"孔子就答以这句话，并以《诗经》中的描述，进一步颂扬了禹、汤、文王奉行"三无私"的德行。《吕氏春秋》引用这句话，但是作了改造。孔子说的是禹、汤、文王，这三王虽说是古代的圣王，但是他们的帝位传承还是世袭制。《吕氏春秋》却对典范人物作了改造，改成尧把帝位给舜，舜把帝位传给禹。但是并没有说禹把帝位传给启。从这里可以看出，《吕氏春秋》的意图是说明帝位的传承应该是禅让。只有做到了禅让帝位，才是真正的大公无私。如果说，孔子说的是贤人政治，没有触及政权体制改变的话，那么《吕氏春秋》所说实际上已经触及政权体制的改革了。《吕氏春秋》反对政权更替采用世袭制，而主张禅让制。这是吕不韦的治国理想，也是他比孔子进步的地方。

当然，如果天下仅天子一人大公无私还是不行，作为辅助天子的大臣也应该大公无私，一切以国家的利益为重。这就是第二则名言所告诉我们的。

外举不避仇，内举不避子，这句话是从一个历史故事中概括出来的。《去私》篇载：

晋平公问祁黄羊说："南阳这个地方没有县令，哪个人可以胜任这个职务？"祁黄羊回答说："解狐可以做。"晋平公说："解狐，他不是你的仇人吗？"祁黄羊回答说："您问的是谁可以担任这个职务，不是问谁是我的仇人。"晋平公说："很好。"于是就任用了解狐。国人对此都说好。过了一段时间，晋平公又问祁黄羊说："国家的军队缺个尉，哪个人可以胜任这个职务？"祁黄羊回答说："祁午可以胜任。"晋平公说："祁午，他不是你的儿子吗？"祁黄羊回答说："您问的是谁可以担任这个职务，不是问谁是我的儿子。"晋平公说："好。"于是就任用了祁午。国人对此都说好。孔子听到了以后，感慨地说："祁黄羊说的话，真是太好了。推荐外人不排除自己的仇人，推荐家人不回避自己的儿子。祁黄羊可以说是真正的大公无私了。"

这则历史故事侧重点是说大臣在处理国家大事时要秉公办理。祁黄羊举荐人才，不管这个人是不是自己的朋友或者仇人，也不管是不是自己的儿子。心里想的只是这个人是不是荐得其人，是不是有利于整个国家的治理。祁黄羊荐才之后，国人都说好，说明祁黄羊没有私心。如果在国家治理中，所有的臣属都能够做到心中无私，那么，这个国家肯定能治理好。对于祁黄羊，《尸子》评价说："内举不避亲，外举不避仇，仁者之于善也，无择也，无恶也，唯善之所在。"根据尸子的说法，是大仁大善。

《吕氏春秋》设计的理想的君位继承制度就是禅让制，在这一制度下，君主由人民公认的贤君圣人来担任。这样确保了最高统治者的智慧和人格魅力，也保证了即位者在继位后的民意基础。这样，就必须要求帝位掌控者有至公无私的心胸和精神。同时也要求，作为主事的各级官员也要秉持公心，摒除私利。君臣上下，都能本着一颗公心，国家才能得到治理。这在当时的情况下，无疑是幻想。因为这种观念，基于孟子的性善论。但是到了战国末期，以荀子为代表的诸子各家都认识到，人性是恶的。法家思想在这方面更是走向了极端，以激发人们的逐利之心来进行富国强兵。更有苏秦、张仪等纵横家，或合纵或连横，正所谓"熙熙攘攘，皆为利往"，人人皆为个人的私利奔波匆忙。要求摒弃私心，放弃私利是与时代潮流格格不入的。而禅让制也是不可能的。战国中晚期，燕王哙于公元前 320 年即位后，任用子之为燕相，子之为相时，办事果断，善于监督考核臣属，得到燕王的赏识和重用。燕王因年老不再过问政事，从此"国事皆决于子之"。燕王又听信鹿毛寿的建议，效法尧以天下让于许由的故事，把燕国政权禅让给子之。结果导致燕国大乱。太子与将军联合攻杀子之，反被子之杀死。后来齐兵攻入燕国，子之被抓，被剁成肉酱。这件事离吕不韦其实不远，他主张禅让制只能说是良好的愿望了。

势不便、时不利、事仇以求存。（《恃君览·行论》）

【鉴赏】

此句意思是说，在己方形势不便，时机不利的时候，要与仇人共事以求生存下去。本篇出自《恃君览·行论》，就上下文来说，主要是针对君主而言的。

原文是这样说的："人主之行，与布衣异。势不便，时不利，事仇以求存。执民之命。执民之命，重任也，不得以快志为故。故布衣行此指于国，不容乡曲。"意思是人主的行动，与平民百姓是不同的。在形势不便，时机不利的时候，要与仇人共事以求生存下去。人主担负人民的重托，担负人民的重托是重大的责任，不能恣意而行以求畅快自己的心意。所以，平民百姓如果与仇人共事以求生存，那么就会不被乡里人所容，这是人主不同于平民百姓的地方。为了说明这个道理，文中列举了禹怀杀父之仇事舜，文王屈事纣王等为例证。

尧把天下禅让给舜。鲧当时是诸侯，对尧发怒说："得天道的人继承帝位，得地道的人位居三公。现在我得地之道，但是却不封我三公之位。"鲧想得到三公之位，以为尧任命官员有失误，于是训练他的猛兽之师想作乱。让他的猛兽并排站在一起，像一座城，命令猛兽的尾巴举起来，就像一幅幅旌旗。舜下令召他，他不来，在都城外面集结军队来威胁舜。于是舜在羽山杀了鲧，用吴刀肢解了他的尸体。鲧的儿子禹不敢有怨，反而事舜以求生存。最后官至司空，负责治水，禹采用疏导的办法打通水路，水泻而得治理。禹在治水过程中，脸色晒得黧黑，步伐前后相接，从不停息，整天步履匆忙，勤于办事连呼吸都顾不上，以此来讨舜的欢心。

商纣王无道，杀了梅伯并将梅伯的尸体剁成了肉酱，杀了鬼侯并将其肉煮熟，作为祭品来祭祀诸侯的宗庙。文王流着眼泪来请示纣王，纣王怕他反叛，欲杀文王并灭掉周。文王说："父亲虽然无道，儿子还敢不侍奉吗？君主虽然不施以恩惠，朝臣还敢不侍奉君吗？我怎么敢称王而反叛你呢？"于是纣赦免了他。天下的人都知道了这件事，认为文王是害怕纣王而担心自己的性命。《诗经》说："只有这个文王啊，如此小心翼翼。明白地说出要侍奉上帝，这使他

后来能够成功，获得了天下啊！"禹的父亲鲧被舜杀了，但是禹度时机不利，并没有复仇，而是侍奉舜，兢兢业业治理洪水，三过家门而不入。最后舜将帝位禅让给了禹。商纣王暴虐，周文王差点被商纣王杀掉，但是他屈心以事纣，终于获得机会起而反纣。越王勾践卧薪尝胆，甘做吴王的奴隶，最后打败吴王，称霸一方。所有这些都说明在形势、时机不利的时候，要和仇家合作以求得生存。

商纣王

要做到"事仇求存"，首先，要合理利用敌人的力量。敌人当然是要反对的，但是当自己的一方力量尚且未达到击败敌人，也就是形势、时机都不利的时候，要善于合理利用敌人的力量。这是事仇求存的第一层内涵。二战时期的英国首相丘吉尔，一生都仇视共产主义，特别是仇视共产主义的国家苏联。但是当时更大的威胁却是德国法西斯，为了对付希特勒，丘吉尔派人主动联系斯大林，结成反法西斯联盟。丘吉尔利用了苏联强大的实力，最终在苏军和美英联军的东西夹击下，德国法西斯战败，就连柏林也是苏军攻克的。丘吉尔的做法也是事仇以求存的一种。

其次，要容忍待机。在时机不利的情况下，不能冲动，要善于忍耐，等待时机。退，是为了更好的进。禹和周文王都是容忍的典型。有一种动物叫壁虎，在遇到危险的时候，它往往会将自己的尾巴咬断，让蹦跳的尾巴吸引敌人，自己逃命。这虽然是痛苦的，却不失为明智之举。壁虎的"自残"是一种隐忍的智慧。秦末，楚汉战争中的项羽，曾经破釜沉舟与秦军主力决战，号称霸王。但是项羽却不能做到隐忍，在安徽和县的乌江以自刎的方式结束了他的一生。假使项羽能忍一时之耻辱，渡江回江东，江东还有半壁江山，又何愁不能东山再起呢？项羽的失败也是因为缺乏隐忍的精神。司马迁虽然感慨项羽是一代英雄，但他却不赞成项羽的做法。司马迁自己也曾受到李陵冤案的牵连，为了完成《史记》的撰写，司马迁选择了隐忍。在人生选择的关键时刻，选择接受宫刑这样的奇耻大辱。司马迁的容忍成就了《史记》，也是事仇以求存的典型。

第三，保留自身，徐图发展。隐忍不是投降，不是失节，一旦时机成熟，东山再起。俗话说：留得青山在，不怕没柴烧。暂时时机不利的时候，退一步，以求生存。古巴比伦国富翁致富最重要的一点就是"把所得的十分之一或更多的黄金储存起来"。因为有了这种存留本金，他们就可以用钱滚钱的方式赚取更多的钱财。有了这个"本"，才有翻身的机会。如果禹反抗舜，结果只能是死亡，文王反抗纣王，结果也只能是死亡。一旦生命都失去了，再想发展也就没有任何机会了。《三国演义》中的关羽，在你死我活的军阀战争中，明确地认识到刘备和曹操势不两立，但是在刘备败逃以后，关羽接受了曹操的要求，为了保护嫂子屈身事仇。期间虽然也替曹操斩杀了几名大将，可一旦知道刘备的下落，挂印封金、过五关斩六将、千里走单骑，最终与刘备团聚。关羽在曹营也是事仇以求存的案例。

"事仇以求存"在形式上，是一种藏。即把自己的本意先隐藏起来，等待时机，时机一到，挺身而起，实现自己的真实意图。所以"事仇以求存"是极高的生存智慧，对我们今天仍有很大的启发。

先圣王成其身而天下成，治其身而天下治。（《季春纪·先己》）

欲不正，以治身则夭，以治国则亡。（《离俗览·为欲》）

【鉴赏】

古代的圣王都是先治好己身然后才能治理天下的，所以天下能否得到治理，关键在于自身能否治好。这个意思在前文的《先己》篇中已经讲到了。《先己》论为君之道说："凡事之本，必先治身。"治身是处理一切事务的根本。这种思想是先秦时期儒家所竭力倡导的，也是被《吕氏春秋》合理吸收的。

吕氏春秋

《吕氏春秋》名句鉴赏

既然治身如此重要，那么到底怎么样才能治身呢？《论语·子路》引孔子的话说："其身正，不令而行；其身不正，虽令不从。"又说："苟正其身矣，于从政乎何有？不能正其身，如正人何？"一个人如果能端正自己，那么治理国政有什么困难呢？连本身都端正不了，怎么能端正别人呢？孔子提出"正身"的思想。至于如何做到"正身"呢？只有对人的欲望进行合理的规范。《论语·尧曰》引孔子的话说："欲而不贪。"人有欲望，但是不能过分。贪欲就是过分的欲望。欲而不贪，就是对欲的一种规范，有欲望但不能过分，体现了孔子的中庸之道。但是什么是过分的欲望？不同的君主欲望也不同，怎么样来衡量欲望是否过分？这些都是无法确定的。正因为如此，早于孔子的老子则干脆提出君主要做到"无欲"。所谓"无欲"是对君王的欲望的一种抑制。例如《老子》第三十七章说："不欲以静，天下将自正。"不欲就是无欲。第五十七章说："我无欲，而民自朴。"只要君主做到"无欲"，天下的人民自然就朴素而易于管理。老子的"无欲"在某种程度上说只是理想。因为人都是有欲望的，作为拥有无上权力和无数财富的君主，做到无私无欲几乎是不可能的。

关于制约欲望的问题，《孟子》开始了较为成熟的思考。在孟子生活的时代，由欲而成贪欲的现象已经广泛地出现。《孟子·梁惠王上》中记载孟子与齐宣王的对话："王曰：将以求吾所大欲也。"那么齐宣王的"大欲"是什么呢？孟子一针见血地指出："欲辟土地，朝秦楚，莅中国而抚四夷也。"齐宣王的大欲是开疆拓土，使秦国和楚国服从齐国，像齐桓公那样一统天下，在《孟子》中，这一句是很典型的无度之欲的反映。针对这种"大欲"，孟子提出"寡欲"。孟子说："养心莫善于寡欲。其为人也寡欲，虽有不存焉者，寡矣；其为人也多欲，虽有存焉者，寡矣。"（《孟子·尽心下》）孟子的意思是人不能没有欲，但欲不能多只能少。因为在一个欲望众多的社会中，人心就可能散乱浮躁，欲望越多，则各种各样的追求也越多。在孟子的观念里，耳目口腹之欲是小而贱的，它与大而贵的义或善几乎是处在一个完全势不两立的敌对态势当中，欲进一步，善便退一步，义也退一步。只有"寡欲"，才能保证人心里的善端。义和善，皆由人心里的善端引发出去的。而实现寡欲的目标是在于"养心"。所以说"养心莫善于寡欲"。孟子是从"修身"、"养心"这个角度来思考人如何对待欲望的。这对《吕氏春秋》是有启发的。

与孟子不同，荀子认为人的自然情欲本身无所谓善恶。但不受节制的自然情欲必然导致恶。这是荀子"人之性恶"的真实内涵。在荀子看来，人的情欲不仅无所谓善恶，而且它在根本上就是一种具有天然合理性的存在。《荀子·正名》篇说："欲不待可得，所受乎天也。"《礼论》篇说："人生而有欲，欲而不得，则不能无求。"人的欲望，它是得之于天，是与生俱来、自然而然的东西。正因为如此，所以人的欲望是不可去、不可寡的。"虽尧舜不能去民之欲利"（《大略》），即使是尧舜也不能去除人的欲望。"欲不可去，性之具也。"（《正名》）人的欲望不可去，这是人的天性所决定的。由此可见，荀子在人之"欲"问题上与孟子有着完全不同的见解。荀子说："凡语治而待去欲者，无以道欲而困于有欲者也。凡语治而待寡欲者，无以节欲而困于多欲者也。有欲无欲，异类也，生死也，非治乱也。"（同上）凡是谈论治国之道而依靠去掉人们的欲望的，是因为没有办法来引导人们的欲望而被人们已有的欲望难住了的人。凡是谈论治国之道而依靠减少人们的欲望的，是因为没有办法来节制人们的欲望而被人们过多的欲望难住了的人。有欲望和没有欲望，是不同类的，是生与死的区别，但不是国家安定与动乱的原因。在荀子看来，欲的多少与义不义、善不善，归根结底，与治乱并无必然的关联，善恶治乱的关键并不在于"欲"。君主个人修身的关键在"心"。

对于如何修身，《吕氏春秋》综合了前人的各种思想，提出了"正欲"的新提法。为君主的修身提出了自己的解决办法。

首先，《吕氏春秋》肯定人是有欲望的，而且人的欲望是天生的。《情欲》篇说："天生人而使有贪有欲。欲有情，情有节。圣人修节以止欲，故不过行其情也。"天生人而使人有贪心有欲望。但是欲望受到客观外在条件的约束，客观外在的条件是有适度的。圣人根据外在的条件是否适度来控制自己的欲望。这种肯定人的合理欲望的思想与孟子、荀子的认识是相合拍的。既然人有欲望是天性，否定人的合理欲望是不可行的，但是让人的贪欲无限放大而不加约束更是不可行的。因此，君主需要"正欲"。正欲，就是端正自己的欲望。"欲不正，以治身则夭，以治国则亡"，所以"正欲"是修身和治国的基础。

其次，所谓"正欲"就是法天地。《情欲》篇说："故古之治身与天下者，必法天地也。"法天地，即是效法天地的规律。《重己》篇说："凡生之长也，顺之也；使生不顺者，欲也。故圣人必先适欲。"人首先要生存下去，人生存下去的前提是满足口、耳、鼻、身之所需。但是"耳目鼻口不得擅行，必有所制"（《贵生》），"适欲"即可。这种思想在前文《贵生》篇已有解释，主要来自于老庄。以"适欲"为标准，来衡量君主之欲是否得"正"，比孟子的"寡欲"说更能为君主所接受，实践起来的可能性也更大，体现出《吕氏春秋》君本位思想，这与《吕氏春秋》站在统治者的立场也是相一致的。对今天的人来说，也具有极大的启发意义。

凡举事，必先审民心然后可举。（《季秋纪·顺民》）

不达乎人心，位虽尊，何益于安也？（《先识览·察微》）

古之君民者，仁义以治之，爱利以安之，忠信以导之，务除其灾，思致其福。（《离俗览·适威》）

仁于他物，不仁于人，不得为仁；不仁于他物，独仁于人，犹若为仁。仁也者，仁乎其类者也。（《开春论·爱类》）

凡用民，太上以义，其次以赏罚。（《离俗览·用民》）

【鉴赏】

这几句名言是《吕氏春秋》关于"民"的思想的集中表述，内容涉及审民、君民、用民几个方面，分析这几句对于认识《吕氏春秋》的民本思想具有重要意义。

首先，《吕氏春秋》充分认识到民心的作用。君主要做事，先要看民心的向背然后再做。不能得到人民的拥戴，所处的地位虽然尊贵，对于自己的安定又有什么益处呢？这就是说，国家的政权，君主的合理性实际上都是建立在民意的基础上的。上文《顺民》篇说："先王先顺民心，故功名成。夫以德得民心以立大功名者，上世多有之矣。失民心而立功名者，未之曾有也。"过去的君王治理天下的策略是先顺民心，所以能够成就功名。以德得民心的而能立下大功名的人，自古以来有很多。相反，失去民心而能立功名的人，从来就没有过。因此，作为君主要懂得民心可畏的道理。《荀子·哀公》引孔子的话说："水则载舟，水则覆舟。"把人民比作水，把统治者比作舟。舟浮水上，舟随水荡。所以得民心者，水就载舟，失民心者，水则覆舟。所以不是舟驭水，而是水载舟。在"舟"与"水"两者之间，水是主要的，舟是次要的。所以说，当官的人一定要明白"民心可畏"的道理。唐代的魏徵也曾向唐太宗李世民说过"水能载舟，亦能覆舟"的道理。唐太宗就是重视"民心可畏"，开启了贞观之治的局面。所以民心所向是十分重要的。不得民心，即使拥有王位，也是不安定的。这就是"审民"。

其次，作为君主应该知道如何赢得民众之心。既然民心这么重要，那么，作为君主如何才能赢得民心是君主面临的一个重要问题。《吕氏春秋》提出"仁义以治之，爱利以安之，忠信以导之，务除其灾，思致其福"。古代当君主的人，用仁和义治理百姓，用爱和利使百姓安定，用忠和信引导百姓，致力于为民除害，想着为民造福。只有这样才能获得民众的支持。《吕氏春秋》强调君主要有仁义之心。所谓"仁于他物，不仁于人，不得为仁；不仁于他物，独仁于人，犹若为仁。仁也者，仁乎其类者也"，对其他物类仁爱，对人却不仁爱，不能算作仁；对其他物类不仁爱，只是对人仁爱，仍然算是仁。所谓仁，就是对自己的同类仁爱。君主要爱自己的同类，这与孔子在马厩失火后只问是否伤人，不问是否伤马是相同的，都是爱人的表现。仁爱自己的同类，实际上是大仁。君主有了仁心，才会对民众产生发自内心的爱，真心爱民众，就会想尽一切办法让民众得到利益，得到实惠。这就是"爱利以安之"。民众之间因为彼此之间的利益关系，又往往会产生冲突，所以必须对民众加以教育，加以引导。教育的内容是忠和信。忠，是忠于君主，这是君主对民众的要求，是站在统治者立场上说的，也是合情合理的。信，是《吕氏春秋》调节和维系社会关系的一个概念。《贵信》篇专论信，提出"信之为功大矣"。认为"君臣不信，则百姓诽谤，社稷不宁。处官不信，则少不畏长，贵贱相轻。赏罚不信，则民易犯法，不可使令。交友不信，则离散郁怨，不能相亲。"君臣不诚信，那么百姓就会批评指责，国家就不得安宁。当官不诚信，那么地位低下的就不尊敬地位高的。赏罚不诚信，那么百姓就会轻易犯法。交友不诚信，那么朋友之间就会离散怨恨，不能互相亲近。"夫可与为始，可与为终，可与尊通，可与卑穷者，其惟信乎！"能够与一个人一起开始，一起结束，一起显贵，一起卑微穷困的，只有诚信的人才能做得到。"信而又信，重袭于身，乃通于天。以此治人，则膏雨甘露降矣，寒暑四时当矣"，讲究诚信的人，就能与天意相通，依靠诚信来治理天下，那么就像天降甘露四时恰当一样，天下能够得到及时恰当的治理。信是维系国家使社会稳定人际和谐的准绳。所以要教育民众守信。做到了这些，君主就能赢得民心，得到民众的支持。

第三，民众毕竟只是国君统治的对象，国君尊重民意，但最终还是靠役使民众来使国家得到收入和安全保障。在战国时期，国家的生存是一个大问题，为了生存，必须要有军队进行保护。军事人员主要是来自民众。国家打仗也好，不打仗也好，都需要财政收入来维持国家机器的运转，财政所需要的钱粮也都得靠百姓的贡献。因此，如何使民是一个问题。君主既要爱民，君主要为民众奉献，又要使民，从民众那里索取民力，这是一对矛盾。如何处理这样的矛盾呢？《吕氏春秋》提出"太上以义，其次以赏罚"。用民，最好的办法是"义"，不得已再用赏罚。《高义》篇即倡导君子"动不缘义，行必诚义"。可见"义"的确是君主行动的法则。《吕氏春秋》中的"义"是与"利"相对应的一个概念。利，即私利。"义"即不为私利而行动。"故义者，百事之始也，万利之本也"（《无义》），《吕氏春秋》认为"义"是"万利之本"。君主要讲"义"，实际上就是要求君主不要为个人谋私利，使用民力不是满足君主个人的喜好，而是为了国家，为了全体大众。这样来使民用民，百姓无不服从。如果以"义"不行，再行赏罚。根据一定的准则，于国有利则赏，于国有害则罚。通过赏罚来建立秩序，保证国家的正常运行。

当然，无论是畏民心，还是得民意，吕不韦的本意不是为了同情人民，而是"用民"，是出于为统治者维护政权的目的。其中尤其是暗含有对秦始皇的劝说的意图。归根结底只是统治者的一种统治策略而已。

忠于治世易，忠于浊世难。（《仲冬纪·至忠》）

利不可两，忠不可兼。（《慎大览·权勋》）

【鉴赏】

这两句专门论忠。是《吕氏春秋》关于"忠"的集中表述，其蕴有的含义是十分有价值的。

首先，《吕氏春秋》认为"忠"的对象只能是一个。所谓"利不可两，忠不可兼"，意思是人不可能同时获取两种利益，也不可同时忠于两个对象。忠，强调对象的单一性和纯粹性。

何谓"忠"？《说文解字》的解释是："忠，敬也，尽心曰忠。""忠"的本意是指尽心竭力、全身心地投入到某项事情之中。"忠"字，首先是作为一般社会性道德观念而出现的，往往具有真诚、恭敬等含义，尤其强调对待人要尽心竭力。《左传·襄公二十二年》有"忠、信、笃、敬，上下同之，天之道也"的话，《国语·楚语下》亦说："天事武，地事文，民事忠信。""忠"是对于每个人都具有普遍意义的道德要求。其次，忠的含义还包括为"公"服务的思想。为"公"的人能配得上称"忠"。"公"的观念一直是我国传统社会中居于主导地位的价值取向，体现了中国古人在政治领域和社会领域中朴素的公共理性。因此一个"忠"的人，或者有"忠"的品格的人，一定是一心为"公"的。《左传·桓公二年》强调："上思利民，忠也。"作为君主，心中思虑的是怎样让民众得到利益，这就是忠啊。《国语·齐语》亦说"忠信可结于百姓"。"公"体现了"忠"的内在价值，而一个人如果为了一己之私利，无论如何也不能说成是"忠"。第三，"忠"还往往体现为为了国家的整体利益而竭尽全力的道德品质，"临患不忘国，忠也"（《左传·昭公元年》），正是这种道德品行的体现。

到了春秋时期，"忠"的含义趋向为"忠君"。"忠于君主"是臣的重要品德。"忠君"的观念作为臣德，其内容也是多方面的。首先，"忠君"观念强调臣下对君主的忠诚无欺，"忠贞不二"已开始成为"忠君"观念的内容了。但是，臣下对于君主的"忠"是理性的、有条件的，而不是盲目的和无条件的。《论语·八佾》载："定公问：君使臣，臣事君，如之何？孔子对曰：君使臣以礼，臣事君以忠。"臣事君以忠，其前提是君使臣以"礼"。如果不是这样，臣也不必忠。《左传·襄公九年》提出"君明臣忠，上让下竞"，意思是所事之君为贤良、明德之主，臣才能尽忠。《墨子·兼爱下》主张"为人君必惠，为人臣必忠"也是这个意思。其次，要求臣下能够竭力地效忠于君主，甚至不惜牺牲自己的生命。"忠君"即强调"尽忠以死君命"（《左传·宣公十二年》），"尽忠极劳以致死"（《国语·晋语一》）。不过，这种强调也是有条件的。这个条件就是，君主要能代表社稷的利益。代表国家集体利益的君主，臣是可以死忠的。如果国君不能代表国家的利益，臣不仅不必去死忠，反而可以规谏君主的言行、匡正君主的缺失，并把此作为臣下的重要职责。如果君主不听规谏，臣甚至可以将他赶下台，《晏子春秋·问上》说："君者择臣而使之，臣虽贱亦得择君而事之。"提出了择君而事的主张。可见，在春秋时期，"忠君"也是有条件的。这个时期的"忠"都没有愚忠的意思。

到了战国中叶，"忠"的观念向两个方向发展：一是以孟子为代表的，主张"忠"的对象是国家。孟子反对忠只是忠于国君的思想。提出"君之视臣如手足，则臣之事君如有腹心，君之视臣如犬马，则臣之视君如国人；君之视臣如土芥，则臣之事君如寇仇"（《孟子·离娄下》）。臣是否忠，关键在于君的表现。君如果视天下人民为手足，则天下人视君主为心腹。君如果视下臣或百姓为犬马，那么下臣也会视君主为普通的国人。如果君主视人民为草芥，那么人民必然会视君主为敌人。因此，臣之"忠"或"不忠"都是以君之德为前提和条件的。基于这种观念，孟子甚至主张诛杀"不道之君"。"（齐宣公）曰：臣弑君，可乎？（孟子）曰：贼仁者谓之贼，贼义者谓之残，残贼之人谓之一夫。闻诛一夫纣矣，未闻弑君也。"（《孟子·梁惠王下》）另一种是以韩非子为代表的，"忠"的对象只能是君主。在法家看来，君臣之间更多体现为对立的关系，强调以君主为本位的，臣下对于君主的单向的人身依附关系。《韩非子·有度》说："贤者之为人臣，北面委质，无有二心；朝庭不敢辞贱，军旅不敢辞难；顺上之为，从主之法，虚心以待令，而无是非也。"贤能的人做臣子，向北面朝见君主行礼，忠心不二。在朝廷任职不敢推辞卑贱的任务，在军队不敢拒绝危难的战事；顺从君主的指使，遵守君主的法令，一心一意等待君主的命令，而无个人的是非之见。总之，所有的行为，"上尽制之"，皆由在上位的君主来控制。而"人主虽不肖，臣不敢侵也"。这就把"忠君"的观念推向了极致，"君为臣纲"的观念已初步显现出来了。

战国时期的两种"忠"的观念，让吕不韦颇感为难。到底是忠于国家呢？还足忠于"君主"呢？要在这两者之中进行选择很难，所以说"忠不可兼"。

其次，在对象选择上，往往因具体情况不同而陷入两难的境地。即所谓"忠于治世易，忠于浊世难"。这里的治世是指君主与其所代表的国家利益是一致的。君主一心为公，所作所为代表了国家的利益。在这样的情况下，忠于君主也就忠于国家。"忠"的对象不需要进行艰难的选择，因而就比较容易。比如管仲，本来是公子纠的手下，后来被公子小白俘虏。公子小白已经先入齐，即王位为齐桓公，成了代表国家的君主。公子纠已经失去了合法性。不仅如此，齐桓公还是一位贤君，所以管仲投靠了公子小白，并忠于桓公，这是比较容易的。但是如果遇到了浊世，那么就变得困难了。所谓浊世，就是君主昏庸，国家混乱的世道。君主有个人的私利，不能代表国家的利益。在这种情况下，如果忠于君主，满足君主个人的喜好，那就是助纣为虐。比如秦桧，为了满足宋高宗，不惜出卖国家的利益。从"忠君"的角度讲，秦桧是忠的；但是从国家的利益讲，秦桧则是不折不扣的汉奸。在浊世，臣子如果忠于国家，就不会忠于君主，不忠于君主，必然会站在国家的立场，会起来反对君主。这样，势必会受到君主的打击。比如岳飞。岳飞所作所为，完全为了国家，就连坑害他的人都找不到岳飞的过失，最后以"莫须有"的罪名，将他害死。所以说"忠于浊世难"。而从"忠于治世易"中可以看出，《吕氏春秋》中的"忠"是倾向于国家的，而非君主的。只有这个君主一心为"公"，做到了代表国家的利益，在这样的前提下，是可以讲"忠君"的。这一点与孟子是相通的。也由此可见，吕不韦思想的进步性。

乱莫大于无天子。无天子则强者胜弱，众者暴寡，以兵相残，不得休息。（《有始览·谨听》）

民之治乱在于有司。（《有始览·务本》）

【鉴赏】

这两则名言主要是从制度上来说国家如何治理的，体现了《吕氏春秋》以治国为核心的思想主张。

首先，国家不能没有君主。这里的天子实际上就是君主。一个国家如果没有君主，那么必然会产生动乱。所以，混乱没有什么比没有天子更大的了。没有天子，那么势力强的就会压倒势力弱的，人多的就会危害人少的，用军队互相残杀，人民生活不得止息。在战国时期，人们已经认识到国家或天下必须统一于一个君主，国家或任何社会权力体系都只能有一个首领。《商君书·修权》篇说："权者，君之所独制也。"权力，只能由君主一个人独有。《韩非子·主道》篇也说："权势者，人主之所独守也。"墨子设计了一个"尚同"金字塔，处于金字塔顶端的，就是"一"个天子。《吕氏春秋·不二》篇说："军必有将，所以一之也；国必有君，所以一之也；天下必有天子，所以一之也；天子必执一，所以抟之也。一则治，两则乱。"军队必须听命于一个将军，这样便于统一军队的行动。国家也必须有一个国君，也是为了统一全国的行动。天下也只能有一个天子，也是为了统一天下的行动。天子只有掌握"一个"的原则，才能使天下的权力集中。"一则治，异则乱，一则安，异则危"（《吕氏春秋·执一》）。只有遵循一个君主的原则，天下才能得到治理。不然的话，天下就会大乱。"唯器与名，不可假人"（《左传·成公二年》）；中国人自占就强调不要把大权分割，也不能让渡予人。如果大权被分割，便一切都完了。

这种权力高度集中统一的要求，源于家天下的体制。而家天下形成的原因也是很复杂的。从地理环境上讲，中国的地形呈网格状，各个地理单元形成相对独立的部落或部落联盟。这些部落一般都是由德高望重的部落酋长担任。整个部落就是他的一个家族组成。即使吞并了其他的部落，被征服的部落或部族的人只能做奴隶。后来，部落之间发动战争，最后胜利的部落酋长就是早期的君主。所以，中国古代的政体就是家国一体。中国的国家起源于家族的征服，一个家族掌握了最高统治权，这个家族的家长便成为这个国家独一无二的统治者。建立的政治制度也就是中央集权制度。这是由中国独特的地理环境与气候条件决定的。所以，从客观自然条件和历史发展来看，国家都是需要君主的。没有君主，就没有了领头人，整个国家或家族都会灭绝的。因此，国家不可能不要君主。

其次，没有天子是不可以的，但是有两个天子也是不可以的，国家只能有一个君主。自古中国人流行的观念是"国不堪贰"。如果出现了"贰"的现象，就被视为祸乱。慎到指出："两则争，杂则相伤"，故"多贤不可以多君，无贤不可以无君"（《慎子·德立》）。《礼记·坊记》说："子云：天无二日、士无二王、家无二主、尊无二上，示民有君臣之别也。"孔子把君主的权利看成是天上的神权在人间的一种反映，以太阳象征君主，以"天无二日"来比附人间不可有二主；天无二日，应用到人类社会中，就是国无二君。"天意"只能由一人来代表，而不可能由两个或两个以上的人来代表。孔子又把天下看成是家的扩大，以"家无二主"作为君主专制的理由。天子既然"家"天下，而"家无二主"，自然是"民无二王"而"定于一尊"了。《管子·霸言》说："使天下两天子，天下不可理也。"假使天下有两个天子，那么天下就不可治理了。荀子也说："君者，国之隆也，……隆一而治，二而乱，自古及今，未有二隆争重而能长久者。"（《荀子·致士》）荀子还说，"天子无妻（齐），告人无匹"（《荀子·君子》）。荀子把两个天子并存视为一家中的两个父亲，韩非子则将其视为一个巢中的两个雄性动物。他们不可能共处的，也是无法协调的。所谓"两贵不相事，两贱不相使"。所以君权必然是独一的，绝对排他的。

最后，有了天子以后，国家的治理还要依靠各级官员的执行。这里强调的是"民之治乱在于有司"。这是吕不韦中央集权专制制度的一个富有特色的设计。在吕不韦看来，君主不需要亲自行政，是不负责做具体事务的。君主亲自做行政上的事，就是扰乱朝政。这就叫"君道无为"。国家的行政事务主要由各级政府官吏来承担。这叫"臣道有为"。这样，各级官员成为国家政策执行者，国家治理的成败也取决于官员的素质和作为。今天的人们常说：路线确定以后，干部就是决定的因素，说的就是这个意思。所以官员是国家能否得到有效治理的关键。吕不韦从执政者的角度认识到官员在国家政治生活中的重要作用，这对今天仍然有极大的启发。

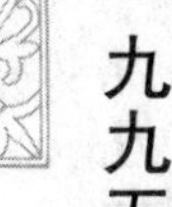

第八章 《吕氏春秋》寓言故事

直躬救父

楚有直躬者①，其父窃羊而谒之上②。上执而将诛之③。直躬者请代之。将诛矣，告吏曰："父窃羊而谒之，不亦信乎？父诛而代之，不亦孝乎？信且孝而诛之，国将有不诛者乎？"荆王闻之，乃不诛也。（《仲冬纪·当务》）

【注释】

①直躬：以直道立身的人。

②谒：告发。上：官府。

③诛：杀。

割肉相啖

齐之好勇者①，其一人居东郭②，其一人居西郭。卒然相遇于涂③，曰："姑相饮乎？'觞数行④，曰："姑求肉乎？"一人曰："子，肉也；我，肉也；尚胡革求肉而为⑤？于是具染而已⑥。"因抽刀而相啖⑦，至死而止。勇若此不若无勇。（《仲冬纪·当务》）

【注释】

①好勇：好夸耀自己勇敢。

②郭：外城。

③卒然：通"猝然"，意外地。涂：道路。

④觯：古代酒器。这里指举觯饮酒。数行：喝了几遍酒。

⑤革：更，另。

⑥具：备办。染：调味用的酱。

⑦啖：吃。

【鉴赏】

这两则寓言故事同出于《仲冬纪·当务》篇。"当务"的意思是切合时务。寓言故事的特点是寓有哲理。这两则寓言故事寓意深刻，深刻地批判了形而上学的机械论。

唯物辩证法认为，任何事物都处在普遍联系之中，因此，任何事物都是有条件的。每一个具体事物，总是在一定条件下才能产生，在一定条件下才能发展，又在一定条件下趋于灭亡。不同的条件对于事物的存在和发展所起的作用是各不相同的。具体地全面地分析种种不同的条件，是我们弄清问题、解决矛盾的必要前提，对于做好工作具有决定的意义。而不顾条件，机械地理解事物的，势必会使事情向相反的方向发展，导致失败。

春秋时期，楚国有个以直道立身的人，他的父亲偷了一只羊，他向官府作了举报。官府抓住了他的父亲。当时法律规定，偷羊者斩，其父因而被投入死牢。这个以直道立身的人向官府求情，愿替父受死。到了行刑的那一天，他告诉官吏说："父亲犯法，我毫不包庇，向官府举报，这样的人难道不诚实吗？父亲获刑，我代父受过，这样的人难道不是大孝的人吗？我这样一个至忠至孝的人却被斩首，试问天下还有什么人不该斩呢？"楚王一听，觉得有道理，当即把他无罪释放。

单纯就"信"来说，这个直躬的人是没有做错的，有人偷了羊，他知道了，报告官府，这是守"信"的表现。单纯就"孝"来说，这个人做的也没有

错，自己的父亲因自己告发而下狱等死，自己要求替父受刑，这是一个孝子应该做的。但是，这里的情况有一些特殊，偷羊的那个人是自己的父亲，这个人陷入了左右为难的境地：如果不告发，自己就不守"信"了，也与以直道立身的性格相违背；如果告发，那么自己就不"孝"了。在"信"与"孝"之间选择的时候，他选择了"信"，将自己父亲偷羊的事报告给了官府。结果差点害得父亲被杀掉。

这个直躬的人为什么做错了呢？主要是他片面的理解"信"的含义。人言为信，信，就是诚实不欺。但是，在春秋战国时代，儒家所倡导的"信"是专门针对朋友关系而言的。《论语·学而》中引曾子的话说："吾日三省吾身：为人谋而不忠乎？与朋友交而不信乎？传不习乎？"我们每天都要多次反省自己：替别人办事是否尽心竭力了呢？同朋友往来是否诚实了呢？老师传授我们的学业是否复习了呢？可见，"信"，是针对朋友而言的。孟子也把人伦关系概括为五种：即父子有亲，君臣有义，夫妇有别，长幼有序，朋友有信。而针对父母，则只言"孝"。朋友之间讲"信"，这是"信"的前提，也就是条件。楚国的这个人，现在是他自己的父亲偷了羊，那么就不能讲"信"，只能讲"孝"了。所以，这个直躬的人不能执着于"诚实不欺"，而应考虑其条件。他原本就不应该向官府报告。他的做法应该是：教育父亲，并把羊还给人家。这样，既做到了"孝"，又不违法。在原文中，这则寓言故事实际上批判了这个以直道立身的人，名义上讲"信"其实不是"信"，是"信而不当"。实际上是批判这个人不讲条件，机械地认为要讲"信"，差点送掉了自己的性命。

第二则故事说的也是这个道理。齐国有两个好夸耀自己勇敢的人。其中一人住在城东，另一人住在城西。一天，他们两个人在路上意外地相遇了，彼此说："姑且一起喝几杯吧。"酒过三巡，其中一个人说："还是弄点肉来下酒吧。"另一个人说："你身上有肉，我身上也有肉，为什么要另外买肉呢？在这儿准备一点调料就足够了。"于是，他们两人准备好调料，就拔出刀来互相割肉吃，一直到死为止。

《吕氏春秋》寓言故事

“勇敢”这个词也是有其具体所指的，那就是指在战场上，在与敌人的斗争中，敢于斗争，不惧风险，不怕牺牲。“勇敢”的条件是在战场上或在与敌人战斗中。如果失去这个条件，那就不是勇敢。这两个齐国人，不是在战场上，而是在喝酒的场合；彼此之间不是敌人，而是朋友。互相割肉吃，虽然有不怕死的精神，实际上并不是勇敢。最终导致了自己的死亡，只能留下笑柄。

这两则故事，在方法论上属于形而上学。所谓形而上学，是指用孤立地、静止地、片面地看问题的观点和方法，是与唯物辩证法相对立的。楚国的那个以直道立身的人，只是片面地机械地理解“信”，而不知“信”的范围；齐国的两个勇敢的人也只是把“勇敢”片面地理解成不怕死。这样孤立地从字面意义来理解“信”和“勇敢”，就是犯了形而上学的错误。吕不韦已经对这些问题有所认识，其思想闪耀着辩证法的光辉，在中国哲学史上，或是中国思想史上有着重要的地位，值得我们珍视。

亡鈇疑邻

人有亡鈇者①，意其邻之子。视其行步，窃鈇也；颜色，窃鈇也；言语，窃鈇也；动作态度，无为而不窃鈇也。抇其谷而得其鈇②，他日，复见其邻之子，动作态度，无似窃鈇者。其邻之子非变也，己则变矣。变也者无他，有所尤也。（《有始览·去尤》）

【注释】

①鈇：斧子。

②抇：掘。谷：坑。

邻人伐树

　　有与人邻者，有枯梧树，其邻之父言梧树之不善也①，邻人遽伐之②。邻父因请而以为薪。其人不说曰：“邻者若此其险也，岂可为之邻哉？”此有所宥也③。夫请以为薪与弗请，此不可以疑枯梧树之善与不善也。（《先识览·去宥》）

【注释】

①父：古代对老年男子的尊称。

②遽：迅速，急忙。

③宥：通“囿”，局限，闭塞。

齐人攫金

　　齐人有欲得金者，清旦，被衣冠，往鬻金者之所①，见人操金，攫而夺之②。吏搏而束缚之③，问曰：“人皆在焉，子攫人之金，何故？”对吏曰：“殊不见人④，徒见金耳。”（《先识览·去宥》）

【注释】

①鬻：卖。

②攫：夺取。

③吏：市场管理员。搏：捉住。

④殊：极，这里有根本的意思。

【鉴赏】

这三则寓言故事都是说"去尤","尤"就是人们认识上的蔽障。尤，类似庄子所说的"成心"，也就是人主观上的偏见。人的主观认识往往存在着偏差，这种主观偏差使得人往往看问题仅限于现象，而看不到实质。由于人的认识活动总是表现为把原有的认知模式延伸并运用于将要认识的客体，表现为主体按照一定的逻辑建构原则来处理、改造来自客体的信息，因此，人们通过对客体信息的一次性建构，往往不能获得关于客体的完整的、真实的和准确的认识。人们认识事物都必然渗入主观成见，而有了主观成见，看待事物就必然会产生偏差。因而成见是人们形成正确认识的大敌。准确的判断来源于对客观事实的调查，而不是主观的猜想。

有个人丢了一把斧子，他怀疑是邻居的儿子偷去的。便站在自己家门口，看邻居的儿子走路像是偷斧子的，脸上的表情像是偷斧子的，和别人说话也像是偷斧子的。后来他在地里干活，找到了他自己不小心丢的斧头。他走出门去再看邻居的儿子走路、表情、说话又哪儿都不像是偷斧子的了。

这则寓言故事告诉我们，人一旦有了主观认识上的成见，就会产生认识上的错误，必然产生误判。那个丢斧子的人，怀疑邻居的儿子，心里被偏见迷惑住了，其时看什么都像是偷了斧子的。一旦斧子找到了，看见邻居家的儿子怎么都不像偷了斧子的。只有待偏见消失了，人才会产生正确的判断。

这里面有一个问题，就是这个人产生偏见的原因，实际上是个人的私心在作怪。斧子丢了，自己的利益遭受到损失，因而就会产生怀疑。那么，他为什么不从自身上找原因呢？他为什么不想想是不是自己弄丢了呢？这就是私心在作怪。"邻人伐树"与"齐人攫金"这两个故事说的就是这个道理。

有个人与别人为邻，家中有棵梧桐树凋枯了。他邻居的一位老者说这棵梧桐树不祥，吓得他慌忙把树伐倒。那位老者请求把树送给他做柴火。这个人听了很不高兴，说："这个邻居竟然这样的险诈啊，怎么可以跟他作邻居呢！"这

个伐树的人，自始至终考虑的问题是自己的利益。邻居的老者说这棵梧桐树不吉利，他怕威胁到自己，所以赶紧把这个树砍倒了。这个时候，他认为这个邻居老者真是个好人，不然危险就降临到自己身上了。而当这个老者要这棵树当柴火的时候，他立马抱怨说这个老者不是个东西，这种人不能和他作邻居，因为老者侵犯到了他的利益。老者还是那个老者，这个人前后态度发生了大逆转，完全是为了个人的私利。对自己有利的，就觉得好；对自己不利的，就觉得坏。这是产生蔽障的根本原因。

从前，齐国有个一心想得到金子的人。有一天清早，他穿好衣服戴好帽子就到市场去。他看见有人拿着金子，抓住金子就夺了过来。官府的差役把他逮住，问他说："金子的主人就在那里，你为什么要夺人家的金子？"这个人回答说："我拿金子的时候，根本就没看到人，只看到了金子。"这个齐人眼前只有金子，在他眼里只有利益，而没有别的东西。这则寓言故事虽有点夸张，但是确实道出了人产生蔽障，产生"尤"的原因，那就是个人的私欲。

个人一旦被私欲所左右，那么脑海中想的没有一样不是私利，眼睛看到的也没有一样不是私利。心中所想和眼中所见都是私利，就不能正确认识事物，不能对事情的真相产生正确的判断。疑邻人之子和满眼是金就必然会出现。

人都是有私心的。在评判是非的问题上，必然带上人为的因素。只有去掉私欲，才能去掉蔽障，对事物或现象的认识才能够全面、彻底。这就是"去尤"。《庄子·秋水》说："无一而行，与道参差。"意思是不要拘执于一偏而行，致使和大道不合。人要突破主观的局限性和执着性，以开放的心灵观照万物，首先必须要去掉个人的私欲。这与庄子相比是有进步意义的。

庄子肯定人是有主观成见的。《庄子·齐物论》说："物无非彼，物无非是。自彼则不见，自是则知之。"意思是说，物没有是非，从他人的角度看，自己都是不正确的，从自己的角度看，自己都是正确的。《齐物论》又说："使我与若辩也，若胜我，我不胜若，若果是也，我果非也邪？我胜若，若不胜我，我果是也，而果非也邪？其或是也，其或非也邪？其俱是也，其俱非也邪？我与若不能相知也，则人固受黮闇，吾谁使正之？"这段话意思是：假如我和你辩论，你胜了我，我没有胜你，你就是对的吗？我就是错的吗？如果我胜了你，你没有胜我，我就是对的吗？你就是错的吗？是我们两人有一人对、有一人错呢？还是我们两人都对或者都错了呢？我和你都不知道。凡人都是有偏见的，我们让谁来给我们作评判呢？这种认识应该说是十分杰出的。但是庄子也由此滑入了不可知论的泥潭。《齐物论》又说："使同乎若者正之？既与若同矣，恶能正之！使同乎我者正之？既同乎我矣，恶能正之！使异乎我与若者正之？既异乎我与若矣，恶能正之！使同乎我与若者正之？既同乎我与若矣，恶能正之！然则我与若与人俱不能相知也，而待彼也邪？"假如请意见和你相同的人来评判，既然他的意见已经和你相同了，又怎么能评判呢？假如请意见和我相同的人来作评判，既然他的意见已经和我相同了，又怎么能评判呢？假如请意见和你我都不相同的人来做评判，既然他的意见已经和你我都不相同了，又怎么能评判呢？假如请意见和你我都相同的人来做评判，既然他的意见已经和你我都相同了，又怎么能评判呢？所以说我和你以及其他人都不能评判是非了。庄子没有认识到人只要去掉私心，就可以有公正的评判。从这个角度来说，《吕氏春秋》是超过庄子的。

吕不韦倡导"去尤"就是要让包括秦王嬴政在内的秦实际统治者要打开思路，放眼全局，改变过去的法家思想为主的治国思想，转而接受人类所有的文明成果。这实际上也是吕不韦主编《吕氏春秋》的指导思想。《吕氏春秋》"兼儒墨，合名法"就是吸收同时代的人们智慧的具体表现。这样看来，"去尤"是吕不韦实施治国理想的一个思想解放的步骤。"去尤"才能有正确的认识，"去尤"就是秦王嬴政在治国时真正意识到的问题，是"先识"。所以，"去尤"也是国家能否得到治理的前提。

以备不生

　　人有为人妻者，人告其父母曰："嫁不必生也①，衣器之物，可外藏之②，以备不生。"其父母以为然，于是令其女常外藏。姑妐知之③，曰："为我妇而有外心，不可畜④。"因出之。妇之父母以谓为己谋者⑤，以为忠，终身善之。（《孝行览·遇合》）

【注释】

①生：生孩子。

②外藏：将财物暗自藏在外面。

③姑妐：指公公和婆婆。姑：夫之母。妐：夫之父。

④畜：养育。

⑤以谓：即以之谓，意即把女儿被休弃一事告知。

宋人御马

　　宋人有取道者①，其马不进，倒而投之鸂水②。又复取道，其马不进，又倒而投之鸂水。如此者三。虽造父之所以威马③，不过此矣。不得造父之道，而徒得其威，无益于御。（《离俗览·用民》）

【注释】

①取道：出行，赶路。

②倒：仆，倒下。这里指把马放倒。鸂水：即溪水。

③造父：古代善于驾马的人。曾为周穆王御者。

【鉴赏】

　　所谓寓言，都寓有深刻的哲理。这里选取的两则寓言，分别涉及可能性与现实性、形式与内容的关系问题。

　　首先，第一则寓言讽刺的是把可能性等同于现实性。现实是标志一切实际存在的东西，而某种事物和现象在其还未成为现实以前，只是一种可能性。可能不等于现实，它不是指当前已经存在的事物，而是指包含在事物中的、预示事物发展前途的种种趋势，是潜在的尚未实现的东西。可能也不一定会变为现实，因为事物发展前途中存在着种种不同的趋势，有各种可能。在一定条件下，只有其中的一种趋势、一种可能会转变为现实。其他可能则往往不会变成可能。

　　有个给人家当妻子的人，有人告诉她的父母说："出嫁以后不一定生孩子，衣服器具等物品，可以拿到外边藏起来，以防备以后不生孩子而被休弃。"她的父母认为这个人说得对，于是就让女儿经常把财物拿到外边藏起来。公婆知道了这件事，说："当我们的媳妇却有外心，不可以留着她。"于是休弃了她。这个女子的父母把女儿被休弃的事告诉了给自己出主意的人，认为这个人对自己忠诚，终身与他交好，最终也不知道女儿被休弃的原因。

　　这则寓言故事中，有人说"出嫁以后不一定生孩子"，这句话本身没有错。女人出嫁以后，不生孩子完全是一种可能。但生孩子也是一种可能啊，而且是有很大希望成为现实的可能。可是，这个女子的父母就只信不生这个可能。不生孩子被休弃也是一种可能，因为过去的伦理，"不孝有三，无后为大"，不生孩子会被认为是不孝，是"七出"之一。但是不被休弃也是一种可能啊，这个女子的父母却只采取被休弃这种可能。结果听取了朋友的话，让女儿把财物往外转移。转移财物恰恰是加大了被休弃的可能，最终这个女子从被休弃的可能变成了现实。这个女子的父母弄巧成拙，造成了女儿的悲剧，又留下了笑柄。

　　按唯物辩证法，可能毕竟还不是客观存在的实际事物，不能作为我们当前活动的可靠的出发点。而且，为了正确地估计事物发展的种种可能，也必须从

客观现实出发，不能把自己的行动建立在良好愿望和主观猜测的基础上。那个女子的父母就不是从眼前的现实出发的，而是把未来建立在猜测的基础上，其教训是十分深刻的。

其次，第二则寓言故事讽刺的是混淆了形式与内容之间的关系。内容是构成事物的一切要素的总和。这些要素包括事物的各种内在矛盾以及由这些矛盾所决定的事物的特性、运动的过程和发展的趋势。形式是指把内容诸要素统一起来的结构或表现内容的方式。在内容与形式的关系中，内容居于决定的地位。在社会实践中，特别注意事物的内容，反对只注意形式的形式主义。

宋国有一个赶路的人，他的马不肯前进，就杀死它把它扔到溪水里。又重新赶路，他的马不肯前进，就又杀死它把它扔到溪水里。这样反复了三次。即使是造父对马树立威严的方法，也不过如此。那个宋国人，没有学到造父驭马的方法，却仅仅学到了威严，这对于驾马没有什么好处。

这则寓言故事中，这个宋国人想在马跟前表达出"威"，想让马感到害怕而让马前进。但是作为一个赶马的人，想让马听自己使唤的首先是提高赶马的技巧，这才是让马感受"威"的内容。如果没有造父那样的技巧，只是一味地斗狠杀马，用这种残酷的形式是不能奏效的。

最后，这两则故事还讽刺人的褊狭与缺乏自我反省的精神。《论语·学而》说："吾日三省吾身。"儒家强调我们每个人最需要的就是自省精神。要善于反思自己，做事失败了，首先要从自身找原因，而不是首先怪罪他人。那个嫁女的父母，没有反思自己做得不对，偏听偏信，缺乏明辨的能力，反而相信他人的建议，思想狭隘到了极点。那个宋国人，马不前进，不是从自我身上反省技不如人，反而怪罪马不听话卖力，也是思想狭隘的人啊。如果能够做到自我反省，上述情况就能够避免。所以这两则故事里面还有希望人们多自我反省，以此打开心胸的意味！

循表夜涉

荆人欲袭宋，使人先表澭水①。澭水暴益②，荆人弗知，循表而夜涉，溺死者千有余人，军惊而坏都舍③。向其先表之时可导也④，今水已变而益多矣，荆人尚犹循表而导之，此其所以败也。（《慎大览·察今》）

【注释】

①表：做标记。澭水：故水名。在今河南境内，已消失。

②暴：突然。益：涨水。

③都舍：都市里的房子。

④向：从前。可导：可以顺着标记渡过水去。

刻舟求剑

楚人有涉江者，其剑自舟中坠于水，遽契其舟①，曰："是吾剑之所从坠②。"舟止，从其所契者入水求之。舟已行矣，而剑不行，求剑若此，不亦惑乎？（《慎大览·察今》）

刻舟求剑

【注释】

①遽：迅速。契：刻。

②是：此处。

引婴投江

有过于江上者，见人方引婴儿而欲投之江中①，婴儿啼。人问其故，曰："此其父善游。"其父虽善游，其子岂遽善游哉②？此任物，亦必悖也。(《慎大览·察今》)

【注释】

①方引：刚刚拉着。

②岂遽：难道。

【鉴赏】

这几则寓言故事都出自同一篇《察今》。所说的道理主要是一切从实际情况出发，要善于根据客观实际情况的变化而及时调整策略。

辩证唯物主义认为，世界是运动的。一切事物都处于运动发展中，万事万物都在不断变化发展。运动是一切物质的根本存在方式，没有运动就没有任何事物的客观存在。这种运动发展的外延是非常广泛的，包括时间上的变化，空间上的变化，内在结构的变化，外在联系的变化等。正因为事物都处于不断运动变化之中，所以要根据客观实际情况的变化及时做出变化，而不能死守教条。教条主义就是不对具体事物做调查研究，只是生搬硬套现成的原则、概念来处理问题。一切从概念出发，从以往的经验出发，不对具体情况做具体分析。"循表夜涉"与"刻舟求剑"都是批评这样的观念。

楚国人想要偷袭宋国，派人先在滩河里测量好水深并做好记号。后来河水突然大涨，楚国人不知道，依然按着原来的标记在夜间渡水，结果，淹死一千多人，军队惊慌的状况就像城市里的房屋倒塌一样。先前，他们设立标记的时

中华传世藏书

吕氏春秋

《吕氏春秋》寓言故事

候，是可以根据标记渡水的。现在河水已经发生变化而上涨了，楚国人还按照原来的标记过河，这正是他们遭到失败的原因啊。

有一个渡江的楚国人，他的剑从船上掉进了水里。他急忙用刀在船沿上刻了一个记号，说："这儿是我的剑掉下去的地方。"船停止以后，这个人从他所刻记号的地方下水去找剑。船已经向前行驶了很远，而剑却不会和船一起前进，像这样去找剑，不是很糊涂吗？

剑掉到了水里，而船在不停地移动。这个人不考虑船的移动，怎么能找到剑呢？这也是没有考虑到客观世界是不断运动变化的这个道理。

"循表夜涉"与"刻舟求剑"都是从过往的经验出发，没有针对具体情况做具体分析，犯了教条主义的错误。

有个路过江边的人，看见一个人正拉着小孩想将他丢进江中。小孩在啼哭。人们问他为什么要把婴儿扔到江里，他回答说："这是因为他的父亲善于游泳。"他的父亲虽然善于游泳，他的儿子难道就善于游泳了吗？这样处理事情，也必然是荒谬的！

这个寓言故事也是说明，处理事情要从实际出发，对象不同，处理的方法也要有所不同。小孩子会不会游泳，要从小孩子的实际情况出发。小婴儿因为年龄太小，体力弱，即使会游泳，也不敢到江里游泳的。因为江水水流大，水文条件复杂。故事中说那个小婴儿吓哭了，说明他实际上是不会游泳的。不仅如此，从个体能力的获得来看，游泳是一项运动能力。运动能力的获得是需要经过个体长期的不断的训练才能获得，也就是说，只有经过长期的实践才能获得。小婴儿出生时间短，能够用来训练的时间也不会长，加上婴幼儿年龄小，认识能力和理解能力等都不能够理解游泳的知识与相关的技巧。所有的这些因素决定了这个小婴儿是不可能到江里游泳的。那个要扔小孩子的人，把游泳能力的获得认为是先天的遗传因素，实际上是否定实践的作用。

人的认识是由多方面的复杂原因共同促成的。其中既有生物进化和心理发生的因素，也有社会的因素。在人的认识中，尽管有生物进化比如遗传的差别，

但是这些生理素质只是人们进行实践，获得知识和能力的一种条件，它本身并不是技能和知识。一个人的生理素质无论有多好，如果脱离实践，就不可能获得知识和技能。相反，生理素质并不优越的人，只要努力实践，也能获得知识和技能。由于实践在认识中发生着决定性的作用，这就告诉我们，任何人、任何天才，如果脱离实践，都是不可能获得真知的。那位婴儿的父亲善于游泳，即使婴儿继承了他父亲的遗传基因，但是不经过游泳的实践训练还是不会游泳的。即使能在水里游泳，也还不能到江水里游泳，因为这必须经过长期的在江里的训练。而那位扔小婴儿的人，都没有认识到这些问题啊！

这几则寓言故事共同说明了一个道理，就是做事要根据实际情况及时调整。一切从实际情况出发，实事求是。如果把这三则故事放在《察今》中，则还有另外一层意思，这就是劝勉当政者，要明白世事在变，要随时根据变化了的实际情况，及时进行变法改革。只有这样，才能制定出符合实际的政策，有利于国家的治理。而在吕不韦当政的时候，客观形势已经变成秦统一天下成为大趋势，秦国已经或即将成为一个史无前例的大帝国。这个庞大的帝国如何治理，应该做出因应调整。吕不韦设计的《吕氏春秋》就是这样的一部治国宝典，其中融合吸收百家思想也是顺应时代要求的。而秦国一味继承自秦孝公以来的以法家思想为治国指导思想，必然不能适应新的时代要求，就像循表夜涉和刻舟求剑一样。后来的事实正如吕不韦所预料的，秦国在统一之后几十年内便土崩瓦解了。由此可见吕不韦的远见及这几则寓言故事的价值。

黎丘丈人

梁北有黎丘部①，有奇鬼焉，喜效人之子侄昆弟之状②，邑丈人有之市而醉归者③。黎丘之鬼效其子之状，扶而道苦之④。丈人归，酒醒，而诮其子曰⑤："吾为汝父也，岂谓不慈哉？我醉，汝道苦我，何故？"其子泣而触地曰⑥："孽矣！无此事也。昔也往责于东邑[7]，人可问也。"其父信之，曰："嘻！是必夫奇鬼也！我固尝闻之矣。"明日端复饮于市[8]，欲遇而刺杀之。明旦之市而醉，其真子恐其父之不能反也，遂逝迎之[9]。丈人望其真子，拔剑而刺之。丈人智惑于似其子者，而杀真子。夫惑于似士者而失于真士，此黎丘丈人之智也。（《慎行论·疑似》）

【注释】

①部：一作"乡"。

②子侄：子孙。昆弟：兄弟。

③丈人：古代对老者的尊称。

④苦之：折磨他。

⑤诮：责备。

⑥触底：叩头。

⑦责：即债。这里指讨债。

⑧端：故意。

⑨逝：往。

宣王好射

齐宣王好射，说人之谓己能用强弓也。其尝所用不过三石[1]，以示左右，左右皆试引之，中关而止[2]。皆曰："此不下九石，非王其孰能用是？"宣王之情，所用不过三石，而终身自以为用九石，岂不悲哉！（《贵直论·雍塞》）

【注释】

①石：古代重量单位。一百二十斤为石。

②中：半。关：把弓拉满。

【鉴赏】

这两则寓言故事都是说人被假象所蒙蔽而看不清真相。造成假象的原因有不同，黎丘丈人是因为客观存在的两物形状相似而难以识别造成的假象，齐宣王则是主观认识遭受蒙蔽而造成的假象。这两则寓言故事所说的道理都是十分深刻的。

梁国北部有个黎丘乡，那里有个奇鬼，善于模仿人的子孙兄弟的样子。乡中有个老者到市上去，喝醉了酒往家走。这个奇鬼模仿他儿子的样子搀扶他回家，在路上苦苦折磨他。老者回到家里，清醒以后责问他的儿子说："我作为你的父亲，难道能说不慈爱吗？我喝醉了，你在路上苦苦折磨我，这是为什么呢？"他的儿子哭着磕头说："您遇着鬼了，没有这回事呀！昨天我去东乡讨债去了，这是可以问别人的。"父亲相信了儿子的话，说："哈哈，这一定是那个奇鬼作怪了，我本来就听人说起过它。"第二天，老者特意到市上饮酒，希望再次遇到奇鬼，把它杀了。天刚亮就到了集市上饮酒，又喝醉了。他的儿子怕父亲回不了家，就去接他。老者见到儿子，拔剑就刺。老者的思想被像他儿子的奇鬼所迷惑，而杀死了自己的真儿子。那些被像是贤士的人所迷惑的人，错过了真正的贤士。这种思想正像黎丘老者一样啊！

这则故事中，因为那个鬼装扮成黎丘丈人的儿子，使得黎丘丈人分不清他的儿子和鬼，所以他以为杀的是鬼，而误杀了自己的儿子。在大千世界中，有很多事物的外在形象是相同的，即使人也有长得很相像的。相似之物往往使人迷惑，所以需要认真辨察，不然就会造成严重后果。而要辨察清楚，必须要对情况十分熟悉。《疑似》篇中在这则故事之后，还说："疑似之迹，不可不察。察之必于其人也。舜为御，尧为左，禹为右，入于泽而问牧童，入于水而问鱼师，奚故也？其知之审也。夫孪子之相似者，其母常识之，知之审也。"对于令人疑惑的相似的现象，不能不审察清楚。审察这种现象，一定要找适当的人。

即使舜做车夫，尧做主人，禹做车右，进入草泽也要问牧童，到了水边也要问渔夫。什么缘故呢？因为牧童、渔夫对当地情况十分熟悉。孪生子长得很像，但他们的母亲总是能够认清，这是因为他们的母亲熟悉的缘故。只有对客观情况十分熟悉，才能辨析清楚。

通常，如果外观相似，那么就会给认识带来偏差。正确的做法是透过外在现象而把握本质。事物的外观虽然相同，但是其内在的实质是不同的。鬼毕竟是鬼，虽然可以装成人的模样来戏弄人，但是运用人的智慧完全可以识破它。披着羊皮的狼，虽然在外观上看上去像是羊，但其实质却是狼。科学的认识就是要扒开羊皮让狼的本质显露出来，而不是被其外表所迷惑。如果这个黎丘丈人在开始被鬼折磨的时候，能够运用智慧，比如说可以问这个鬼一些家里的事，或者昨天发生的事，鬼肯定答不上来，这时就能确定是人还是鬼了。第二天，黎丘丈人如果在遇到儿子时，再这么问一下，儿子肯定能答出来，那么儿子和鬼也就能分辨清楚了，也就不会发生杀错的事了。黎丘丈人没有经过全面的观察，没有运用自己的智慧，仅凭外观就对儿子和鬼做出判断，其错杀了儿子也就在所难免了。

这个寓言故事在今天也极具启发意义。今天的人，在恋爱中也常常只看重人的外观。男人要求女方漂亮，女人要男人帅气。但是这个漂亮女人的素养或者这个帅气男人的内涵到底怎样倒是次要的。这样看问题的方式与这个黎丘丈人又有什么不同呢？其结局也大都和这个黎丘丈人一样！

除了因客观自然物因外观相似而使人迷惑外，更加使人迷惑的是人的主观认识上的偏执。齐宣王爱好射箭，喜欢别人夸耀他能够拉开强弓。他平时使用的弓所用的力气大概三百多斤就能够拉开了。齐宣王把弓拿给左右的大臣看，近臣都拿过来试拉。故意把弓拉开一半就停止了，都说："这张弓的弓力不少于九百多斤，不是大王又有谁可以用这么硬的弓呢？"齐宣王听了非常高兴。然而，齐宣王使用的弓用的力气不过三百多斤，可是他却一辈子以为是用的九百多斤，这岂不是可悲吗？

　　这则故事讽刺的是齐宣王被假象蒙蔽是缘于自身的主观上的原因。人们对客观世界的认识，既有依据知识、经验等的理性因素，也有性格和习惯等心理因素。人的非理性心理因素对人的认识能力的发挥和运用起到导向和调节的作用，对人的认知活动有重要的影响。齐宣王的个性是好大喜功，喜欢听奉承话。这就影响到了齐宣王的判断。不仅如此，齐宣王对事物的判断也仅停留在感性认识的阶段。感性认识是人们的感觉器官直接感受到的关于事物的现象、事物的各个表面、事物的外部联系的认识。左右的大臣只把弓拉了半满，齐宣王由此判断出自己的力气大到能拉九百斤的弓。这就是感性认识。这种认识发现不了拉弓的真伪，这样就不能够正确地认识事物。这种主观上的偏差是使人受到蒙蔽而不知的主要原因。

　　这两则寓言故事实际上是一个整体，分别从客体和主体两个角度来剖析人受蒙蔽的原因。要想使认识正确，必须透过现象看到本质，就必须破除内心上的主观偏执，排除情感因素，增加理性思维的能力，使个人的感性认识上升到理性认识，才能打开蔽塞，迎来正确的认识。

齐人好猎

　　齐人有好猎者，旷日持久而不得兽，入则愧其家室。出则愧其知友州里。惟其所以不得之故[1]，则狗恶也[2]。欲得良狗，则家贫无以[3]。于是还疾耕[4]。疾耕则家富，家富则有以求良狗，狗良则数得兽矣，田猎之获常过人矣。（《不苟论·贵当》）

【注释】

①惟：思考。

②恶：不好。

③无以：没有用来买好狗的钱。

④还疾耕：回家奋力耕作。

良犬捕鼠

齐有善相狗者，其邻假以买取鼠之狗①，期年而得之，曰："是良狗也。"其邻畜之数年，而不取鼠，以告相者。相者曰："此良狗也。其志在獐麋豕鹿②，不在鼠。欲其取鼠也则桎之③。"其邻桎其后足，狗乃取鼠。（《士容论·士容》）

【注释】

①假：借，凭借。

②麋：麋鹿。豕：小猪。

③桎：古代用来束缚双足的刑具。这里指用这种刑具把狗拴起来。

【鉴赏】

这两则寓言故事有一个共同的特点，即都是说齐国人买狗的故事，其中的道理都是说做事要从实际出发，实事求是，按客观规律办事。"实事求是"这个成语，最早出自《汉书·河间献王传》，是东汉著名史学家班固赞誉汉景帝的儿子刘德严谨治学态度的话。原文是："修学好古，实事求是。"唐代颜师古对其中的"实事求是"所作注释是："务得事实，每求真是也。"原指做事要追求事实，得到真相。在辩证唯物主义中，实事求是的内涵主要是一切从实际出发。所谓一切从实际出发，指的是人们在认识事物、解决问题时，从不以人的主观意志为转移的客观实际出发，按客观规律办事。

齐国有个爱好打猎的人，荒废了很长时日也没有猎到野兽。在家愧对家人，

在外愧对邻里朋友。他琢磨自己打不到猎物的原因，发现原来是猎狗不好。想弄条好猎狗，家里又穷得没钱买。于是他就回家奋力耕田，努力耕田，家里就富了，家里富了就有钱来买好的猎狗，有了好狗，就屡屡打到野兽。打猎的收获，常常超过别人了。不只是打猎如此，任何事情都是这样。

这则寓言故事所要说明的道理就是一切从实际出发，实事求是。爱好打猎，但是这个人的实际情况是缺少好的猎狗，而要买猎狗，家里又没有钱。家里只有几亩地。只能靠种地来挣钱。于是只能从家里的这种实际情况出发，先奋力耕田，通过耕田致富了，再买好的猎狗，有了好的猎狗，就能屡屡打到好的野兽了。这个齐国人，在思想上做到了以从实际出发为指导，因而最终取得了成功。

一切从实际出发，还要求在方法上按客观规律办事。第二则寓言故事说的就是这个道理。齐国有个人特别善于识别狗的优劣。他的邻居请他找一只捉老鼠的狗。过了一年，这人才找到一只，说："这是一条优良的狗呀！"邻居把狗养了好几年，可这只狗并不捉老鼠。他把这个情况告诉了那个人。这个善于识别狗的人说："这的确是一只好狗呀，它想捕捉的是獐、麋、猪、鹿这类野兽，而不是老鼠。如果你想让它捉老鼠的话，就得把它的后腿拴起来。"这个邻居果真把狗的后腿拴住了。这只狗才捉起老鼠来。俗话说："狗拿耗子，多管闲事。"狗一般是不捉老鼠的，而是捕捉獐、麋、猪、鹿等野兽的。让狗去捕捉獐子、鹿等小型野兽，这是发挥狗善于奔跑善于捕获的特长，是尊重动物的特性，顺应了自然规律。上升到哲学的高度来说，就是按照客观规律办事。但是这个人把狗腿拴起来，束缚住了狗的特点，实质是违背了自然规律，违背了按客观规律办事的原则和方法。

当然，作为寓言，其解读也可以是多角度的。我们从马克思主义哲学的角度来分析，这两则故事说的是唯物主义的一切从实际出发的思想和方法。从日常生活常理上说，还可以做进一步的解读。

齐人好猎，还可以解读为一个人要想成功，必须正确处理理想与现实的关系。理想是现实的超前反映，并且高于现实。这个齐国人是有理想的，他的理想就是能够像别的猎人一样有一条好狗，能够打到比常人多的野兽。但是理想与现实之间总是有差距的，理想并不等于现实。虽然如此，理想是不能离开现实的，理想必须以现实为基础。理想的实现也必须从现实开始，实现理想，应当从脚下开始，从小事做起，扎扎实实走好现实通往理想的道路。孔子说："始吾于人也，听其言而信其行。今吾于人也，听其言而观其行。"（《论语·公冶长》）"观其行"就是看一个人具体怎么做。只有脚踏实地，从眼前的实际情况出发，扎扎实实地做事，才能实现理想。荀子说："骐骥一跃，不能十步；驽马十驾，功在不舍；锲而舍之，朽木不折；锲而不舍，金石可镂。"（《荀子·劝学》）只有持之以恒地付出努力，才能达到自己的目标。好猎的齐国人就是这样做的，先从耕田开始，然后买狗，最后打猎，一步一个脚印地从最基本的工作做起，最终实现了自己的理想。

良犬捕鼠，则可以解读为讽刺了统治者不善于使用人才。《淮南子·兵略训》说："若乃人尽其才，悉用其力。"意思是说，如果能够人尽其才，物尽其用，我们的国家就可以发展得更加迅速。人尽其才的思想很早就有了。《论语·宪问》载孔子的话说："孟公绰为赵魏老则优。不可以为滕薛大夫。"孔子说，孟公绰这个人，要他做赵、魏大国中的大佬，是十分合适的人选，其才能、学问、道德都适合担任此职；但是如果滕、薛两个小国家请他做大夫，要他在实际政务上从政则十分不当。孔子已经认识到要根据人才的特点使用他们。俗话说："骏马能历险，犁田不如牛，坚车能载重，渡河不如舟。"骏马能在艰险的路上奔驰，但是如果让其犁田，那么就不如牛了。大车能载很重的物品，但是渡河却不如一只小船。那只"志在獐鹿"的良狗应让它"逐鹿"，而不应该让其捕鼠。可见，即使有了人才还需会合理使用。唐代散文家韩愈感叹"千里马常有，而伯乐不常有"，不仅含有人才不被发现而遭埋没的思想，实际也包含有讽刺统治者不善于发现和使用人才的意思。俄罗斯著名作家克雷洛夫曾经说："有了天才不用，天才一定会衰退的。而且会在慢性的腐朽中归于消灭。"人才就要给其合理的舞台，如果束缚住了人才，甚至给人才戴上枷锁，最终会导致人才的死亡或消失。对照这则寓言，如果那只狗不把它放掉，总有一天它会死去的。这样的教训不能说不深刻啊！

尽其用，我们的国家就可以发展得更加迅速。人尽其才的思想很早就有了。《论语·宪问》载孔子的话说："孟公绰为赵魏老则优。不可以为滕薛大夫。"孔子说，孟公绰这个人，要他做赵、魏大国中的大佬，是十分合适的人选，其才能、学问、道德都适合担任此职；但是如果滕、薛两个小国家请他做大夫，要他在实际政务上从政则十分不当。孔子已经认识到要根据人才的特点使用他们。俗话说："骏马能历险，犁田不如牛，坚车能载重，渡河不如舟。"骏马能在艰险的路上奔驰，但是如果让其犁田，那么就不如牛了。大车能载很重的物品，但是渡河却不如一只小船。那只"志在獐鹿"的良狗应让它"逐鹿"，而不应该让其捕鼠。可见，即使有了人才还需会合理使用。唐代散文家韩愈感叹"千里马常有，而伯乐不常有"，不仅含有人才不被发现而遭埋没的思想，实际也包含有讽刺统治者不善于发现和使用人才的意思。俄罗斯著名作家克雷洛夫曾经说："有了天才不用，天才一定会衰退的。而且会在慢性的腐朽中归于消灭。"人才就要给其合理的舞台，如果束缚住了人才，甚至给人才戴上枷锁，最终会导致人才的死亡或消失。对照这则寓言，如果那只狗不把它放掉，总有一天它会死去的。这样的教训不能说不深刻啊！

第九章 《吕氏春秋》智慧通解

一、君道篇

为国之本，在于为身，身为而家为，家为而国为，国为而天下为。

——《审分览·执一》

存亡安危，勿求于外，务在自知。

——《不苟论·自知》

人主有能以民为务者，则天下归之矣。

——《开春论·爱类》

周武王伐纣

周文王死后，儿子姬发继位，是为武王。周武王一直等待着时机讨伐商纣。为了刺探殷商的虚实，他不断地派探子去朝歌侦察情况。

不多久，探子回来禀报说："殷商大概要出现混乱了！"

武王问："混乱到了什么程度？"

探子回答说："邪恶的人胜过了忠良的人。"

武王摇头说："混乱还没有达到极点。"

过了一段时间，探子又回来报告："殷商的混乱程度加重了！"

"达到了什么程度？"

"贤德的人都出逃了。"

武王又摇头说："还是没有达到极点！"

过了一阵子，探子回来禀报："殷商的混乱已经很厉害了！"

"到底怎么样了？"

"老百姓已经都不敢说怨恨不满的话了。"

周武王一听，高兴极了，说："太好了，时机终于到了。邪恶的人胜过了忠良的人，叫作暴乱；贤德的人都出逃在外，叫作崩溃；而老百姓不敢讲怨恨不满的话，那叫作刑法太苛刻了。殷商的混乱已经达到了极点，无以复加了。这正是我们出兵的好机会！"

于是，周武王挑选了战车三百辆，虎贲勇士三千人为先锋，朝会诸侯约定以甲子日为期共同发兵牧野。

周武王率领大军渡过鲔水时，纣王派了胶鬲前来刺探周国大军的情况。周武王接见了他。

胶鬲问："您带领大军到哪里去？请不要欺骗我。"

武王笑着告诉他："我不会骗你的。我这次是率大军讨伐商纣。"

"什么时候到达？"

"将在甲子日到达殷都郊外。你就拿这话去禀报纣王吧！"

胶鬲走后，天下起了大雨，日夜不停，周国大军前进很困难。周武王下令全军加速前进。

将帅们都请求说："士兵们都已经很疲惫了，请大王让他们停下来休息一下吧！"

周武王叹了口气，说："我何尝不想这样呢？但我已经让胶鬲把甲子日到达殷都郊外的消息禀报给纣王了。如果我军不能在甲子日按时到达的话，这就是让胶鬲失去信用。而胶鬲没了信用，纣王就一定要杀他。我下令全军加速前进，是为了救胶鬲的命啊！"

周武王的大军果然在甲子日抵达了朝歌的郊外，这时殷商大军已经先摆好了阵势。两军一交战，殷军立即就溃逃后撤。结果周军一举攻入朝歌，纣王被

迫纵火自焚。

周武王进入朝歌以后，听说有个德高望重的人，便亲自去拜访他向他请教殷商之所以灭亡的原因。

那个德高望重的人回答说："您如果要想知道这一点的话，那就请您在明天中午的时候再来吧！"

周武王和周公旦第二天提前去了，但到时却没有见到他。周武王觉得很奇怪。

周公旦想了想，说："我已经知道了他的意思，他真是个君子啊！他本来就采取了不亲近自己君王的态度，而现在又要把自己君王的坏处告诉您，他不忍心这样做。至于约定了日期却不如期赴约，说了话却不守信用，这就是殷商之所以灭亡的原因。他已经用这种方式告诉了您殷商灭亡的原因。"

（《慎大览·贵因》）

【智慧解读】

夏商周三代留下来的最宝贵的历史经验莫过于顺应和凭借外物了，而顺应、依凭外物，就能所向无敌。周武王遇上了混乱的世道，面对天下百姓，他顺应天下的人心，发扬自己的道义，从而成就了自己的功业。这正是因为他顺应和凭借了外物的缘故。他知道，纣王是无法与自己为敌的，自己所做的事情正是人们所希望的事情，而纣王所做的事情却是人们所讨厌的。周武王善于利用对方的力量，哪里还会有什么敌手呢？所以，善于顺应、依凭外物，定能成功。

防民之口，甚于防川

周厉王当政的时候，法令苛刻，残害百姓，弄得民怨沸腾，但周厉王并不改悔。大臣召公对此忧心忡忡，害怕会引起国家动荡。

有一天上朝的时候，召公就把这种情况告诉了周厉王，并说："百姓们都不能忍受天子您的政令，因此都对此议论纷纷，希望天子能够改正！"

周厉王轻松地说："这个好办，我不久就会让国人不再有什么怨言。"

召公还以为周厉王会改过自新，也就没再说什么就告辞了。谁知周厉王随后派卫国的巫者去监视敢于指责周厉王的人，抓到以后就杀掉。结果国内再也没有敢讲周厉王不对的人，人们在路上碰到的时候只是彼此用眼睛看看而已。

周厉王接到国中再也没有人议论自己的报告后十分高兴，就把召公找来，把这种情况告诉了他，说："你看，我这不是一下子就消除了人们的怨言吗？"

召公不但没有高兴，反而着急地说："天子您这样做大错特错了！"

"怎么会呢？老百姓敢不听我的命令？"周厉王不以为然地说。

"咳！您这只是堵住了大家的嘴，制止了人们的指责，并没有消除人们的怨言啊！堵住百姓的嘴，其危害比堵塞洪水还要厉害。洪水被堵住以后，一旦决口，伤人必定很多。老百姓也就好比流水一样。所以，治水的人应该排除堵塞，让水流畅，治理百姓的人也应该像这样引导百姓，让他们尽情地发表意见。因此，天子处理政事的时候，让公卿直言劝谏，让平民把意见转达上来，让全国的人都监督自己的施政过失，然后再由自己斟酌决断。这样做了以后，下边就没有遗漏的善言，上边也没有错误的行为。而如今天子您堵住了天下百姓的嘴，这恐怕会给国家带来祸患！"

"嗨，哪里会有这么危险。您不用多说了，我觉得这样做挺好的！"周厉王不耐烦地挥了挥手，拒绝了召公的意见，依然我行我素。

三年以后，国人不堪周厉王的暴政，终于揭竿而起，捉住了周厉王，把他流放到了彘地，周厉王最后也就老死在那儿。

（《恃君览·达郁》）

【智慧解读】

如果人的经脉通达，那么身体就会健康；相反，如果经脉闭结，精气不畅，那么就会产生各种病痛恶疾。水如果闭结而不通达，也就会变污浊。同样，国家如有闭结的情况，比如国君的道德不通达，百姓的愿望不能实现，那么灾难就会接踵而至。周厉王弭谤而被流放，正是闭结造成了祸害。而解除闭结的方法就是广开言路，认真听取下面的意见。所以，小到一个集体，大到一个国家，都不可不防止闭结现象的出现。

楚文王论臣

春秋时的楚文王是一位十分贤明的君主。有一天，他与相国在宫中讨论朝中大臣的德行。

楚文王说："苋譆多次据义冒犯我，据礼拂逆我的心意，跟他在一起就会感到不安。但是，久而久之，我就会从中得到许多好的东西。如果我不亲自授予他爵位，后代如有圣人，肯定会因此而责备我的。"

楚文王想了想以后，决定授予苋譆五大夫的爵位。

相国说："连苋譆都可以得到五大夫的爵位，那么申侯伯是不是应该得到更高的赏赐呢？"

"不，绝对不行！"楚文王摇头说，"申侯伯善于把握迎合我的心意。我想要干什么，他就会在我行动之前把什么都准备好了。我和他在一起就会感到安逸。久而久之，我就会因此而有所失。如果我不疏远他，后代如有圣人，肯定会以此而责备我啊！"

于是楚文王找了一个机会把申侯伯送出了楚国。

申侯伯被逐出楚国后又跑到了郑国，他曲从郑国国君的心意，事先准备好了郑君想要的一切，只用了三年时间就执掌了郑国的国政，但又只过了五个月就被郑国的国人杀死了。

（《仲冬纪·长见》）

【智慧解读】

楚文王可以说是一位很有远见的君主。人的智力之所以彼此有差异，是因

为有的人具有远见，有的人目光短浅。今天和古代的关系，就像古代和将来的关系；而今天和将来的关系，也就像今天与古代的关系一样。所以，清楚地了解今天，也就可以知道古代，知道了古代，也就可以知道将来。历史的发展是有规律的，古今前后都是一脉相承的。楚文王正是通过觅瞽和申侯伯两人过去的表现，从而推知将来的发展。所以说，贤明的人是有长远的眼光，能够通晓古今！

齐桓公见小臣稷

小臣稷是齐国有名的隐士，全国上下都很敬重他。齐桓公即位后励精图治，礼贤下士，想称霸天下。他听说小臣稷是个十分贤明的人，就亲自去拜见他。但是，齐桓公一连去了三次都没能如愿。

过了几天，齐桓公又要动身去拜访小臣稷。宫中的侍从说："大国的君主亲自去见一个平民百姓，一连去了三次都没见着，您已经尽到了礼数。这次就算了吧！要不，您让我去把他叫到宫里来吧。"

齐桓公摇头说："不，绝对不行！轻视爵位俸禄的士人，固然会轻视君主；而轻视王霸之业的君主，也会轻视士人的。即使是小臣稷先生他轻视爵位俸禄，但是我又怎么敢轻视王霸之业呢？"

齐桓公还是亲自去拜访了小臣稷，这一次终于让他如愿以偿了。

（《慎大览·下贤》）

【智慧解读】

有道的士人，本来就傲视君主，而不贤明的君主，也一定会傲视有道的士人。他们之间这样互相傲视，就像儒家和墨家相互攻击一样，永远无法达到和解。但贤明的君主则不是如此。士虽然傲视自己，但自己却越发地礼遇他们，那么，还会有谁不肯归附自己呢！更进一步地说，得道之人，如果富贵到拥有天下也不显现出骄横傲慢的样子，也不放纵自己；而即使穷困到无衣无食的地步也不感到失意屈辱，也不忧愁恐惧。这样的人诚恳坦荡，确实达到了"道"的境界！

齐桓公启用宁戚

齐桓公为了称霸天下，广求天下贤士辅佐。卫国人宁戚也想应聘，但他家里贫困，没有办法让人举荐自己。最后他想出了一个办法，于是就替卫国商人赶着货车来到齐国。他们赶到齐国国都时，已经是傍晚，只好住宿在城门之外。

这一天，齐桓公正好在郊外迎客，夜里打开城门，让装载货物的车子让开。迎宾队伍中的随从很多，火把也很明亮。宁戚在车下喂牛，远远地望见了齐桓公，心中十分悲伤，于是就敲着牛角大声地唱起歌来。

齐桓公听到了歌声，细细品味歌词，突然抓住了车夫的手，说："真是与众不同啊！这个唱歌的人绝对不是一般的人！"说罢便下令把宁戚带回去。

齐桓公回到宫中后，侍从们请示桓公如何安置宁戚。齐桓公赐给他衣服帽子，随即召见了他。宁戚见到桓公后便用如何治理国家的话劝说他，桓公十分满意。

第二天，齐桓公又召见了宁戚。这一次，宁戚又用如何治理天下的话劝说桓公，桓公听了以后更加高兴，准备任用他担任要职。

大臣们听到这个消息后，纷纷劝谏道："这个客人是卫国人，我们对他的底细还不太了解。好在卫国离齐国也不远，您不如先派人去卫国查询一下。如果他确实是个贤德之人，再任用他也不晚。"

齐桓公摇了摇头，说："不用了。派人去卫国查询，是担心他有小毛病。因为人家的小毛病而丢掉了他的大优点，这正是君主失去天下杰出人才的原因。"

最后，齐桓公没有听从大臣的意见，还是对宁戚委以了重任。

（《离俗览·举难》）

【智慧解读】

凡是听取别人的主张一定是有所根据的，而如果听从了某人的主张却不再去追究他的为人如何，是因为其主张符合听者心目中的标准。何况人本来就难以十全十美。心中衡量以后再用其所长，而不拘泥于小节，这是成功的领导者举荐人才的恰当做法。齐桓公算得上是掌握了这个原则的人。

管仲劝齐桓公信守盟约

齐桓公即位后，为报鲁庄公扶持公子纠争位之仇，亲率大军伐鲁。鲁军节节败退，齐国大军一直进攻到距离鲁国都城只有五十里的地方。鲁庄公派使者向齐桓公求和，愿意以齐军现在驻扎的地方封土为界，鲁国像齐国的封邑大臣一样服从齐国。齐桓公很高兴，答应了鲁庄公的求和，并要求他在三天后与自己会盟。

盟会前一天，曹刿对鲁庄公说："国君您是愿意死而又死呢，还是愿意生而又生呢？"

鲁庄公奇怪地问："先生您说的是什么意思呢？"

曹刿说："您要是听从我的话，国土就必定会扩大，您自身也一定会安乐，这就是生而又生；如果您不听我的话，国家必定灭亡，您自身也必定遭到耻辱，这就是死而又死。"

现在鲁庄公是死马当作活马医，爽快地说："那好吧，我愿意按你的话去做！"

于是曹刿如此这般地把他的计策告诉了鲁庄公，庄公听了连声说："好，好，好！"

第二天，鲁庄公和曹刿都在怀里藏了宝剑来到会盟的地方，这时齐桓公已经以胜利者的姿态恭候多时。

鲁庄公一上土坛，便乘齐桓公不备，拔出剑来抓住了他，大声地对他说："鲁国的都城本来离边境有好几百里，而现在离边境只有五十里了。反正也没法活了，没有土地就无法生存，这和跟你拼命一样都是死，就让我死在你面前吧！不过，在我死之前，我要让你……"

齐桓公没想到事情突然会变成这样，一下子也没了主张，只盼着管仲来救。

管仲和鲍叔见情况不妙，想要冲上土坛救主。曹刿拔出剑来站在台阶上说："两位国君将要另作商量，谁都不许上去！"

鲁庄公再一次大声地说："在汶水封土为界就可以了。不然的话，嘿嘿，你我就都不会有好结果！"

管仲一听此话，马上在土坛下大声地对齐桓公说："我们是用领土保卫君主，而不是用君主保卫领土。国君您还是答应了吧！"

在鲁庄公的威逼下，齐桓公终于点了头。齐鲁两国在汶水之南封土为界，并为此签订了盟约。

齐桓公回国以后，十分懊丧，想反悔不还给鲁国土地。当他把这个想法告诉群臣时，管仲马上反对说："这不行。在盟会开始的时候，人家只是要劫持您，并不想与您签订盟约。可是您却不知道，这不能说是聪明。面对危难却不能不受人家的胁迫，这不能说是勇敢。而答应了人家却不还给人家土地，这不能算作诚信。一不聪明，二不勇敢，三不诚信，有了这三条，就难以建立功业。我们还是给它土地吧，这样虽然失去了土地，也总还能得到诚信的名声。用四百里的土地就能在天下人面前显示出诚信来，您还是合算的。"

"那好吧，就请仲父去处理吧！"管仲一席话把齐桓公说得面红耳赤，只得把土地还给了鲁国。但是从此以后，齐桓公在天下诸侯中已经树立了诚信的好形象。

（《离俗览·贵信》）

《吕氏春秋》智慧通解

【智慧解读】

鲁庄公是仇人，曹刿是敌人，对仇人和敌人都能讲诚信，更何况是对不是仇人和敌人的人呢？以后齐桓公多次盟会诸侯成功，使天下得到匡正而天下人都能听从，就是由此而产生的。管仲可以说是善于因势利导的了。他把耻辱变成了光荣，把困窘变成了通达。虽然说前面有所失，但是最后却大有所得。事情本来就没有十全十美的啊！

管仲宴请齐桓公

有一天中午，管仲宴请齐桓公。君臣欢宴，自然十分畅快。这样酒宴一直摆到了傍晚还没有结束。齐桓公喝得十分高兴，看见天黑了下来，吩咐侍从点上蜡烛，他想接着喝下去。

管仲对齐桓公的做法不太满意，面有愠色地说："白天请国君喝酒，我是占过卜的；至于晚上喝酒，我还没有占过卜。还是请国君您回宫吧！"

齐桓公正喝到兴头上，一听这话，心里也不太高兴，便说："仲父您年纪大了，我能和您一块喝酒欢乐的日子还会有多少呢？希望您能答应和我晚上继续喝酒！"

管仲认真地说："国君您错了，贪图美味的人道德就会衰微，沉湎于酒色享乐的人最终会感到悲伤。人壮年懈怠就会失去时机，老年懈怠就会丧失功名。我从现在开始对您加以勉励，怎么可以沉湎于饮酒之中呢！"

齐桓公脸上露出了惭愧的神色，酒也醒了许多，拱手向管仲致谢道："多谢仲父的提醒和教导，我明白您的良苦用心，我这就告辞回宫了！"

从此齐桓公再也不敢在管仲面前放肆享乐了。

（《恃君览·达郁》）

【智慧解读】

管仲真是一个善于树立品行的人。凡是品行的堕落都在于过分地追求享乐；品行的败坏都在于过分尊贵，现在君主想留下继续饮酒，而他却不答应。他申明自己的意志，按照道德原则办事，并不因为享乐和尊贵而加以改变。以这种态度立身处世，定能获得他人的尊重！

齐桓公问相

管仲病重，齐桓公闻讯后亲自去探望他。

齐桓公见管仲已经病入膏肓了，十分焦急，问：“仲父您的病已经相当重了！如果您病情危急，不幸与世长辞，那我将把国家托付给谁呢？”

管仲无力地摇了摇头，回答道：“过去我尽心竭力，尚且不能了解这样的人。如今病重，危在旦夕，我还能说什么呢？”

齐桓公一听此话，便上前抓住管仲的手，恳切地说：“这可是国家的大事啊，希望您能为齐国百姓着想，再教导我一次吧！”

“那好吧！”管仲恭敬地答应了，“您想任命谁做相国呢？”

“鲍叔牙可以吗？”

“不行！”

“为什么？”齐桓公十分惊讶，“鲍叔牙不是您最好的朋友吗？”

管仲十分严肃地说：“正因为是好朋友，我才太了解鲍叔牙了。他的为人，清白廉正，看不起不如自己的人，不屑与他们为伍，偶尔听到别人的过失就会终生不忘。所以我认为他不能胜任相国这一职位。”

“既然如此，那么谁能胜任呢？”齐桓公着急地问。

“隰朋还可以吧。隰朋的为人，既能铭记前代的贤人而效法他们，又能不耻下问。他自愧德行不如黄帝，又怜惜不如自己的人。他对于国政，不该管的，

就不去打听；对于事务，不需要了解的，就不去过问；对于别人，无关大节的，就装作没看见。这就是隰朋的优点。如果您要我推荐的话，那么我觉得隰朋还行！"

齐桓公听后十分感动地说："多谢仲父的教导，我一定按您说的去做！"

（《孟春纪·贵公》）

【智慧解读】

相国，是一种很高的职位，它在一人之下，万人之上。因此不可不谨慎地考察它。管仲论相的意思是说，居于高位的人，不应该在小地方花费精力，不应该玩弄小聪明。所以说，手艺高超的木匠不会亲自动手切削，大勇之人不必亲自格斗厮杀，正义之师不去劫掠为害。

树下饿人报恩

晋国的执政大臣赵宣子要从封地返回国都绛邑。行至半路，赵宣子突然说："慢，停车看看！"原来他看见路边一棵弯曲的桑树下，有个人躺着。

赵宣子走近那人，发现他面黄肌瘦，奄奄一息。"他肯定是饿病了！"于是赵宣子叫人从车上取来食物喂他。

过了一会儿，那人能睁开眼看了。赵宣子怜惜地问他："你为什么饿到了这种地步？"

那人慢慢地回答说："我在绛都给人做奴仆，回家的路上断了粮，羞于去乞讨，又厌恶偷窃别人的食物，所以才饿到了这种地步。"

"唉！"赵宣子长叹了一声，又给了那人两块干肉。他跪拜着接受了干肉却不吃，赵宣子又问为什么，他说："家中尚有老母，我想把这些肉留给她老人家！"

"好，真是至孝之人！"赵宣子很是赞许，"你还是全吃了吧！我另外再给你。"于是又送了两捆干肉和一百文钱给他。

两年以后，晋灵公想杀害赵宣子，便在房中埋伏了士兵，想在请他喝酒时将其杀死。

酒过三巡后，赵宣子知道了晋灵公的意图，马上就找个借口出去了。晋灵公命令房中的士兵赶快追上去杀死赵宣子。

有一个士兵追得最快，先追到了赵宣子。赵宣子叹息说："我命休矣！"

谁知那个士兵说："喂，您赶快上车吧，这里有我挡着！"

赵宣子一边上车一边感激地问："请问壮士姓名！"

那人避开回答说："我是两年前在桑树下饿得快死的那个人啊！"说完便回身与灵公的士兵展开激烈的搏斗，最终力尽而死。但赵宣子由此而得以逃命。

（《慎大览·报更》）

【智慧解读】

即使国家再小，它的粮食也足以供养天下的贤士，它的车辆也能乘载天下贤士，它的钱财也足以礼遇天下贤士。与贤士为伍，正是赵宣子免于一死的根本原因所在。这也是《尚书》上说的"恩德再微小也无所谓小"的意思。赵宣子对一个人施恩德，尚且能使自身活命，更何况是对千万人施恩德呢？所以，《诗经·大雅·文王》上说："人才济济，文王因此安康。"

赵襄子忧胜

赵襄子当政的时候，翟国军队入侵了他的封地。赵襄子大怒，马上派新稚穆子率领犬军驱逐入侵者。

新稚穆子不负赵襄子的厚望，一战大败敌军，他乘胜追击，反而攻占了翟国的左人城和中人城。新稚穆子立即派人回去报告赵襄子。

使者到的时候，赵襄子正在吃饭。听完了使者的报告，赵襄子不但没有喜

形于色，反而露出了忧愁的神色，静静地坐在那里思考。

家臣们对赵襄子的举动很不理解，有一个人问："新稚穆子率军不仅打败了敌人，还一下子攻占了翟国的两座城池。这本应是一件很令人高兴的事啊，可现在您却面有忧色，这是为什么呢？"

赵襄子叹了口气说："唉，长江黄河涨水，不超过三天就会退落；暴风骤雨也不可能持续整天。现在我们赵氏的德行并没有什么丰厚的积蓄，却一下子取得这么大的胜利，灭亡恐怕是要让我赶上了！"

孔子听到赵襄子的话后，评论道："赵氏大概就要昌盛了！"

（《慎大览·慎大》）

【智慧解读】

赵襄子十分懂得居安思危的道理。忧虑是昌盛的基础，过分高兴是灭亡的起点。取得胜利并不是什么很困难的事情，而保持住胜利才是件困难的事。只有贤明的人才会依据这种认识，保持住成功的果实，从而传之于后世。

赵襄子任用胆胥己

赵襄子当政之时，十分欣赏任登的才德，便任命他做中牟令。

过了一年，任登在上呈中牟全年的账簿时，向赵襄子推荐道："中牟有个人叫胆胥己，他才德兼备，希望您能召见他！"

于是赵襄子召见了胆胥己，马上任命他为中大夫。

胆胥己退下以后，相国有些不满地对赵襄子说："我想您对这个人只是耳闻而已，尚未亲眼见到其为人如何吧！当中大夫，竟是这样容易吗？这不是晋国的成法！"

赵襄子听完相国的抱怨后只是笑了笑，说："我提拔任登时，已经耳闻并且亲眼见到了他的实际情况。任登所举荐的人，我如果还要耳闻并且亲眼看到这人的实际情况，那么用耳朵听、用眼睛观察人就会没完没了，何时才是终结呢？"

（《审分览·知度》）

【智慧解读】

能明察的君主，不是普遍地明察万事万物，而是明察君主所应掌握的东西。有道术的君主，不是一切都亲自去做，而是要明了治理百官的根本。君主的弊病，一定是委任人官职却不让他做事，或者让他做事却与不了解他的人议论他。横渡长江的人靠的是船，远行万里的人靠的是千里马，成就王霸之业的人靠的是贤人。伊尹、吕尚、管仲、百里奚，这些人就是成就王霸之业的人的船和千里马！不任用父兄和子弟，并不是疏远他们；任用厨师、钓鱼人、仇人和奴仆，也并不是偏爱他们。而是保卫国家和建立功名的原则要求君主不得不如此啊。这就如同卓越的工匠建造房子一样，测量一下房子的大小就知道所需的木料，估算一下工程的大小尺寸就知道需要的人数了。所以，伊尹和吕尚被重用了，天下人就知道殷、周要成就王业了；而管仲和百里奚被重用了，天下人也就知道齐、秦两国要称霸天下了。既然如此，那么赵襄子还要做什么呢？他只是任用人而已，贤德的人就会自动地把力量全部贡献出来了。

赵简子论臣

赵简子手下有两位大臣，一个叫赵厥，一个叫尹铎，两个人都喜欢劝谏赵简子。但两个人劝谏的方式不同，赵厥只是在私下里对赵简子说，而尹铎则喜欢当着别人的面给他提意见，经常让赵简子下不了台。不少人觉得尹铎有时候做得太过分了，赵简子对尹铎的这种做法也有些不满，总想找个机会教训他一下。

有一天，赵简子与尹铎一起饮酒。酒过三巡之后，赵简子带着醉意说："在

我的大臣里面，赵厥是最热爱我的，而尹铎先生您最不热爱我啊！"

尹铎一听此话，觉得很奇怪，便问："君主您此话怎讲？"

赵简子说："赵厥劝谏我，一定是在没有旁人在场的时候。而先生您劝谏我的时候，却总喜欢当着别人的面纠正我，一定要让我出丑。您说，这不正说明您不热爱我吗？"

尹铎笑了，说："确实如此！赵厥顾惜您的出丑，却不顾惜您的过错；而我顾惜您的过错，却不顾惜您的出丑。但我这样做是有理由的，并不是因为我不热爱您！"

"那您的理由是什么呢？"

"我曾经在老师那里听到过如何观察人的面相，面相敦厚而且是黄色的人能够承受住出丑，而您正是这样的人，所以我才这样做。况且如果我不在别人面前纠正您，恐怕您就不会记在心上，也就不会改正错误了。"

赵简子听了尹铎的解释后，笑着道歉说："实在对不起，我刚才只是说了句玩笑话，请不要放在心上！我知道先生您是很热爱我的。"

（《恃君览·达郁》）

【智慧解读】

这正是赵简子的贤明之处。如果领导者贤明，那么下属的进谏也就深刻。如果赵简子不贤明的话，那么尹铎最终连在赵国存身都不可能，更何况是待在赵简子身边呢！所以说，英明的领导者都能善于接受哪怕是最严厉的批评。

赵简子杀白骡

赵简子家养了两匹白骡，简子特别喜欢它们。

一天夜里，担任广门邑小吏的阳城胥渠来到赵简子的家门口，叩门申述道："请转告主公，主公的家臣阳城胥渠病了，医生说：如果能找到白骡的肝吃，病就能好；如果吃不到白骡的肝，就必死无疑。"

负责通报的人进去禀告了赵简子。家臣董安于正在赵简子身边侍候，听完门房的报告后，他恼怒地说："嘿！胥渠这个家伙！竟然算计起主公的白骡来了。请允许我去把他杀了！"

赵简子摇了摇头说："杀人是为了让牲口活命，那未免太不仁义了！杀掉白骡是为了救活人命，不正是仁爱的体现吗？"

赵简子

赵简子马上命令厨师杀掉白骡，取出肝来，送给了阳城胥渠。

过了不久，赵简子举兵攻狄，广门邑的小吏，左队七百人，右队七百人，都争先恐后地登上城头与敌拼杀，并且俘获了大批敌人，使赵简子此战大获成功。

（《仲秋纪·爱士》）

【智慧解读】

给人衣服穿是因为人们在受冻，给人饭吃是因为人们在挨饿。挨饿受冻是人的灾难，而拯救挨饿受冻的人是正义的行为。所以，贤明的君主对人们陷入困境必然会产生怜悯之情，对人们遭受困厄必定会表示痛惜。做到了这一步，君主的名声就会显赫，国土就会归附。赵简子只杀了两匹白骡就换来了广大国士的忠心。既然如此，那么君主怎么可以不爱士呢？

赵简子伐卫

赵简子想要攻打卫国，就派史默去卫国观察虚实，并约定以一个月为期。

但是，赵简子等啊等啊，一直等了六个月，史默才风尘仆仆地从卫国归来。

赵简子很不高兴地问史默："我与先生约定以一个月为期限，可是您却在卫国呆了六个月才回来。还是请您自己解释一下吧。"

史默并不恐慌，而是从容地回答道："您攻打卫国本来是为了谋取利益，结果反而会遭受祸害！"

赵简子不明白史默的意思，便问："先生您这是什么意思？难道卫国出现了异常情况吗？"

史默说："这个情况您还不了解！如今的卫国是蘧伯玉作相国，史鳅辅佐卫君，孔子也在卫国做宾客，他的弟子子贡在卫君面前听其差遣，他们都深受卫君的信任。《周易》上说：'涣其群，元吉。''涣'是贤德的意思，'群'是众多的意思，'元'是吉利开始的意思。这句话的意思是说有许多贤德的人辅佐他。所以我说对卫国不能用兵，否则会给您带来祸害！"

赵简子沉吟不语，过了一会儿才说："您说得很对，确实不能对卫国用兵了。"于是下令停止伐卫的准备。

（《恃君览·召类》）

【智慧解读】

凡是进行谋划，都是因为心有疑惑。心有疑惑，就得要按照义的原则决断事情。而按照义的原则决断事情，谋划就不会失当。凡是用兵打仗，应该用在有利的地方，用在符合道义的地方。赵简子在得知卫国有贤人相助后就按兵不动，这是因为卫君有了贤人辅佐，那么这时攻打它就不符合义的原则。贤明的君主行事，难道非要弄得旗倒将死，然后才知道胜败吗？如果明察事理，得失荣辱就能预先确定了。

烛过谏赵简子

赵简子率领大军讨伐卫国，包围了卫国的国都。本来是赵简子亲自统率三军，但是到了发动进攻的时候，他自己却站得离士兵远远的，躲在了屏障和盾牌后面。赵简子击鼓进军，但是士兵们发现自己的主帅不见了，便站在原地一动也不动。

赵简子扔下鼓槌，感叹道："哎！士兵变坏竟然快到了这种地步！"

行令官烛过听到了赵简子的叹息后，摘下头盔，横拿着戈，走到他面前说："这只不过是您有些地方没有做到罢了，士兵们并没有什么不好的！"

赵简子一听这话，勃然大怒，拔出剑架在烛过的脖子上，说："我不委派他人而亲自统率大军，而你却当面说我有些地方没有做到。你说，我哪些地方没有做到？要是有理便罢，没理就治你死罪！"

烛过面无惧色地回答道："从前我们的先君献公，即位五年就兼并了十九个国家，用的就是这样的士卒。惠公在位两年，纵情声色，残暴傲慢，而秦国袭击我国，晋军溃逃到离国都只有七十里的地方，用的也是这样的士卒。文公即位三年，以勇武砥砺士卒，所以三年以后，士卒都变得非常坚毅果敢。结果文公在城濮之战中大败楚军，围困卫国，夺取曹国，安定周天子，名扬天下，成为天下霸主，用的也是这样的士卒。所以我说您只不过是有些地方没有做到罢了，士兵们有什么不好呢？"

赵简子恍然大悟，撤下剑说："哦，多谢您的指教，我明白了自己有哪些地方没有做到。"于是离开了屏障和盾牌，站到了弓箭的射程之内，结果只击鼓一次，士兵们便攻上了城墙，战斗大获全胜。

战斗结束后，赵简子重赏了烛过。他感叹道："与其让我获得兵车千辆，不如听到烛过的一句话！"

（《贵直论·贵直》）

【智慧解读】

领导者在关键的时候往往会成为众心所向、众望所归的人，其一举一动都起着发号施令的作用。如果是他要求别人做到的，而自己又不能做到，就像赵

吕氏春秋

《吕氏春秋》智慧通解

简子贪生怕死，躲在盾牌后面，却要击鼓让士兵死战，这怎么可能呢？俗话说："上梁不正下梁歪"，是很有道理的。领导除了权威性以外，还要具有先锋模范作用，这样才能说他是个真正的领导者。

尹铎敢违君令

赵简子在晋阳被中行寅和范吉射两家的军队围困，经过一番苦战，反而把中行氏和范氏两家消灭了，当上了晋国的执政大臣。战后，晋阳城外留下了许多中行氏和范氏两家军队建筑的营垒。

赵简子派尹铎去治理晋阳，临行前吩咐他说："你到了晋阳后把那些营垒给我拆平了。我不久就会去晋阳巡视，如果看到了那些营垒，就像看见了中行寅和范吉射一样不舒服。"

尹铎到了晋阳以后，不但没有拆除那些营垒，反而把它们增高了。

过了不久，赵简子到晋阳巡视，在郊外远远地就望见了营垒，他十分生气，说："哼！尹铎欺骗了我！"于是赵简子就驻扎在城外，要派人进城去把尹铎抓来杀掉。

"慢！"孙明见势不妙，急忙劝阻道，"据我私下考虑，尹铎不该杀，反而应该受到奖励！"

"哼，尹铎违反了我的命令，您怎么还说他应该受到奖赏呢？"赵简子气呼呼地问。

"尹铎私自增高营垒确实是违背了您的命令，但他这样做的意思本来是说：遇见享乐之事就会恣意放纵，遇见忧患之事就会励精图治，这是人之常理。如今主公见到营垒就会想到了晋阳之围，更何况是其他人呢？凡是有利于国家和主公的事情，即使加倍获罪，尹铎也宁愿去做。而顺从命令取悦于您，一般的人都能做到，更何况尹铎呢？他明知违反您的命令会获罪，但他却违背了您的命令，目的是为了您的大业呀！希望您能好好地考虑一下。"

赵简子听了孙明的话后想了想，觉得有理，便转怒为喜，说："啊呀！要是没有先生您的话，我几乎要犯一个大错误了！"于是就按使君主免于患难的赏赐奖励了尹铎。

（《似顺论·似顺》）

【智慧解读】

德行最高的人，喜怒一定会按理而行；而次一等的人，虽然有时不会依理而行，但只要有人劝说，就一定会经常改正。赵简子就是这一类人。不少领导者的弊病就在于把不知当成羞耻，把自以为是当作荣耀，喜欢坚持错误而厌恶听取规谏之言，以至于陷入尴尬乃至危险的地步，而这才是最大的耻辱。

魏文侯礼遇段干木

魏文侯治理魏国的时候，礼贤下士，深得民心。当时，贤人段干木也住在魏国，魏文侯久仰其大名，但一直没有机会见面。

有一天，魏文侯从段干木居住的里巷前经过，他双手扶在车前横木上以表示对段干木的敬意。

魏文侯的车夫对他的举动感到很奇怪，问："国君您为什么要扶轼致敬呢？"

魏文侯说："这不是段干木居住的里巷吗？段干木是个贤人呀，我怎敢不致敬呢？而且我听说，段干木把操守看得比什么都重要，即使拿我的君位与他的操守交换，他也绝对不会同意的，我又怎么敢对他傲慢无礼呢？段干木是在德行上显赫，而我只是在地位上显赫；段干木是在道义上富有，而我只是在财物上富有啊！"

车夫说："既然如此，那您怎么不去请他出来做相国呢？"

"嗯，你说得很对！"于是魏文侯便去请段干木出来做相国，但段干木坚辞

谢绝了。文侯也没勉强，便赐给他丰厚的俸禄，并且经常去他家里探望。

魏国的人听说魏文侯礼遇段干木，十分高兴，写诗歌颂道："我们的国君喜欢廉正，把段干木来敬重；我们的国君喜欢忠诚，把段干木来推崇。"

不久以后，秦王想出兵伐魏，司马唐劝谏道："段干木是有名的贤人，而现在魏文侯礼敬他，天下人没有不知道的，恐怕现在还不能对魏国用兵！"

秦王想了想，认为司马唐的话有理，也就停止伐魏了。

（《开春论·期贤》）

【智慧解读】

以火捕蝉的人，所要做的事只是弄亮火光、摇动树木罢了，这样蝉自动就会掉下来。而如果火光不明，即使摇动了树木，又会有什么用呢？如果做君主的人能够昭明自己的德行，天下的士人就都会归附他，就像蝉奔向明亮的火光一样。凡是国家安定，都不会是无缘无故的，一定要得到贤士才行。魏文侯在这一方面可谓高明，他礼遇段干木而能退敌于千里之外，从而使自己得到了安定。

魏武侯问李克

魏武侯当中山君的时候，向李克问道："吴国之所以灭亡的原因是什么呢？"

李克回答说："是因为屡战屡胜！"

魏武侯感到十分惊讶，说："屡战屡胜，这应该是国家的福分，而它却偏偏因此灭亡了，这是什么原因呢？"

李克说："多次作战会使百姓疲惫，多次胜利会使君主骄傲。用骄傲的君主役使疲惫的百姓，这样国家却不灭亡的，天下太少了。骄傲就会放纵，放纵就会用尽所欲之物；疲惫就会怨恨，怨恨就会用尽巧诈之心。君主和百姓都达到了极点，吴国被灭亡还算晚了呢。这就是夫差之所以在干隧自刎的原因！"

（《离俗览·适威》）

【智慧解读】

事物是相互转化的，凡事到了极端，就会朝相反的方向转化。因此，礼节繁琐就会不庄重，事情繁琐就不能成功，命令严苛就不会被人听从，禁令多了就会行不通。桀、纣的禁令不可胜数，所以百姓因此而背叛，他们自己也被杀死了，这是因为他们苛刻到极点了。郑国的执政大臣子阳喜好严厉，有个人不小心弄断了弓，担心会被杀死，就乘追赶疯狗之机杀死了子阳。周鼎上铸有窃曲形的花纹，花纹很长，上下都是弯曲的，以此表明过分到极点的害处。

宋康王自大亡国

齐王派大军进攻宋国。消息传到了狂妄自大的宋康王那里，他不大相信，便派人去侦察齐军到了什么地方。

不久，派去的人回来说："齐军已经越过了边境，国人已经感到恐慌。"

左右近臣都对宋康王说："这完全是俗话所说的'肉自己生出蛆虫'啊！凭着宋国的强大和齐军的虚弱，怎么可能这样呢？"

于是宋康王大怒，把派去侦察的人杀掉了。接着又派人去察看。第二个人的回报仍然和前一个人一样，宋康王又大怒，马上又把他给杀了。这样一连杀了三个人，之后又派一个人接着侦察。

当时，齐军已经要逼近宋国的国都了，国人确实已经感到恐慌。这个侦察兵在路上正好碰到了他的哥哥。

他哥哥见他匆匆往前去，便问："国家已经十分危险了，你这是要到哪里去呢？"

弟弟回答道："我是去替宋王侦察齐军的动向。没想到齐军已经离国都这么近了，国人已经这么恐慌。我现在担心的是，先前有三个侦察齐军动静的人，都是因为回报齐军已经逼近而被屈杀了。如今我回报真情是死，不回报真情也是死。这该怎么办呢？"

哥哥想了想，说："如果回报真情，你就会比国破后被杀和逃亡的人先遭受灾难。我看不如投其所好吧！"

于是侦察兵回报宋康王说："根本没有看到齐军的影子，国人们也十分安定。"

宋康王听了十分高兴，左右近臣都说："可见先前被杀的人都是该杀的。"于是宋康王赏赐了这个侦察兵大量的钱财。

齐军一路长驱直入，攻入了宋国的国都。宋康王这才醒悟过来，急忙登上车，飞快地逃命去了。宋国从此也就灭亡了。那个侦察兵靠着宋康王赏赐的钱财移居他国，过上了富足的日子。

（《贵直论·壅塞》）

【智慧解读】

如果登上高山往下看，会觉得牛像羊一样，羊像小猪一样。其实牛并不像羊那样的小，羊实际上也并不像小猪那么小，之所以会觉得它们像羊或猪一样，那是因为观察它们时所站的地势不对。如果因此对牛羊这样小而发怒的话，那么这种人可以算是头等的狂人。在狂乱状态下施行赏罚，正是宋康王之所以亡国的原因。

卑梁之祸

楚国有个叫卑梁的地方与吴国交界。卑梁的姑娘常与吴国边境城邑的姑娘一起在两国边境上采摘桑叶。有一次，在嬉戏的时候，吴国的姑娘不小心伤了卑梁的姑娘。

于是卑梁人带着受伤的姑娘去责备吴国人，那个吴国人应答得很不恭敬，卑梁人十分恼火，一怒之下便杀死了那个人。吴国人闻讯十分愤怒，许多人越过边境将那个杀人的楚国人全家都杀掉了。

事情上报到了卑梁的守邑大夫那里，卑梁大夫大怒道："吴国人竟敢攻打我的城邑！"于是他带兵去攻打吴国人，全邑老弱都杀光了。

吴王夷昧得到报告后，十分恼怒，马上派大将率领大军进攻卑梁，结果一举攻下，并把它夷为平地。从此以后，吴楚两国展开了不停的战争。

过了几年，吴国的公子光率领大军在鸡父与楚军主力决战。此战吴军大败楚军，并俘虏了楚军主帅潘子臣、小帷子以及陈国的夏啮。吴军乘胜追击，长驱直入，一直攻入了楚国的郢都，并俘获了楚平王的夫人，把她带回了吴国。

（《先识览·察微》）

【智慧解读】

楚军主帅和楚平王夫人的被俘，实际上还是卑梁之祸的继续。凡是要守住国家，首先是要洞察事情的开端，其次是预见到事情的结局，再次是随着事情的发展而了解它。如果这三点都做不到，国家就一定会陷入危险之中。《孝经》上说：高却不倾危，因此能够长期保住尊贵；满却不外溢，因此能够长期保持富足。富贵不离身，然后才能保住国家，使人民和谐。而楚国恰恰没有能做到这些，才引发了这么大的祸患！所以说，意气用事，因小失大，是对大到治国，小至修身的一种危害。

齐湣王问亡国原因

齐湣王兵败后流亡国外，居住在卫国。

有一天散步的时候，齐湣王突然问身边的宠臣公玉丹："唉，我现在流亡在国外已经这么久了，但我总不明白自己流亡的原因。你说，我究竟是为什么才

流亡至此呢？"

公玉丹装出一副吃惊的样子说："我还以为大王您已经知道了呢，您竟然还不知道吗？大王您之所以会流亡国外，那是因为您太贤明的缘故啊！天下的君主都不肖，因此而憎恶大王您的贤明，所以他们相互勾结，合力攻击大王。我想这就是您流亡国外的原因。"

"哦！"齐湣王听了公玉丹的话后十分感慨，叹了一口气说："唉，原来君主贤明是要受这样的苦呀！"

（《季秋纪·审己》）

【智慧解读】

真正贤明的人善于找到事物的原因，这也是他们与平常人相区别的地方。国家的存亡是有原因的，聪明人不会去考察存亡本身，而是去考察造成生死存亡的原因。齐湣王实在是太昏庸，居然不知道自己为什么会流亡国外，这也正是公玉丹之所以能够蒙骗他的原因。

齐王为太子请老师

齐国人淳于髡博学善辩，滑稽多智，在齐国很有名气。

齐王想请淳于髡做太子的老师，便对他说："我的太子生性愚笨，而先生您是齐国有名的贤人，万望您能屈尊做他的老师！"

淳于髡知道他的儿子天生顽劣，不想讨这个苦差事，便谦虚地推辞说："我才德低下，不足以担当这样的重任，大王您不如挑选国中德高望重的人做太子的老师吧！"

齐王摇了摇头说："先生您就不要推辞嘛！我哪能要求您把太子教得像我一样呢？我的贤德本来就是天生具备的。只要您替我把太子教得像尧那样，或者像舜一样就行了。

"啊?!"齐王的一席话把滑稽多智的淳于髡说得目瞪口呆，不知说什么好。

（《贵直论·壅塞》）

【智慧解读】

大凡下属的主张得以实行，都是因为领导者能够从自以为愚的认识出发去听从别人高明的见解，能够从自以为非的认识出发去接受别人的正确意见。齐王大言不惭，自以为贤德盖过了尧舜，就连博学善辩、滑稽多智的淳于髡都为其脸皮之厚而瞠目结舌了。这种人还能听得进谁的劝说呢？像齐王这样自以为是，加上身居高位，危险离他还会远吗？

邾君猜疑公息忌

邾国制造战甲的老办法是用帛来连缀甲片，但总是不太牢固。大臣公息忌想出了一个好办法，经过试验后觉得效果不错，就拿着用新方法做的战甲献给邾君。

公息忌对邾君说："大凡战甲之所以牢固，是因为甲片连缀的缝隙都塞满了。现在按照老办法，用帛连缀甲片，虽然缝隙都被塞满了，但只能承受应该承受的力量的一半。如果用丝绳连缀甲片，情况就不会一样了，只要连缀的缝隙都塞满了，就自然能承受全部应该承受的力量了。"

"嗯，有道理！"邾君点了点头，又仔细看了看用新方法做的战甲，拉了拉，称赞道："好！"但他转念一想，又问公息忌："这种新方法确实很好，但是从哪里才能找到那么多的丝绳呢？"

"这好办，只要国君您下令用新方法制造战甲，老百姓自然会大量地生产丝绳！"公息忌胸有成竹地回答说。

"那好吧，就按你说的去做。"于是邾君命令有关官员制造战甲一定要按公息忌的新方法做，用丝绳连缀甲片。

公息忌知道自己的主张得到了实行，便吩咐家人都制造丝绳，以配合新工艺的推广。

谁知这事被嫉妒他的人知道了，就在邾君面前诋毁公息忌："公息忌之所以积极地向国君您推荐使用丝绳制甲，是因为他家制造了很多的丝绳啊！"

邾君听了很不高兴，马上派人去公息忌家查看，回报说公息忌家真的有许多丝绳，而且现在还在不停地制造。邾君十分气愤，说："原来公息忌这家伙是在欺骗我啊！"立即下令收回原来的命令，不允许制甲时用丝绳连缀。

（《有始览·去尤》）

【智慧解读】

邾君这人实在是太糊涂了！制甲用丝绳连缀如果有好处的话，那么即使是公息忌大量地制造丝绳，又会有什么坏处呢？如果用丝绳连缀没有好处，公息忌即使没有制造丝绳，那又会有什么好处呢？不管公息忌是制造丝绳，还是不制造丝绳，都不会损害公息忌的主张。而邾君不考察公息忌的主张的本意，而听信谗言，真是太糊涂了。生活中也有这样的人，对别人的行为不去考察其本意，只听片面之词就急着下结论。这不得不令人深思啊！

屠黍论亡国

晋国末年，太史屠黍看到晋国混乱，晋国的君主骄横而没有德行，实际政权被几家大夫把持了，于是便带着晋国的法典投奔了周国。

周威公在接见屠黍的时候问道："天下的哪个诸侯国会先灭亡？"

屠黍不加思索地回答说："晋国先灭亡！"

"何以见得呢？"

"我前不久在晋国的时候，不敢直言劝谏，我只好拿天象的异常、日月星辰运行不合度次的反常现象启示晋侯，他却说：'这些又能怎样？'我又拿政事的处理大多不符合道义，百姓为此怨恨的情况启发他，但他不以为然地说：'这些又有什么妨碍呢?'我又用邻国不归服，贤人得不到举用的情况启发他，他不耐烦地说：'这有什么危害呢?'像晋侯这样，就是不了解所以灭亡的原因啊！所以我说晋国要先灭亡了。"

三年以后，晋国果然灭亡了。周威公一听到这个消息，又接见了屠黍，问他道："接下来灭亡的又会是哪个国家?"

屠黍回答说："应该是中山国了。"

"为什么?"

"人生下来就男女有别。而男女有别是人伦大义，也是人区别于禽兽的地方，是君臣大义的基础。而现在中山国的风气，以日为夜，夜以继日，男女耳鬓厮磨，互相偎依，没有停止的时候。他们纵情安逸享乐，歌唱喜好悲声。而中山国的君主对这种风气并不厌恶。这可是亡国的风气啊！所以我说中山国应该接着灭亡。"

过了两年，中山国真的灭亡了。周威公听到这个消息后，十分惊讶，对屠黍更加敬佩了，马上又接见他。

一见面，周威公就迫不及待地问："接下来该是哪个国家要灭亡呢?"

"接下来就该轮到您了！"屠黍严肃地说。

"啊?!"周威公听了以后十分害怕，决定改邪归正。他遍寻国中德高望重的人，请出义莳、田邑等人出来担任谏官，废除了三十九条苛刻的法令。做完了这些事以后，周威公就把情况告诉了屠黍。

"这大概可以保您一生平安了吧！"屠黍说，"我听说，国家将要兴盛的时候，上天会给他降下贤人和敢于直言相谏的人；国家将要灭亡的时候，上天会给他降下乱臣和善于阿谀奉承的人。"

从此以后，周威公牢记屠黍的教导，兢兢业业，不敢做为非作歹的事，也就一生平安无事了。但是，他死后却九个月未能下葬，国家也一分为二。

（《先识览·先识》）

【智慧解读】

　　凡是国家濒于灭亡的时候，有道之人就一定会事先离开，这是因为他们的忠言不能被采纳，预测到国家的灭亡。这种现象古今都是一样。土地的归属取决于城邑的归属，城邑的归属又取决于人民的归属，而人民的归属又取决于贤人的归属。所以可以说，贤人出逃是国家灭亡的一个先兆。屠黍论亡的主要依据就是这个。

孔子拜见鲁哀公

　　孔子拜见鲁哀公。

　　鲁哀公说："有人告诉我说：'治理国家的人只要在朝堂之上治理就行了。'我认为这是迂阔之论，你说呢？"

　　孔子听了不太高兴，说："这并不是什么迂阔之论，只是国君您还没有理解其中的真意罢了！"

　　鲁哀公不解地问："为什么？"

　　孔子正色道："我听说，自身有所得的人，在别人那里也会有所得；自身有所失的人，在别人那里也会有所失。不出门却把天下治理得很好，这恐怕只有懂得自身修养的国君才能做到吧！"

（《季春纪·先己》）

【智慧解读】

　　《吕氏春秋·先己篇》说："凡事之本，必先治身"，"先圣王成其身而天下成，治其身而天下治"。这也就是说，国君治理天下，修养自身是根本，是第一位的。推而广之，任何人要想立身处世，都必须以修养自身为本，这就是古代圣贤所强调的"修身—齐家—治国—平天下"的成人模式。孔子的话也正是这

个意思。但是，话又得说回来了，如孔子所言，治理国家在朝堂之上治理就足够了，以今日观之，此话无疑是迂阔之论。一个疆域广阔、人民众多的国家的情况是十分复杂的，而且变化极快，这不是呆在朝堂之上能够了解清楚的，如果今天的为政者只坐在会议室中制订各项政策，并不经常出去了解社会现实，那么他的为政措施又有几分与现实合拍呢？

晋文公赏郤子虎

晋文公想要讨伐邺国，于是召集群臣商量伐邺的良策。赵衰便向晋文公进献了一条妙计，晋文公采纳了他的建议，果然取得了胜利。

伐邺归来，晋文公要重赏赵衰。赵衰推辞说："不知国君您是要赏赐根本呢，还是要赏赐末节呢？"

晋文公不解，问："请问您的话是什么意思？"

赵衰说："如果您要赏赐末节，那么有参战的将士在；如果要赏赐根本，那么我的建议是从郤子虎那里听来的，我不能受赏，还是请您赏赐郤子虎吧！"

于是晋文公召来了郤子虎，对他说："赵衰曾向我进献了伐邺的妙计，现在伐邺成功，我要赏赐他，但他说：'我们计策是从郤子虎那里听来的，请您还是赏赐郤子虎吧！'所以我决定要重重地赏赐你。"

郤子虎推辞说："事情说起来容易，做起来难。而我只不过是说了几句话的人，不值得受这样的重赏！"

晋文公再三劝说道："这是你应该得的，先生就别再推辞了。"

郤子虎不敢坚决推辞，这才接受了赏赐。

（《不苟论·不苟》）

【智慧解读】

大凡行赏，赏赐的范围应该越大越好，范围越大，行赏之人所得到的回报

也就越多。邻子虎并不是直接进言的人，但晋文公仍然赏赐了他，这就是鼓励离领导者比较疏远的人为领导者竭尽所能。晋文公在国外流亡了十九年，回国后继承的又是大乱之后的残破局面，但他仍旧能够凭借这种条件成就霸业，恐怕也就是这个原因吧。

晋文公论赏

在晋楚城濮大战一触即发的时候，为了取得战争的胜利，晋文公召集大臣们共商良策。

晋文公先问咎犯："楚军兵多将广，而我军势弱。要破楚军，我们该怎么办呢？"

咎犯回答说："我听说礼仪繁杂的君主，对于礼仪的盛大从来不会感到满足；而作战频繁的君主，对于诡诈之术从来就不会感到满足。您只要对楚国实行诈术就可以了。"

晋文公听完咎犯的话后又问雍季："你对此有什么看法？"

雍季说："把池塘的水放干了来捕鱼，怎么会抓不到鱼呢？但是第二年肯定就没有鱼了。把山林烧光了来打猎，怎能不获得野兽呢？可是第二年也就不会有野兽了。使用欺诈的方法，虽然现在可以苟且得利，但以后就无法再得利了。这并不是长久之计，还请国君三思。"

晋文公经过认真地思考，最后还是采纳了咎犯的主张，从而在城濮大战中大败楚军。

晋文公回国以后论功行赏，特意把雍季排在首位。不少人对此十分不满。

有人大胆地问："城濮之战的胜利，是由于采用了咎犯的计策。您采纳了他的计策，而行赏却把他放在雍季的后面，这恐怕不合适吧！"

晋文公听后笑了笑，说："雍季的话，对百世有利，而咎犯的话，只是顾及一时。哪里有把顾及一时的放在对百世有利的之前的道理呢？"

听了晋文公的解释后，大家都心悦诚服地让雍季得了头赏。

孔子对这件事评论说：“遇到危难而用诈术，足以打败敌人；回国后尊崇贤人，足以报答恩德。晋文公虽然不能坚持到底，却足以成就霸业了。”

（《孝行览·义赏》）

【智慧解读】

依靠诈术办事，即使暂时成功了，最终也会毁坏的；即使胜利了，最终也会失败。春秋时期，普天之下取得胜利的人很多，但最后成就霸业的人只有五个，晋文公就是其中的一个。他知道胜利是如何取得的，因而也就赏罚得当。他明白，道义是“百世之利”，而功利只是“一世之务”，只有尊崇道义，才是掌握了“胜之所成”。因此，行赏的原则应该以道义为上，而以功利为下。

辛宽论周公

有一天，鲁穆公和大臣辛宽座谈，谈论齐鲁两国的战略关系问题。

谈着谈着，辛宽突然说：“嗨，我总觉得我们的先君周公在受封的问题上不如姜太公聪明。”

鲁穆公奇怪地问：“何以见得呢？”

辛宽回答道：“从前太公望被封到营丘一带的滨海之地，那里是海阻山高、险要坚固的地方，所以地域日益广大，子孙越来越昌盛。而我们的先君周公被封到了鲁国，这里没有山林溪谷之险，诸侯都可以从四面入侵，所以地域日益缩小，子孙越来越衰微。”

鲁穆公听了辛宽的话不太高兴，但又找不出合适的理由反驳他。

辛宽告退以后，南宫括进来见鲁穆公。

鲁穆公说：“刚才辛宽责备了周公。”

南宫括问：“他是怎么说的？”

于是鲁穆公如此这般地把辛宽的话又转述了一遍。

南宫括听罢，十分生气地说："辛宽是一个年幼无知的人，不懂道理。国君您难道没有听说过成王建成成周时所说的话吗？成王说：'我营建并居住在成周，我有好的地方容易被发现，不好的地方容易受到责备。'所以说，做好事的人得天下，干坏事的人失天下，这是自古以来的规律。贤德的人难道想让自己的子孙凭借山林之险来长久地干无道之事吗？辛宽真是一个小人啊！"

"好，说得好！"鲁穆公连声称赞，从此以后也就疏远了辛宽。

（《恃君览·长利》）

【智慧解读】

如果让燕雀为鸿鹄凤凰谋划，那一定不会得当。它们所谋求的东西，只不过是瓦缝之间、屋檐之下而已，哪里比得上鸿鹄凤凰一飞就有飞出千里之外的志向。如果君主的品德不够隆厚，道义不够宏大，就飞不到郊野，而愚昧卑下的人为贤德之人谋划，也是和这一样，固陋狂妄，横加诽谤，难道不是很可悲吗？

颜阖论东野稷驾车

东野稷是卫国著名的驾车高手。有一次，卫庄公要他表演驾车技术。为了让卫庄公高兴，东野稷使出了浑身解数，车子前进后退，左旋右转都合乎规矩。

卫庄公看了东野稷的表演，十分高兴，夸奖道："好，真是太好了！就连造父这样的著名车手都不一定能超过你！你再驾车绕宫室转一百个圈吧。"

东野稷欣然从命。他刚出去一会儿，颜阖前来拜见卫庄公。

卫庄公问："你进来的时候碰到了东野稷吗？他的驾车技术真是太高超了！"

颜阖说："是的，我进来时碰见了他。不过，我认为他的马一定要累坏了。"

卫庄公不相信："怎么会呢？他的驾车技术可是很高超的啊！"

过了不久，东野稷就回来了，他的马果然累坏了。卫庄公十分奇怪，就问颜阖："你怎么会知道东野稷的马一定会累坏的呢？"

颜阖笑道："东野稷的驾车技术我是知道的。他驾车不管前进后退，还是左旋右转，都合乎规矩，就连造父这样的人也无法超过他。刚才我碰到他的时候，他还在无止境地要求自己的马。所以我知道他的马必定会累坏了。"

卫庄公感慨地说："是啊！驾车不能超过马的限度，治理国家也是如此啊！"

（《离俗览·适威》）

【智慧解读】

凡事皆有度，善于驾车的人都是让马少拉轻载，手中拿着马鞭，不让马尽情地奔跑而过度消耗，这样才能行至千里之外。因此，高明的驾车手总是善于控制马奔跑的节奏，不让它超出极限，否则就会把马累坏。所以，高明的领导者统驭下属就像高明的驾车人一样，善于让下属发挥自己的才能，同时又不让他们超过限度，造成不好的后果。

卫灵公论宛春

有一年冬天，卫灵公下令调集民工在宫中挖一个大池塘。由于天气太冷，老百姓虽然心有怨言，却又不敢说。

大臣宛春知道了这件事后，便劝谏卫灵公："天气这么冷了还要兴办工程，恐怕会损害老百姓。"

卫灵公问："天冷吗？我怎么不觉得呢？"

宛春说："国君您穿着狐皮裘，坐着熊皮席，屋里又有火炉，当然不会觉得冷了。而现在老百姓的衣服破旧不堪，鞋子坏了都来不及修补。您确实是不觉

得冷，但百姓却感到冷得很！"

卫灵公点点头，称赞道："你说得很好，我马上下令停工。"他随即便下令停止了修池工程。

宛春告退后，侍从们都劝说道："国君您下令要民工挖池，您不知道天冷，而宛春却知道。因为宛春知道了天冷而下令停止工程，这样做会使感激归于宛春，而怨恨归于您。百姓会因此而喜欢宛春，憎恶国君您。这恐怕对国君不利吧！"

卫灵公

卫灵公对此不以为然，淡然一笑地说："你们太过虑了，不会这样的。宛春只是鲁国的一个平民，而我任用了他，老百姓对他还没有什么了解。现在我要让老百姓通过这件事了解他。而且宛春有善行就如同我有善行一样，宛春的善行不就是我的善行吗？"

（《似顺论·分职》）

【智慧解读】

卫灵公这样议论宛春，可以说是懂得为君之道了。做君主的人，本来就没有具体职责，而是要根据臣下的职位而委派他们的责任。事情做得好坏，由臣下负责；该赏该罚，由法律规定。君主何必亲自去做呢？只要规定臣下的职分就够了。这样一来，受赏的人也就无须感激谁，被处罚的人也无须怨恨谁，人人都只要反躬自省就够了。这是治理国家的最高明的做法。推而广之，今天的领导之法也不过如此而已。

齐简公拒谏遭祸

齐简公即位后，大臣陈常和宰予把持了齐国的朝政，但二人历来不和，经常争斗不休，结果弄得国中乌烟瘴气。但齐简公想坐山观虎斗，对此不闻不问。大臣诸御鞅看到这种情况，心中十分不安。

诸御鞅便找了个机会，向齐简公进谏道："陈常和宰予二人彼此之间非常仇恨，我担心他们会长期地互相争斗下去。如果现在不采取措施，让他们这样一味地争斗下去，就会危害到国君您了。"

"那该怎么办呢？"齐简公问。

诸御鞅说："请您罢免其中的一个就可以了。"

齐简公摇了摇头，不以为然地说："这不是你这样的浅陋之人所能知道的。"

诸御鞅见齐简公如此无视他的意见，不由得长叹一声，便辞官回家避祸。

过了没多久，陈常和宰予二人的矛盾果然激化了。于是陈常便在朝廷上攻打宰予。宰予便向齐简公求救，陈常也就一不做二不休，要杀齐简公。齐简公仓皇逃窜，最后在宗庙里被陈常追上了。齐简公在临死前长叹道："唉！只怪我不能采纳诸御鞅的意见，以至于遭到了今天的祸害啊！"

（《审分览·慎势》）

【智慧解读】

齐简公失去了驾驭臣下的方法，丧失了君主的权势，虽然最后后悔没有听从诸御鞅的意见，但这又与不后悔的结果有什么两样呢？失去了统率下属的方法，而去要求下属诚信，那么这种领导者就是很糊涂的，因为这样做无异于与虎谋皮。如果领导者失去了领导的威势，而又仗恃着拥有权力，那他就会很危险。这就正如能吞下船的鲸鱼到了陆地上就不能胜过蝼蛄蚂蚁一样。

秦穆公岐山失马

秦穆公执政的时候，秦国发生了旱灾，许多人都断了粮。

有一天，秦穆公亲自出行视察灾情。刚走到岐山，他的马车坏了，右边驾辕的马脱缰跑了。秦穆公又亲自带人去找马，终于在岐山南面找到了，但马正被一群农夫架在火上烤着吃。

秦穆公的侍从们十分生气，准备将分食马肉的人抓起来处罚，但穆公没有答应。经过询问才知道他们已经好几天没有吃上饭了。

秦穆公看着这些面有菜色的人，叹息道："吃了骏马的肉而不马上喝酒，恐怕会伤害你们的身体。"于是又送了一些酒给他们喝。

一年以后，秦国军队与晋国大军在韩原展开了激战。开战后不久，晋军攻势猛烈，秦军支撑不住，就连秦穆公的兵车都被晋军团团围住了。晋国大夫梁由靡已经抓住了秦穆公车子左边的马，晋惠公的车右路石举着长矛刺中了穆公的铠甲，穆公的七层铠甲已经击穿了六层。

秦穆公长叹道："我命休矣！"

正在这危急的关头，晋军后面突然杀出了一彪兵马，晋军的阵脚大乱。

秦穆公放眼望去，只见几百个农夫手持各色农具，奋不顾身地击杀晋军。过了一会儿他们就救出了穆公。

秦穆公脱险后，秦军的士气大振，结果反败为胜，全歼晋军，而且俘虏了晋惠公。

战斗结束后，秦穆公要重赏那些在战斗中突然杀出的农夫。谁知农夫们一起跪拜道："我们只是为了报答国君去年不杀赐酒之恩，并不是为了封赏而来。"

原来这些人就是以前在岐山分食马肉的农夫。

（《仲秋纪·爱士》）

【智慧解读】

《诗经》上说："君君子则正，以行其德；君贱人则宽，以尽其力。"意思是说，给君子做国君就要平正无私，借以让他们施行仁德；给卑贱的人做国君就要宽容厚道，借以让他们竭尽全力。所以说，君主施行仁德，爱抚人民，人民就会爱戴他们；人民如果爱戴他们的君主，那么就会乐意为其赴汤蹈火了。古语有云："士为知己者死，女为悦己者容。"那么怎样才能让人为知己者死呢？秦穆公与岐山农夫的故事告诉我们：要有仁爱之心。

秦晋殽之战

秦穆公打算发兵偷袭郑国。蹇叔劝阻说："我听说，偷袭他国城邑，用战车不能超过百里，用步兵不能超过三十里，而且都是赶在士兵士气旺盛和力量强盛时到达，因此进攻敌人能够消灭他们，撤离战场也能迅速离去。而现在出兵袭郑，行程几千里，又要穿过其他国家。我不知道这怎么可以呢！您还是慎重地考虑一下吧！"

"吾意已决，不必多言！"秦穆公坚决地否定了蹇叔的意见。

蹇叔将军队送到了城门外，哭着说："将士们啊！我看到你们出去却看不到你们回来啊！"

蹇叔的两个儿子申和视也与军队一起出征，他对儿子们说："晋国如果袭击我军，一定是在殽山。如果你们战死的话，不要死在南山边，而一定要死在北山边，以便我收尸时容易找到。"

秦穆公听说此事后，派人责备蹇叔说："我发兵出征，尚不知胜负如何。而你现在却哭着送行，这是给我的军队哭丧啊！"。

蹇叔回答说："我不敢给军队哭丧。只是我老了，有两个儿子都随军出征了。等到军队回来后，不是他们战死了，就一定是我死了，所以我才哭！"

秦国大军东行至周国的都城。王孙满从城门缝中观看秦军，回来对周王说："哎！这支军队必遭挫折。如果不遭挫折，以后我再也不谈论'道'了。"

周王说："何以见得？"

王孙满说："秦国非他国可比，它是周王室分封的诸侯国。它的军队经过天子的都城，应该收藏起铠甲兵器，战车上的甲士都应下车，以此表示向天子行礼。现在这支军队服装上下一色，但兵车上装备混乱，左边的将士不凭轼致敬，右边的人跃上车的有五百辆。这些人的力气固然很大，然而缺乏礼仪。这样的军队怎能不遭挫折？"

秦军过了周都后继续向东方挺进。此时郑国的商人弘高、奚施正西行至周做买卖，在路上遇上了秦军。弘高说："啊！这支军队是从很远的地方来的，这一定是去偷袭郑国！"

弘高立即让奚施回郑国报告，自己带着十二头牛来见秦军主帅，说："我国国君早就听说贵军要来了。但贵军迟迟未到，我国国君和士兵私下为贵军担忧，每天都为此而心情不愉快，惟恐贵军士兵疲惫劳困，干粮缺乏。怎么这么久才到呢？我国国君特意派我用璧犒劳贵军，并送上十二头牛作为膳食。"

秦军三位主帅一听弘高的话，面面相觑，过了一阵子才说："我们的国君没有合适的人可派遣，派了他的三个臣子丙、术、视到东方察看晋国的道路，没想到走过头，结果迷了路，误入贵国境内。"于是他们拜了又拜，接受了弘高的礼物。

弘高走后，三个主帅商议说："我们行军几千里，多次穿越他国土地去袭击郑国，结果还没到就让人家知道了。这样看来，他们的准备一定已经很充分了。"于是便决定回师秦国。

这时，晋文公刚刚去世，尚未安葬。先轸听说此事后对晋襄公说："秦国对我们的丧事不表示慰问，对我们的哀痛不表示忧伤，反而派军队多次穿越我国领土，这是忘掉了我们的先君，欺侮您年幼啊。他们这样无情无义，请允许我军去袭击秦军，这样可以使晋国更为强盛。"

"那好吧！"晋襄公想了想才答应。

于是先轸率领大军在崤山设伏，大败秦军，并俘获了秦军的三位主帅。

消息传回秦国后，秦穆公身穿丧服，到宗庙里哭告祖先，对众人说："上天不帮助秦国，才让我没有听从蹇叔的劝谏，以至于遭受了这样的祸患！"

（《先识览·悔过》）

【智慧解读】

如果洞深八尺，那么人的手臂就不能探到底了。这是为什么呢？是因为手达不到的缘故。同样，智力也有达不到的地方。如果智力达不到，那么游说的人即使再善辩，阐发的道理即使再精微，也无法让他体会到。秦穆公并不是想打败仗，而是因为智力达不到啊！智力不及就不听从蹇叔的话，而不听蹇叔的话，结果导致秦军的全军覆没。所以说，智力达不到所带来的危害真是太大了！

秦献公行赏公正

秦惠公死后，公子出子即位，由于年幼，人称"小主"。小主的母亲把持了国政，并重用奄变。奄变为人奸诈，不久就把秦国弄得一团糟。贤人们都心中不快，隐匿不出；老百姓也忧郁怨恨，民怨沸腾。

公子连此时正流亡在魏国，听到了这种情况以后十分高兴，就打算乘机回秦国夺取政权，取代小主为君。于是他借助秦国大臣和百姓的支持回到秦国，来到了郑所要塞。

郑所要塞的守将是右主然，他下令严加防守，不放公子连进去，还说："实在对不起公子了，我要坚守道义，不能同时侍奉两个君主，公子您还是快点离开这里吧！"

在不得已的情况下，公子连离开了郑所要塞，进入北狄，转道来到了焉氏要塞。守塞的菌改把他放了进去。小主的母亲和奄变听到这个消息大吃一惊，马上下令起兵攻打公子连。

秦国的将士们接到命令说："敌寇在边境上。"将士们在出发的时候都说："去迎击敌寇！"但走到半路时，将士们乘机发动了哗变，都说："我们不是去迎击敌寇，而是去迎接国君。"

于是公子连带领军队杀回了国都，小主的母亲自杀。公子连立为国君，这

就是秦献公。

秦献公登基后要重赏有功人员。他很感激菌改，想多多地赏赐他；同时又很怨恨右主然，想重重地处罚他。

大臣监突知道了秦献公的想法后，便谏诤道："国君这样做不行。秦公子流亡在外的很多。如果您这样做了的话，那么大臣们就会争先恐后地把流亡在外的公子放进国来。这对您是很不利的。"

"嗯……"秦献公想了想，称赞道："好，您说得很好！"于是他下令赦免了右主然的"罪"，而赐给菌改以官大夫的爵位，赏给守塞的士兵每人二十石米。

（《不苟论·当赏》）

【智慧解读】

秦献公可以说是善于使用赏罚了。大凡赏赐一个人，并不是因为喜爱他；处罚一个人，并不是因为憎恶他。赏罚应该是看一个人的行为将会导致什么结果来决定的。导致的结果好，即使是憎恶他，也要给予赏赐；导致的结果不好，即使是喜欢他，也要给予处罚。这样一来，不论是亲疏远近，还是贤与不肖的人都会竭尽全力地效劳了。这就是聪明的领导者使乱世转为太平，使危局转为平安的方法。

陈侯喜丑亡国

陈国有一个名叫敦洽雠麋的人，长相十分丑陋。他尖顶宽额，面色黑红，眼睛下垂到接近鼻子，胳膊很长，大腿向两侧弯曲，加上为人又很粗野，所以陈国人都很讨厌他。但陈侯见到他以后，却如获至宝，宠爱有加，居然对他委以要职，在宫外让他治理国家，在宫内让他管理自己的饮食起居。

楚王要盟会诸侯，陈侯有病，不能前往，于是便派敦洽雠麋到楚国去向楚王道歉。楚王对敦洽雠糜这个名字感到很奇怪，就很快地接见了他。

"啊？"楚王一见到敦洽雠糜就目瞪口呆了，"这个人真是太丑陋了！"楚王还怕自己以貌取人，便用言辞试探他。但是敦洽雠糜应答很不得体。于是楚王十分生气，马上把他赶出宫去了。

事后，楚王把这件事告诉了大臣们，并对他们说："陈侯不知道这个人不可以派遣出使外国，就是很不明智；而知道这个人不可以派遣却还要让他出使我国，那就是对我国的轻慢。为人轻慢而且还不明智，这样的人不能不讨伐！"于是楚王发兵攻打陈国，三个月后灭掉了陈国。

（《孝行览·遇合》）

【智慧解读】

丑陋足以惊吓别人，言论足以丧失国家，可是陈侯却对这样的人喜爱到了极点，认为没有人能超过他，直至亡国，喜爱的程度也没减弱。所以，不应该受赏识的却受到了赏识，结果一定会被废弃；而应该受到赏识的却没有受到赏识，这就是国家之所以混乱，世道之所以衰微的原因。天下百姓的愁苦劳碌也就因此而来了。

晋文公伐原

晋文公回国即位后不久，就试图重振晋国的雄风，以图霸业。他选择的第一个进攻目标就是原国。

晋军攻下原国，晋文公和士兵们约定用七天时间。晋军到了原国后，受到了顽强的抵抗。七天一晃就过去了，原国仍然没有投降。于是晋文公下令撤军回国。

谋士们急了，便劝阻说："原国就要投降了，现在撤军就会功亏一篑！"

将军们也说："请国君再给我们三天时间，我们保证攻下原国！"

晋文公坚决不同意："不行。我已经和士兵们约定以七天为期限，现在七天已过，我不能失去信用。信用乃是国家的珍宝。如果得到了原国就会失去珍宝，我决不能这样做。"于是晋军撤离了原国。

第二年，晋文公又亲自率领大军攻打原国。这一次，他与士兵约定：一定要得到原国才罢兵。原国人一听到晋文公和士兵的约定，马上就投降归顺晋国了。卫国人听到这件事后，认为晋文公的信用已经达到了极点，也就归顺了晋国。不久，晋文公就成了天下诸侯的霸主。

（《离俗览·为欲》）

【智慧解读】

诚信乃是人立世甚至是立国的根本。晋文公并不是不想得到原国，而是他懂得以不守信用为代价而得到原国，还不如不得到。他以诚信得到了原国，接着归顺的就不仅仅是卫国。晋文公以伐原而树立了诚信的榜样，还有谁不会归附呢？

齐桓公亲近小人

齐桓公依靠管仲的辅佐，九合诸侯，一匡天下，成了天下诸侯的霸主。做霸主的时间一长，齐桓公就有些忘乎所以了，开始亲近小人，贪图享乐。

管仲由于过度操劳，终于病入膏肓了。齐桓公心中十分悲痛，亲自赶到管仲家里探望。

齐桓公一见管仲那奄奄一息的样子，眼泪便掉下来了，他十分悲切地说："仲父您的病已经很重了，您还有什么话要教诲我吗？"

管仲无力地摆了摆手说："齐国的老百姓有一句老话说：'住家的人不用准备外出车上用的东西，而在外奔波的人也用不着家里的埋藏之物。'我是行将就木的人了，哪里还能讲以后的事情呢？"

齐桓公紧紧地握住了管仲的手，再三恳求道：“为了齐国的百姓，仲父您一定要教我！”

管仲看着齐桓公那么恳切的样子，问：“我的话您还肯听吗？”

“我一定会按照仲父的话去做！”齐桓公十分坚决地发誓。

管仲强打起精神，慢慢地说：“国家大计，以用人为先。我死了以后，请您务必疏远易牙、竖刁、常之巫和卫公子启方四人，他们对您不利，于国有害！”

齐桓公吃惊地问道：“易牙不惜煮了自己的儿子来满足我的口味，这样的人还可以怀疑吗？”

管仲说：“人爱自己的骨肉乃是人之天性，他为了取宠于您，连自己的儿子都狠心地煮死了，那么对您又怎么会热爱呢？”

“那竖刁为了侍奉我，不惜把自己给阉割了，这样的人难道不能亲近吗？”

“人的身体受之于父母，爱惜自己的身体也是人的本性，他连自己都狠心阉割，您想他还会去真心地爱别人吗？”

“常之巫能够明察生死，驱魔治病，这种人留在身边总没有什么事吧！”

管仲又摇头说：“死生有命，所谓鬼降给人的疾病是由于精神失常而引起的。他会让您不听天命，不重人事。而且他会借此无所不为，这种人更危险啊！”

“那……卫公子启方侍奉我都十五年了，他怕别人照顾不周，连他父亲死了以后，他都不肯回去奔丧。这样的人会有害吗？”齐桓公为这四个人做最后的辩护了。

管仲叹息道：“哎，一个连生身父亲都不爱的人，还能指望他去爱谁呢？凡是不惜一切手段博得您欢心的人大都是最危险的人。为了齐国的大业，请国君还是听我一句话吧，把他们赶出宫去。”

“那好吧，我一定按仲父的话去做！”齐桓公无可奈何地答应了。

管仲死后，齐桓公痛下决心，将易牙等四人驱逐出宫。但是，从此以后，齐桓公总觉得不太舒服，经常茶饭不思。

终于有一天齐桓公说："仲父也太过分了一点吧！谁说仲父的话都得要听呢？"于是在事隔三年后，易牙等四人又重新回到了齐桓公身边。

易牙、竖刁等人重回齐桓公身边后，更加受到宠爱，加上朝中又没有管仲这样的人约束桓公，四人更加胡作非为，不久就把齐国弄得乌烟瘴气，老百姓对此怨声载道。

第二年，齐桓公得了重病，他的五个儿子钩心斗角，都想乘机夺位。易牙等四人支持公子无诡。常之巫从宫中传出消息说："国君将在某日去世。"他们又堵塞宫门，筑起了高墙，不让别人进去。其他的公子自然不服，各自带兵进宫。一时间，宫中战斗不断，一片大乱。

可怜齐桓公奄奄一息却没人照料。有一天，一个宫女翻墙进了他住的寿宫。

齐桓公说："我要喝水，我想吃饭！"

宫女回答说："我找不到水和饭了！"

"怎么可能呢？"桓公不相信。

宫女说："常之巫已经从宫中传出话说：'国君将在某日去世。'易牙、竖刁和常之巫一起作乱，要支持公子无诡夺位。他们已经堵塞了宫门，筑起了高墙，不让别人进来。所以宫中现在找不到粮食和水了。"

"那卫公子启方呢？他在哪里？"

"他带了四十社的土地和人口归降了卫国。"

"啊？"齐桓公十分痛心，流着泪说："唉！我真后悔没听仲父的话啊！我还有什么面目去见仲父呢？"于是他用衣袖蒙住脸，死在了寿宫。

宫中大乱一直持续了六十七天，五个公子又各借外国军队打来打去。从此以后，齐国衰落下去了。

（《先识览·知接》）

【智慧解读】

齐桓公之祸是由于他不能始终听从管仲的忠告。他并不是轻视灾难和厌恶管仲，而是智力不及，缺乏远见，无法知道管仲的话是正确的，从而招致身死国破的祸患。因此，对于智力不及而缺乏远见的人来说，劝说的人即使是再善辩，也无法让他明白相信。有一个戎人看到别人晒布，但他从来没见过织布，就问："用什么东西织得这么长这么大呢？"晒布的人就指着一堆麻给戎人看。戎人却生气地说："这样乱糟糟的东西怎能织得出这么长大的东西呢？"齐桓公和那个戎人差不多，自己没有见识，却又自以为聪明，结果重则身死国破，轻则闹个大笑话。

伯成子高辞官

尧为天下之主的时候，伯成子高因功高而被立为诸侯。尧年老后把天子之位传给了舜，舜年纪大了以后也将帝位传给了禹。禹即位后不久，伯成子高就辞去了诸侯之位，回到老家种田。禹听到这个消息后马上赶往伯成子高的家里见他。禹到达他家的时候，伯成子高正在田里耕种。

禹快步地走到下风头，问道："尧治理天下的时候，您就已立为诸侯。而现在帝位传到我这里了，您却辞去了诸侯之位。这是为什么呢？"

伯成子高笑了笑，说："尧当政的时候，没有奖赏而人们却勉力向善，没有惩罚而人们却不敢为非作歹。人们不知道什么是怨恨，不知道什么是高兴，就像小孩子一样和悦。现在您当政，奖赏和惩罚都用得十分频繁，可是人们都在争利而且还不顺服，道德从此也就衰微了，谋求私利的事也从此兴起了，后世的混乱也就从此开始了。先生您怎么还不走呢？请您不要打扰我的耕种！"

伯成子高说罢，面带和悦之色播种，不再回头看禹。禹也没有办法，只好走了。

（《恃君览·长利》）

【智慧解读】

个诸侯，名声显赫荣耀，生活安逸快乐，后代也能得到好处。而这一切，

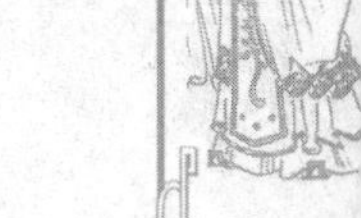

伯成子高不用问就能知道，然而他却推辞不做诸侯，是为了以此来制止后世的混乱啊！天下的杰出人士所考虑的是天下的长远利益，而自己必定是要身体力行：即使是对现在有加倍的利益，但只要是对后世不利，也决不会去做。即使是能够长久安定，只要这些是为自己的子孙谋利，也决不会去做。伯成子高与世上的贪婪之徒和见利忘义的人相比，虽然同样是人，但取舍的不相同，相差难道不是很远吗？

许由坚辞天下

尧治理天下的时候，许由是名闻天下的贤人。于是尧跑到大泽之中拜见了许由，恳切地对他说："十个太阳都出来了，火把却还不熄灭，这不是徒劳吗？您如果出来做天子，那天下就一定能够大治，我愿意把天下交给您治理。"

许由淡然一笑，推辞道："您这是为什么呢？要说是因为天下还不太平吧，可是现在天下已经太平了。要说是为了自己吧，可是桃雀在树林中筑巢，树木再多，自己也只不过是占据一棵树枝而已；水牛到河里喝水，河水再多，自己也只不过是喝饱肚皮罢了。您还是请回吧！我哪里用得着天下呢？"

说罢，许由就去了箕山脚下的颍水北岸，以种田为生，终生也没有过问天下之事。

（《慎行论·求人》）

【智慧解读】

许由坚决辞让天下并不是勉强做出来的，而是因为对生命的本性有所通晓，从而不想为外物所累。对性命之情有所通晓，就会摒弃不义不洁之利了，这样仁义之道就能得以推行了。

客人问东户季子

尧年老以后，想把天子之位传给舜。有些人对此很不理解，主要是因为他们不太相信舜能把天下治理好。

有一个客人拜访诸侯东户季子，交谈中也说起了尧要禅位给舜的事。东户季子认为舜可以胜任天子之职。客人便问："你根据什么知道舜有治理天下的能力呢？"

东户季子说："尧本来就已经治理好了天下，而舜谈论治理天下的策略符合尧的想法，所以可以知道他有治理天下的才能。"

客人接着追问："你虽然知道了他有治理天下的才能，但你又怎么知道他不会借此谋求私利呢？"

季子回答道："那些能够治理天下的人，一定都是通晓生命本性的人，应该是没有私心的了。"

（《似顺论·有度》）

【智慧解读】

人们夏天不穿皮裘衣服，并不是爱惜皮裘，而是因为这时候温暖有余；冬天不用扇子，并不是爱惜扇子，而是因为此时寒凉有余。圣人不谋求私利，并不是不爱惜财宝，而是因为他通晓性命之情，从而节制自己。一般的人如果能节制自己，那么就能抑制住贪心浊欲，更何况是大智的圣人呢？

商汤网开三面

商汤在郊外巡视，看见一个猎人四面设网，并向上天祷告说："从天上坠落的，从地上生出的，从四方跑来的，让它们都落在我的网里吧！"

商汤听完猎人的话，着急地说："嘻，要真是这样的话，禽兽就会被杀光了。除了桀那样的暴君，还会有谁做这种事呢？"

于是商汤命令猎人收起三面的网，只在一面设网，并且重新教他祷告说："从前蜘蛛结网，现在的人也学着织。禽兽想往左去的就向左去，想往右去的就

向右去，想往高处去的就向高处去，想往低处去的就往低处去，我只捕捉那些触犯天命的！"

汉水以南的国家的人听说了这件事以后，都说："商汤的仁德连禽兽都顾及到了。"于是便有四十个国家都归附了汤。

（《孟冬纪·异用》）

【智慧解读】

别人在四面设网，未必能捕到鸟；商汤撤去三面的网，只在一面设网，却由此而得到了四十个国家的归附，这不仅仅是捕捉飞鸟啊！万物对任何人都是一样的，但人们对它们的使用却各有不同，这便是治乱、存亡、死生的区别所在。在商汤看来，对动物的过多捕杀不仅直接残害了它们的生命，而且还显示了捕猎者的凶残。所以说，圣人之所以会成为圣人，就在于能通过小事表现出自己的道德修养，完善自己的道德形象。一个连鸟兽都不愿过多捕杀的人，决不会成为暴君。所以，国土广大，兵力强盛，未必安定；尊贵富有，未必显赫。关键在于如何使用它们。夏桀和商纣运用他们的才智却造成了他们的灭亡，而商汤和周文王运用他们的才智却成就了他们的大业。

周文王葬朽骨

周文王派人整修池塘，挖出了一具死人的尸骨，官吏将此事报告了周文王，请求将其弃之荒野。

周文王摇头说："重新安葬它。"

官吏说："这可是一具没有主人的尸骨啊！"

周文王严肃地说："拥有天下的人是天下之主，而拥有一国的人是一国之主。现在我难道不是它的主人吗？"

"这个……"官吏语塞了。

于是周文王下令用衣棺将这具尸骨改葬在别的地方。

天下人听到这件事后都说："周文王真是贤明啊！连死人的尸骨都受到了他的恩泽，更何况是活着的人呢？"

（《孟冬纪·异用》）

【智慧解读】

有的人得到宝物却使自己的国家陷入了危险之中，而周文王得到了一具朽骨就能借它表白自己的仁德。所以，在圣人的眼中，万物没有无用的。

楚庄王伐陈

楚庄王打算讨伐陈国，一边做准备，一边派人去陈国察看虚实。

不久，侦察人员回来禀报说："现在恐怕不能伐陈！"

楚庄王问："为什么？"

侦察的人回答说："我看见陈国的城墙修得很高，护城河也挖得很深，再加上陈国的仓库里又积蓄了很多的粮食和财物。如果我军此时出兵，恐怕一时很难取胜！"

"那……该怎么办呢？"楚庄王看了看大臣们，问，"是不是停止伐陈？你们说呢？"

大臣宁国想了想，说："不，照这样说来，我军完全可以一举拿下陈国。"

"为什么？根据现在侦察到的情况来看，陈国的防备力量很强，加上储备又足，我军确实一时难以得手。"楚庄王有些不相信他的话。

"陈国只是一个小国，但是其蓄积的粮食和财物却那么多，这说明它的赋税很繁重，那么老百姓就会怨恨国君了。城墙修得那么高，护城河挖得那么深，那么民力就会凋敝了。如果我们现在起兵伐陈的话，陈国唾手可得。"宁国胸有成竹回答道。

"嗯，很有道理，马上出兵！"楚庄王高兴地同意了宁国的意见。

果然不出宁国所料，陈国的老百姓早就怨恨陈国国君的横征暴敛了，楚国大军一到，都无心抵抗，一战即溃，楚军大获全胜。

（《似顺论·似顺》）

【智慧解读】

世界上有很多事情表面上似乎悖理，但其实是合理的，也有许多事情表面似乎合理，其实是悖理的。白天到了最长的时候就要反过来变短，而到了最短的时候又会反过来变长，这是自然的规律。如果有人知道表面合理的东西其实悖理，表面悖理的东西其实合理的道理，那他就深知事物发展变化的辩证法了。宁国正是这样的人，他善于辩证地分析问题，能够透过现象看到本质，从陈国表面的繁荣富强看到了其掩盖的种种弊病，这样的洞察远非一般人所及，真是所谓的'见一叶落而知天下秋'。所以，我们认识事物，只有从事物的联系、发展和转化入手，深入地进行分析，才能获得合乎实际的认识。

二、臣道篇

得贤人，国无不安，名无不荣。

——《慎行论·求人》

士之为人，当理不避其难，临患忘利，遗生行义，视死如归。有如此者，国君不得而友，天子不得而臣。大者定天下，其次定一国，必由如此人者也。

——《季冬纪·士节》

石可破也，而不可夺坚；丹可磨也，而不可夺赤。坚与赤，性之有也。性也者，所受于天也，非择取而为之也。豪士之自好者，其不可漫以污也，亦犹此也。

——《季冬纪·诚廉》

田赞谏楚王

　　楚王喜欢穷兵黩武，结果弄得邻国不得安宁，楚国因此也民不聊生。齐国的贤士田赞决定去游说楚王。

　　田赞穿着十分破旧的衣服去拜见楚王。楚王早就听说田赞是个有名的贤人，一听他要来拜见自己，便十分高兴地接见了他。

　　见到名闻天下的贤人居然穿着这么破旧的衣服，楚王不由得皱了皱眉头，惊讶地问："先生您的衣服怎么如此破旧啊？"

　　田赞笑着回答道："我这衣服虽然破旧，但还不是最坏的，还有比这更坏的衣服呢！"

　　"嗯？可以说给我听听吗？"楚王好奇地问。

　　田赞说："铠甲比这更坏！"

　　"不至于吧！不过我倒要听一下先生的解释。"

　　"铠甲冬天穿上冷，夏天穿上热，可以说没有什么衣服会比它更坏。我很贫困，所以穿的衣服这么破旧。但现在大王您是大国的君主，富贵无比，却喜欢拿铠甲这样糟糕的衣服让您的百姓穿。我觉得您这样做很不明智！"

　　楚王一听这话很不高兴，责备道："先生您不会是来充当哪个国家的说客吧？"

　　田赞从容地说："怎么会呢？我这是为您着想啊！也许您这样做是为了行仁义。但是，铠甲的事是关于战争的事啊！是砍断人家的脖子，挖空人家的肚子，毁坏人家的城池，杀死人家的父子的事。这样做名声又很不好听。如果说这样做是为了获得实际的利益。但是，如果您要谋划损害别人，别人也必定会谋划损害您自己；如果谋划让别人遭到危险，别人也必定会谋划让您遭到危险。其实您是很不安全的。这两种情况，我认为大王您还是不要选择。"

　　楚王一时无话可说，过了好久才说："先生您说得很对，多谢您的指教，我明白您的意思，我一定会改正以前的错误。"

（《慎大览·顺说》）

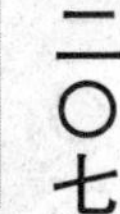

【智慧解读】

田赞劝说人可谓是善于因势利导。他劝楚王罢兵并没有像一般人那样开门见山地以仁义的大道理劝说，而是以自己的破旧衣服引起楚王的注意和议论，从而对其讲清利益关系，最终说服了楚王。所以说，善于因势利导，那么贫贱的就可以胜过富贵的，弱小的就可以制服强大的了。

田骈论客

战国时的道家大师田骈名闻天下，经常有人不远千里来拜他为师或向他讨教。

有一天，田骈家又慕名来了一位客人。这位客人的服饰合于法式，进退合于礼仪，举止娴静文雅，言辞恭顺敏捷。田骈的弟子们见了他以后都露出了惊奇的神色，心想老师肯定会欣赏这位客人，甚至收他为徒。但是田骈并不动声色，而是仔细地观察客人的言谈举止。

一番客套过后，客人向田骈表示了自己的请求：“我久慕先生的才学，今天特来拜先生为师，万望先生不嫌弃！”

田骈摇了摇头，婉言谢绝道：“我才疏学浅，有负先生的厚爱，您还是另寻明师吧！”不管客人如何请求，田骈最终还是不答应，客人只得告辞而去。

在客人离去的时候，田骈一直目送着他消失在视线中。客人走了以后，弟子们都觉得不理解，便问田骈：“老师为什么拒绝了客人的请求呢？我们看客人的举止，觉得他应该是一位国士啊！”

田骈摇头说：“不，他恐怕不是士啊！他的举止虽然不凡，但未必有士的心志。据我观察，刚才来客掩蔽收藏的地方，正是士要申说施行的地方；而士要掩蔽收藏的地方，也正是来客申说施行的地方。我认为他并不是个士，所以不收他为学生。”

（《士容论·士容》）

【智慧解读】

如果火光只照亮一个角落。那就会有半间房子没有光亮。如果骨骼过早地长成，质地就会疏松不实，身材也一定长不高大。如果常人不谋求道义，只是拘谨于外在的仪表，就会华而不实，巧诈多端。君子的仪容风范就像昆仑山的玉石一样美好，像高山上的大树一样挺拔，他们内心朴实、言行谨慎、敬畏教令，而不敢骄傲自满。田骈之所以看出来客不足为徒，是发现他只注重外在的仪表，缺乏士的心志。

石渚为国甘愿受罚

楚昭王时，楚国有个贤士名叫石渚。他为人公正无私，深受国人的敬重。楚昭王十分信任他，让他做了司法官。

有一天，有个人在大路上杀了人。石渚闻讯后马上带人追捕杀人犯，没用多久，那人便被抓住了。石渚一看，啊，竟然是自己的父亲！石渚差点没晕过去。过了好一阵子，石渚才挥了挥手，吩咐手下人把自己的父亲给放了。

放走了父亲以后，石渚掉转车头回到朝廷，他站在殿上对楚昭王说："杀人者是我父亲。作为儿子，要对父亲施加刑法，我不忍心；而作为司法官，偏袒有罪之人，废弃国家的刑法，又是违法的。执法有失要受到惩处，这是臣子应该遵守的道义。请大王依法处我死刑吧！"

楚昭王问明情况后，叹了口气说："追赶杀人犯没有追上，哪里非要受处罚呢？你不必这样，我不会追究的，你还是继续做你的司法官吧！"

"不！"石渚坚决地说，"不偏爱自己的父亲，不能算作孝子；而侍奉君主却违法曲断，不能算是忠臣。现在您下令赦免我，这是君主的恩惠；而不敢废弃国家的法令，则是大臣的操行。"石渚说完后便拔剑自刎而死。

（《离俗览·高义》）

【智慧解读】

按照公正的刑法，杀人者理应处死。父亲犯法，自己不忍心对他处以极刑；而君主赦免了自己，却不肯接受。作为大臣，石渚的选择在古时候可以说得上是又忠又孝了。虽然今天我们并不赞同石渚所做出的选择，但他有一点值得肯定，值得我们学习。这就是，君子的所作所为必须遵守道义的原则。如果自己理应受罚，哪怕是得到了赦免，也不应该因此而原谅自己、躲避惩罚。

墨子无功不受封赏

墨子派学生公上让去越国宣传自己的政治主张。公上让见到越王以后向他详细阐述了墨子的主张。越王听了十分高兴，便对公上让说："如果您的老师愿意来到敝国的话，我愿把过去吴国的阴江沿岸三百社的土地封给他老先生。"公上让欣然同意将越王的话转告给墨子。

公上让回来后向墨子转告了越王的话，并问："先生您愿意接受越王的封赏吗？"

墨子并没有直接回答，反问道："你觉得越王会听从我的意见，实行我的主张吗？"

公上让想了想，回答道："据我私下观察，恐怕不能。"

"那我就不能接受越王的封赏了！"

"为什么？我们可以以封地为根据地实行我们的主张！"

墨子叹了口气说；"唉，不仅是越王不了解我的心意，就连你也不了解我的心思。假如越王会听从我的意见，实行我的主张，我自然会量体裁衣，看菜吃饭。如果越王不听我的话，不采纳我的主张，即使是把整个越国都给了我，我也用不着。既然越王根本不会听从我的意见，不采纳我的主张，如果我接受他的封赏，那就是拿原则做交易。如果要拿原则做交易，又何必舍近求远地跑到越国去呢？那我早就在中原各国做成了。"

公上让羞愧地说："多谢老师的教导，学生实在是有些浅薄！"

（《离俗览·高义》）

【智慧解读】

君子自身的所作所为，必须遵循义的原则。君子有功就接受相应的奖赏，有罪就接受相应的惩罚。如果不该受赏，就要谢绝，否则就是拿义的原则做交易。墨子本来可以得到越王的封赏，但他却谢绝了，正是因为担心这样做会损害自己的道义。

子罕论宝

子罕做宋国执政大臣的时候，清正廉洁，深得民心。

有一天，一个农夫耕地时挖出了一块宝玉，就将它献给子罕。

子罕推辞说："这个宝玉我决不能收。"

农夫恳切地请求道："这是我的宝物，希望相国赏小人的脸，收下它吧！"

子罕淡然一笑，说："你把宝玉当作宝物，而我却把不接受别人的赠物当作宝物！"

农夫听了子罕的话后便羞愧地告退了。

宋国德高望重的人听说此事后说："子罕不是没有宝物，而是他的宝物与别人不同啊！"

（《孟冬纪·异宝》）

【智慧解读】

假如现在把黄金和饭团放在小孩面前，小孩一定会去抓饭团；把和氏璧和黄金摆在鄙薄无知的人面前，他一定会取走黄金；而把和氏璧和道德的至理名

言放在贤人面前，贤人取走的一定是至理名言。他们的智慧越精深，所取的东西就越珍贵；他们的智慧越低下，所取的东西就越粗陋。

子产诵诗安郑国

春秋时，郑国位于中原的枢纽位置，处在秦、楚、晋各个大国的包围中。列强都对郑国虎视眈眈，因为谁控制了郑国就可以取得战略上的优势地位。

子产在郑国执政的时候，晋侯想进攻郑国，于是派叔向到郑国访问，以刺探虚实。

叔向来到郑国以后，子产接见了他。子产早已接到密报，得知晋军正在积极备战，也就知道了叔向的来意。在宴会上，子产借机诵诗道："如果你心里思念我，就请提起衣服涉过洧河；如果你不再把我思念，难道我就没有其他伴侣可选？"

叔向听了子产的诗后心中暗暗称奇，第二天便告辞回晋国。

回到晋国后，叔向对晋侯说："郑国进攻不得！"

"为什么？我国军队已经做好了进攻的准备。"晋侯问。

叔向说："郑国与楚国、秦国相邻，现在郑国的执政大臣子产是个贤人，他在宴会上所赋的诗意味很深，所以说现在不能伐郑。"

晋侯听后认真地考虑一下，说："好吧！"于是下令罢兵。

孔子对此事评论说："《诗经》上说得好：'国家的强大完全取决于贤人'，子产只是诵诗一首，郑国就免遭兵祸了，可谓一言九鼎。"

（《慎行论·求人》）

【智慧解读】

子产只赋诗一首就能退晋军于千里之外，这说明，要想国家安宁，天下太平，必须依靠贤人治国。从《春秋》的记载来看，从鲁隐公到鲁哀公一共十二代，在这期间，诸侯获得君位和失去君位，其原因都是一样的：得到了贤人，国家没有不安定的，名声没有不显赫的；而失去了贤人，国家没有不危险的，名声没有不蒙受耻辱的。

伯夷与叔齐

商纣末年，也就是周朝将要兴起的时候，孤竹国有两位贤人，名叫伯夷、叔齐。他们听说周文王很贤明，便在一起商量说："听说西方有位西伯，是位仁德之君，我们待在这里干什么呢？不如去投奔他吧。"于是二人西行到周国去。

当伯夷、叔齐二人走到岐山南面的时候，周文王却因病而故去了。周武王继位后，积极宣扬周德，准备讨伐商纣。

周武王派叔旦找到胶鬲，与他盟誓说："让你俸禄增加三倍，官居一品。"又派保召公找到微子启，与他盟誓说："让你世代当诸侯之长，保卫商朝的祭祀，把孟渚作为你的封地。"周武王就这样不断地联络四方的力量，共同反商。

伯夷

伯夷和叔齐听说这些事以后，相互看了看，摇了摇头。伯夷笑着说："哎，这可跟我们原来听说的不一样啊！这并不是我们所说的'道'。从前神农氏治理天下，四时祭祀恭恭敬敬，但并不是为了求福；对百姓以忠信为怀，尽心尽力，而无所求。从不利用别人的失败使自己成功，不利用别人的卑微使自己高尚。如今的周王看到商纣淫乱，便急急忙忙地替他纠正，替他治理，这是崇尚计谋，借助贿赂。把杀牲盟誓当作诚言，以此来宣扬德行，还用宣扬吉梦来取悦大家。用这样的做法来取代商纣，也是用悖乱来代替暴虐。我们该怎么

办呢？”

叔齐想了想，说：“我听说古代的贤士在太平之世不会回避自己的责任，在动乱之世也不苟且偷生。如今天下大乱，周德衰微。与其依附周王使我们的名节受到玷污，还不如远走高飞，让我们的德行清白高洁。”

于是二人一直向北走，结果饿死在首阳山下。

（《季冬纪·诚廉》）

【智慧解读】

人之常情，无不有所重，无不有所轻。有所重就会保全它，有所轻就会拿来保养自己所珍视的东西。伯夷和叔齐都舍弃生命来坚守自己的节操，这是由于他们心目中的轻重早就确定了。虽然他们的言论在今天看来是过于迂阔，但其气节确实值得学习。

腹䵍大义灭亲

战国时，墨家大师腹䵍住在秦国，深受秦惠王的信任。

有一天，腹䵍正在家里读书，突然家人来报告说：“公子在街上杀了人，现在已被司法官逮捕了。”

他的妻子听到消息后，哭着对腹䵍说：“我们就只有这一个儿子，你是不是去秦王那里求求情，救儿子一命吧！”

“不行，这是违反我们墨家法律的事！”腹䵍斩钉截铁地说。

正在这个时候，秦惠王派人请腹䵍进宫。

秦惠王一见到腹䵍就说：“您儿子的事我已经知道了。先生您的年纪已经这么大了，又只有这么一个儿子。我已经下令不杀他了。我知道先生您很公正，不会徇私情的，但在这件事上还希望您能听我的话吧！”

腹䵍严肃地回答道：“我们墨家的法律规定：‘杀人者处死，伤人者受刑。’

这样做的目的是为了严禁杀人和伤人。而严禁杀人和伤人是天下的大理，是不可违背的。多谢大王的美意，您虽然赐给我恩惠，命令司法官不杀我的儿子，但我却不可以不执行墨家的法律。"

最后，腹䵍还是忍痛让司法官依照法律处死了自己的儿子。

（《孟春纪·去私》）

【智慧解读】

墨家大师腹䵍却能忍痛杀掉自己的儿子去遵行天下大理，可以算得上公正无私了。但是令人惊讶的是，腹䵍自己的德行如此之高，却养了一个违法杀人的不肖之子，看来腹䵍也应该对其子之杀人负有一定的责任。如果原先把儿子教育好了，不就会没有这场悲剧的发生吗？时至今日，我们仍然可以看到不少领导自己功勋卓著，却有违法乱纪的不肖子孙。事发之后，有人包庇子孙，结果身败名裂；有人大公无私，深得腹䵍遗风，但其子孙已经对社会造成了危害。如果未雨绸缪，先行教育好子孙，不就避免了很多问题吗？

祁黄羊举贤不避嫌

晋平公执政的时候，大夫祁黄羊深受平公的信任。无论大小事务，平公都要与祁黄羊商量。

有一天，晋平公问祁黄羊："南阳缺一个县令，您认为谁可以担任这个职务呢？"

祁黄羊想了一下，回答道："解狐可以！"

"啊？解狐不是你的仇人吗？"晋平公十分惊讶。

祁黄羊严肃地说："国君您问的是谁可以担任这个职务，而不是问谁是我的仇人啊！"

"好，好，很好！"晋平公连声称赞。

于是解狐就担任了南阳县令。他上任后，工作勤恳认真，当地的老百姓都很满意。

过了一段时间，晋平公又问祁黄羊："军队里缺个军尉，您认为谁可以胜任呢？"

祁黄羊说："祁午可以胜任。"

这回晋平公又吃了一惊，问："祁午不是您的儿子吗？您怎么直接推荐自己的儿子呢？"

祁黄羊认真地回答道："我并没有搞错，您问的是谁可以担任军尉，而不是问谁是我的儿子啊！"

晋平公又笑着称赞道："好，很好！您真是公正无私啊！"

于是祁午当上了军尉。不久以后，将军和士兵都对他十分赞赏。

孔子听说此事后，称赞说："祁黄羊的言行真是君子风采啊！推举外人不回避仇敌，推举亲近的人不回避儿子！"

（《孟春纪·去私》）

【智慧解读】

向国家举荐人才是一件严肃的事，只有心底公正无私的人才能达到"外举不避仇，内举不避亲"的境界！但是，现代人似乎将这两句话拆开来用了。"外举不避仇"是根本无法做到的，而"内举不避亲"却是某些领导经常挂在嘴边的一句话。乍看起来，这种人很是大公无私，可仔细考察一下，就会发现"内举不避亲"已经成了"任人唯亲"、营私舞弊的遮羞布！

介子推归隐山林

春秋时，晋国的公子重耳在骊姬的陷害下，被迫流亡国外十九年，他在赵衰、介子推等人的辅佐下，历尽千难万险，终于回国取得了君位，这就是晋文公。

晋文公即位后，大赏有功之人，而介子推不肯接受封赏。晋文公此时正着手图谋霸业，也没有怎么顾及他了。于是介子推写了一首诗说："有龙飞翔，遍行天下。五蛇追随，甘当辅佐。龙返故乡，得其归所。四蛇追随，享其恩泽。一蛇羞惭，枯死荒野。"

介子推把这首诗挂在晋文公居住的宫室的大门上，然后隐居到深山里去了。

晋文公看到了这首诗后，十分羞愧，叹息道："这一定是介子推写的，他是在指责我啊！"

于是他离开宫殿居住，改穿凶丧之服，以示自责，并且诏告全国："有能找到介子推的，赏赐上卿爵位，土地田百万亩！"

有人在山里碰见了介子推，看见他背着釜，上面插着一把伞，就问他："请问您知道介子推住在哪里吗？"

介子推笑了笑，说："那个介子推如果不想做官而要隐居的话，我怎么会知道他呢？"说罢转身就走了，终生没有出山做官。

（《季冬纪·介立》）

【智慧解读】

靠富贵受人拥戴很容易，靠贫贱受人拥戴就很难了。从前晋文公流亡国外十九年，浪迹天下，贫困极了，然而介子推一直没有离开他，这是因为重耳具有受他拥戴的德行。重耳回到晋国后，成了一国之君，然而介子推却离开了他，这是因为晋文公此时已经没有了受他拥戴的德行。困难的事情能够做到，而容易的事情却不能做到，这正是晋文公不能成就王业而只能成就霸业的原因。介子推节操高洁、独立于世，可以算得上真正的士了！

弘演保全卫国

卫懿公十分喜欢养鹤，不仅供给白鹤以精美的食物，甚至还给它们封官。

卫国人都对此十分痛恨。

大臣弘演出使国外的时候，狄人攻打卫国，卫懿公下令迎战，但国人们说："国君给予官位俸禄的是白鹤，赐予富贵的是宫中的侍从，国君还是让宫中的鹤和侍从去迎战吧！凭什么让我们去打仗呢？"于是便溃散而去。

狄人不费吹灰之力便占领了卫国，在荥泽抓住了卫懿公，把他杀了以后还吃光了他的肉，把他的肝扔在路边。

弘演出使归来，找到了卫懿公的肝，并向其复命。复命完毕后，他一边呼叫着上天，一边放声痛哭，表达完哀痛之情后停下来说："我愿给国君作躯壳！"说完他就剖开腹部，先把自己的肝取出来，再把卫懿公的肝放入腹中，而后就死了。

齐桓公听说此事后叹息道："唉，卫国的灭亡，是因为卫君荒淫无道，而今有了像弘演这样的大臣，我必须让卫国生存下去！"于是出兵驱逐了狄人，在楚丘重建了卫国，使卫国的宗庙得以延续。

（《仲冬纪·忠廉》）

【智慧解读】

弘演杀身舍生为昏君而死，这种"忠"固然是一种愚忠，但结果却使卫国的宗庙得以重建，国家得到了延续，可谓死得其所。他的死用孟子所说的"杀身成仁"来评价并不为过。齐桓公敏锐地看到这种"忠"的价值，以此为理由帮助卫国重建宗庙，既可得义君之名，又可网罗忠臣之心，可谓老谋深算、一举两得。

惠盎见宋康王

惠盎以好行仁义而名闻于宋国，而宋康王喜欢勇力，他不喜欢惠盎以仁义为本的政治主张。

有一天，惠盎拜见宋康王。宋康王见到惠盎后便跺着脚，大声地咳嗽着，说："我所喜欢的是勇武有力的人，并不喜欢好行仁义的人。先生您将对我有什么教诲啊？"

惠盎笑着说："我有这样一种道术，可以使人虽然勇武，却刺不进您的身体；虽然有力，却击不中您。大王您难道无意于这种道术吗？"

宋康王高兴地说："好，太好了！这正是我想要听的，请您赶快说给我听吧！"

但是惠盎又说："虽然刺不进您的身体，击不中您，但您还是受辱了。我还有一种道术，可以使人虽然勇武却不敢刺您，虽然有力却不敢击您。大王您难道无意于这种道术吗？"

"那就更好了，您就快点说吧！"宋康王有点迫不及待了。

"但是，那些人虽然不敢刺，不敢击，但并不是没有这样的想法。我还有一种道术，可以使人根本就没有这样的想法，大王您觉得怎么样？"

"这太好了，但我不明白它是什么样子的？"宋康王被惠盎所说的道术给迷住了。

"但那些人虽然没有这样的想法，却还没有爱您使您得利的心。我还有一种最高明的道术，可以使天下的人都愉快地爱您，使您得利。这就胜过了勇武有力，居于我刚才说过的四种人之上了。大王您想了解这种道术吗？"

"竟然有这样的道术？！"宋康王有些迷惑不解了。

惠盎见宋康王被自己的话迷住了，便认真地说："孔丘、墨翟的品德就能这样。孔丘和墨翟两人虽然没有领土，但是他们却像君主一样得到了尊荣；他们虽然没有官职，却能像长官一样受到了尊敬。天下之人没有不伸长脖子、抬起脚跟来盼望他们，希望他们平安顺利的。现在大王您是拥有万辆兵车的大国君主，如果真有这样的志向，那么在四方边境之内就能得到您的利益了，老百姓对您的爱戴也就能远远超过孔丘和墨翟了。"

"啊？原来最高的道术就是……"宋康王一时无话可说。于是惠盎就快步

走了出去。

惠盎走后，宋康王对身边的人说："很善辩啊！惠盎先生只用几句话说服了我。"

（《慎大览·顺说》）

【智慧解读】

宋康王是一个平庸的君主，但是他还是被说服了，这是因为惠盎能够因势利导，善于劝说。善于劝说的人就像灵巧的人一样，善于借助对方的力量而据为己用，顺着他的来势加以引导，顺着他的出现和发展而出现和发展，就如同喊声与回声一样相随。随着他的兴盛而兴盛，随着他的衰微而衰微，以便因势利导，达到自己的目的。即使他的力量不大，才能不强，也能控制命运。顺着风呼叫，声音并没有加大，可是别人能从远处听见；登上高处眺望，眼睛并没有增亮，然而可以看得远。这是因为所凭借的东西有利啊！

士为知己者死

齐国的相国静郭君家里养了许多门客，但他最喜爱的是剂貌辨。剂貌辨这个人毛病很多，其他的门客都不喜欢他。门客士尉为此而劝告静郭君，但静郭君不听，于是士尉离开了静郭君。

静郭君的儿子孟尝君也为此而劝说静郭君，他听后勃然大怒道："即使把你们都杀死，把我家拆得四分五裂，只要能让剂貌辨先生感到满意，我也在所不惜！"静郭君反而让剂貌辨住在上等客房，并要儿子侍奉他，早晚进献食物。

过了几年，齐宣王死了，齐闵王继位。静郭君与齐闵王不和，被迫辞去了相国的职务，回到封地薛城。这时候，门客都已散去，只有剂貌辨还和他在一起。

回到薛地后不久，剂貌辨请求回国都游说齐闵王。静郭君劝阻道："大王很不喜欢我，先生您要是去了，一定会受害的！”

剂貌辨轻松地说：“我本来就不是去求活命的，我一定要去！”静郭君只好放他去国都。

剂貌辨到了国都后，请求拜见齐闵王。齐闵王十分恼怒，见到剂貌辨后就说：“你就是那个让静郭君言听计从、宠爱无比的人吧！”

剂貌辨微微一笑，回答道：“喜爱是有的，至于言听计从，根本就谈不上！”

“哦?”齐闵王感到奇怪了，“怎么会呢?”

剂貌辨不紧不慢地说：“当初大王还是太子的时候，我曾对静郭君说：‘太子耳后见腮，眼斜偷视，相貌不仁。这种人会悖理行事。我看不如将其废掉，改立卫姬的儿子校师为太子。’静郭君听了流着泪对我说；‘不行。我不忍心这样做。’如果当初静郭君听了我的话，今天也就不会有这样的后果了。这是一个例子。我们回到薛地后，楚国的相国昭阳请求以大过薛地三倍的土地来交换薛地。我又说：‘这样的好事一定要答应。’静郭君又摇头说：‘我从先王那里得到这块土地，现在虽然被后主讨厌。但如果我把薛地换给了楚人，那我又怎么向先王交代呢？再说先王的宗庙还在薛地，我又怎么可以把先王的宗庙让给楚国呢?’他最终还是没有听我的话。这又是一个例子。”

听到这儿，齐闵王长叹一声，很激动地说：“静郭君对我竟爱到了这种地步，我年纪幼小，都不知道这些事情。还请先生替我把静郭君请回来好吗？”

“遵命！”剂貌辨高兴地答应了。

于是静郭君又回到了国都。他穿着宣王所赐的衣服，佩戴着宣王所赐的宝剑。齐闵王亲自到郊外迎接，远远地望见静郭君就流下泪来。齐闵王恳请静郭君重新担任相国一职，静郭君再三推辞，不得已才接受下来。

（《季秋纪·知士》）

【智慧解读】

即使有千里马，但如果没有善于相马的伯乐，仍然不会被人重用。伯乐与千里马必须相互依赖才能成名，这就像鼓槌和鼓彼此相依一样。国士中也有超群出众的千里马，能够让国士驰骋千里的，大概只有贤人了。静郭君可谓知人善任了。正因为此，所以别人的非议怎么也妨碍不了他。这也正是剂貌辨之所以会将生命和欢乐置之度外，而为静郭君奔赴患难的原因啊！静郭君能够慧眼识英才，而剂貌辨懂得知恩图报，二人可谓是名副其实的伯乐与千里马了。

淳于髡说动齐宣王

孟尝君住在封地薛的时候，遭到了楚国军队的攻击。这时候，淳于髡从楚国出使回来，路过了薛，孟尝君对他礼遇有加。

几天后，孟尝君亲自将淳于髡送到了郊外，并对他说："现在楚国人正在攻打薛，如果先生您不为此担忧，恐怕我再也不能侍奉您了。"

淳于髡恭敬地回答："我明白您的意思了！请放心吧！"

淳于髡回到齐国后，向齐宣王禀报了出使的情况。齐宣王问："您到楚国感觉如何？"

淳于髡说："楚国很贪婪，薛也自不量力。"

"嗯？"齐宣王十分不解，"先生您说的是什么意思？"

淳于髡不紧不慢地解释道："薛自不量力，为先王立了宗庙。楚国贪婪而出兵攻打薛，薛的宗庙也必定危险。所以我说薛自不量力，楚国也太贪婪了。"

"啊？"齐宣王马上变了脸色，说："哎呀！先王的宗庙在那里啊！"

于是齐宣王立即发兵救薛，薛地由此而得以保全。

（《慎大览·报更》）

【智慧解读】

如果淳于髡趴在地上请求，跪拜着请求，即使能得到援救，也是很少的。但淳于髡是个善于劝说的人，他陈述形势，讲述主张，能使被劝说者看到别人危急，就像自己处于危难之中。既然做到了这一步，又哪里用得着极力劝说呢？如果还要极力劝说就鄙陋了。所以说，劝说他人而未被听从，责任不单单在被劝说的人，也在劝说者自己。

公孙弘不辱使命

孟尝君当上了齐国的相国后，想要合纵抗秦。

门客公孙弘对他说："您不如先派人去秦国观察一下秦王，如果秦王是一个具有帝王之资的人，您恐怕连当大臣的机会都没有，哪里还顾得上与秦国作对呢？如果秦王是个不肖的君主，那时您再合纵抗秦也不迟呀！"

孟尝君考虑了一下，说："那好，我就请先生您亲自跑一趟吧。"

"好的。"公孙弘于是带了十辆车来到了秦国。

秦昭王听说此事后有些恼火，想用言辞羞辱公孙弘，等他一到秦国马上就接见了他。

秦昭王问："薛地有多大的面积啊？"

公孙弘回答道："方圆一百里左右。"

"哈哈，"秦昭王大笑起来，"我的国家土地纵横数千里，尚且不敢与谁作对。如今孟尝君的封地才不过区区百里，就想和我作对，是不是有点自不量力？"

"孟尝君喜爱士，而大王您却不喜爱士！"公孙弘不卑不亢地回答。

"哼哼，孟尝君喜爱士又能怎么样？"秦昭王冷笑着问。

公孙弘十分庄重地说："信守节义，不向天子称臣，不与诸侯交友，如果得志的话，就是做了君主也不惭愧；若不得志，就连大臣也不肯做。像这样的士，孟尝君门下有三位。善于治国，可以当管仲、商鞅的老师，其主张如果付诸实施的话，可以使君主成就王霸之业。像这样的士，孟尝君那里有五人。担任使者，遭到拥有万辆兵车的国君的侮辱，退下自刎，但一定要用自己的血污染对方的衣服。就像我这样的，孟尝君那里有七个。"

秦昭王一听此话，心中十分惊讶，马上笑着向他道歉："先生您何必如此呢？我对孟尝君还是很友好的，希望您回去后能向他表明我的心意。"

公孙弘凭借自己的胆识终于胜利地完成了出使秦国的使命，安全地返回了齐国。

（《季冬纪·不侵》）

【智慧解读】

公孙弘可以称得上凛然不可侵犯了。秦昭王是秦国的国君，而孟尝君只是齐国的大臣，公孙弘能在秦昭王面前为孟尝君仗义执言，真可称得上勇士了。

狐援以死谏齐湣王

齐湣王当政后，刚愎自用，好大喜功，穷兵黩武，任用小人，结果齐国上下一片混乱，贤人隐匿，民不聊生。

大臣狐援对此忧心忡忡，便找了个机会劝谏齐王："殷商的九鼎被周王摆放在朝廷之上，它的神社被罩盖上了庐棚，它的舞乐被人们用于游乐之中。亡国的音乐不准进入宗庙，它的神社不准见到天日，国家重器被摆放在朝廷之上，这些都是周王用来警戒后人的。"

齐湣王不解，问："你唠唠叨叨说这么多干什么？这与我又有什么关系？"

狐援认真地说："当然有关系！我的意思是说，大王您也一定要好自为之啊！千万不要让齐国的大吕摆在别国的朝廷上，不要让太公建立的神社被人罩上庐棚，也不要让齐国的音乐充斥在别人的游乐之中。"

齐湣王大怒，责备道："哼，你说得也太过分了，你把我看成了什么人！"于是下令解除了狐援的职务。

狐援被免官后，为国家即将到来的灾难大哭了三天，他哭道："先离开的，尚且可以穿布衣；而后离开的，将遭难进监狱。我马上就会看到百姓仓皇出逃，不知道在哪里安居啊！"

齐湣王听到狐援为国大哭三天的消息后，十分恼怒，便问司法官："国家太平无事而为之哭丧的人，按法令应该治什么罪？"

司法官回答说："当斩！"

"那好，你就给我按照法令去处置这个老家伙吧！"齐湣王咬牙切齿地说。

司法官对狐援的为人十分敬佩，不愿意真的杀死他，便把刑具摆在了国都的东门，只想把狐援吓跑。谁知没过多久，狐援竟然自己跌跌撞撞地跑到东门来了，自动地伏在刑具上请死。

司法官十分惊讶，扶起狐援说："为国痛哭的人依法当斩，先生您难道不知道吗？您这样做，究竟是老糊涂了，还是头脑发热了呢？"

狐援摇头说："怎么会是头脑发热了呢？有人从南方来，进来时像鲫鱼一样恭顺谦卑，不久以后却像鲸鲵一样凶狠残暴，使别人的朝廷变为草莽，国都成为废墟。殷商有个比干，楚国有个伍子胥。齐王既然不听我的话，又要在东门把我杀掉，这是要我和比干、伍子胥一并为三啊！"说罢，狐援拔剑自杀了。

狐援之死并没有唤醒齐湣王，他依然我行我素，不出几年就国破身亡了。

（《贵直论·贵直》）

【智慧解读】

狐援并不是乐于被杀，而是因为国家太混乱，君王太昏庸了，而他哀怜国家和人民，所以才说出这样激烈的话来。他的那些话并不完全是持平之论，但因为他想以此触动齐湣王而挽救国家的危亡，所以必定近于危言耸听。而齐湣王不纳忠言，反而戮辱直士，这正是他最终国破身死的原因。

田鸠见秦王

墨家大师田鸠是个很有才能的人，他想西入秦国，向秦惠王宣传自己的政

治主张。但是他到了秦国后一直等了三年都没能见上秦惠王一面。

楚国有一位大臣出使到了秦国，偶然碰到了田鸠。两人一见如故，成了好朋友。回到楚国后，大臣向楚王极力推荐了田鸠。

楚王听了大臣的介绍后也对田鸠产生了兴趣，说："既然田鸠先生见不到秦王，那你就让他来见我吧！"

田鸠于是又来到了楚国。楚王与田鸠长谈了一天，十分欣赏他的才能。当田鸠谈到他在秦国住了三年都没有见到秦惠王的事时，楚王笑着说："这好办，我就让先生代表楚国出使秦国，这不就见到了秦王吗？"

楚王便封田鸠为大将军，并派他出使秦国，田鸠这才见到了秦惠王。

在从秦国返回楚国的路上，田鸠感慨地对身边的弟子说："哎，我没想到去秦国拜见秦惠王的途径，竟然是要先到楚国去啊！"

（《孝行览·有时》）

【智慧解读】

事情本来就有离得近反而被疏远，离得远反而能接近的，这就是时机的问题。如果有商汤、武王那样的贤德，而没有桀、纣无道那样的时机，就不可能成就王业；有桀、纣无道那样的时机，而没有商汤、武王那样的贤德，也不能成就王业。成功之人和时机的关系，就像走路时身体与影子不可分离一样，二者相辅相成。

孔子乐困

孔子带了一批弟子周游列国，到处宣传自己的政治主张，却不幸地在陈蔡两国之间陷入了困境，他们一连七天都没有吃到粮食，只能靠吃野菜度日。但孔子却没有任何怨言，仍然一如既往地在屋子里用琴伴奏着唱歌。所以许多弟子虽然饿坏了，满腹牢骚，却不敢当着老师的面发泄。

　　子路、子贡和颜回三个人一起在野外采集野菜。子路忍不住对子贡说："这些年来，先生先是在鲁国被逐、被迫在卫国隐居，后来又在宋国的大树下习礼时被人砍倒了树，而现在又在这个鬼地方陷入了困境。先生遇到了这么多的侮辱，而凌辱先生的人从来没有受到过惩罚，但先生的歌声却从来没有中止过。君子竟然没有感到羞耻的事吗？"

　　"是啊！"子贡很赞同子路的意见。

　　但是颜回对此无话可说，回到屋里把这些话告诉了孔子。

　　孔子很不高兴地推开了琴，叹息道："仲由和端木赐真是小人啊！叫他们进来，让我来告诉他们。"

　　子路和子贡进来了，子贡说："像现在这种情况，可以说得上困窘了！"

　　孔子严厉地说："你这叫什么话？君子在道义上通达叫作通达，在道义上困穷才叫作困穷。现在我固守仁义的原则，因而遭受了混乱世道的祸患，这正是我应该得到的处境，怎么又能叫作困窘呢？所以，反省自己，在原则上不感到内疚，面临灾难而不丧失自己的品德。严寒到来，霜雪降落以后，松柏还不凋落。我们因此而知道松柏的生命力旺盛。从前，齐桓公因为流亡莒国而萌生了复国称霸之心，晋文公因为逃亡曹国而产生了复国之心，越王勾践因为受了会稽之耻而萌生复国称霸之心。我们现在在陈国和蔡国之间陷入了困境，对我来说大概是幸运吧！"

　　听了孔子的教导后，子贡和子路两人感到十分羞愧，都说："我们不知道天的高远，地的广大啊！"

（《孝行览·慎人》）

【智慧解读】

　　得道的君子在困窘时会感到高兴，在显达时也会高兴，高兴的并不是困窘和显达。如果自身达到了道的境界，那么困窘和显达都是一回事了，就像寒暑风雨交替出现一样。所以，古代的贤人许由会在颍水之北自得其乐，共伯在共

孔子察微

　　鲁国的法令规定，谁能赎出在其他诸侯国当奴仆的鲁国人，谁就可以从国库中支取一笔费用。

　　孔子的学生子贡是个大商人，他在各个诸侯国做生意时赎出了许多做奴仆的鲁国人。但是，他回国后却推辞不去领取该领的钱。子贡认为自己做得很好，特意向孔子报告了这件事，满以为老师会赞扬一番。

　　谁知孔子摇了摇头，叹息道："端木赐，你做错了！哎，从今以后，鲁国不会有人再赎人了。从国库支取金钱，对你的品行并不会有什么损害；而不去支取金钱，就不会有人再去赎人了！"

　　孔子的另一个学生子路有一次救了一个溺水的孩子。事后孩子的父亲用一头牛来酬谢子路，子路没有拒绝便收下了牛。

　　孔子知道了这件事以后，说："今后鲁国人一定都会救溺水的人了！"

　　孔子的话果然没错，在子贡的影响下，以后鲁国很少有人会在国外赎回做奴仆的鲁国人；而在子路的影响下，鲁国经常有人救助溺水的人。

（《先识览·察微》）

【智慧解读】

　　如果从一些重大事件推知将来，这并不足为奇，而一叶知秋，管中窥豹，见微知著才是大智。孔子的过人之处就在于他能够从微小的地方看到后果，这是因为他对事物的发展变化观察得远。所以，贤人的高明之处就在于他们能处心积虑，考察事物的端倪，见微知著，防患于未然。

宓子贱治亶父

　　鲁国国君要派孔子的学生宓子贱当亶父的行政长官。宓子贱接受了任命，但又担心国君以后会听信坏人的谗言，从而使自己难以有所作为。所以，他为此伤了好几天的脑筋，最后终于想出了一个好办法。

在临行前，宓子贱向鲁国国君请求让国君身边的两个官吏与自己一起去。鲁君答应了。

到了亶父后，当地的官员都前来拜见。宓子贱向他们询问亶父的风俗民情，并命令同来的那两个官员记录。在那两个官员记录的时候，宓子贱在一旁不时地摇动他们俩的胳膊，这样做的后果是字迹很潦草，但宓子贱又为字不好看而大发脾气。那两个官员心里十分生气，马上告辞要求回去。宓子贱也就顺水推舟地说："你们的字写得很不好，赶快回去吧！"

两个官员回去后见到鲁君，鲁君问："你们怎么就回来了？"

两个官员怨恨地说："唉，宓子贱让我们做记录，但在我们写字的时候，他却不时地摇动我们的胳膊，这样一来字就写得不好，但他还为字不好而大发脾气。亶父的官员都为此而发笑。所以我们就告辞回来了。嗨，宓子贱这个人真是奇怪啊！"

鲁君想了想，叹息道："啊，宓子贱是用这种方式对我的缺点进行劝谏啊！我干扰宓子贱办事，使他不能贯彻自己的主张，这种事一定发生了多次。如果没有这两个人，我几乎又要犯错误了！"

鲁君马上就派人去亶父，告诉宓子贱说："从今以后，亶父不归我所有，而归你所有。只要是对亶父有利的事情，你自己决断去做吧！五年以后你再向我报告施政的要点。"宓子贱恭敬地答应了，此后便在宜父大张旗鼓地实行自己的政治主张。

三年以后，宓子贱的师弟巫马期受孔子的委托，到宜父观察宓子贱施行教化的情况。等他赶到亶父时，已是晚上了。他走到河边，看见有一个捕鱼人抓到鱼后却把它扔回水里。

巫马期觉得很奇怪，便问渔夫："捕鱼是为了得到鱼，而现在你捕到了鱼却又扔回水里，这究竟是为什么？"

《吕氏春秋》智慧通解

渔父回答说：“宓子贱不允许人们捕取小鱼，我扔回水里的都是小鱼。”

巫子期回去以后，告诉孔子说：“宓子贱的德政已经达到了极点，他能让人们在黑夜里独自办事，就好像有严刑在身旁一样不敢为非作歹。但我不明白宓子贱是用什么方法达到这种境界的，还请先生您告诉我。”

孔子说：“我曾经对他说过：‘心诚则灵。’宓子一定是在亶父实行了这句话！”

（《审应览·具备》）

【智慧解读】

宓子贱是一个聪明人，鲁君因为信任他才派他去治理亶父，他用了一个恰当含蓄的方式，将自己的忧虑告诉了鲁君。这种方式的聪明之处在于，既不失鲁君的风范，又不显宓子贱的冒失。同样，鲁君也是一个善于心领神会、知错能改的贤君，否则宓子贱也只能像屈原、贾谊等人那样由于帮不上皇帝的忙而唉声叹气了。

要离刺杀庆忌

公子光在伍子胥、要离等人的辅佐下刺杀了吴王僚，夺取了吴国的王位，成为吴王阖闾。但是还有一件事让吴王阖闾寝食不安，这就是吴王僚的儿子王子庆忌还流亡在国外，伺机复仇。

有一天，吴王阖闾在朝堂上愁眉不展。要离便问：“大王是不是有什么事很难办？”

“唉，还不是王子庆忌的事。”

要离说：“我能够杀死庆忌！”

吴王听了不以为然，说：“你怎么能行呢？我曾经坐着六匹马的车子去追他，一直追到江边，也没有赶上他；用箭射他，他用左右手接了满把的箭，却怎么也射不中他。你现在这弱不禁风的样子，拔剑在手却举不起来，又怎么能杀死庆忌呢？"

要离十分认真地说："士只会担心自己不够勇敢，而根本不会担心事情办不成。大王若能让我去，我一定能够成功！"

"那好吧！"吴王答应了。

第二天，吴王阖闾听从要离的建议，假装要将要离治罪，逮捕了他的妻子和儿子，并杀死了他们，焚烧了尸体，扬散了骨灰。

要离跑到了卫国，见到王子庆忌。庆忌十分高兴地说："吴王阖闾暴虐无道，你是亲身经历了的，这也是天下诸侯都知道的。今天你能离开他，也算是幸运了。先生来到我身边，正好可以一起谋划大事！"

要离与庆忌住了一段时间以后，就对他说："吴王暴虐无道已经到了极点，我愿意跟随您去把国家从他手里夺过来。"

庆忌高兴地答应了，没过多久就带领手下的军队出发伐吴。

当船行至长江中间的时候，要离拔剑乘其不备地刺中了庆忌。庆忌大怒，抓住要离的头发，把他投入江中，等他浮出水面，又把他抓起来投入江中。像这样重复了三次，要离都面不改色心不跳。庆忌临死前说："你是天下的国士，饶你不死，让你成名！"

要离回到吴国后，吴王阖闾十分高兴，愿意与他共享吴国。

但出人意料的是，要离推辞说："不行，我决心一死。"

"啊？"吴王大惊失色，"这怎么能行呢？先生为我立下了这么大的功劳，您千万别这样！"

要离坚决地说："我让您杀死了我的妻儿，并焚烧了他们的尸体，扬散了骨灰。为的是有利于事业，但我认为这是我的不仁。而为了原先的主人去杀死新的主人，我认为这是我的不义。我在刺杀庆忌时，他抓住我的头发，将我投入江中。我三次被投入江中，三次又浮出。我之所以还活着，只不过是庆忌对我开恩而不杀我罢了，但我已经受到了屈辱。作为士，不仁不义，而且还受到了

屈辱，决不可以再活在世上！"说罢，要离便拔剑自杀了。

（《仲冬纪·忠廉》）

【智慧解读】

要离所作所为，确实不仁不义；好在他有自知之明，自杀身死。否则，也该天打五雷轰。

江上丈人拒剑

伍子胥的父亲和哥哥被楚平王听信谗言杀了以后，伍子胥自己也受到了通缉，被迫流亡国外。

伍子胥登上太行山，遥望郑国说："这个国家的地势险要而人民多有智慧，但他的国君却是个平庸的人，不足以与他共谋大事！"于是离开了郑国，来到许国。

伍子胥拜见了许公，向他询问自己该去的国家。但许公没有回答他，只是向东南方吐了一口唾沫。伍子胥再拜接受赐教说："我知道了我该去的国家了。"

于是伍子胥向吴国进发，但又必须经过楚国。他一路埋名隐姓，终于来到长江边。他看见一位老人正撑着小船打鱼，便请求老人送他过江。

过了江以后，伍子胥问老人的姓名，但老人执意不肯告诉他。他便解下身上的佩剑，对老人说："这是我家祖传价值千金的宝剑，我愿送给老丈您作为酬谢！"

老人摆了摆手，笑着看看他，说："根据楚王的命令，抓住伍子胥的人，可以授予执圭爵位，享受万石俸禄，得到黄金千镒。我还要接受你这价值千金的宝剑做什么呢？"说罢便摇舟而去。

伍子胥在吴国执掌大权以后，派人到大江边上四处寻找那位老人，却怎么也找不到了。以后伍子胥每次吃饭之前都要祭祀那位老人。

（《孟冬纪·异宝》）

【智慧解读】

天地之德可以说是达到了极点，养育万物却毫无所求。在人世间，做了对别人有利的事，却不求丝毫回报，名字无法得知，身影无法得见。达到了这种最高境界的人，恐怕只有那位江上老人啊！

吴起问商文

吴起投奔魏国后，被魏文侯任命为大将军。他东征西讨，为魏国立下了许多大功，后来又镇守西河，阻止了强秦的入侵，因此深受魏文侯的信任。吴起自己也踌躇满志，自以为下一步就该升任相国了。

魏文侯死后，魏武侯即位，却任命德高望重的商文为相国。吴起心里很不高兴，总想找个机会向商文问个明白。

有一天，吴起在街上碰到了商文，就感慨地对他说：“侍奉君主真是靠命运啊！”

商文对吴起不满意自己当相国也有耳闻，今天一听这话，心中自然有数，就故意问：“将军您这话是什么意思？”

吴起便问：“治理国家，完成教化，改变习俗，使君臣之间有道义，父子之间有次序，请问，您与我相比，谁更强些呢？”

商文恭敬地回答道：“我不如您。”

“那一旦献身给君主作大臣，君主的地位就会尊贵，而一旦交出职位的话，君主的地位就会轻微。请问，在这个方面，您比我如何？”

“当然我不如您！”

“那好，如果士兵和战马已经排成了队列，战马也与人相匹敌，人在马前即

将发起进攻，那么要做到拿起鼓槌一击鼓就让三军士兵视死如归，勇往直前。请问，在这方面，您又比我如何呢？"

"还是不如将军您！"商文说着笑了笑，一点也不生气。

吴起激动起来了，接着说下去："既然在这些方面您都不如我，反倒当上了相国，这又该怎么解释呢？所以我说侍奉君主真是靠命运啊！"

商文捋着胡子，微笑着反问："那好，现在我也要问问将军。如果世道改变，君主年少，大臣们疑虑重重，百姓们很不安定，遇到这种情况，是把国家托付给您好呢？还是托付给我好呢？"

"这个……"吴起一时语塞，过了好一阵子才回答说："还是托付给您好！"

商文说："这就对了，这就是我的职位在您之上的原因啊！"

（《审分览·执一》）

【智慧解读】

吴起看到了自己的长处，却看不到自己的短处；知道了自己的优点，却不知道自己的缺点，所以他能在西河打败强秦，却会被王错一个小人弄得处境困难，不久就遇到了大难，自身不得善终。所以说，有自知之明是成功者成功的一个主要因素。吴起的教训不可不引以为戒啊！

刻舟求剑

有一个楚国人带着一把名贵的宝剑过江。船行至江中，一个浪头打来，船晃荡了一下，楚人的宝剑一下子就掉进了江中。

同船的人都说："你赶快下水捞吧。"

楚人见江水汹涌，不敢下水，他脑子一转，笑着说："现在不用下去了，我有了办法。"说完便拔出小刀，在船舷上刻了一个记号。

同船的人都不知道他这是什么意思，问："你这是干什么？难道这样做就能找到剑吗?"

楚人胸有成竹地说:"当然可以找到喽!我刚刚刻记号的地方就是剑掉下去的地方。等到船靠岸了,我再从这个刻有记号的地方跳下水就能找到剑了!"

"啊?!"全船的人一听,先是瞠目结舌,继而又哑然失笑。

船靠了岸以后,那个楚人从刻下记号的地方跳到江中找剑,可怎么也找不到了。

(《慎大览·察今》)

【智慧解读】

楚人之愚,乃在于其不知事物是瞬息万变的。不管是做什么事,如果不知"变",不善"变",结果肯定是头撞南墙。变化是永恒的,而不变是暂时的,这是一个铁的规律。时至今日,"以不变应万变"的古训应该改为:"以善变应万变",否则就会被时代远远地抛在后面。

申公子培抢随兕

楚庄王在云梦泽打猎,亲自射中了一只凶猛的随兕。楚庄王正在得意的时候,申公子培突然跑在他的前头把随兕抢走了。

楚庄王大怒:"怎么可以这样犯上不敬呢?来人啊,将他拿下问斩!"

左右的大夫们都上前劝谏道:"子培是个贤人,又是您手下最有才能的臣子。他刚才的行为虽然违背常理,但其中必有原因。希望大王能仔细查询此事。"

"算了,算了!"楚庄王听了大臣的话,也就没再追究下去。

事后不到三个月,申公子培突然暴病而死。

后来,楚庄王率领大军在邲地的战斗中大败晋军,回国后大赏有功将士。

申公子培的弟弟也向主管官员请赏:"别人在行军打仗中有功,而我兄长在

大王车下有功。”

楚庄王得到报告后召见了申公子培的弟弟，问：“你这话是什么意思？”

子培的兄弟回答说：“我兄长先前在您身边冒着犯上不敬的罪名遭获死罪，但他本心是要效忠大王，让您享有千岁之寿！”

“是吗？你再说明白些！”楚庄王觉得很奇怪。

“我兄长在读古书的时候曾经看到书上说：‘杀死随兕者不出三月必死’。因此我兄长看到大王射杀了随兕，十分害怕，所以才抢在您前面抢走了它，后来果真不出三月就死了！”

楚庄王马上让人去查找古书，果然属实，于是便重赏了申公子培的兄弟。

（《仲冬纪·至忠》）

【智慧解读】

申公子培的忠诚可以够得上古人所说的“穆行”了。“穆行”的含义是：不因为别人了解自己就受到鼓励，也不因为别人误解自己而感到沮丧。可以说，世上没有比这更高尚的德行了。

巫马期拜访宓子贱

孔子的学生宓子贱被任命为亶父的行政长官。他上任后寻访了一批贤士，把所有的政务都交给他们去做，而自己则每天在堂上静坐弹琴。不出三年，亶父就被治理得很好，人民路不拾遗，夜不闭户。等到宓子贱五年任期满了的时候，鲁国人已经对他赞不绝口了。

宓子贱任期满后回到国都任职，他的师弟巫马期接替他治理亶父。巫马期为人与宓子贱不同，做事喜欢身体力行。到了亶父以后，巫马期早出晚归，披星戴月，昼夜不闲，不论事情的大小，都亲自处理。结果亶父也被治理得井井有条。但是，不到三年，巫马期就因为操劳过度而病倒了，不得不回到国都休养一段时间。

回到国都后，巫马期拜会了宓子贱，问道："师兄和我先后都治理过亶父，虽然成绩都很不错，但你并没有费多大的精力，而我却费尽心血，结果还把自己累倒了。请问，这究竟是为什么呢？"

宓子贱一听巫马期的问题便笑了，说："我的做法叫作使用人才，而你的做法叫作使用力气。使用力气的人当然劳苦，而使用人才的人自然会安逸！"

"哦，我明白了，回去后我一定按师兄的话去做。"巫马期心悦诚服地说。

（《开春论·察贤》）

【智慧解读】

宓子贱可以算得上君子了。他生活安逸，心平气和，而官府的各项政务就能处理得很好。他的执政方法可以说是达到了最高境界。而巫马期则不同，他损伤生命，耗费精气，手足疲劳，政令繁复，尽管也治理得井井有条，但还未达到最高境界啊！他俩的区别在于：前者善用人才，后者则怕用人才。结果是：前者身逸神闲而万民安，后者鞠躬尽瘁才小有成效。

孔子试颜回

孔子和弟子们在陈国和蔡国之间陷入了困境，一连七天都没有吃到粮食，只能以吃野菜度日。

颜回几经周折才讨到了一些米。回来时，孔子正在屋里睡觉，颜回没敢惊动老师，就直接烧火做饭。

饭快熟了的时候，孔子醒了，突然发现颜回在锅里抓了一把饭吃。孔子没有当场点破，而是装着没看见，起了床静静地坐着。

过了一会儿，饭熟了。颜回拜见孔子并献上了饭食。

孔子起身说："我今天梦见了先君，你先用饭食祭祀一下先君吧。"

颜回回答说："不行。刚才烟尘掉到了锅里，扔掉沾着烟尘的食物不吉利，于是我抓出来吃掉了。这样的饭已经不干净了，不能用来祭祀先君！"

听完颜回的回答，孔子十分感慨，就把刚才发生的事告诉了学生，并说："人们相信的是眼睛，可是眼睛看到的还是不能完全真实；人们依靠的是心，可是心里揣度的还是不足以依靠。你们记住，了解人本来就不容易啊！"

颜回

（《审分览·任数》）

【智慧解读】

俗话说，眼见为实，可是眼睛有时也不可靠，更何况心中的揣度呢？孔子的话意思是说，对人有所知并不难，难的是真正地掌握知人之术。另外，孔子不因所见而以小人之心度君子之腹，善于委婉试探、侧面了解，其所作所为，值得为人师、为人父母者效仿学习。

颜阖贵生

颜阖是鲁国的隐士，鲁国的人都很敬重他。鲁国国君听说颜阖是个有道之士，就想请他出来做官，于是便派人带着礼物先去致意。

颜阖家住在陋巷里，穿着粗布衣服，正在喂牛。鲁君的使者来了，颜阖亲自出来接待他。

使者问："这是颜阖的家吗？"

颜阖说："正是！"

于是使者奉上礼物，说明了鲁君的敬意。

颜阖恭敬地说："怕您把名字听错了而会给您带来处罚，不如请您先回去搞清楚了再说。"

"嗯，有道理！"使者听了颜阖的话后马上又赶了回去。

颜阖看着使者的背影，摇了摇头，自言自语道："道的根本是用来保全身体的，而治理国家的只是它的剩余和渣滓。帝王的事业只是圣人闲暇之余的小事，并不是什么养生之道。世俗的君子损害身体、舍弃生命去追求外物，真是不可思议啊！"

使者回去后查询清楚了，再来找颜阖，却再也找不到了。

（《仲春纪·贵生》）

【智慧解读】

像颜阖这样的人，并不是本来就讨厌富贵，而是由于看重生命才厌恶它。世人多数为了追求富贵而不惜损害身体、舍弃生命。这在有道之士看来，实在是不值得的！

白圭问夏后启

邹国公子夏后启出使魏国，拜会了白圭。

白圭问夏后启："正直之士的节操，平民百姓的志向，三家分晋的事情，这些都是天下最杰出的东西。因为我住在晋国，所以能经常听到晋国的事情，但是从来没有听说过正直之士的节操和平民百姓的志向。希望先生您能不吝赐教。"

夏后启谦逊地拱了拱手说："我只是个边鄙小国的人，哪里值得先生问呢？"

白圭恳切地请求："希望您不要推辞！"

夏后启只好说："正直的士人，有志向的百姓，有普通人所不及的地方，这就是：他认为可以做的事，就去做，做了以后，天下谁也不能禁止他；他认为可以做的事情，却偏不去做，他虽不去做，天下人谁也不能驱使他。"

"利益也不能驱使他吗？威严也不能禁止他吗？"

"就连生存都不能驱使他，那么利益又怎么足以驱使他呢？连死亡都不足以禁止他，那么威严又怎么能禁止他呢？"

白圭无话可说，夏后启也就告辞走了。

（《恃君览·知分》）

【智慧解读】

领导者使用贤德之人和不肖之人的方法不同：役使不肖之人用赏罚，而使用贤德之人用道义。所以，贤明的领导者领导自己的下属，一定要根据道义，慎重地施行赏罚，然后贤德之人和不肖之人就都能为自己所用了。之所以要如此，是因为贤德正直之士是"富贵不能淫，威严不能屈"，而不肖之人则唯利是图。

伍子胥和夫差之死

吴王夫差想征伐齐国，于是召集群臣商议发兵事宜。

伍子胥反对说："不行！我国出兵齐国没有什么好处，我看不如征讨越国！"

"哼，你有什么理由反对伐齐？"夫差有些不高兴了。

伍子胥说："齐国和吴国习俗不同，语言不同，即使我们得到了齐国的土地也不能居住，即使得到了齐国的百姓也不得统治。而吴国和越国边疆毗邻，田地交错，道路相连，习俗一样，语言相通。我们得到越国的土地能够居住，得到越国的百姓可以治理。同样，越国对于吴国也是如此。从形势上看，吴越两国是水火不相容的。越国对于吴国如同心头之痛，即使一时没有发作，但它造成的伤害很严重，而且还处于体内。而齐国对于吴国只是癣疥之疾，不愁治不好。再说治不好也没有太大的妨碍。大王现在舍弃越国而去进攻齐国，这就像担心虎患却去猎杀野猪一样，虽然可能获胜，但后患无穷。还请大王三思啊！"

"这个……"吴王夫差一时无话回答。太宰伯嚭与伍子胥历来不和，便趁机讨好夫差道："伍子胥的话不能听信！"

"哦？那你赶快说说为什么吧。"夫差见有人帮场，十分高兴。

"大王您的命令之所以不能推行到中原各国去，就是因为齐晋两国的缘故。大王您如果进攻齐国并战胜它，然后移兵西征，以大军直逼晋国边境，那么晋国就一定会俯首听命。这样一来，大王您可以一举降服两个大国啊。中原各国还有谁不敢听您的命令呢？"

"好，正合我意！"吴王夫差高兴地说，"传令三军，即刻准备伐齐。"

伍子胥见吴王不听自己的意见，着急地说："上天如果想要灭亡吴国的话，就会让大王打胜仗；上天如果不想灭亡吴国的话，就会让大王打败仗。"

夫差十分生气，但念在伍子胥是先王老臣的份上，便压下怒火说："先生您年纪大了，还是回去休息吧！"

伍子胥提起衣服，迈着大步从朝廷中走了出来，大声叹息道："唉！吴国的朝廷一定要生荆棘了！"

有人把这话告诉了吴王，夫差恼怒地说："暂且让这老家伙多活几天，等我得胜归来再杀了他！"

不久，吴王夫差兴兵伐齐，与齐军大战于艾陵，吴军大获全胜。夫差得胜归来后要杀伍子胥。

伍子胥十分悲哀："我怎么才能留下一只眼睛看着越军入吴呢？"说完便拔剑自刎了。

吴王夫差把伍子胥的尸体投入江中冲走，还把他的眼睛挖出来挂在国都的东门，得意地说："哼哼，我倒要让你看看越军到底能不能进入我的都城。"

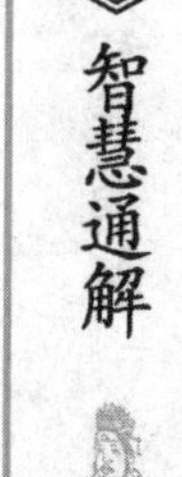

几年后，越军在越王勾践的率领下，大举伐吴，以雪会稽之耻。不久越军就攻入了吴国的都城，夷平了吴国的宗庙，还活捉了吴王夫差。

夫差在国破身亡的时候才明白伍子胥的话是正确的，羞愧地说："死人如果有知的话，我在地下又有什么脸面去见伍子胥呢？"于是用巾盖住脸自杀了。

（《贵直论·知仪》）

【智慧解读】

以勇力侍奉别人的人，也就是以死侍奉别人。勇士没有死的时候谈论以死侍奉别人，人们并不理解；等到勇士真的死了以后，人们虽然已经了解了他，但为时已晚，这和不了解又有什么区别呢？大凡智慧的可贵，就贵在能事先察知事物的变化上。而糊涂人却不是这样的，在变化没有到来之前懵然无知，等到变化出现后，虽然知道了却又为时已晚，这与不知道并无两样。有些事情是可以失误的，而有些是不可失误的。对于会导致国亡身死的大事，怎么能够失误呢？这正是贤明的君主所重视的，而糊涂的君主所轻视忽略的。如果轻视忽略了这一点，国家怎能不危险，自身怎能不困厄呢？行于危险困厄之途，招致国亡身死，就在于不能事先察知事物的发展变化。吴王夫差就是如此。伍子胥并不是事先没有察知事物的变化，但他的劝谏夫差不听，所以吴国的宗庙会被夷为平地。夫差要到这个时候才能醒悟过来，但这又有什么用呢？

翟黄谏魏文侯

魏文侯宴请各位大臣。酒过三巡后，他让大臣们评论自己。有的人说文侯很仁义，有的人说君主很英明，魏文侯听了很高兴。

轮到了任座时，他却语出惊人："国君您是一个不肖的君主。"

魏文侯有些不高兴，强压怒火问道："你既然这样说我，总该有什么理由吧！"

任座依然从容地说："您得到了中山国，不把它封给您的弟弟，却把它封给了您的儿子，所以我说您不肖。"

魏文侯一听这话更不高兴了，脸色很是难看，但没有发作，任座就快步走出了宴会大厅。评论继续进行，鉴于任座的教训，大家都只是说些歌功颂德的话。

轮到了翟黄时，他一本正经地说："国君您确实是个贤君！"

"何以见得呢？"魏文侯高兴地问。

"我听说君主贤明的，他的大臣说话就会很直率。而刚才任座说话就很直率，所以我知道您很贤明。"

魏文侯很高兴，问："现在还能让任座回来吗？"

"怎么不能？我听说忠臣竭尽自己的忠心，即使因此而获得死罪也不敢躲避。任座现在一定还站在大门口。"翟黄胸有成竹地说。

翟黄出门一看，任座果真还恭敬地站在门口。任座进来时，魏文侯急忙走下台阶迎接他，此后一直都把他奉为上宾。

（《不苟论·自知》）

【智慧解读】

如果要知道平直，就一定要依靠水准墨线；而要知道方圆，就一定要依靠圆规矩尺；而领导者要想了解自己的过失，就要依靠正直之士的逆耳忠言。所以古代的天子设立辅弼，设置师保，都是用来检举自己的过失的。人本来就很难了解自己的过失，而身居高位的人尤为严重，因此也就需要正直之士的忠告。魏文侯如果没有翟黄的忠言，差一点会失去一位忠臣。所以说，领导者的成功不用到外面寻求，关键在于善于听取别人的忠告，了解自己内在的过失。

吴起哭别西河

魏国的西河郡紧邻秦国，战略地位十分重要，是阻挡秦军入侵的天然屏障。

魏武侯派了吴起镇守西河。吴起到任后多次击败秦军，使之不敢轻举妄动，吴起的威名也与日俱增。

大臣王错与吴起不和，经常在魏武侯面前说他的坏话，有一些嫉妒吴起的人也随声附和。久而久之，魏武侯也对吴起产生了怀疑，于是下令召回吴起，改派他人镇守西河。

迫于君命，吴起不得不离开西河回国都去，走到岸门停下车子休息时，他望着西河，眼泪一行行地流了下来。

吴起的车夫不解地问："我曾私下观察过将军的志向，您把抛弃天下看得像抛弃鞋子一样。而现在您离开西河这么一个小地方却哭泣起来。请问，您这是为什么？"

吴起擦掉了眼泪回答说："哎！你是不知道啊！国君如果真的了解我，让我把自己的才能都发挥出来，一定可以灭掉秦国，凭着西河就可以成就王业。但现在国君并不了解我的志向，而听信小人的谗言。西河不久就会成为秦国的领土了，魏国从此也就衰弱了。"说罢怆然离开了西河。

吴起回到国都后一直没有受到重用，不久就离开魏国去了楚国。结果吴起一离开魏国，秦军就攻占了西河。真的如吴起所说，魏国从此一天天地衰弱下去，而秦国一天比一天地强大起来了。

（《仲冬纪·长见》）

【智慧解读】

在古代善于相马的人当中，寒风善于相马的口齿，麻朝善于相马的面颊，子女厉善于相马的眼睛，卫忌善于相马的须髭，许鄙善于相马的臀部，投伐褐善于相马的胸肋，管青善于相马的嘴唇，陈悲善于相马的腿，秦牙善于相马的前部，而赞君善于相马的后部。这十个人都是古代最著名的相马大师，虽然他们各自相马的方法不同，但是他们只要看到了马的一处征象，就能知道马的骨节高低，腿脚的快慢，体质的强弱，以及才能的高下。不仅马是如此，人也有征兆，事情和国家亦是如此。具有远见卓识的人，就能通过事情的征兆而预见到将来要发生的后果。吴起便是这样的人，他能通过自己被调离西河而预见到西河的沦丧和魏国的衰弱，这并不是靠猜测，而是有根据的分析。

惠施尊齐君为王

惠施在齐国游说，主张尊齐国君主为齐王。齐君欣然同意，从此号称齐王。但是，惠施此举遭到了许多人的批评。

匡章见到惠施后便责问道："先生您的学说主张废弃尊位，现在您却尊齐君为齐王，这岂不是自己打自己的嘴巴吗？您为什么言与行如此的矛盾呢？是不是贪图富贵呢？"

面对匡章连珠炮似的责问，惠施一点也不恼怒，也没有直接回答，反而笑着问："假如现在有这么一个人，在迫不得已的情况下，一定要击打自己爱子的头，而后来爱子之头又可以用石头代替了，您认为他应该怎么办？"

"当然是用石头代替喽！"匡章不加思索地回答道。

惠施马上又接着说："是啊！他肯定会用石头来代替爱子的头。爱子的头是很重要的，而石头是轻贱的，击打轻贱之物而使重要之物免受灾害，为什么不可以呢？"

"但是这又和你尊齐君为王有什么关系呢？"匡章有些不明白。

"那我问你，齐王用兵不止，攻战不休，是什么原因呢？"惠施反问道。

匡章又不加思索地回答说："因为这样做如果功效大的话，就可以称王于天下，就是次一等也可以称霸诸侯。"

这时，惠施发出了会心的微笑，说："这就对了。现在我可以用尊齐君为王的办法使齐王得到满足，从而罢兵，使齐国百姓得以寿终，免于死亡，这正是以石头代替爱子之头啊！那我为什么不这样做呢？先生您认为如何呢？"

"哦，"匡章恍然大悟，马上向惠施道歉："原来先生是如此用意，我真是错怪先生了。"

（《开春论·爱类》）

百姓感到寒冷了就希望得到火，而感到炎热时就希望得到冰；感到干燥时就希望潮湿些，而感到潮湿了就希望干燥些。寒冷与炎热、干燥与潮湿虽然互相对立，但它们在有利于老百姓的方面都是一样的。因此，为民谋利又岂止是一种方法呢？只不过要适合时宜罢了。惠施只略施小计，尊齐君为王而使百姓免于刀兵之祸，正是一种为民谋利的变通方法啊！人们常说："识时务者为俊杰。"惠子可谓是俊杰了。人生在世，常要置身于不同的环境之中，与形形色色的人和事打交道。如果墨守成规，不能审时度势加以变通是不行的。因此，为人处世要能方能圆，可退可进，才能保全自己的气节和道义。

郈成子慧眼察祸端

鲁国的大臣郈成子以善于观察人而闻名于天下。有一次，郈成子为鲁国出使晋国。途经卫国时，卫国的右宰谷臣盛情宴请了他。

在宴会上，右宰谷臣命令乐队奏乐，但是乐曲却并不欢快。郈成子听在耳里，记在心上。当喝酒正畅快的时候，右宰谷臣又把名贵的璧玉送给了郈成子，郈成子不动声色，没有推辞就把它收下来了。

郈成子完成出使的任务从晋国回来，又经过了卫国，但他却没有向右宰谷臣告别，径直回国去了。

郈成子的车夫对此很不理解，就问："上次我们路过卫国时，右宰谷臣宴请了您，你们的感情很欢洽。而今天重新经过这里了，您为什么不去拜访他，向他告别呢？"

郈成子面有忧色地说："他留下我并宴请我，应该是要与我欢乐一番。可是他命令乐队奏乐的时候，乐曲却不欢快，这是向我表示他的忧愁啊！在喝酒正畅快的时候，他又把璧玉送给了我，这是想把璧玉托付给我啊。从这些迹象看，

卫国大概要有祸乱了！"

　　郈成子离开卫国三十里的时候，听到了宁喜作乱杀死了卫君，右宰谷臣为卫君殉难的消息。他马上下令掉转车头回到卫国哭悼右宰谷臣，他哭了三次才回国去。

　　回到鲁国后，郈成子又派人去卫国把右宰谷臣的妻子儿女接到了鲁国，让他们居住在自己家里，并用自己的俸禄供养他们。等到右宰谷臣的儿子长大后，郈成子就把璧玉还给了他。

　　孔子听说此事后，感慨地说："论智慧可以通过隐晦的方式与他进行谋划，论仁德可以把财物托付给他的人，大概指的就是郈成子吧！"

（《恃君览·观表》）

【智慧解读】

　　郈成子观察右宰谷臣，真是深入精妙了。他能通过观察右宰谷臣所做的事情而准确地了解其思想感情，这可以说得上是真正地善于观察人了。所以，凡是衡量人心，不可不精审，不可不深入。人的思想隐藏在内，难以窥见，就像深渊难以测量一样。大智之人观察人必定先观察其行事的志向，从而得出正确的结论，而一般的人则无法做到这一点。大智者之所以能超过一般的人，正是因为他们善于审察征兆和表象。

列子谢绝子阳之粟

　　列子是郑国很有名气的得道之士，但是他家境贫寒，经常饿得面带菜色。

　　有一位宾客很了解列子，就把列子的情况告诉了郑国的执政大臣子阳，并对他说："列御寇是个有道之士，而现在住在您的国家却很贫困，恐怕天下的人都会说您不喜欢士人吧？"

　　"哎，我真的不知道啊！"子阳十分惭愧，马上派人送几百石粮食给列子。

列子出来见到子阳的使者，问明情况后，他拜了又拜，婉言谢绝了子阳的好意。

使者离开后，列子一进屋，他的妻子便怨恨地捶着胸脯说："我听说有道之人的妻子儿女都能得到安乐。而现在你的妻子儿女都饿得面黄肌瘦。相国派人来探望你并送来了这么多的粮食，可先生您却不接受。难道我们命中注定要受一辈子的穷吗？"

列子听完妻子的数落，并没有生气，反而淡然一笑，说："相国自己本人并不了解我，今天他是因为别人的劝说才送粮食给我。过不了多久，他同样又会因为别人的话而治我的罪。况且子阳又不是什么很贤明的人，日后必有大难，我不能为这种人而死啊！"

几年以后，郑国的老百姓果然发难，杀死了子阳，许多人也因此受到了牵连，只有列子一点事也没有。

（《先识览·观世》）

【智慧解读】

按照古代君子的行为准则，接受了别人的供养，却不为他遇难而死，就是不义；而为他遭难而死，就是为无道之人而死，而为无道之人而死，就是悖逆无道。列子聪明地避免了陷入这一难题。即便是在忍受饥寒之苦迫切需要帮助的时候，他还是不肯随随便便地接受别人的馈赠，正是因为他能预见到事情的发展变化。列子的智慧就在于他没有被眼前的利益所迷惑，而是从可见的利益看到了无穷的祸患。而有的人却只看见眼前的利益而为自己种下祸患，最终是得了芝麻，丢了西瓜，现在那些贪污受贿者就是典型。

子华子劝韩侯罢兵

韩昭釐侯执政的初期，韩魏两国为了争夺侵占来的土地，互相金戈铁马地打个不停，两国百姓死伤很多，深受其害。子华子看到这种情形，为两国人民深感忧虑，便想游说韩昭釐侯，劝两国罢兵。

子华子来到韩国，拜见了韩昭釐侯。子华子见他面有忧色，就知道昭釐侯正在为韩魏两国的战争发愁。

一阵客套过后，子华子便对韩昭釐侯说："假如现在天下人在您的面前写下铭文，并说：'左手抓取这篇铭文就砍去右手，而右手抓取这篇铭文就砍去左手，但是只要您抓取了铭文，就一定可以拥有天下。'请问，您是抓呢，还是不抓呢？"

昭釐侯不加思索地说："我当然不会抓！"

子华子微笑着称赞说："好，您说得很好。由此看来，两臂比天下重要，而身体又比两臂重要。同样的道理，韩国比天下次要得多，而现在您与魏国争夺的土地又比韩国次要得多。现在您连失去双臂而占有天下都不愿意去做，反倒要劳神伤生为得不到这些土地而忧虑。这恐怕不得当吧！"

昭釐侯想了想，高兴地说："好，先生您说得太好了！教诲我的人已经够多了，但我从来没有听到像您这样的话。我马上下令罢兵议和。"

就这样，韩魏两国终于结束了长久的征战，罢兵议和，两国百姓也得以安居乐业。

（《开春论·审为》）

【智慧解读】

保全生命是人的目的，而天下是用来保养生命的凭借。弄清了哪个是目的，哪个是凭借，二者的轻重位置也就可以摆恰当了。假如现在有这么一个人，为了获得帽子而被砍掉头颅，为了获得衣服而残杀身躯，世界上的人一定会认为他荒谬到了极点。这是为什么呢？因为帽子是用来打扮头部的，衣服是用来装饰身体的；残杀要打扮的头颅身躯，以求得作打扮用的衣帽，这就是不懂得自己的行为该以什么为目的。世间有许多人趋财好利的行为也正与此相似。他们

不惜割断脖子和砍掉头颅来追求财货和利益，也就是不懂得该以什么为目的。子华子之所以能够说服韩昭釐侯罢兵，也正是他能让昭釐侯明白了什么东西是重的，而什么东西又是轻的。知道事情的轻重，不以贪小利而失大义，不以功名富贵而忘却自己做人的原则，不为私欲而损伤自己的身体，这就是古代君子为人处世的道理。在物欲横流的现代社会中，这一点更应当引起今人的重视，而不能仅仅以为这只是古代君子的事。

宁越收尸

齐国大军攻打赵国的禀丘城，越王派了孔青带领大军救援。孔青是员猛将，加上足智多谋的宁越辅佐，所以赵军一战大败齐军，击毙了齐军统帅，并俘获战车两千辆。战场上留下了齐军尸体三万具，孔青决定把这些尸体封土堆成两个大高丘，以此彰明赵国的武功。

宁越劝阻道："这样做太可惜了，那些尸体可以另有用处。我看不如把尸体还给齐国人。这样做可以从内部打击齐国，从而让齐军不再侵犯！"

"死人又不可能复活，怎么能从内部打击齐国呢？"孔青想不通了。

宁越说："战车铠甲在战争中丧失殆尽，府库里的钱财在安葬战死者时用光了，这就叫作从内部打击他们。我听说，古代善于用兵的人，该坚守时就坚守，该进退时就进退。我军不如后退三十里，给齐国人一个收尸的机会。"

"嗯，这个主意不错！"孔青大致明白了宁越的用意，但转念一想，又说，"但是，齐国人如果不来收尸的话，那又该怎么办呢？"

"那就更好了！"宁越胸有成竹地说，"作战不能取胜，这是他们的第一条罪状；率领士兵出国作战而不能使之归来，这是他们的第二条罪状；给他们尸体却不收取，这是他们的第三条罪状。老百姓将会因为这三条而怨恨齐国的高官将领。居于高位的人也就无法役使下面的人，而下面的人又不愿侍奉居于上位的人，这就叫作双重地打击齐国！"

"好，还是您技高一筹啊！"孔青终于完全理解了宁越的良苦用心。

果然不出宁越所料，齐国因此而元气大伤，很长一段时间不能对外用兵。

（《慎大论·不广》）

【智慧解读】

宁越可谓深知文武之道。宁越的智慧在于，用武就凭力量取胜，用文就凭仁德取胜，那么还会有什么样的敌人不能战胜呢？所以，用兵作战如果能做到'文武之道，一张一弛'，就能战无不胜、攻无不克。其他的事情亦是如此。

晏子宁死不屈

齐国的权臣崔杼控制了齐国国政以后，召集大臣们在自己家里歃血为盟，想借此巩固自己的地位。在盟誓的时候，崔杼的誓词说："不亲附崔氏而亲附齐国公室的人，将遭天打五雷轰！"不少大臣都按照崔杼的话发了誓。

轮到晏子时，晏子低下头含了血，仰起头来向上天呼告说："不依附齐国公室而亲附崔氏的，也将遭天打五雷轰！"

崔杼听了晏子的誓词很不高兴，就用矛顶住他的胸膛，用戟勾住他的脖子，对晏子说："我看你还是把说过的话改回来吧，这样我就会和你共同享有齐国。你要是不改的话，哼哼，那我马上杀死你！"

气氛一下子紧张了起来，大臣们都为晏子捏一把汗。

谁知晏子面不改色心不跳，镇定地说："崔子，你难道没有学过《诗》吗？《诗》上说：'密密麻麻的葛藤，爬上树干枝头。和悦近人的君子，不以邪道求福。'我难道能够以邪道求福吗？你考虑一下我的话吧！"

崔杼听了晏子的话，想了想，叹息道："这是个贤德的人，我不能杀死他！"于是放下兵器，转身走了出去。

晏子见崔杼离去，为防不测，马上也离开了崔杼家。晏子的车夫要赶着马快跑，晏子摸着车夫的手说："安稳点，不要失去常态！快了不一定就能活，慢了也不一定就会死。鹿生长在山上，可它的命却掌握在厨师手里。如今我的命也有人掌握着！"

马车平稳地行驶到晏子家中，晏子最终也没有遭到什么迫害。

（《恃君览·知分》）

【智慧解读】

晏子真可谓是知命之人。命是指不知为什么会这样，但却终于这样了。靠耍聪明乖巧做事的人是不能领会到这些的。所以命这个东西，靠近它未必能得到，离开它也未必能失去。大智的圣人知道命是如此，所以按照义的原则决断，安然地对待它。所以说，通达事理的人通晓死生之义。而通晓了死生之义后，那么利益存亡就不能使之迷惑了。所以晏子在与崔杼盟誓时能够不改变自己遵守的道义。

晏子与越石父

晏子出使晋国归来，行至路上，看见有一个反穿皮衣背着草的人在路边上休息。晏子见他气度不凡，便派人问他："你为什么到了这里？"

那个人回答说："我叫越石父，现在给齐人当奴隶。"

晏子听了这话后说道："噢！我明白了。"立即解下车右边的马把越石父赎了出来，并与他一起乘车回去。

到了休息的馆舍，晏子没有向越石父打招呼就径直走了进去。越石父对此十分生气，请求与晏子绝交。

晏子派人回答他说："我并没有和你交朋友啊！我现在已经把你从患难中救了出来，我对你还不够意思吗？"

越石父生气地回答道："我听说君子在不了解自己的人面前可以忍受屈辱，在已经了解自己的人面前就要挺起胸膛做人。所以我要和你绝交！"

晏子听到越父石此话后，马上跑出来见越石父，向他赔礼道歉：“我刚才在路上只看到了先生的容貌而已，而现在才看到了您的心志。我听说考察别人实际的人不会留意别人的名声，观察别人行为的人不会考虑别人的言辞。现在我向您谢罪，先生您不会拒绝吧！”

越石父一听这话，马上恭敬地说：“先生您既然以礼待我，那我怎敢不恭敬从命呢！”从此以后，晏子便把越石父奉为上宾。

（《先识览·观世》）

【智慧解读】

世俗之人一有功劳就会自以为对别人有恩德，自以为对别人有恩就会骄傲。这样一来，他所取得的功劳就会很容易地失去。而晏子有把别人从困境中解救出来的功劳，但他反而在被解救的人面前很谦卑。这就是他的高明之处。

春居谏齐宣王

齐宣王不满意原有的宫室，下令修建一座更大更豪华的宫殿。这座宫殿占地超过了一百亩，大堂上要设置三百座门，即便是齐国这样的大国，一连修建了三年都没能成功。绝大多数的大臣都不敢劝阻齐宣王停建这座宫室，只有春居对此深感忧虑，总想找个机会劝谏齐宣王。

有一天，齐宣王和大臣们谈论君主的贤明问题。春居趁机问他：“楚王抛弃了先王的礼乐，音乐也因此而变得轻浮了，您说楚王能算贤明的君主吗？”

“当然不能算！”齐宣王想都没想就做出了回答。

春居又问：“楚国所谓的贤臣数以百计，却没有为此而劝谏楚王。请问，楚国有算得上贤臣的人吗？”

齐宣王又肯定地回答道：“当然没有！”

春居顺势接着问：“现在大王您要修建的大宫室，占地超过了百亩，堂上还

要设置三百座门，这样豪华的大宫室一连修了三年都没完工。大臣中没有人敢劝阻。请问，大王您手下算得上拥有贤臣吗？"

齐宣王迟疑了一下，说："当然也没有！"

春居拱手说："那好！请允许我离开吧！"说完就快步地走了出去。

齐宣王愣了一下，马上追上去说："春子！春子！请您回来！为什么这么晚才劝阻我呢？"

齐宣王把春居召回来后又赶紧召来记事的史官，对他说："写上！我不贤德，喜欢建大宫室。春子劝谏了我。"

最后齐宣王下令停止了这项劳民伤财的浩大工程。

（《恃君览·骄恣》）

【智慧解读】

对于劝谏他人，特别是身居高位的人，一定要慎重，不可不认真考虑。不敢劝谏的人，心中并不是不想劝谏，而是怕得罪对方，弄不好会给自己招来祸患。但是如果劝谏的人采取了适当的方式，就会取得很好的效果。春居想要做得与别人一样，但别人却不敢做，而他做了，而且还成功了，这是因为他采取的劝谏方式与别人不一样。所以，对位高权重的人进行劝谏，应当采取适当的方式，顺势劝谏，这样才能取得良好的效果。西方有一句谚语说：如果你面对一堵墙，与其打洞过去，不如走两步绕过去。妙哉斯言，春居正是这样做的呀！

尹文子与齐湣王论士

尹文子带着弟子周游列国，来到了齐国。齐湣王听说尹文子来了，心里十分高兴，很快就接见了他。

一见面，齐湣王便对尹文子说："我这个人非常喜欢士。"

一听这话，尹文子高兴了，便说："希望能听大王您说说什么样的人叫作士。”

“这个，这个，嗯……”齐湣王这下却支支吾吾起来了。

尹文子一看湣王吞吞吐吐的样子，笑了笑说：“假如有这样一个人，侍奉父母亲十分孝顺，侍奉君主很忠诚，结交朋友很守信用，住在家里敬爱兄长。具备了这四种品行的人，可以叫作士吗？”

齐湣王肯定地说：“这正是人们所说的士啊！”

尹文子问：“如果大王您得到这个人，会让他做大臣吗？”

“那是自然的，但是可惜我得不到这样的人啊！”

“假如这个人在大庭广众之下受到了莫大的侮辱却不争斗，您还会让他做大臣吗？”

齐湣王摇头说：“不，绝对不会的！士受到了侮辱却不争斗，这就是甘受耻辱。对于甘心受辱的人，我是不会任用的。”

尹文子话锋一转，说：“这个人虽然受到了侮辱却不争斗，但是他并没有丧失我刚才所说的那四种品行。而他既然没有丧失这四种品行，也就说明他一点也没有丧失成为士的条件。既然如此，大王您却不让他当大臣，那么您先前所认为的士还会是士吗？”

“这个……”齐湣王这回又无话可说了。

尹文子接着往下说：“假如有这么一个人，在治理他的国家时，人民一有错误就责备他们，人民没有错误也要责备他们；人民一有罪就惩罚他们，没有罪也要惩罚他们。既然他是这样做的，他反过来还要埋怨人民难以治理。请问，您认为他这样子做可以吗？”

“绝对不行！”齐湣王很干脆地说。

“可是，据我私下观察，现在您的大臣们治理齐国正是这个样子！”

齐湣王有些不太相信，说：“如果我治理国家真的像这样的话，那么人民即使治理得不好，我也不会不知。或许我还没有达到这种地步吧！”

尹文子笑了笑，说：“我既然这样说了，并不是没有理由。举个例子，您的

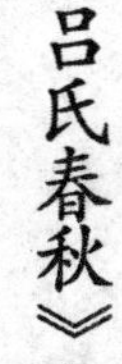

法令说：'杀人者处死，伤人者受刑。'老百姓当中有人敬畏您的法令，受到了莫大的侮辱而不敢争斗，这是为了顾全您的法令啊！但是，您刚才却说：'受到了侮辱却不争斗，这是耻辱。'真正的耻辱其实并不是这个。本该当大臣的，您却不任用他，这等于是在惩罚他。这也就是没有罪过而您却要惩罚他。"

齐湣王张着嘴，看着尹文子，一句话也说不出来。这回他彻底无言以对了。

（《先识览·正名》）

【智慧解读】

凡是混乱，都是由于名实不符所造成的。如果名实合宜，国家就能治理得好；而名实不当的话，国家就会混乱。使名实不当的是浮夸失实的言辞，言辞浮夸失实就会把不行的说成行的，把此说成彼，把黑的说成白的，把对的说成错的。齐湣王论士就是犯了名实不当的毛病，结果被尹文子驳得哑口无言。他最后落个国破身死的下场，其原因大概就是执政名实不符而造成了混乱吧！目前社会上流行一副对子，上联是"说你行，不行也行"，下联是"说你不行，行也不行"，横批是"不服不行"。我想能干出对子里所说的事的人大概都与齐湣王之流差不多。

式夷之死

齐国人式夷以倡导仁爱而名闻天下。有一天，他带着一个学生到鲁国去。天气非常冷，他们一路走得很艰难，等走到鲁国国都时，城门已经关闭了。式夷就只好与弟子露宿在城外。

到了深夜，天气越来越冷。式夷对学生说："你把衣服给我，我就能活命；而我把衣服给你，你就能活命。我是国家的杰出人士，因为要为天下着想才舍不得死，而你是一个不贤德的人，不值得爱惜生命。所以你还是把衣服给我吧！"

学生对他的话不以为然，说："我既然是一个不贤德的人，又怎么能给国家的杰出人士衣服呢？"

式夷长叹了一声，说："哎！道义大概是行不通啦！"说罢就脱下衣服给了学生，结果他在半夜里冻死了，而学生却靠着他的衣服而得以活命。

（《恃君览·长利》）

【智慧解读】

要说式夷的才能一定能让整个天下安定，那是无法得以肯定的。至于他想对别人有利的思想，那是可以肯定的。式夷通晓死生之别，仁爱之心是很诚恳的，所以他能用必死的行为来显示自己的道义。

北郭骚之死

春秋时，齐国有一位贤人名叫北郭骚。他靠结捕兽网、编蒲苇和织麻鞋来奉养老母亲，但还是无法维持简朴的生活。

于是他来到了晏子家门口，对晏子说："我希望能得到粮食来奉养母亲。"

晏子的家臣对晏子说："北郭骚是齐国的贤人，他志节高尚，不向天子称臣，不与诸侯交友，对于利益不随便取用，对于祸患不苟且求免。今天他来您这儿寻求粮食奉养母亲，这很不容易啊！因为他悦服于您的道义。请您一定要答应他。"

晏子高兴地说："这个朋友我交定了！"说罢便派人拿来粮食和金钱送给北郭骚，但北郭骚谢绝了金钱，只收下了粮食。

不久以后，晏子受到齐侯的猜忌，被迫要流亡国外。路过北郭骚家时，晏子去向他告别。

北郭骚洗发浴身，恭敬地出来迎接晏子，问道："您将要到哪里去？"

晏子叹息道："唉，我受到了齐侯的猜忌，就要流亡国外了。"

北郭骚并没有特别的表示，只是平淡地说："您还是好自为之吧！"

晏子上了车，长叹一声道："我逃亡国外难道不应该吗？我也太不了解士了！"说完就走了。

晏子走后，北郭骚找来了他的朋友，对他说："我悦服于晏子的道义，曾向他求得粮食奉养母亲。古人云：'奉养过自己父母的人，自己应该承担他的危难。'如今晏子受到了齐侯的猜忌，我要用自己的死来为他洗清冤诬！"

北郭骚穿戴好衣冠，拿着宝剑，让朋友捧着竹盒跟在后面。走到宫廷门口，他找到负责通告的官员，对他说："晏子是天下闻名的贤人，他如果流亡国外，齐国一定会受到侵犯的。与其看到国家受到侵犯，不如先死为快。我愿意把头托付给您，来为晏子洗清冤枉！"

北郭骚说罢又回头对朋友说："请把我的头装在竹盒里，托付给这位大人！"说完就拔剑自刎而死。

他的朋友把装着北郭骚头颅的盒子托付给了那位官员，然后对目瞪口呆的旁观者说："北郭骚已为国而死了，我现在将为北郭骚而死！"说罢，他又退下几步自刎了。

齐侯接到禀报后十分震惊，觉得自己做了件大蠢事，马上亲自去追赶晏子，终于在离边境不足百里的地方赶上了他，把他请了回来。

晏子听说北郭骚用死来替自己洗刷冤枉，十分感慨地说："我逃亡国外难道不应该吗？北郭骚之死正说明我是越来越不了解士了！"

（《季冬纪·士节》）

【智慧解读】

士的为人原则是：主持正义而不避危难，面对祸患而忘却私利，舍生取义、视死如归。对于这种人，国君无法与之交友，天子无法让其称臣。孟子所说的'舍生取义'在北郭骚和他的朋友身上体现得淋漓尽致。大到安定天下，小至安定一国，一定要使用这样的人！

这是一则发生在君子之间的故事，是用生命谱写的道义之歌。在现代社会中，很难再有这种生死之交了。过多的物质利益取代了对道义的追求，而且强调自立的现代人对他人的依赖也相对减少了许多，也无需用生命为代价去换取生活必需品了。

子罕持仁守义退楚军

楚国的大臣士尹池为楚国出使宋国，宋国的执政大臣司城子罕要在家中宴请他。

士尹池来到司城子罕的家门口时，发现有些不对劲。他看到子罕家南边邻居的墙向前突出，对子罕家人的出入有妨碍；而西边邻居家的积水流过了子罕家的院子。

"这哪里像执政大臣的家，"士尹池不由得犯起嘀咕来，"子罕怎么也不制止呢？"

见到了司城子罕后，士尹池便向他谈起这件事，问他为什么不采取措施。

子罕淡然一笑道："南边的邻居是做鞋的工匠，我曾想要他搬家，再买下他家的房子修整一下。但是他父亲对我说：'我家靠做鞋谋生已经三代了。如果现在搬家的话，那么那些要买鞋的人就会不知道我的住处，我也就无法谋生了。希望相国您能可怜可怜我们。'就因为这个原因，我再也没让他搬家。至于西边的邻居嘛，他家院子的地势高，我家院子的地势低，积水流过我家的院子很方便，所以也就没有制止。"

士尹池听完子罕的解释，心中顿生敬意，称赞道："您真是太仁义了。"

士尹池回到楚国后，楚王想发兵讨伐宋国。士尹池马上反对道："千万不要攻打宋国！"

"为什么？"

"我刚刚从宋国回来，了解情况。现在宋国的君主贤明，相国仁慈。而贤明的人深得人心，仁慈的人能让别人都为他效力。如果我们现在要攻打宋国，大

概很难成功，恐怕还要招来天下诸侯的耻笑。"

于是楚国放弃攻打宋国转而讨伐郑国。孔子听说此事后说："在朝廷上修养自己的品德，却能制胜于千里之外，这大概说的就是司城子罕吧！"

（《恃君览·召类》）

【智慧解读】

外患是内乱招致的，国家有了内乱外患，必亡无疑。因此，要阻止这种情况的发生，就要把国家治理好。而治理好国家的关键在于执政的人贤明仁德，据义行事，这样就能制止他国的进攻。凡是发动战争的国家，不是图名，就是图利。国家治理得好，那么图利的就不敢来进攻，图名的也不会来讨伐。如果名利都得不到，即使是再强大的国家也不会发动进攻。因此，如果像司城子罕那样"修之于庙堂之上"，就能"折冲于千里之外"。

伍子胥复仇

伍子胥的父亲和大哥都被楚平王杀害了，他自己也被悬赏追捕，只好流亡国外。他到处寻访明主，伺机复仇。

几经周折，伍子胥最后到了吴国定居。他想游说吴王僚，未能如愿。王子光的一个门客与伍子胥是朋友，便把他的情况告诉了王子光。王子光也想见见伍子胥。但刚一见面，王子光就觉得伍子胥的面相很讨厌，不听他讲话就谢绝了他。

门客很不理解，问："您这么做是为什么呢？"

伍子胥

王子光不高兴地回答说："我特别讨厌他的相貌。"

门客便把这话告诉了伍子胥，伍子胥并不生气，淡然一笑，说："这好办，请您让王子光坐在堂上，而我坐在两层帷幕里只露出衣服和手来，我就这样和他交谈。"

王子光同意这样做。两个人的谈话刚说了一会儿，王子光就掀起帷幕，握住伍子胥的手，然后一起坐下。谈话结束以后，王子光很高兴，伍子胥也认为日后享有吴国的必定是王子光。伍子胥回去以后就在乡间隐居耕作，但仍不断地与王子光来往。

七年以后，王子光在伍子胥、要离和专诸等人的辅佐下，刺杀了吴王僚，夺取了政权，这就是吴王阖闾。吴王阖闾便任命伍子胥为相。伍子胥整顿法令，举用贤良，训练精兵，积极备战。

六年后，伍子胥率领大军在柏举大败楚军主力，九战九胜，追击千里，一直攻入了楚国的国都——郢都，楚昭王被迫流亡到随国。伍子胥亲自用箭射击楚国王宫，将楚平王鞭尸三百下，终于报了杀父杀兄之仇。

（《孝行览·有时》）

【智慧解读】

有道之人做事情，好像很缓慢，无所作用，而实际上却很迅速，能够成功，这是因为他们在等待时机。伍子胥到了吴国后，先在乡里耕田七年，并不是忘记了杀父之仇，而是在等待时机，前后一共历时十三年，才如愿以偿。所以说，有道之士在没有遇到恰当的时机时，就会隐藏起来，甘受劳苦，忍辱负重。而时机一到，就当机立断，应时而作，大功即成。因此，聪明人做事情所看重的只是时机而已。

《吕氏春秋》智慧通解

三、管理篇

假道伐虢

晋国是周朝初立时，周成王的弟弟叔虞的封地，位于今天的山西西南部，到春秋时仍然存在。

晋的南面有两个小国家，一个叫虞（今山西平陆县东北），一个虢（今山西平陆县东南）。这两个国家山水相连，他们的祖先又都姓姬，所以相处得十分和睦。可是虢国的国君狂妄自大，经常到晋国边界闹事，袭扰晋国。晋献公把这看成心腹之患，却总没找到机会来解决这件事。

有一天，晋献公问大夫荀息："现在可以对付虢国吗？"

荀息说："不行。现在虞、虢两国关系很好，要是攻打虢国，虞国一定来援助。咱们双拳对付他们四脚，我看恐怕获胜没有把握。"

献公说："照你这么说，只好眼看着咱们被虢国欺负？"

荀息说："虢公喜欢玩乐，我们送些美女去，让他不理政事，尽情享乐，我们就可以乘机去攻打了。"

献公依计而行。虢公见了晋国送的美女，果然什么都不干了，整日吃喝玩乐，花天酒地；晋献公又问荀息："现在可以攻打虢国了吧？"

荀息说："行了。不过咱们要是去攻打虢国，必须得经过虞国的夏阳。您可以送虞公一份厚礼，讨伐虢国向他借条路。这样一来，虞国就会被虢国猜疑，虞国也就不会帮助虢国了。"

于是献公就派大臣荀息去虞国借路。荀息说："我想借您那块垂棘产的玉璧和那匹屈邑出的骏马来贿赂虞国，只有这样，他们一定会答应向我们借路。"

献公听后，吓一跳，说："垂棘的玉璧是先辈传给我的，屈邑的骏马是我最心爱的，这两件东西我都视若珍宝，爱不释手，如果他们收下了东西而不借给我们路，那怎么办呢？”

荀息胸有成竹地说："不会这样，他们如果不借路给我们，一定不会接受我们的礼物；如果他们接受我们的礼物而借路给我们，这就好像我们把垂棘之璧从内府转藏到外府，把屈地产的良马从内厩牵出来关到外厩里。迟早都是我们的，您还怕什么呢？"

献公听后，想了一会儿就答应了。

荀息见了虞公，先送上一匹千里马和一双名贵的玉璧。虞公是个贪心很重的人，见了礼物眉开眼笑，手里把玩着玉璧，眼睛盯着千里马，只怕荀息再要回去。他问荀息："这些东西是贵国的国宝。天下无双，怎么会舍得送给我呀？贵国有什么事要我帮忙吧？"

荀息说："敝国国君一向仰慕您的大名，很想和您结交，这点薄礼只是表示一点心意。顺便有点小事求您帮个忙：虢人多次侵犯我们边界，我们打算惩罚他们，贵国可不可以借一条道，让我们过去？如果侥幸打赢了，所有缴获，都送给您。"

这时，虞大夫宫之奇说："大王您不能答应他们的无理要求！虞国和虢国是唇齿相依的关系，嘴唇没有了，牙齿就要受冻，虢国没有灭亡是靠着虞国，虞国没有被灭亡也还是因为有虢国。若是借路给他们，虢国早晨灭亡，虞国在晚上就会被消灭，大王您千万要想清楚啊！"

虞公说："晋国连这么贵重的宝贝都送给我了，咱们连条道都舍不得借给他，未免太说不过去了。而且晋国比虢国强大 10 倍，就算失去虢国，交上了更强大的晋国做朋友，有什么不好呢？"

宫之奇再想劝他几句，大夫百里奚止住了他。退朝后，宫之奇问百里奚："您怎么不帮我说几句，怎么反而倒劝阻我呢？"

百里奚说："咳！帮糊涂人出主意，就像把珍珠扔在道路上。国君反正是不会听的，继续再劝下去，说不定您生命还会有危险哪！"

宫之奇料到虞国一定会灭亡，便带着全家老小悄悄地跑了。

晋献公在周惠王十九年（前 658 年）派里克和荀息去讨伐虢国，晋国的兵马经过虞国的时候，虞公对荀息说："我为了报答贵国，情愿率兵助战。"

荀息说："您若要派兵助战，还不如将下阳关献给我们。"

虞公百思不解地说："下阳是虢国的地方。我哪有办法献给你呢？"

荀息说："我听说虢公在和犬戎交战，未定胜负，您装作前去助战，他们一定把您放进去。您将兵车都装上我们晋兵，他们只要一开城门，下阳关就是我们的了嘛！"

虞公百依百顺，果然帮助晋军蹾开了下阳关。晋军乘胜前进，虢国在周惠王二十二年（前 654 年）被灭了。里克将抢来的财宝和俘获的歌女分了一些给虞公，虞公十分高兴。里克将大军驻扎在虞国都城外，说休息几日再回去。

一天，忽然守门的人进来报告："晋侯已到城外。"

虞公赶紧备车，来到城外欢迎。晋侯约虞公一起到箕山打猎，虞公为显示自己的排场，把城中的兵马全部调出，跟随自己打猎去。他们玩得正高兴，百里奚吁吁直喘地跑来说："城里听说出事了，您赶快回城吧。"

虞公来到城边，只见一员大将站在城楼上，威风凛凛，向虞公喊道："您好啊！我们前次蒙您借给一条路，这次又蒙您把一个国家借给我们，真谢谢您了！"

虞公顿时大怒，便要攻城。不料城墙上箭如雨下，又听有人喊："晋侯大军到了！"

这时候，虞公才如梦初醒，十分悔恨，回头看到只有百里奚还跟着自己，便说："当初您怎么也不劝阻我呢？"

百里奚说："连宫之奇的话您都听不进去，我的话还能听吗？"

正说话间，荀息左手拿着宝玉，右手牵着骏马，来向献公汇报战功，献公微笑着看着自己的宝贝说："玉璧还没什么变化，就是马的牙齿稍长了一点。"

献公笑嘻嘻地向虞公说："我这回来，就是为了收回我的玉璧和千里马的！

不过我也没有忘记您借道给我的好意，送给您另外一匹马和一块玉璧吧。"

【智慧解读】

在上面的故事中，与其说是虞公的贪婪使自己走向了毁灭，不如说是愚昧无知使他断送了国家，也使自己成了晋国的俘虏。因为作为一个天性自私的人，无论是谁都会不同程度有所贪图，有所欲望。问题在于，当这种贪图和欲望可能会造成重大危险的时候，明智者与愚昧者就在这儿分道扬镳，前者会十分果断地抑制住自己的欲望，而后者则不顾一切地要满足它们，哪怕是因此而出卖朋友，哪怕因此而使自己失去最可靠的战友。

唇亡齿寒的道理，反映在管理学上，类似于共生效应。

共生效应是指两种生物共同生活在一起、互相利用的生活方式，用来形容市场上的个体，特别是同一个领域内的个体之间休戚与共的关系。

几乎所有有眼光的领导者都深知这种共生效应对于自己生存环境的重要意义，因而往往能够做出明智的选择。即使是当竞争者面临困局时，也绝不会逞一时之快而导致整体市场环境的恶化。

20世纪90年代中期，浙江的娃哈哈与广东的乐百氏在酸奶市场激战甚酣。某一年正是酸奶销售旺季时节，有人把一只死老鼠放进娃哈哈奶瓶内，试图敲竹杠。事件曝光之后，舆论哗然。在此危急时刻，娃哈哈致电乐百氏老总何伯权，希望乐百氏保持必要的安静。何伯权立即下令所有销售人员不得利用此事恶意炒作、打击对手，从中渔利。

事后何伯权说，娃哈哈遭犯罪分子陷害，这是整个酸奶行业的不幸。乐百氏也许可以利用此事牟取短期利益，但是下一个被陷害者谁说不会是乐百氏呢？

也许他只说出了一点，一个更为全局性的问题是：即使乐百氏可以保证自己不会遭到陷害，难道就不会有损失吗？

1994年6月间，美国食品和药物管理局接二连三收到投诉，说在百事可乐里发现注射器。这一事件最终查明是一起严重的人为破坏行为。在百事可乐公

司出色的危机公关之下，此事迅速得以化解。值得注意的是百事可乐的老对手可口可乐在整个事件中的表现，可口可乐并未乘人之危，幸灾乐祸，而是选择了沉默。

在上述事件中，可口可乐和乐百氏都选择了沉默，其中包含了深刻的竞争哲学。在一个产业中，竞争对手遭遇有损名誉的事件，从当时看虽然只是个别厂家受到损失，但如果不迅速解决，甚至越闹越大，那么城门失火，殃及池鱼，危机很快会波及整个产业。

试想，倘若可口可乐和乐百氏在对手的危机中借题发挥，打击对手，不要说事情澄清后会破坏自身形象，即使对手真的就此沉沦，急功近利而失去理智的竞争就会受到市场的惩罚，因为事件在消费者心理上造成的影响，不会随着事件而烟消云散，而会演变成对这一类型产品的不信任。

因违反共生效应而受到惩罚的案例也并非绝无仅有。

如近年中秋前夕出现的南京某品牌月饼使用过期原料的事件，遭遇曝光的厂家仅凭主观臆测，随意向媒体说月饼行业中的多数企业存在利用陈馅的现象，这一观点被炒作后，导致整个月饼行业的大萧条。也许这家企业是不甘心"炒豆大家吃，砸锅一人赔"而做出的负气之举，但是由此导致所有同类企业萎靡不振的结局，却是始料不及的。

桓公之死

管仲得了重病，桓公前去探视，问他说："仲父的病很严重了，您将用什么话来教诲我呢？"

管仲说："齐国的乡下人有句谚语说道：'家居的人不用准备外出时车上装载的东西。行路的人不用准备家居时需要埋藏的东西。'现在我将要远离人世了，哪还值得询问？"

桓公说："希望仲父不要谦让。"

管仲回答说："希望君王疏远易牙、竖刁、常之巫、卫公子启方。"

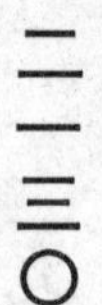

易牙本来是齐桓公的一个厨师，有一手好的烹调技术，先是做了许多美味的菜肴，送给齐桓公的妃子卫姬吃，求得进身之阶。后来，他偶然听齐桓公说："我什么肉都吃过了，就是不知道人肉是什么滋味。"

易牙回家后，杀掉了自己刚刚 3 岁的儿子，做成人肉佳肴献给桓公吃。

竖刁本来是侍候齐桓公的一个小童，总想出人头地，接近齐王。但是他想进入后宫并非易事，为能进入后宫，便阉割了自己。从此齐桓公非常宠爱他，随时把他带在自己身边，在后宫出入。

而公子启方则是卫国的太子，有一次受父亲之命出使齐国。完成出使任务后，他主动向齐桓公要求说："我愿意留在齐国侍奉主公，不想回国了。"齐桓公就答应了他的要求，给了他一个官职，并十分信任他。

此时，齐桓公见管仲提起要自己疏远这几个人，于是就奇怪地问道："易牙为了让我品尝人肉的滋味，杀了自己的儿子，这说明他爱我超过了爱他的儿子。这样的人，还有什么可怀疑的？"

管仲说："易牙杀了自己的亲生儿子让主公您品尝人肉汤的滋味，这种做法缺乏人性。常言道：虎毒不食子！对于自己的儿女，人们没有不倍加爱护的。易牙能把自己最心爱的小儿子杀了，对您又会怎么样呢？这种人不可接近。"

桓公又说："那么竖刁不可信任的地方是什么呢？他为了能侍候我，把自己都阉割了。他对我的忠心，不是超过了爱惜他自己的身体吗？"

管仲回答说："人的本性不是不爱自己的身体啊。自己的身体都忍心阉割，对君王又会有什么爱心呢？"

桓公又说："常之巫能审察死生之理，能驱除鬼降给人的疾病，这样的人还能够怀疑吗？"

管仲回答说："死和生是命中注定的，鬼降给人的疾病是由于精神失守引起的。君王不听任天命，守住精神，却去依靠常之巫，他将因此无所不为了。"

桓公又说："卫公子启方侍奉我 15 年了，他的父亲死了都不回去奔丧，这种人还能够怀疑吗？"

管仲说："启方背弃自己的父母侍奉君主，不近人情。况且他本来是千乘之封的太子，能弃千乘之封，其欲望必然超过千乘。应当远离这种人，若重用必定乱国。"

齐桓公听管仲说得有道理，便问："为什么从前没听你说过呢？这几个人在我身边已经很久了。"

管仲说："河岸的大堤挡着，洪水就不会失控。我管理政事的时候好比大堤，总能控制着他们，不让他们为非作歹。现在大堤要垮了，水就要泛滥起来，您一定要当心啊！"

公元前 645 年，管仲去世了。管仲的建议被齐桓公采纳，任用隰朋作相。不料，没过一个月隰朋也死了。齐桓公请鲍叔牙作相，鲍叔牙认为自己不合适，坚决不同意。齐桓公说："现在朝廷里你是我最信任的人，你不同意，那么让谁来做相呢？"

鲍叔牙这才说："我的缺点您是知道的，那得把易牙、竖刁、启方赶走，我才接受任命。"

齐桓公说："这事管仲早已说过，我一定照办。"

当天齐桓公就把易牙、竖刁、常之巫、卫公子启方全都驱逐走了，不许他们再入朝。

可是桓公吃饭不香甜，睡觉不安定，朝政混乱。过了 3 年，桓公说："仲父不免也太过分了吧？谁说仲父的话都可信呢？"于是又把他们全都召了回来。

第二年，桓公病了，常之巫从宫中出来，说："君主将在某日去世。"易牙、竖刁、常之巫共同作乱，堵塞宫门，筑起高墙，不准人进宫，假称这是桓公的命令。有一个宫女翻墙进入宫内，到了桓公那里。桓公说："我想吃东西。"

宫女说："我没有地方能弄到吃的。"

桓公又说："我想喝水。"

宫女说："我没有地方能弄到水。"

桓公说："这是什么缘故？"

宫女回答说："常之巫从宫中出去说：'君主将在某日去世。'易牙、竖刁、常之巫共同作乱，堵塞宫门，筑起高墙，不准人进宫，所以没有地方能弄到食品和水。卫公子启方带着40个书社投降了卫国。"

桓公慨然叹息，流着眼泪说："唉！圣人所预见到的，难道不是很远吗？如果死者有知，我将有什么面目去见仲父呢？"

于是用衣袖蒙住脸，死在寿宫。蛆虫从门缝爬出，尸体上盖着杨门的门板，3个月没有入棺停丧，9个月没有安葬。

【智慧解读】

看完这个故事，很多人会问，管仲作为一个有着远见卓识的政治家，对于易牙、竖刁、启方三人的本质认识如此之清，为何不能及时除去呢？

这里面的原因是十分复杂的。首先，三人都有功于齐国或者有特殊才干，如启方在灭孤竹的战斗中是率军攻敌，亲冒矢石的；竖刁治理后宫，对于消除当时的宫廷内乱也起了重要作用；至于易牙，以善调百味而著名，是厨师茶师，史书上说他对于水质水味的分辨极有造诣，把渑水和淄水混合后让他品尝，他能喝得出里面几成渑水，几成淄水，也算是有异能之人。

有人说：才能如不能以良好的道德作支撑，则一个人才能愈多，给社会造成的危害越大。历史上很多奸臣，起初都只是善于奉迎，并无大恶，只是搬弄一下是非，总无理由置他们于死地，而暂时的被罢黜、迁降，他总会卷土重来的。

管仲连用三个"非人情"来阐明易牙、竖刁、启方不能为相的理由，抓住了问题的要害。一个人的所作所为，若是违背了人之常情，不是神经不正常，就是抱有不可告人的险恶目的。但是三人同历史上任何宵小之徒一样，依附大树，投靠君主，媚上有术，正直之臣要惩治他们总有些投鼠忌器的。因此，是不能责怪管仲不除恶务尽的。

　　而从齐桓公的角度来说，他的悲剧即是他没有听从管仲的话的结果。之所以如此，并不是他意识不到问题或者对管仲的意见当耳旁风，而是他在三人问题上，迁就了自己的私欲，忘却了江山社稷的"公利"，同时也无从达到预见事物将来的发展变化，不能达到预见事物将来的发展变化，当然就会不接受管仲的忠言，而亲近自己所宠信的那些小人。

　　一个领导者不可以自己的好恶来决定对下属的取舍，这样做除了可以做到公平赏罚之外，另一项积极的功能是有利于领导者保证自己的权威。

　　一个人为组织工作，为领导者做事并不见得出于忠诚之心，背后最根本的原因是基于利益的考量。当下属肯牺牲自我的利益去符合组织的利益时，背后一定有更大的企图。此时下属付出的代价，未来将由领导者偿付。齐桓公宠信那些善于揣摩迎合他心思的小人，最后被饿死，就是一个血淋淋的教训。

　　由于这种君好则臣为，上行则下效的巨大影响效应，如果领导者以个人的好恶去确定企业的目标，规范臣下的行为，并以此决定亲疏，这既是对下属的一种不尊重，也必然会引起下属的刻意逢迎和拼命邀宠。因为任何一个理性的下属，如果想保住自己的位置，并且继续得到信任，就必然会去认同这些价值标准，努力做领导者希望他做的事，成为领导者希望他成为的那种人。如此上下互动，渐成风气，势必会对企业的风气造成重大的影响，甚至损害和毁掉企业。

　　但矛盾的是，领导者从感情上最喜欢的，往往是他最不需要的，甚至对他有危害的行为。凭个人喜好来确定企业目标，会直接影响到目标执行层即下属队伍，可能使下属对企业和领导者人的信任度降低和产生不稳定的情绪，进而对企业的团队精神产生不利的影响。

　　一名卓有成效的领导者，要让自己成为受尊重的领导者，必须从以身作则开始，认清自己身边不需要的人和物。尽管可能感情上很接近，但一定要自制，远离它，不能让它们成为下属的价值取向，成为模仿的方向，影响整个团队的士气。

为此，领导者必须建立一个符合组织根本利益的行为标准，让自己和下属共同遵守。这个标准必须明确，而不能模棱两可或者摇摆不定。同时必须通过实实在在的奖罚手段，以及领导者日常行为的倾向性，明白无误地表现出来。

领导者的行为值得模仿，下属就会做得好；反过来，领导者行为不佳，就绝不能指望下属有上好的表现。

百里用秦

百里奚是虞国人，出身寒微，青年时代生活困窘。

百里奚身处诸侯争雄的混战时期，于是就想游历诸侯，施展雄才大略。无奈妻儿老小无人照料，心里十分为难。但他妻子杜氏贤惠而明智，鼓励百里奚去外面闯荡，干一番事业。临行那天，杜氏把家里仅有的一只老母鸡杀了，烧柴不够用，就把门闩劈了，煮了一锅小米饭，熬了一锅青菜汤，让丈夫美餐一顿。夫妻依依告别。

百里奚开始到了齐国，可是没人推荐给齐襄公，于是讨饭为生，流浪街头。后来他流浪到宋国，遇到一个叫蹇叔的人，蹇叔把他请到自己家里做客，十分投机，结拜成兄弟，成了知己。百里奚不想继续奔波，暂且回虞国看望妻儿。蹇叔说："虞国贤臣宫之奇是我的好朋友，多年不见，咱们不妨一块去虞国。"

两人来到虞国，蹇叔把百里奚介绍给宫之奇，宫之奇又把他推荐给虞君。蹇叔见虞君是个贪图小便宜的小人，不想久留此地。但百里奚不想继续奔波，便留下来当了虞国的大夫。蹇叔告诉他，以后有事就到宋国的鸣鹿村去找他。

晋献公灭了虞国以后，听说百里奚是个贤能之士，特别在谋略上更是高人一等，就想让他来为晋国做事，派了好几个人去劝说，可百里奚就是死活不答应。

公元前 655 年，秦穆公派公子絷去晋国求婚。晋献公把大女儿嫁给秦穆公，他看百里奚既然不答应为晋出力，就要捉弄他一下，让他充做奴仆，跟着去秦国。这样，百里奚就被当作陪嫁奴仆送往秦国。百里奚走到半道却悄悄逃跑了。

想不到他刚刚跑到楚国，却被楚国人当奸细抓起来，押送到南海去放马。

完婚以后，秦穆公发现有一个叫百里奚的陪嫁奴仆不见了，就问晋国来的公孙枝是否知道百里奚。公孙枝说："这人本是虞国的大夫，虞国亡后，他陪虞君一道当了俘虏，是个很有才能的人。晋公原想重用他，但他一听让他留在晋国当官就不干。这人既有计谋，又忠君，只可惜明珠暗投，遇到了虞国国君，不然哪个君王得到他都会高兴的。"

这时秦穆公正在积极准备招纳人才，听了公孙枝的介绍，真想马上看到百里奚。于是，他四下派人寻找；后来得知在为楚国牧马的人中有一个人叫百里奚。

秦穆公就要派使者带着厚礼去见楚成王，赎回百里奚。公孙枝在一边急忙劝阻道："赎百里奚，主公要是用这么贵重的礼物反而办不成，一定赎不回来他！"

秦穆公一听很奇怪，问道："怎么会这样呢？"

公孙枝不慌不忙地说："百里奚在楚国牧马，正是因为他的才能没有被楚人发现。如果用这样贵重的礼物去换一个牧马的奴隶，那不就等于告诉楚王这个秘密吗？楚王到那时会放他回来才怪呢！"

秦穆公于是就派人只带着5张羊皮去换百时奚，这是当时一个奴隶的价钱。

秦国的使者到了楚国，对楚成王说："我们一个奴隶叫百里奚，偷跑到贵国了。我们国君派我赎回去他，当众治罪，也好吓吓其他奴隶，让他们以后听话一点。"说着就献上5张羊皮。楚成王也不在意，就让人把百里奚从南海带回，交给秦国的使者。

在秦国边境，公孙枝早已奉命在那里等候百里奚多时了。到达的第二天，百里奚就被公孙枝带去见秦穆公了。

百里奚当时已经是一位满头白发的老者，一见面，秦穆公心中不禁失望，随口问道："您多大年纪了？"

百里奚答道："已经70多岁了。"

秦穆公叹息道："可惜太老了。"

百里奚说："那要看做什么事了。如果让我去追赶飞鸟，或者捕捉猛兽，那确实老了；主公如果是让我为国出谋划策，运筹帷幄，那还正当年呢。我比起当年为周武王夺天下立下汗马功劳的姜太公还年轻10岁呢，难道就没用了吗？"

秦穆公对他另眼相看，向他请教富国强兵的方法。百里奚有问必答，条分缕析，让秦穆公十分钦佩。秦穆公越听越高兴，不由赞道："我有了先生，如同齐君有了管仲啊！"说罢就要拜百里奚为相。

可是百里奚对秦穆公说："我的朋友蹇叔的本事才华远在我之上。主公若拜蹇叔为相，就一定能完成称霸中原的愿望。"秦穆公一听，立即派人去蹇叔隐居的地方，请蹇叔出山。

找到了蹇叔的住处。恭恭敬敬地给蹇叔呈上书信。蹇叔看完信说："当时虞君招致败亡，就是因为不信任百里奚，听不进他的忠告。现在，一个百里奚足够辅佐秦公成就霸业了。我已隐居多年，不想再出去做事了，请回去代我向秦公致谢吧。"

来人一听就慌了，急忙说道："百里奚大夫说过，他也不愿一个人在那儿。如果您不去秦国，他就要去隐居了。"蹇叔一听此话，无可奈何地说："为了成全百里奚，这一趟秦国我只好去了。"

蹇叔到了秦国，秦穆公向他请教。蹇叔说："秦与西戎相接，百姓久与戎民杂居，多数不懂礼教，因此应该首先使百姓懂得法律的威严，知事有可为者，也有不可为者；要加强对百姓的教导，使他们知道荣辱；要树立国家的正气，对犯罪的人施以刑罚。这几件事办好了，富国图霸的事才有基础。"

秦穆公又问："我想称霸诸侯，我该从哪做起呢？请先生教我。"

蹇叔答道："首先要做到三戒：一戒贪图小利；二戒气愤蛮干，三戒急于求成。"他还进一步解释说："人们吃亏往往是因为贪图小利；失去理智往往是因为愤怒而冲动；做事失误或失败，往往是因为急于求成，而没有细加筹划。只有打下牢固的基础，才能去创图霸的事业。"

蹇叔的一番话使秦穆公觉得极有道理，连声道："蹇叔和百里奚真是我创立霸业的左膀右臂啊！"第二天就拜蹇叔为右相，百里奚为左相。从那以后，蹇叔和百里奚辅助秦穆公教化民众，实施变革，秦国也一天天地强大起来了，秦穆公最终成就了霸业。

【智慧解读】

人才难选难识，自古以来就有人把美玉当成顽石，将沙石当成黄金，良莠不分，忠奸不辨。对任何领导者来说，在选拔人才的时候总是希望能淘汰劣才，抛弃佞才，远离奴才，退却歪才，发现人才。可是如何才能做到这一点呢？秦穆公启用百里奚的故事可以给我们提供一条有益的思路。

在治理国家上，选贤任能被视作头等大事。孟子更认为一个国家"不举贤则亡"。因为志士贤才永远是国家之宝。在我国历史上，历代明君贤相都把"任贤"的问题看作是治理国家的头等大事。孟子就曾把它提到"不举贤则亡"的高度，并用"虞不用百里奚而亡，秦穆公用之而霸"的历史事实来进行论证，所举的也正是我们上面的这个故事。

即使是在现代，找到称职的下属很难，而雇佣到优秀的下属则更难。然而，要想获得成功，最重要的却仍然是选对人，然后给他们一个走向成功的平台。日本的松下幸之助也曾经说：一个领导者要有和古董商一样的鉴赏眼光，他必须对任何事物做出明确的价值判断。

而事实上，松下幸之助也确实能从平凡人身上看出不平凡的才干。松下幸之助从不去著名大学里选择人才，而是十分注意从公司内部职工中发现人才，量才使用。在使用中注重实际工作能力和业绩，用人不论亲疏。他把许多年轻人直接提拔到重要工作岗位上，如 1986 年松下幸之助提拔名不见经传的山下俊彦出任松下公司总经理，而将自己的女婿松下正治由总经理改任董事长。

这次人事安排令很多人大为惊讶，因山下俊彦不仅与松下幸之助毫无血缘关系，且又年轻。但松下幸之助慧眼识英才，山下俊彦出任总经理后，根据世界市场形势的变化和家用电器发展趋势，果断地改变原公司生产体制，由生产家用电器单一制造系统扩展为生产电子科技产品等多门类的生产体系，使公司销售额逐年增加，造就了松下电器公司的"山下时代"，也奠定了松下电器公司稳步迈向 21 世纪的基础。

因此可以说，真正明智的领导者都懂得"企业即人"的道理，把发现和培养人才当作头等大事，高度重视人才的选拔、培养和使用，并且都有与众不同的高招，标新立异，独树一帜。有人说，在担任美国通用电气公司首席执行官的 21 年里，杰克·威尔奇的主要工作之一就是评判下属，指出他们的优点和缺点、成功与失误。

然而，从理论上奢谈"任贤"如何重要是一个事，行动上能够识才、用才却是另外一回事。这是因为它与领导者的气度、品德、志尚、才能有着直接的关系。

颜回抓饭

当年孔子周游列国，困于陈楚之间，一连 7 天没吃到东西。

这天，孔子睡午觉时，他最得意的门生颜回出外寻找食物，不知从哪里弄来了一点儿米，蒸了一锅饭。饭蒸好之际，孔子闻香抬头，恰好看见颜回用手抓出一把米饭放到嘴里。

孔子很不高兴，但是孔子没说什么，装着就像没看见一样。他想：颜回太饿了，偷偷地背着他先一步吃口米饭也是情有可原。

颜回把蒸好的饭先盛了一碗端给了孔子。孔子坐起来，说："先用这碗饭祭拜一下我的先父吧，我刚才梦见他了。"

颜回闻听赶快接着说："不行，祭拜先人要用干净的东西，这饭不干净。刚刚烧饭时有些灰尘掉入锅中，我觉得扔掉太可惜了，于是就抓出来放进了嘴里，因此，这饭不干净了。"

孔子听了，对弟子们叹息道："原来我一直认为自己的眼睛看见的事实是可以相信的，现在才知道，连自己的眼睛看见的也不可轻信；过去认为自己的心最可靠，这样看来，心也不可靠了。弟子们，好好听着，知人实在太难了！"

虽然孔子对颜回的品行赞赏有加，但是却并不认为他适合进行社会活动，并且曾经两次阻止颜回到外国宣传孔门学说。

第一次是颜回要到卫国去。

孔子问："你去卫国做什么？"

颜回回答说："我要去救卫国！因为卫国国君'其年壮、其行独'，年纪在50岁左右，事业正逢高峰期，但独断专行，不相信其他人的话，致使卫国上下受苦受难。"

然而，孔子却回答："你此行大概是无法回来了！因为你觉得卫国君王不好，你用你的好去把别人的不好比出来，这是最容易得罪人的。我们的本意是去救人，我们以好人的身份去救人，但是在尚未救到人之前，我们的行为早已伤害了他人。"

孔子问颜回："你认为卫国上下没有一个是好人吗？你以个外人身份闯入卫国，并对卫国人说'我来救你们了！没有我，你们是没有希望了。'你觉得他们会接受吗？"

第二次，颜回要去齐国，孔子面有忧色。

子贡离开自己的座位悄悄地问孔子："先生在上，学生想问一个问题，不知是否妥当。颜回要去齐国，先生面有忧色，这是为什么呢？"

孔子说："这个问题问得好！过去管子曾经说过一句话，我很赞赏。他说：'小口袋不可以用来装大东西，短绳子不可以用来汲深井水。'这是说，每种东西都有固定的性能，都有一定的形体，只能从事与其性能相适应的工作，只能办成与其形体相适应的事情，既不能超越，也不能不及，超越和不及都会给它带来危害。现在颜回要到齐国了，我怕他向齐王讲什么尧舜事迹、黄帝功业，再加上有关燧人和神农的业绩。如果讲这些，齐王一定会用来反省自己。反省而不得要领，那就会对颜回讲的道理产生怀疑。一旦有所怀疑，颜回就有可能被处死。"

　　子贡点头称是。孔子接着说："你不是听说过吗？过去有一只海鸟落在了鲁国的郊外，鲁侯将它迎入庙堂之上，给它演奏最高雅的音乐，给它吃最精美的食物。可是海鸟却感到满眼昏花，忧愁悲哀，不敢吃一嘴肉，不敢喝一杯酒，没有过3天便死了。鲁侯这是以养活自己的方法来养活鸟，不是以养活鸟的方法来养活鸟，与鸟的本性不相适应，所以鸟不能生活。用养活鸟的方法养活鸟，那就是让它居住在森林里，漫步在沙滩上，漂浮在江湖中，觅食于鱼鳅间，与自己的同类共飞同止，与自己的伙伴同游共处。鸟怕人声嘈杂，为什么要用那嘈杂的声音来招待它呢？《咸池》《九韶》这些人们认为高雅的音乐，在洞庭的旷野中弹奏，鸟听到后会吓得高飞，兽听后会吓得逃走，鱼听到后会吓得深潜，就连一般的人刚刚听到，也不过是围观而已。鱼在水中才能生活，人在水中就会淹死。他们的性能不同，所以彼此的好恶也就相异。正因为如此，所以圣人不要求不同的事物有同样的性能，不要求不同的人做成同样的事情。他只要求名誉与实际相符合，做事与能力相适应。这就叫作理通情顺而福气常存。"

　　颜回的故事告诉我们，一种事物有一种事物的特性，一种东西有一种东西存在的特殊环境。如果想要维持一种事物，保存一种东西，就不能脱离了它的特性，不能改变其存在的环境，也不能用其他事物的特性要求它，用其他东西存在的环境对待它，否则的话，就会适得其反，事与愿违。

　　事物存在的最佳环境，就是与其原本真性相适应的环境。处在这种环境中，事物就安闲自在，这就叫作顺其自然；安闲自在，也就既不觉得甘甜，也不觉得苦涩，无知无觉，这就叫作混沌。自然、混沌就是事物存在的最佳状态。

　　孔子之所以为颜回担心，就是怕他不懂得这个道理，用齐王听不懂的道理去教育齐王。如果这样就会引来两个恶果：一个是齐王更加迷惑不解，另一个是颜回遭到杀身之祸。

【智慧解读】

　　俗话说：耳听为虚，眼见为实。可是很多情形之下，我们所眼见的并不是事实的真相，要相信别人，就要相信你不能相信的事。所以孔子告诫弟子说："所信者目也，而目犹不可信；所恃者心也，而心犹不足恃。弟子记之，知人固不易矣！"

孔子所看见的，的确是事实，但不是事实的全部。孔子的眼睛被蒙蔽了，他的心又轻信了眼睛，结果连自己最喜欢的学生差点儿也误会了。

孔子这样一位"圣人"，居然也有看走眼的时候！由此看来，误会人和被人误会几乎是不可避免的了。那么我们每个人在这世上活了几十年，在无意中误会别人和被误会的情况难道还会少吗？

孔子的这种感慨，可以说是对领导者通过调研解决问题的直观论述：如果只有一条路可走，那么，这条路往往是死胡同？那么我们面对问题应该如何寻找答案，或者说如何解决才能尽可能避免先入为主的失误呢？

在生活中，我们每个人都经常会面对许多问题，归纳起来，这些问题大致可以分为三大类：发生型问题、改进型问题、设定型问题。

传统解决问题的方法经历了三个演进阶段：第一个阶段是从问题到对策的"两点式"方法，凭领导者以往的经验、知识和能力加以解决；第二个阶段是问题—原因—对策的"直线式"方法。由领导者针对问题，进行分析，参考以往经验，定出解决步骤与方案加以解决；第三个阶段是"综合式"方法，即发现问题，建立模式，依靠团队力量，找出对策。

而以上三种方法都是原因导向型的，在现代市场环境中已经远远不敷使用。当代领导者应该学会一种"目标导向"的全面解决问题方式，它包括以下流程：现状分析（问题定义——问题发掘——问题确认）；对照目标，确定问题；原因分析；对策拟定：选择最佳方案；实施方案；跟踪评价；防止问题再度发生。

每个人在准备拍板做出决策时，都必须记住：当脑子只有一个念头时，那个念头也许是最危险的念头。领导者在识人知人过程中也必须有这样的意识，真正认识一个人不能凭一件事、一个印象而下结论，否则可能会做出错误的判断。

夹谷之会

孔子 35 岁那年，鲁昭公被掌权的三家大夫——季孙氏、孟孙氏、叔孙氏轰走了。孔子于是就到齐国去，求见齐景公。

齐景公听说孔子来，于是召见他，并且问治理国家的道理。孔子说："做君主的要有君主的风范，做臣子的要有臣子的礼节，做父亲的要懂得威严慈爱，做儿子的要懂得孝道。"

齐景公明白，这就是孔子所注重的礼，所谓各尽本分，国家才能治理好。过了几天，孔子又去看他，齐景公问当前最需要改进的是什么？孔子说："当前最重要的是节省国家开支，避免浪费。"

齐景公待孔子很客气，很想把孔子留下来替他做事，打算封一块地方给孔子，可是相国晏婴认为孔子的主张不切实际，很多大臣也表示反对，景公的态度就慢慢地冷淡下来，只是表面还对他非常客气，好像很优待的样子。

孔子在齐国没有发挥的机会，就带着学生回鲁国，仍旧教他的书，跟随孔子学习的学生越来越多。

鲁定公九年，52 岁的孔子，被任命为中都地方的宰官，只一年时间，就路不拾遗，夜不闭户。远近各国听到这个消息，都来参观，并且向他请教。第二年，他被升为司空，专管全国建设。不久调任司寇，相当于现代的最高法院院长。

公元前 500 年，齐景公和晏婴想拉拢邻国鲁国和中原诸侯，把齐桓公当年的事业重新光大一下，就写信给鲁定公，约他在齐鲁交界的夹谷地方开个会。齐国出席的是齐景公和宰相晏婴。鲁国出席的是鲁定公和宰相季桓子。

那时候，诸侯开会，都得有个大臣当助手，称作"相礼"。鲁定公决定让孔子担任这件事，把准备到夹谷跟齐国会盟的事告诉了孔子，孔子说："齐国屡次侵犯我边境，这次约我们会盟，我们也得有兵马防备着。希望把左右司马都

带去，以防不虞。"

鲁定公同意，于是就让申句须、乐颀两员大将带了一些人马，随同他上夹谷去。到了夹谷山，齐景公已经先来了，齐侯的帐篷在坛位右边，鲁侯的帐篷在坛位左边。

当时齐国有一位叫黎弥的大夫，足智多谋，向景公献上了一条计策："齐鲁结仇，已经很久了。孔子贤圣，替鲁国做事，怕他将来会危害齐国，所以咱们才准备了今天的聚会。据我观察孔子的为人，知礼而无勇，不大熟悉用兵打仗的事。明天主公和鲁侯见礼以后，请让人演奏各地的音乐，让鲁侯娱乐娱乐，我派300莱地的土著人拥上前去，瞅机会拿住鲁侯，把孔子也一块儿捉住。我再调集战车，从坛下杀散其余的鲁国人。那时候鲁国君臣的性命都攥在咱们的手心里，任凭主公处置，不比兴兵讨伐强吗？"

景公说："这事能不能办，应该和相国商量商量。"

黎弥说："相国一向和孔子交情不错，要是让他知道，这事肯定办不成了。请让我一个人办吧！"

景公说："我就听你的，你可得小心点儿！"

第二天，两国国君会见，互相行礼，然后献酒，齐国的司仪忽然高喊："请奏四方之乐。"

一时间，一大批莱地的土著拿着旗帜、长刀、盾牌，奏着乐，吵闹着进了会场。孔子看情形不对，快步登上台阶对景公说："今天是两国君主亲善友好的大会，本应该举行中国的礼节仪式，为什么用夷狄的乐队扰乱会场，违犯礼节？请您下令让他们离开。"

晏子不知道这是黎弥的计策，也对景公说："孔子说的是正礼。"

景公很惭愧，也知道孔子不肯马虎，急忙派人让这些土著退下。

过了一会，齐国方面又有20多个穿着奇装异服的艺人，脸上涂着脂粉，分成两队，拥到鲁侯的面前，跳的跳，舞的舞，嘴里唱的叙述鲁国前朝国君兄妹淫乱的故事。孔子按着宝剑瞪圆了眼睛，盯着景公说："匹夫戏弄诸侯，罪该处死！请让齐国的司马来执行！"

景公没理他，艺人们歌唱如故。孔子说："两国既已建交和好，像亲兄弟一样，那么鲁国的司马也就是齐国的司马了。"

于是举起袖子向坛下一挥，大声疾呼："申句须、乐颀在哪儿?"只见二将听到呼声，飞身上坛，从男女两队中分别捉住一个领班，当下斩首，其余的人顿时鸡飞狗跳，慌忙逃走。

在双方最后缔订盟约时，齐国突然增加一条：规定在齐国出征时，如果鲁国不派300乘兵车相从，就是破坏盟约。这显然是要鲁国无条件承认自己是齐国的附庸国。当时齐强鲁弱，这一条难以拒绝，但孔子又不想无条件接受，立即提出了另一个新条款：如果不把齐国侵占鲁国的汶阳归还鲁国，而要鲁国出兵车，也是破坏盟约。这使齐景公难堪，孔子又赢得了第二个回合的胜利。

会后，齐景公决定把从鲁国侵占过来的汶阳（今山东泰安西南）地方的三处土地还给了鲁国。

【智慧解读】

纵观孔子的管理思想，其主流是和而不是争，但是孔子在夹谷之会上的表现，却是以实力为后盾，用"有文事者必有武备，有武事者必有文备"的战略，有效地争取了齐国的尊重，吓阻了齐国的不良企图，维护了鲁国的利益。因此我们说，"夹谷之会"也说明孔子并非绝对排斥"争"，而是要争之以"礼"。

人和与竞争，是人际关系的两极，是社会相互作用的两种基本形态，具有全人类的普遍性。任何管理思想都无法回避处理这一关系问题。孔子贵"和"，但也并不是一味讲"和"，他曾说过"勇者不惧"和"杀身以成仁"，其中的争的姿态与决心是很明显的。

孔子在夹谷之会上的表现，一方面说明孔子很善于通极达变，而不拘于理论。这一点我们也可以从很多事情中感受到。他当年离开齐国时，米还没淘完

沥干，就匆匆起程；而在他离开鲁国开始周游列国时却说："我们慢慢走吧，这是离开祖国应有的眷恋态度。"孔子不仅善于审时度势、识时务，而且能权衡轻重，洞察千秋曲直，因而取舍得当，去留有节，运用自如，对一切事物都能按照不同的情况，随时应付自如，做到无过无不及。

在这方面，孔子在几千年前与当代管理学中的"权变理论"不谋而合，一个领导者在管理中，只有把原则性和灵活性结合起来，才能在复杂的环境中应付裕如。如果只有原则性，就不能因地因时制宜地灵活运用，那只能是教条主义，最终会陷于困境之中无法自拔；但是如果没有任何原则性，就是进行盲目的权变。管理之道必然有一些共性的原则，而权变，则是建立在这种管理哲学基础上的灵活应变，而绝不是随心所欲。

另一方面，也是更为重要的一点，孔子的表现也说明，无论是在"和"中进行竞争，还是在竞争中求和，最后的目标都不是为了和或者竞争，而是为了自身的利益与发展。因此，这种竞争和孔子所主张的人和，就要根据不同的情势来辩证地看待。

现代社会中的制度安排和资源分配，无不体现出一个"争"的主题。这种竞争不仅表现在组织与组织之间，如企业间的竞争，而且渗透到每一个组织的内部，表现为个人之间的竞争，可以说竞争无处不在，无时不在。很多领导者都在管理工作中有意识地创造一个有利于竞争的良好环境，以利绩效与产出。

竞争有利于促进充分发挥人的潜力，展示人的才能，从而有利于发展、进步。然而，它又易于引起冲突、对抗，激化矛盾。对任何一个组织来说，竞争主要反映在两个领域：一是外部竞争，如组织之间的竞争；二是组织内部的竞争。对于组织的领导者来说，前者是不可选择的，因为即使不想竞争，生存环境也会逼迫去参与，唯一的选择只能是迅速而有效地提高自身的实力，以确保自己在竞争中立于不败之地。

可是在组织的内部，个体之间有共同的目标，且必须相互合作才能实现，就不宜鼓励过度竞争，而应该把竞争融合于协作之中，并且要侧重于协作。相反，如果个体之间有独立的目标，相互间也非紧密关联，就应该适当鼓励竞争。因此个体间的竞争应是"争"中有"和"，"和"中有"争"。面对激烈的外部竞争，组织内部必须求"和"，形成强大的整体力去与竞争对手较量。

子贡索马

孔子带着他的几名学生出外讲学、游览，一路上十分辛苦。这一天，孔子一行人来到一个村庄，他们在一片树荫下休息，正准备吃点东西，不料，驾车的马挣脱了缰绳，跑到庄稼地里去吃了人家的麦苗。一个农夫上前抓住马嚼子，将马扣下了。

子贡是孔子最得意的学生之一，一贯能言善辩。他自告奋勇地要求前去说服那个农夫，争取和解。孔子点头，让子贡前去索马。

孔子之所以让子贡前去，是因为他知道自己的这位弟子有着不凡的口才，曾经成功地出使鲁、齐、吴、越等国，以三寸不烂之舌，保存了鲁国，搞乱了齐国，使吴国灭亡，晋国强盛，越国称霸，使5个国家都发生了很大变化。

事情起因于齐国的田常，当时他准备在齐国夺权，可是怕鲍晏两家不服，于是就发兵征伐鲁国，准备用军功服众。孔子听说后，想要派人制止齐国，可是子路、子张和子石要求出使，孔子都不同意，最后只派子贡去说服田常。

子贡来见田常，说："你进攻鲁国可是个大错呀！鲁国是个难伐之国，因为它的城墙又薄又矮，土地又少而且不丰饶，国君愚昧而且不仁，大臣们虚伪而无能，军卒百姓又特别不愿意打仗，因此，你可不要去进攻鲁国。你不如去攻打吴国。吴国的城墙又高又厚，土地广阔而且富饶，它的盔甲坚韧、戈矛锋利，军队很多，兵精粮足，将军勇武善战，特别易于攻打。"

田常听了不满地说："容易攻打的你说难伐，难于攻打的你说好伐。你用这些是非颠倒的话来劝我，目的何在？"

子贡说："我听过，忧患在内的要攻强，忧患在外的要攻弱。如果你去攻鲁国，一战而胜，那么齐王就会更加骄横，恣意妄为，大臣也会纷纷争名夺利。

齐王骄横，必然疏远你；大臣相争，必然攻讦你。这样，别说你在齐国想谋大事，就是处境也有些危险。而去征讨吴国就不同了，攻打吴国一时难于取胜，那么士卒死在国外，有能力的大臣都派到前线，百姓对齐王满怀怨恨。这样，在大臣中你没有劲敌，齐王又孤立无靠，能操纵齐国命运的，就只有你了，那时候，你想干什么都好办。"

田常听了连连点头："果然是好主意！可是我已经向鲁国发兵了，如果半途中转而攻吴，必然引起别人怀疑。"

子贡说："你先下令按兵不动，我去吴国劝说吴王，让他派兵去救鲁，那时你就可以对吴国开战了。"

田常请子贡快去。子贡见了吴王，说："我听说齐国已出兵攻打鲁国，我为大王担忧啊！吴、齐现在国力差不多，可一旦齐国吞并了鲁国，那吴国就处于劣势了。那时吴国要想称霸就难了。现在，你应该趁机出兵进攻齐国，宣称是为了主持正义，救援弱小的鲁国。这样在诸侯中得了好名声，又趁齐国军队对鲁作战，国内空虚，夺取它大片的土地城池。真是再没有比这更好的机会了。做到这一步，另一个强国晋国也会向吴国屈服，吴国称霸天下的局势就形成了。"

吴王听了，连称："好计！"

但是他说："不过，我曾经打败过越国。越国现在表面上服从我，但我听说越王勾践卧薪尝胆，暗中训练士兵，对我有报复之心。等我把越国消灭了再按你的计策行事吧！"

子贡说："如果你先对越国作战，等打完仗，鲁国就已经被齐国吞并了，机会就已丧失。再说越国是比鲁国更弱的国家，你已经与人家订立盟约，允许越国存在。假如你现在不攻齐而伐越，会被认为你一是欺弱怕强，二是不讲信义背弃盟约，三是见难不救。有这三条，霸业就有落空的危险。如果你实在对越国不放心的话，我可以到越国去，让越王派兵随从你一起对齐作战。这样，不但使越国空虚了，又能让你得到勇于相助的好名声。您看好不好？"

　　吴王听了，赶紧说："如果越国出兵跟随我，解除了我的后顾之忧，我一定立即攻打齐国。"

　　子贡于是动身又到越国去，越王勾践听说后立即修整道路，亲自到郊外迎接，对子贡说："越国是南方偏僻的小国，大夫为什么肯屈尊前来呀？"

　　子贡说："我刚见过吴王，他准备出兵攻打齐国，但听说越国要对他进行报复。有报复别人的打算，让人家知道，那就危险了呀！"

　　越王说："我被吴国打败，备受屈辱，对吴王确实恨之入骨。即使我和吴王同时死去，也心甘情愿！"

　　子贡说："吴王这个人十分骄横。你现在要用最谦恭的态度去打消他的疑心，而最好的办法，莫过于你主动表示要出兵跟随他去作战。这样，他就会暂时放弃对你越国的征讨，先去攻齐。如果他攻齐失败了，这是你的福气，可趁机报复他。如果他攻齐胜利了，为了霸业必然要乘胜再去攻打晋国。我打算到晋国去，请晋国做好迎击吴国的准备。那时，吴国的精锐军队已在齐国损失不少，欲攻晋必然再从国内调兵。当吴国大军远离国土和晋国激战

子贡

的时候，你再乘虚攻打吴国，灭吴就必定能成功！"

　　越王大喜过望，重礼酬谢子贡，子贡谢绝了，并请越王先去向吴王报告，说越国对吴国绝无二心，欣然同意派兵跟随吴王作战。吴王遂发九郡之兵向齐宣战。

　　子贡又赶到晋国，对晋国国君说："我听说，不事先考虑好方案，就不能应付突然的事变。如今吴国就要和齐国打仗了，双方不论哪一方获胜，都必然乘胜攻晋，建立霸业。"

　　晋国国君听了很恐惧，赶紧问："这该怎么办呢？"

子贡说："吴国取胜的可能性很大。从现在起，晋国赶紧训练军队，准备同吴国作战。"

果然，吴军与齐军在艾陵交战，吴军获胜，移兵攻晋，被晋国在黄池打垮了。越国得到消息后出兵袭击吴国。吴王带领败兵赶回国内，在五湖败于越军，都城失守，吴王夫差自杀，越国在东南一带称霸。

孔子还沉浸于子贡丰功伟绩的回忆之中，突然发现子贡已经灰溜溜地回到了身边。原来，他见了农夫以后，满口之乎者也，天上地下，将大道理讲了一串又一串。尽管费尽口舌，可农夫就是听不进去。

这时，有一位刚刚跟随孔子不久的车夫，看到子贡与农夫僵持不下的情景时，便对孔子说："夫子，请让我去试试看。"

于是他走到农夫面前，笑着对农夫说："你并不是在遥远的东海种田，我们也不是在遥远的西海耕地，我们彼此靠得很近，相隔不远，我的马怎么可能不吃你的庄稼呢？再说了，说不定哪天你的牛也会吃掉我的庄稼哩，你说是不是？我们该彼此谅解才是。"

农夫听了这番话，觉得很在理，责怪的意思也消释了，于是将马还给了孔子。旁边几个农夫也互相议论说："像这样说话才算有口才，哪像刚才那个人，说话不中听。"

【智慧解读】

在生活中，说话必须掌握对方的身份和特点，否则，你再能言善辩，别人不买你的账也是白搭。在许多组织里，我们经常发现一些人根本不与别人交流，或者用行话与人交流，而这些行话除了本部门或某个小圈子里的人之外，没有人能听懂，结果妨碍了信息的交流，在工作中造成不必要的困扰。

沟通本是极平常事，关键在于要看对象、看场合，否则，即使能言善辩如子贡，别人不买账也是白搭。对于大多数人来说，似乎是与生俱来的能力。自从沟通作为一门学问进入教科书后，那些沟通失败的人，重要原因就是太唯教

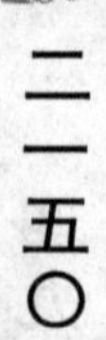

科书了。

民国土匪出身的狗肉将军张宗昌人称"三不知"：即不知自己的兵多少，不知自己的钱多少，不知自己的老婆多少。他食狗肉，作打油诗，笑话留下一火车。但是如果因此认为他就是一个草包，那就大错特错了。因为即使是从最高级的组织文化上看，他也有自己的独到之处。下面这则故事可以说最见其精神。

有一次，士兵由于欠饷闹事，几近哗变。重要官员次第出来了，恐吓的有之，安抚的有之，许愿的有之……皆无效果。作为最后一张王牌，张宗昌不得不出面。

面对群情激昂的士兵，一句话极有可能是点燃干柴的火星，也有可能是浇灭冒烟柴山的水龙头。且看张宗昌是怎样讲，"弟兄们，哪有逛窑子不给嫖费的"。这句话，论雅俗，实在是口泼大粪，粗鄙至极；论诚伪也不是什么肝膈之言、诛心之论。但你不得不承认，这句话的确搔到了痒处，是一颗再好不过的定心丸。再经张宗昌口若悬河说一番，一场兵变被消弭于无形。

其实，沟通并不太复杂，就是见人说人话。圣人如此，政治家如此，流氓亦如此，商人更应如此。

杀骡救人

赵简子，春秋末年晋国正卿。

赵简子的青少年时代处于晋平昭年间，当时，晋国内政局发生了根本性的变化。一些地位显赫的旧贵族正在退出历史舞台，逐渐被赵、韩、魏、智、范、中行六家所取代，形成异姓大夫专权的局面。六卿相互之间围绕晋国统治大权和土地也展开了激烈地明争暗斗，矛盾十分尖锐。

在这场角逐中，赵家曾一度凌驾于众卿之上，但自"下宫之难"后一蹶不振，延续到赵简子继位初期。年仅 20 多岁的赵简子执政以后，在复兴赵宗室的责任感的驱使下，励精图治，终于使赵氏东山再起。

　　赵简子为了复兴赵氏，出人头地，就弄出了生铁 480 斤，把从前范宣子制定的刑书，铸刻在大铁鼎上，颁布了晋国的第一部成文法典，替代了过去的"习惯法"，博得了晋国绝大多数新兴势力的支持。赵简子有了登上政治舞台的资本。果然，他在公元前 497 年，升任晋国正卿，执掌国政。

　　赵简子十分善于收买人心。在他的封地里面，每亩的面积比国家规格大 1.4 倍，这意味着耕种者可以多打粮食少交税。他每亩地收的租子也适中（2/10 左右），甚至对新开垦的土地免税，特别对边区晋阳的人民，格外减税。这些政策吸引了大批移民来垦殖。

　　与此同时，赵简子还求贤若渴，对于凡有一技之长者，不论出身，均设法网罗其门下。这种用人之道，被后来的曹操所效法，曹操在自己发布的《求贤令》里边，专门称赞赵简子唯才是举的原则。下面两个故事可以说明这一点。

　　赵简子有两匹白骡，特别喜欢它们。

　　阳城胥渠在广门任小官，夜晚叩门求见，说："我是您的家臣胥渠，现在得了病，医生告诉我说，只有用白骡子的肝脏做药引子，病才能治好，如果找不到恐怕就得死了。我听说您家里有白骡子，所以斗胆前来求肝。"

　　门人进去通报以后，董安于正在赵简子身边侍候，听到后又好笑又好气地说："好个胥渠啊，竟想要我们主人的白骡！您让我这就去杀了他吧。"

　　简子说："为了保存牲畜而让人死，太不仁义了，可是死一头牲畜来救活一条人命，却是非常仁义的。"

　　说完，他召来厨师去杀死了一头白骡，取出肝脏去送给了阳城胥渠。

　　过了没有多长时间，赵简子发兵攻打狄人。这位阳城胥渠和他手下的 1400 名勇士，争先恐后地冲锋陷阵，率先攻上城头，砍下了敌人将领的首级。

　　上面这个故事反映了赵简子善于激励人才、获取人心的一面，但是其高明之处还不止于此，他还首先提出用人不拘一格、不论品行的思想。对于所要任用的人，认真了解其善恶、是非、贤否及才干特长，因人而用，使人尽其才。即使是恶人，也尽量因势利导，扬长避短，使其不敢为恶。

当时鲁国的家臣阳虎凌驾于主公之上，专擅国政，权势很大。后来，鲁定公讨伐阳虎，阳虎从鲁国出逃，先后逃到齐国和宋国等国，但是这些国家的君主都十分忌惮，不敢接纳。

后来，阳虎逃到了晋国，赵简子却力排众议，十分热情地把他接到自己的府中，并任命为相。左右的下属都十分惊讶，问赵简子："阳虎很善于窃据国柄，您为什么还让他任相呢？"

赵简子笑着回答说："既然知道他善窃国柄，那我用心守住就好了。"

这句话使阳虎深为感动，在赵简子的驾驭下，阳虎始终不敢为乱，尽心尽力为他效力，在灭范氏、中行氏的斗争中积极谋划出力，立下了很大的功劳。

【智慧解读】

从赵简子杀骡救人的故事来看，他之所以能够满足阳城胥渠看似十分荒唐的要求，是因为他明白，不论事情的发展后果怎样，人们都会由这件事来评价他对臣民的态度。因而果断地杀掉了心爱的骡子，赢得了人心。他知道，作为一国之君，他的一举一动都有非常重要的象征意味。只有时刻不忘为臣民着想，才能带来万众一心的强大凝聚力。

事件的发展也证明了赵简子的先见之明。

对于现代组织中的领导者来说，他们的下属不会关心自己的上司是否衣冠楚楚或者相貌堂堂，却会关心上司会怎样对待他们，特别是能否认识到他们的地位和作用，并且因此而重视他们。

但是正如爱因斯坦曾经说："在今天大企业林立的社会中，最大的问题是人们感到他们个人已经被完全遗忘了，觉得自己微不足道。"在现代组织中，这种情况严重到什么程度呢？有些领导者甚至连自己直接下属的名字都已经叫不出来。这些领导者不明白，一个人的名字是他所听到的最美妙的词汇。如果你连下属的名字都叫不出来，那么，下属又怎么可能关心和忠诚于企业呢？相反，如果你对一些平时并不经常接触的下属，都能随口叫出名字，而不是用"你"

"那个"来称呼他们，下属会认为自己在你的眼里还是有地位的，所起到的激励作用是惊人的。因此，只有那些注定无所作为的领导者，才会对下属漫不经心。

在全球的任何一个地方，任何一个组织，没有一个下属会喜欢领导者像对待奴隶或者小学生那样对待他。如果领导者这样做了，下属会想尽一切办法采取不合作的态度，让组织受到损失，让领导者为此付出代价。

如果领导者需要与下属一起工作，又要依靠下属的通力配合，那么，他就会发现，惩罚可能会带来威慑力，但是却不会带来任何真心合作。因为跟随惩罚而来的，还有下属的不满和抵触。相反，一个领导者如果对下属热诚，对他们给予同情，关心他们面临的问题，让下属确信自己在组织中能够发挥不可或缺的作用，才能让他们对组织和自己忠诚。这种忠诚能够在领导者的一举一动中传染给下级，并带来万众一心的强大凝聚力。这里所谓的"忠诚"，并非指的是要爱自己的组织、遵守组织内最细微的规定、赞同组织的每一项政策，甚至把自己卖给公司，而是指"关心"公司，希望公司能成功，前景看好。

燕王韬晦

齐国攻打宋国时，燕王派张魁率领燕国士兵跟着齐军一起前往攻宋，齐湣王却杀了张魁。

燕王听到这消息，眼泪一行行落下来。他召来大臣们告诉他们说："我派兵跟随齐军一起进攻宋国，可齐国却杀了我的使臣，我要立即发兵攻打齐国。"

大臣们也群情激昂。这时，凡繇进来拜见燕王，他劝燕王道："您是贤明的君主，我才愿当您的臣子的，如今看来您不是贤明的君主，我想要辞去，不再做您的臣子了。"

燕王说："这是为什么？"

凡繇回答说："松下之难的时候，我们的先君被俘。您对此深感痛苦，但却依旧侍奉齐国，这是因为力量不足啊！如今张魁被杀死，您却要攻打齐国，这是把张魁看得比先君还重要。"

燕王说："是吗?"

凡繇说："请您停止出兵。"

燕王说："可以不出兵,但应该怎么办呢?"

凡繇回答说:"请您穿上白衣素服离开宫室住在郊外,派遣使臣到齐国,以从属的身份去谢罪,这么说:'这都是我的罪过。大王您是贤德的君主,怎么会把诸侯的使臣都杀了呢?然而单单燕国的使臣被杀死了,这是我选择人不慎重啊!我希望能让我改换使臣以表示请罪。'"

使臣到了齐国,齐湣王正在举行盛大宴会,参加宴会的近臣、官员、侍从很多,于是齐湣王命令使臣进来禀告。使臣禀告说燕王非常恐惧,因而来请罪。使臣说完了,齐湣王又让他重复一遍,以此来向近臣、官员、侍从炫耀。于是齐湣王派了位小臣作为使者,去让燕王返回宫室居住。

不久,由于齐湣王骄横自恣,对内欺民而失信,对外结怨于诸侯,造成齐国政治局势不稳,外部环境形势恶化。燕昭王认为时机成熟,欲兴兵伐齐,遂问计于乐毅。

乐毅是中山灵寿(今河北灵寿西北)人,先祖乐羊为魏文侯手下的将领。曾率兵攻取中山,因功被封在灵寿,乐羊死后,葬于灵寿,从此乐氏子孙便世代定居在这里。中山复国后,又被赵武灵王所灭,乐毅也就成了赵国人。

乐毅少年时喜好兵法,后来因为避赵国沙丘之乱,来到魏国都城大梁(今河南开封西北)当了大夫。他替魏国出使到燕国,燕昭王用客礼厚待乐毅。乐毅谦辞退让,最后终于被昭王诚意所动,答应委身为臣,燕昭王封乐毅为仅次于上卿的高宫。

乐毅回答说:"齐国系霸主之余业,地广人多,根基较深,且熟习兵法,善于攻战。对于这样一个大国,虽有内患,仅由我们一国单独去攻打它,恐怕很难取胜。如果大王一定要去攻伐齐国,必须联合楚、魏、赵、韩诸国,使齐国陷于孤立的被动地位,方可制胜。"这就是所谓"举天下而攻之"的伐齐方略。

燕昭王接受了乐毅的建议，便派乐毅去赵同惠王盟约攻齐，并请赵国以伐齐之利诱说秦国，予以援助。又派剧辛为使分别到楚国和魏国进行联络。当时各国都因厌恶齐湣王骄暴，听说联兵伐齐，均表赞同。

【智慧解读】

燕昭王自己派去帮忙的将领被人杀了，却还能够打落牙齿肚里吞，最终终于联合其他诸侯伐齐而胜，他所采用的就是一种称为"尺蠖求伸"的战略。

所谓"尺蠖求伸"，出自《周易·系辞下》："往者屈也，来者伸也，屈伸相感而利生焉。尺蠖之屈，以求伸也。龙蛇之蛰，以存身也。"大意是生存之道，屈伸交替。软虫的收缩，是为了求得伸展。龙蛇的蛰伏，是为了保全自身。

无论是在做人还是市场竞争中，以屈求伸的战略有以下几大好处。

首先，在实力未达到与对手抗衡的时候，不要为人注意，避免遭到攻击，可以赢得发展时间和空间，不至于被强手消灭于萌芽状态。

其次，这种积累式的踥步发展，其实速度很快。因为每一步80分上下，比这一步下出妙手99分、下一步来一大恶手50分的质量要好得多。等对手注意到了，进攻的拳头也该击中他的下颌了。

第三，可以培养强大的适应能力。"尺蠖"的移动是随遇而安的，什么样的地形地貌它都要通过一缩一伸完成前进的任务，跌倒了再来。这种战略的基本要求就是能过苦日子，在红地毯上向闪光灯挥手固然潇洒风光，但是检验企业生命力的真正标准，却并非这么简单，而应该是像任正非所说的"靠一点白菜、南瓜过日子"。

总而言之一句话，以屈求伸的战略看似卑微，但是正如燕国的崛起一样，在韬光养晦的背后是一种韧性的发展。

湣王亡国

齐湣王继位后，开放言路，广采博取，虚心听取意见，继承和发扬了尊贤尚功的传统，使齐国实力大增。后来，齐湣王率齐军南败楚相唐昧于重丘，西摧三晋的势力于观津，接着与三晋攻秦，助赵国灭中山，打败宋国，扩地千余里，诸侯各国在强大的齐国面前都表示臣服，与秦分镇天下，号为东帝。一时间，齐国威震海内，成为最有希望统一全国的头号强国。

然而，随着齐国军事上的胜利，齐湣王开始野心膨胀，刚愎自用，骄矜自满，喜欢阿谀奉承，听不得半句相反意见。他倚仗国力强盛，一心要废天子，灭诸侯，自己称帝。为此，他不顾一切地向百姓增捐派税，搜刮民财，强征夫役，修建华丽的王宫，大肆扩充军队，无故侵犯邻国，搞得国内怨声载道。

有的大臣看不过，直言相谏，结果陈举直言被他杀害，大将司马穰苴与他不合，也被他借故杀掉，其他忠义之士被他杀的杀了，贬的贬了，弄得人心惶惶，最后身边围满了只会阿谀奉承的小人。

大臣狐援见此情景，劝说齐湣王道："殷朝的大鼎陈列在周朝的朝堂上，殷朝的祭祀的神社被周朝的人用屏障给盖起来，殷朝的宫廷音乐在周朝下民的耳边回响。这是为什么呢？因为已经灭亡了的王朝的音乐不可以放在宗庙里弹奏，已经灭亡了的王朝的神社不能重见天日，已经灭亡了的国家的鼎放在朝堂上，是为了作为警戒。大王您一定要注意啊，千万不要让齐国的大钟陈列到别国的朝堂之上，不要让姜太公的神社被别人盖起来，更不要让齐国的音乐在别国的民间来作为娱乐。"

齐湣王没有听从狐援的劝说，狐援就来到外面为国家哭了 3 天，唱着一首哀歌说："先逃出去的人，穿着葛草麻布，后逃出去的人，就怕跑不掉而要进监狱了。我现在看到百姓都成群结队地向东边逃走，却不知道他们要到哪里去安家落户。"

齐湣王问执法的官吏："对于哭咒国家灭亡的人，法律规定怎么处置？"

执法官说："对于这样的人是要斩首的。"

齐湣王命令执法官执行法律。执法官把行刑用的斧头架在东门的刑场上，可是却不忍心杀害狐援，想故意拖延时间放他逃走。狐援听说以后，就跑到刑

《吕氏春秋》智慧通解

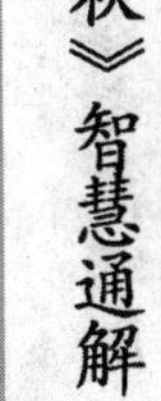

场见到了那位执法官。执法官着急地说："对于哭咒国家灭亡的人按法令规定是要斩首的。先生您是老糊涂了，还是神经出了问题，怎么自己跑来受死呢？"

狐援对官吏说："我像鲋鱼一样从南方来到东海之滨，然后就像鲵鱼一样伏居在这个地方。预感到国家的朝堂将长满野草，国都将变为废墟，殷朝时有比干，吴国有伍子胥，齐国则有我狐援。大王既然不用我的建议，而且要将我在刑场上斩首，那就是想把我跟比干和伍子胥放在一起，让后人来纪念啊！"

狐援终于被斩首。

由于无端的对别国挑起战争，惹起了各诸侯国的惊惧和怨恨。公元前 284 年，燕昭王命乐毅为上将军，同时把相印交予乐毅，率全国之兵，联合了赵、楚、韩、魏、燕 5 国之军兴师伐齐。

齐湣王起兵抵抗五国联军，在济水西岸决战。齐军惨败，主将韩聂阵亡。乐毅统率燕军乘胜追击，长驱直入，齐国各地望风披靡，势如破竹。半年之内，乐毅大军直逼齐都临淄。

齐国派触子为将，在济水边迎战各国诸侯的军队。按理说，在强大的敌人面前，大将触子在前线与敌人浴血奋战，作为君主应该热情慰问，鼓舞士气，上下同心，共赴国难。言行应该有所收敛，最起码应该收买人心。可齐湣王却依然狂妄自大，肆意妄为，派使者到触子那里去，辱骂恐吓触子，并斥责他说："不能取胜的话，我一定宰了你一家，挖掉你的祖坟！"

触子心理压力极大，感到很苦恼，硬着头皮跟各国诸侯的军队开战。可是齐军已经丧失了战胜敌人的勇气和信心，结果两军刚一交锋，触子就鸣金退却，诸侯军队乘胜追击。齐军一触即溃，全军覆没。触子于是坐上一辆兵车跑了，没有人知道他去了哪里，再也听不到他的消息。

齐湣王率残军逃回齐国都城临淄。乐毅让远道参战的各诸侯军队回国，拟亲率燕军直捣临淄，一举灭齐。谋士剧辛认为燕军不能独立灭齐，反对长驱直入。乐毅则认为齐军精锐已失，国内纷乱，燕弱齐强形势已经逆转，坚持率燕军乘胜追击，一直追到齐国首都临淄。

燕军逼近临淄时，齐军另一位将领达子又率领残余部队驻扎在秦周，与敌人奋勇拼杀。为了激励部下拼死一战，就派人向齐湣王请求一笔金钱。应该说这个要求在特殊的形势下并不过分，更何况临淄的美唐库里正好存有大量黄金。可刚愎自用的湣王根本无视部下的正当要求，反而斥责达子无能，生气地说："你们这些残兵败将，怎么能给你们金钱？"

齐军与燕军交战，达子抵敌不住，英勇牺牲，齐军被打得大败。燕国人追赶败逃的齐兵进入齐国国都，尽收齐国黄金珍宝、财物、祭器运往燕国。燕昭王大为欣喜，亲自到济水前来犒赏、宴飨士兵，为酬谢乐毅的功劳，将昌国（在今山东省淄川县东南）城封给乐毅，号昌国君。

齐湣王率少数臣僚逃往莒城（今山东省莒县）固守。乐毅用连续进攻，分路出击的战法，陷城夺地，半年内连下齐国 70 余城，仅剩聊城、莒城、即墨 3 城仍顽强抵抗，久攻不下。乐毅认为单靠武力，破其城而不能服其心，民心不服，就是全部占领了齐国，也无法巩固。所以他对莒城、即墨采取了围而不攻的方针，对已攻占的地区实行减赋税，废苛政，尊重当地风俗习惯，保护齐国的固有文化，优待地方名流等收服人心的政策，欲从根本上瓦解齐国。

湣王急忙派人向楚国求救，情愿割让淮北的土地。救兵久等不来，燕军攻势不减，那一群大臣也一个个作鸟兽散，没有一个人愿意顾及湣王的，齐湣王非常恐慌，仓皇跟着一个叫公玉丹的大臣逃了出来。

可是直到这个时候，齐湣王仍然不明白自己亡国的原因。公玉丹驾着马车载着他逃亡到野外，湣王又渴又饿垂头丧气，公玉丹赶紧取过车上的食品袋，送上清酒、肉脯和干粮，让湣王吃喝。湣王感到奇怪，公玉丹哪来的这些食物呢？于是他在吃饱喝足后，便擦擦嘴问公玉丹："你从哪里弄来这些东西呢？"

公玉丹回答说："我事先准备好的。"

湣王又问："你为什么会事先做好这些准备呢？"

公玉丹回答说："我是专替大王您做的准备，以便在逃亡的路上好充饥、解渴呀。"

滑王不高兴地又问："你知道我会有逃亡的这一天吗？"

公玉丹回答说："是的，我估计迟早会有这一天。"

滑王不满地说："既然这样，为什么过去不早点告诉我？"

公玉丹说："您只喜欢听奉承的话。如果是提意见的话，哪怕再有道理您也不爱听。我要给您提意见，您一定听不进去，说不定还会把我处死。要是那样，您今天便会连一个跟随的人也没有，更不用说谁来给您吃的喝的了。"

滑王听了气愤至极，紫涨着脸指着公玉丹大声斥责。公玉丹见状，知道这个昏君真是无可救药，死到临头还不知悔改。于是连忙谢罪说："大王息怒，是我说错了。"

两人都不说话，马车走了一程，滑王又开口问道："我已流亡国外了，却不知道流亡的原因。你说，我到底为什么会亡国而逃呢？"

公玉丹这次只好改口说："是因为大王您太仁慈贤明了。"

滑王很感兴趣地接着问："为什么像我这样仁慈贤明的国君不能在家享受快乐，过安定的日子，却要逃亡在外呢？"

公玉丹说："您之所以流亡国外，是因为您太贤明的缘故。其他所有的国君都不是好人，因而嫉妒憎恶大王您的贤明，于是他们互相勾结，合兵进攻大王。这就是大王您流亡的原因啊！"

滑王听了，一边坐靠在车前的横木上，一边自言自语说："唉，难道贤明的君主就该如此受苦吗？"他头脑里一片昏昏沉沉，十分困乏地枕着公玉丹的腿睡着了。

这时，公玉丹总算是彻底看清了这个昏庸无能的国君，他觉得跟随这个人太不值得。于是他慢慢从滑王头下抽出自己的腿，换一个石头给他枕上，然后离开滑王，头也不回地走了。

齐滑王历尽千辛万苦，先后流亡到卫国、邹国、鲁国，可是刚愎自用的毛病至死不改，一个亡国之君还到处摆谱，结果几国都拒绝他入境避难，最后只好回到齐国境内的莒州，再派人去催请楚国的救兵。楚国的顷襄王见齐国愿意割出淮北的土地，就派大将淖齿，统率20万兵马，以救援齐国为名，去齐国接收土地。临行的时候，楚王告诉淖齿说："齐王今天情势危急了才来求我，你到了那边，可以见机行事，只要对楚有利，你就自己做主好了。"

淖齿领兵来到莒州。齐湣王很是感激他，封他做相国，大权全都掌握在淖齿手中。淖齿一方面见燕军威势盛大，害怕吃败仗，既得罪了燕国，又惹恼了楚王，另一方面在齐国有反客为主的打算，便暗中私通乐毅，表示愿意跟燕国瓜分齐国的土地，得到了乐毅的答允。

他风闻齐湣王开始厌恶自己，于是派人伪装成秦国使臣，面见齐湣王，从齐湣王嘴里套话，证实了自己的预感。淖齿于是一不做、二不休，发动政变，一把抓住了齐湣王，把他以酷刑处死。

齐湣王所受的酷刑，恐怕是古来君王中最惨的死法了：齐湣王的筋给活生生抽出来，拿筋当绳子被悬吊在宗庙的房梁上。齐湣王疼得无以言表，过了一夜就死掉了。

齐国有位大夫名叫王孙贾，跟随着齐湣王逃亡的时候，在卫国散失了。后来经过多方打听，知道齐湣王在莒州，王孙贾便赶路前往。等他赶到莒州的时候，齐湣王已经被淖齿杀掉了。王孙贾得到消息，非常愤怒，立即号召市民，宣誓起义，他叫道："愿意跟我去杀掉淖齿的袒露右臂！"

当场就有400人响应。他们冲进淖齿的住所，把这个侵略者杀死。楚军失去主将，一半投降，一半逃散了。

王孙贾找到了太子法章，立他为王，就是齐襄王。后来燕昭王来了，燕国新王撤换了乐毅，改由骑劫做主帅。王孙贾趁这机会，会合了即墨城的齐国贵族田单，一起反攻，杀死了骑劫，才收复失地，恢复了齐国。

【智慧解读】

齐湣王为什么前后变化如此之大？为什么能使强大的齐国国势急转直下，到了亡国的边缘？

　　最根本的原因在于齐湣王性格深处的狂妄，致使他被胜利和帝王梦冲昏了头脑，性格扭曲，变得刚愎自用、唯我独尊。在对待人才的问题上轻视人才，虐待人才。古语云"满招损，谦受益"，一个领导者在人才面前保持谦虚谨慎的作风，积极听取人才的合理意见，事业才能成功；否则，骄傲自大，专制蛮横，不听取别人的任何意见，事业就会完全失败。

　　齐湣王前期的成功来自他的自信以及对实力的崇拜，而最后的败亡同样也得自于自信过于膨胀。这一点，从他前期的功业和后来他与公玉丹的一段对话就可以很清晰地反映出来。

　　胜利是一把双刃剑。齐湣王的一切败亡，都是以吞宋为转折点，吞宋是他由胜转败的起点。齐国吞宋，干得太大了，不但消化不了宋国，还激起列国强烈干预，而且把齐国干预得要死。可以说是打开了潘多拉的盒子，内忧外患接踵而至。

　　齐湣王的失败，就在于没有把握好进攻的顶点。结果他战胜别人的次数越多，输给别人的机会就越大。他一味勉强吞宋，超出自己的防御能力，当列国干涉部队纷纭来攻的时候，齐国已经力敝兵疲，不但宋国的领土根本守不住，立刻被诸侯瓜分，连齐国本土都被突破得七零八落。

　　齐国的先哲管仲早就阐述过"得地而国败"的规律。也就是进攻超出了防御的顶点，得到土地，却国家败亡。老是战胜，漠视"顶点"，是危险的。所以要提防"唯战胜论"。从前的夏桀灭有缗，纣王克东夷，吴王夫差屡战屡胜，却把自己消耗得不行，最终失去防御强敌的能力，国破身死，都是这个道理。"战胜"是一种双刃剑，可以杀人，也可杀己，这是战争的辩证法啊，也就是道家所说的"太强则折，月满则亏"。

商鞅之死

　　战国时，秦国与魏国接壤，秦孝公一直想夺取地势险要的黄河崤山一带。

　　商鞅（即公孙鞅，因其封地在商，故称商鞅）借机向秦孝公说："眼下秦国与魏国，犹如一个人之腹与心，这心腹毗邻而居，非此即彼，不是我秦国兼并魏国，就是他魏国兼并我秦国。此前魏国与齐国打了一仗，魏军元气大伤。我等若不趁此良机去兼并魏国，以后怕就没有这样的机会了！"

秦孝公说："丞相所说极是，寡人就派你为将，率军去攻打魏国吧！"

商鞅大军直抵魏国吴城城下。这吴城原是魏国名将吴起苦心经营之地，地势险要，工事坚固，正面进攻恐难奏效。

商鞅苦苦思索攻城之计。他探到魏国守将是公子印，不由心中大喜。因为他在魏国时，与公子印曾经有过一段很好的交情。

他马上修书一封，对公子印说："以前我们的交情那么好，虽然我们俩现在各为其主，但考虑到我们过去的交情，还是两国罢兵，订立和约为好。"他还建议约定时间会谈议和大事。信送出后，商鞅还摆出主动撤兵的姿态，命令秦军前锋立即撤回。

公子印看罢来信，又见秦军退兵，非常高兴，马上回信表示感谢。公子印拔寨起营正要动身，忽然商鞅派人来说："我们已经很久没见面了，现在刚一见面又要分手，不如过来稍稍一坐，聊聊往事，也不枉认识一场。"

公子印心中很是感动，于是约定了会面日期。到了那一天，他不顾部下竭力劝阻，带了300名随从欣欣然前去赴约。公子印到达约定地点，见商鞅带的随从更少，而且全部没带兵器，更加相信对方的诚意。

会面气氛十分融洽，两人重叙昔日友情，表达双方交好的诚意。商鞅还摆宴款待公子印。公子印兴冲冲入席，还未坐定，忽听一声号令，伏兵从四面包围过来，公子印和300随从反应不及，全部被擒。

商鞅利用被俘的随从，骗开吴城城门，占领了吴城。魏国只得割让西河一带，向秦求和。

商鞅无论是在内政还是外交上为秦国做出了巨大的贡献，可以说，商鞅在内政外交方面的突破，为秦国后来的日益强大，打下了坚实的基础。在他的治理下，秦国越来越富强，周天子打发使者送祭肉来给秦孝公，封他为"方伯"

（一方诸侯的首领），中原的诸侯国也纷纷向秦国道贺。魏国不得不割让河西土地，把国都迁到大梁（今河南开封）。

然而，随着秦孝公死去，太子继位为秦惠王，风光一时的商鞅走到了穷途末路的境地。

原来，在商鞅推行新法的期间，都城的人私下说新法不便的人数以千计。商鞅说：“胆敢说新法不便的人，处以割舌重刑！”随后当众割了几个人的舌头。这样一来，更没人敢说“新法”的坏话了，有些曾经暗暗说过新法不便的话的人，如今又众口一词地说新法如何如何好了。

商鞅听了以后，又说道：“正是这些刁民扰乱教化，过去说新法的坏话，现在说新法的好话，这还得了，全部捉来充军！”于是，秦国都城内被充军到边疆去的数以千计。

商鞅这一折腾，太子有些看不惯了，说：“新法如此峻厉，而又割人的口舌，真是不想让人活了。”商鞅听说太子公然敢说自己的坏话，于是就准备严加惩处。但是太子是未来的国君，怎么给以处置呢？商鞅有他的办法，他对秦孝公说：“国家的法令必须上下一律遵守。要是上头的人不能遵守，下面的人就不信任朝廷了。太子犯法，错在其师傅监教不力。因而，应当惩处太子的师傅！”

结果，商鞅不顾公子虔当日向秦孝公举荐自己的情分，把太子的两个师傅公子虔和公孙贾都问了罪，一个割掉了鼻子，一个在脸上刺上字。这一来，太子和那些受过惩罚的贵族大臣一样，恨透了商鞅。

秦惠王继位后，闭门8年的公子虔出了门，要找商鞅报仇。他以商鞅向南自称“寡人”为依据，向秦惠王举报商鞅的谋反之心蓄谋已久。秦惠王立即下令缉捕商鞅。

商鞅携其母及其家人连夜仓皇逃亡，行至秦国边境关口函谷关下。他们想找个旅店投宿。走进一家旅店，店主人迎上前索要官方批准外出的证件，商鞅没有。店主人不知道他就是商鞅，说：“商君之法规定，如果容留没有证件的客人，店主要和客人连坐论罪。”商鞅不得已走出旅店，喟然叹息曰：“唉！我实行新法的流弊，已然到了此种地步。真是可怕呀！"

　　商鞅一行辗转逃至魏国境内，投见魏国的大臣襄疵。襄疵拒不收留，商鞅见魏国没有容身之地，便想再投奔去他国。可是又有魏臣对商鞅昔日薄恩寡义骗杀公子卬的事情了如指掌，对商鞅恨入骨髓，说："商鞅曾经有罪于魏国，不能让这家伙再逃了。而且商鞅是秦国要缉捕的罪犯，如不给送回去，恐怕对魏不利。"

　　商鞅一行只好又回到秦国，这一次他没有四处逃跑，而是急速奔回自己的封地商邑，和他的门徒发动邑中兵士向北出击郑国，意图夺取一块安身之地。但这无异于以卵击石，秦惠文王听说后迅速派兵，在郑国的渑池（今河南省渑池县）将商鞅擒获，并押解到陕西省华县西南的彤地，秦惠文王早已等候在那里。

　　秦惠文王声色俱厉地宣布剥夺了商鞅所有的封赏，下令给他以五牛分尸的处置，并警告臣下："以后再不要有像商鞅这样的造反者！"随后，又把商鞅全家都杀掉了。

【智慧解读】

　　面对商鞅悲惨的结局，后世很多人都扼腕流涕。太史公曾经从商鞅的个人品质上加以评论，他说：商鞅天性就是个残忍少恩的人，考察他当初用帝王之道游说孝公，凭借着虚饰浮说，不是他自身的资质。再说凭靠着国君宠臣太监的推荐，等到被任用，就刑罚公子虔，欺骗魏将公子卬，不听赵良的规劝，足以证明商鞅残忍少恩了。我曾经读过商鞅开塞耕战的书籍，其内容和他本身的作为相类似。但最终还是在秦国落得个谋反的恶名，这是有缘故的呀！

　　这种说法虽然有其道理，说明一个人立身处世，尤其是处于领导位置时一定要注意自己的品行，但如果只是这样因人论人，就不可能揭示出更深层次的原因。我们只有把商鞅这个人放在他所处的历史背景之中考察，就可以看出，商鞅之死既是法家人物工于谋国拙于谋身的一个共同缩影，更是由变法本身所

具有的不足造成的。

首先，商鞅变法的合理性依据和得以推行的原因在于君权的支持，具体地说，就是秦孝公的支持。变法的力量来自君主一人，而且变法是在少数人的圈子里讨论并决定，没有民众的拥护和支持，也缺乏上层统治集团的沟通和妥协，所以一开始就缺乏支持的土壤，这决定了商鞅变法的脆弱性。

与太子的矛盾也是变法过程中的致命伤。太子是国家储君，这就意味着太子是商鞅变法事业在孝公之后能否继续深入的根本决定力量。但是商鞅的做法过于简单粗暴，造成和太子集团的长期冷战，一旦太子得权，失败的命运就是必然了。

其次，商鞅变法是用强力在一个较短的时间内改变社会性质、行政体制、经济方式、政治习惯、人文风俗等，属于"休克式疗法"，因此遭到了保守力量强大的抵触和反扑。可见在专制体制下，因循常理、遵循旧制是一种必然的政治行为，而一旦到了非改不可的时候，又往往是集中爆发，不能给国家和政权一个喘息的时间和承受的度。

楚王取蔡

春秋时候，两个南方小国的国君息侯、蔡侯分别娶了陈国妫氏家族的女子为夫人。这两位陈国女子都是当时妇孺皆知的大美人，息侯有幸或者不幸娶到了姐妹俩里面更漂亮的那个，息夫人长得真是面若桃花、白里透红、与众不同。

有一年，息夫人回陈国省亲，路经蔡国，进城探望姐姐蔡夫人。蔡侯借口尽地主之谊，命人排筵席，热情款待。没想到他一见小姨子绝世美貌，酒酣耳热之际，逐渐露出轻薄的本性，除了语言挑逗外，竟然拉住妫氏的手不放。妫氏为了国君夫人的尊严，不待盛筵结束，便匆匆率领从人拂袖而去。从陈国回来的时候也没有再入蔡国，径直回了夫家。

息侯听说原委，登时火冒三丈，认为蔡侯欺人太甚，士可杀而不可辱，于是下定决心，非找机会报复不可。可是息国力量薄弱，根本不是蔡国的对手，无奈之下，他想到了一条计策。

他马上派使臣入贡于楚，密告楚文王说："蔡自恃与齐联姻，不肯朝贡于楚。若楚军攻我，我求救于蔡，蔡侯年轻而又勇敢，必然亲自来救。我与楚合兵攻蔡，就可以俘虏蔡侯。既俘虏了蔡侯，就不怕蔡国不朝贡。"

楚文王大喜，兴兵直奔息国而来，息侯假意惊慌失措，求救于蔡国。蔡侯果然亲自领兵来救。安营未定，楚伏兵四起。蔡侯抵挡不住，急忙向息奔去，奔至息城，息侯却紧闭城门。楚兵从后追赶，追到莘，蔡侯走投无路，终被楚军俘虏。

息侯大犒楚军，亲自送楚文王出境，蔡侯才知道中了息侯的奸计，对他恨之入骨，又对楚国愤怒异常，在楚营大骂不已。

楚文王大怒，下令烹杀蔡侯以祭太庙。楚国的大臣鬻拳犯颜直谏，指出："大王准备问鼎中原，若杀蔡侯，别的小国都害怕了，会结成联盟与我国为敌，不如放了他，结为盟友。"

楚文王虽然明白这个道理，总认为蔡侯太嚣张，仍然坚持烹杀蔡侯。事情十分危急！鬻拳愤怒地冲到楚王座前，拔剑厉声喝道："臣与陛下就是都死了，也不忍看到楚国丧失诸侯中的盟友。"

楚文王见势不妙，只好连声说："好了好了！我听你的！"下令赦免了蔡侯，然后在宫中宴请蔡侯，为他饯行。

酒宴中，蔡侯想起此番几乎没命，说起来是因为妫氏而起，于是对楚文王说道："天下绝世美色虽然尽在大王宫中，但却还没有一个人的容貌能超过息侯夫人妫氏的。"

楚王还不大相信，蔡侯继续说下去："息妫目如秋水，脸似桃花，长短适中，举动生态之美，我还未见到第二个！"

楚文王不禁心动，压低了声音道："怎样才能见到她？"

蔡侯怂恿说："以大王的威德，何求不得？"

不久，文王借巡视各方为名，来到息国。息侯远迎，极其恭敬。亲自安排

馆舍，设宴款待。在席间，楚文王微笑着说："昔日我曾效微劳于君夫人，今天我来到贵国，君夫人为何不为我进一杯酒？"

息侯害怕楚王，不敢违抗，即时传令宫中。不一会儿，妫氏盛服而至，别设毯褥，再拜称谢，又拿白玉酒杯，满倒一杯向楚王进酒。楚文王一见大吃一惊，果然是人间罕见的女色，想亲手接玉杯，那妫氏却不慌不忙，将玉杯递与宫人转递楚文王，楚文王一饮而尽。妫氏再拜请辞回宫。

次日，楚文王设宴于馆舍，名为答礼，暗伏兵甲。息侯赴席，酒至半酣，楚王假装醉了酒，对息侯说："我有大功于君夫人，今三军在此，君夫人为何不来慰劳？"息侯说："敝国褊小，不足用此礼仪，望宽容小君。"楚王拍案大叫："匹夫背义，敢以巧言拒我，左右何不为我拿下！"伏兵突起，就席间把息侯捆绑起来。楚王亲自引兵直入后宫搜寻妫氏。

妫氏在宫中闻变，仓皇奔入后苑准备投井自杀，被楚将斗丹拦住，斗丹劝她："夫人不想保全息侯的生命了吗？"楚文王一见到妫氏，就魂不守舍，答应不杀息侯，就在军中立妫氏为夫人，因为她长得面如桃花，就把她叫作"桃花夫人"。

楚文王将息国改为楚国的属地，把息侯安置在汝水，封以十家之邑。息侯不久忿郁而死。此后，文王念蔡侯介绍息妫有功，就把他释放回国了。

妫氏在楚宫中备受宠爱，3年的时光一晃就过去了，息妫生了两个儿子，长子取名熊艰，次子取名熊恽。息妫在楚宫3年，从不与楚文王说话。楚文王很奇怪，问她为何不说话，她回答说："我一个女人，侍候二夫，即使不能死，又有何面目同别人言语？此是献舞之过啊！"

说完，痛哭流泪，泣不成声。楚文王为了博得她的欢心，再次派兵打进蔡国，蔡侯赤膊请罪，并把库藏宝物献给楚军，楚军才退。

【智慧解读】

在由楚国和蔡国以及息国所组成的力量体系中，楚国是不折不扣的霸主。

从理论上来说，在这个时代，能够生存下来是最重要的，而要生存要学会和强者结盟，做强者的朋友。蔡国和息国应该与楚国建立良好的关系。而且他们实际上也是这么做的，并且对这种关系寄予了各种的利益企求。

然而，这种力量结构本身就决定了双边关系深受楚国限制，主动权并不掌握在弱小的蔡国和息国手中。一般来说，与最强者结盟，实际上就是将自己的生死祸福统统地交给了对手，使最强者的优势不可挽回，自己将永远处在弱势的地位上。

从历史经验来看，只有弱小者联系起来，主动积极地参与均势格局的努力，才能形成与霸权国家的抗衡，并为蔡国和息国自身的生存与发展开辟出新的空间，强迫楚国按理出牌，维持一个多极化的力量格局。楚国的霸权地位和由他主导的秩序由自身来维护，因为它已经通过这种霸权地位获取了几乎是无限的利益，甚至包括桃花夫人在内。

最可怜的是自作多情的蔡侯，引导楚国灭掉了息国，结果最后使楚国得以集中力量来对付蔡国。因此，上面这个故事告诉我们，在各种不同的力量格局中，弱小的一方应以积极的均势方式来消解强大一方的霸权，以有效地保护自己。

这既是蔡国和息国在与楚国的博弈中得出的教训，也是虞国和虢国先后被晋国吞并所告诉我们的。

伯玉为相

春秋末，晋国东部的卫国是个弱小的诸侯国。被迫与晋国结盟，实际上完全听命于晋国，不住地给晋国进贡财物。当时任国君的卫灵公不愿长久处于屈辱的地位，便与齐景公缔结盟约，从而与晋国断绝了关系。

晋国执政的卿赵简子不能容忍卫国背叛晋国的行为，立即调集军队，打算袭击卫国的都城帝丘，以迫使卫灵公屈服。在出发前，他先派大夫史默到卫国去暗中了解情况，并命他在一个月内回国。

不料，一个月过去了。史默没有按时回国。赵简子不知出了什么事，心神不定。有人猜测，可能史默已被卫国人拿住杀掉，又建议说，卫国是个小国，没有多少军事力量，晋国的大军一到，卫国的国君会不战自降，为此请赵简子下令出兵。

赵简子不同意这个建议。他认为，卫灵公既然敢于同盟国断绝往来，一定会做好充分准备，不能草率行事，坚持等史默回来再考虑出兵的问题。

过了半年，史默终于回来了。赵简子问他为什么在卫国待了这么间，史默回答说："要想得到好处，却很可能得到害处，恐怕您还没有觉察出来吧！现在，卫国已任命受到过陷害的贤臣蘧伯玉为相国，这就使卫侯在国内赢得了民心。"

史默随后向赵简子介绍了蘧伯玉的情况。

蘧伯玉，名瑗字伯玉，是卫灵公时著名的贤大夫。人们说"卫地多君子"，历来人们都认为他是卫国形象的代表。蘧伯玉贤名闻于遐迩，卫国大夫史鱼深知蘧伯玉的才能与人品，多次向卫灵公举荐，但灵公不听。史鱼临死采用"尸谏"的办法来力荐蘧伯玉。他告诉儿子："我在朝不能举荐蘧伯玉，是我活不能正君，死无以成礼。我死后，你不必将我的尸体'治丧正堂'，可以置于窗下，等灵公问起来，再将实情告诉他。"

史鱼的儿子按照父亲的遗言去办。卫灵公前来吊唁，对尸体置于窗下非常奇怪，史鱼的儿子就将父亲的话转告灵公。灵公醒悟道："是寡人之过也。"于是启用了蘧伯玉。

蘧伯玉当政后，仍旧十分谦虚。一次，卫灵公与夫人南子在宫中夜坐，先听到辚辚的车声，可车声到宫门时却消失了，过了宫又响起来。南子说："这一定是蘧伯玉的车队从此而过。"

灵公问道："你怎么知道？"

南子说："君子非常注意自己的生活细节。车走到宫门口时，没了声音，那是车的主人让车夫下车，用手扶着车辕慢行，怕车声打扰国君。我听说蘧伯玉是一位很有道德操行的君子，所以我才敢断定刚刚过去的是蘧伯玉。"卫灵公事后派人打听，果然是蘧伯玉。

赵简子听说了蘧伯玉的贤能之后，沉默不语。

随后，史默又讲述了卫灵公为了激励国人反抗晋国的情绪而采用的方法。卫灵公派大夫王孙贾向国人宣告说，晋国已命令卫国，凡是有姐妹的女儿的人家，都要抽出一个人送到晋国去当人质。消息传开后，卫国到处是一片痛哭声和一片骂声。

为了使国人相信这是事实，灵公又让王孙贾抽选出一批宗室大夫的女儿，准备送往晋国。结果，出发那天，成千上万的百姓不让她们去晋国当人质，并愤慨地表示要和来犯的晋军打到底，宁死不屈。

史默还向赵简子提供了一个动向：孔子已来到卫国，他的弟子子贡给灵公出谋划策。最后史默说："卫国现在的贤臣很多，民气旺盛。国君非常重视贤臣的意见，采纳他们的计谋。想用武力使卫国屈服，恐怕要付出很大的代价！"

赵简子听了史默介绍的情况，认为进攻卫国的时机不够成熟，于是下令军队暂不行动，等待时机再说。

孔子听到这件事，对史鱼和蘧伯玉都很赞赏。他说："直哉史鱼！邦有道如矢，邦无道如矢。君子哉蘧伯玉！邦有道则仕，邦无道则可卷而怀之。"意思是说：史鱼真正直啊！国家有道，他的言行像射出的箭一样刚正；国家无道，也像箭一样刚直。蘧伯玉也真是一位君子啊，国家有道时，出来做官；国家无道时，把政见和铺盖卷一起收起来辞官隐居。

【智慧解读】

蘧伯玉暗室不欺，能够在无人知晓的夜里路过宫门时仍然下车，其人格力量可见一斑。而南子能够从车声中知道下车的人是他，则更说明他的形象已经成为忠诚的代名词，而为大家所广为传颂。而正是由于存在这样的君子，才使卫国免除了一场外来的攻伐，由此可见品格的力量对一个国家的重要性。由此，

我们可以得出以下 3 个推论：

1. 要成为一个成功的领导者，至少要花 50% 以上的精力管理好自己。

一个每天上班不守时的人，下属会守时吗？一个下班逛街泡吧看连续剧，书都不翻一下的人，下属会热爱学习、追求进步？一个上班常打私人电话、上网聊天的上司，下属会集中精神、全力以赴工作？一个背后说客户坏话、算计客户的上司，他能要求下属心正意诚、以客为先？

而与此相反，一个刮风下雨、雷打不动准时上班的上司，他的下属必然很少敢迟到早退！一个天天学习、不断进取的上司，他的下属如果不更努力，很快就会被淘汰！一个对客户毕恭毕敬、真诚服务的上司，他的下属必然也不敢傲慢滑头。

我们可以说，一个管理好自己的人，他的下属不用怎么管理，都会很自觉。一个管理不好自己的人，他的下属只能是怎么管也管不动，上梁不正下梁歪！

2. 言出必践，是管理自己的结果。

成功是一种习惯，诚信形成领导力！领导力来自好多方面，可是一个言而无信、信口雌黄的人，绝对是没有领导力的！

领导和管理，都要做到令行禁止！

管理自己，兑现承诺，应该是一个领导者应该有的习惯！在下属面前，事无大小，言出必践，那非常不容易。但是假如长期如此，必将铸就个人的诚信，形成强大的领导力。

上司注重自己的承诺，下属如何敢信口开河说不负责任的话、做不负责任的事？

相反，有些人要求别人要信守承诺，却管理不好自己，三天打鱼两天晒网。这样的人，他的部门，定下的目标，往往不能完成，他的下属最大的特长，就是为自己不能完成任务找借口。

3. 不断学习，是管理自己的内容。

懂得要管理自己，可是，如何管理自己，管理自己去干什么事情？这个问题，要靠不断学习去填充答案。

我们都不是天才，不可能天生就懂得各种知识和智慧。必须靠不断学习。

这里，就要靠管理自己，对自己够狠！让自己不畏困难、不畏挑战，充满热情地去做，这样，我们的知识，才真正变成能力，并改变我们的人生。

而我们也可以通过学习，学会如何更好地管理自己。

比如：时间管理，可以帮助我们管理好自己的时间；

而情绪管理，可以帮助我们管理好自己的情绪；

会议知识，教我们如何管理自己，让会议更高效有益；

几乎所有的问题，都可以通过学习，让你更好地管理自己。

21世纪，竞争就是比谁学得更多、更好、更快！

也许你不学习，可是你的竞争对手一定不会这样。

一个不断学习的人，绝对是一个自我管理能力越来越强的人。

一个不需要别人管理的人，一定成为管理别人的人！

最后，得人才者兴盛，失人才者衰亡，国家将亡时，有才之人必定先离去，所以一个国家只有得到人才，才能得到人民，从而或者能得到发展，或者能得到保全。

一个国家如此，一个组织亦如此。对现代组织来讲，由于科学技术的不断发展，越来越重视无形的知识而轻视库存。而知识的载体只能是人，要在竞争中立于不败之地，必须把人力资源放在第一位，所以在创立、发展过程中，人才是兴衰的关键。

在国际上，一些著名的大企业之所以长盛不衰，其中最重要的因素是注重人才。韩国"三星"集团前董事长李秉吉的信条是"人才比资金和技术更重要"，著名企业家艾尔弗雷德·斯隆曾说："把我的资产拿走吧——但是请把我公司的人才留给我，5年后，我将使拿走的一切失而复得。"

子罕亲民

　　子罕姓乐，名喜，子罕是他的字。他是春秋宋国的一位贤臣，也是中国历史上著名的一位清官。宋平公在位时（前 575—532），子罕任司城又叫司空。职掌建筑、造车、服饰、器械，并监管手工业工人，故又称他为司城子罕。

　　子罕以司城的身份执掌国政，相当于宰相，地位显赫。但他一向严于律己，关心和爱护人民，决不以势压人，以权谋私。

　　一次，楚国的一位名叫士尹池的使者出使宋国，目的在于刺探情报，寻机进攻宋国。司城子罕当时在自己的府邸接见并宴请了这位使者。宴席结束以后，

子罕

子罕带着士尹池观看自己的府邸。士尹池见子罕府邸南面一户人家的北墙斜插出来，墙角正好对着大门，十分碍眼，出入也很不方便。士尹池随身带了不少随行人员，狭小的巷子里塞满了大车，拥挤不堪。这一天还下起了大雨，因为西边一户的宅基高于子罕的府邸宅基，渍水直往子罕府邸门前横流。

　　士尹池很不理解地问道："您身居高位，何以能容忍这种恶劣的居住环境？"

　　子罕解释道："南面一家是为市民生产鞋子的手工业工人。原来我也觉得很不方便，打算请他搬到城外去，由我承担一切搬迁费用。可他的父亲对我说，他们家做鞋谋生已经三代人了，如果让他们搬走，城里人便不知道他们的去处；即使知道了他们的去处，也因为太远，不会再有人找他们做鞋了。要是没有活干，一家人怎么生活呢？老人恳求我可怜可怜他们，不要逼他们搬迁，这关系到人家一家人的生计，我还能忍心逼迫他搬家吗？再说西边那家。他家的宅基

高，我家的宅基低，一下雨，水自然往我这边流。水往低处流嘛，我有什么可说的呢？难道我能因为自己有权势，把人家赶走吗？"

士尹池回到楚国，楚王还要发兵攻打宋国，士尹池立即劝阻楚王道："宋国攻打不得呀，他的君主贤明，他的相国仁慈。贤明的人能得民心，仁慈的人别人能为他出力。楚国去攻打他，大概不会成功，到头来只会招致天下人耻笑。"

楚王听了，认为很有道理，于是就放弃了进攻宋国。

公元前 544 年，宋国发生饥荒。子罕请求平公拿出公家的粮食借给百姓，秋收后再还，不收利息。子罕还动员政府高级官员也都出借粮食。子罕借粮食给百姓时执意不写契约，表示不求归还。由于子罕积极倡导借粮救灾，这一年宋国没有饿死人。

晋国大夫叔向对此大加赞赏，认为子罕真诚地帮助人民而不自以为给人恩惠，很了不起，百姓拥护他是理所当然的。当时宋国地处大国之间，南边有幅员辽阔的楚国，北方有强大的晋国，东面有富裕而强盛的齐国，但都不敢轻举妄动，贸然进犯，并非出于偶然。

子罕虽然出身贵族，地位显赫，但一向生活俭朴，不聚敛财富。一天，宋国某人得到一块价值连城的美玉，献给子罕，子罕不肯接受。

献玉者说："小人拿给玉工看过了，玉工说是件宝物，所以才敢拿来献给您，就请您收下吧。"

子罕说："我把不贪财的品德当作宝物，你把美玉当作宝物。如果你把美玉给了我，我接受了，我们两人就都同时失去了宝物；如果我们两人都同时保有各自的宝物不是更好吗？"

子罕的这个以不贪为宝的故事历来受到人们的传颂。

【智慧解读】

子罕不赶走贫困的邻居以及不贪为宝的两个故事，实际是相联系的，因为一个亲民爱民的领导者，是不可能因为一点小利而丧失自己的原则的。

广州石门有一泉水名为"贪泉"，据说饮了贪泉的泉水者，即使是清廉之士，饮后也会萌生无尽无厌的贪欲，变成贪婪之徒。晋朝的吴隐之在前往广州任刺史时，路经此地，他酌泉而饮，并写了这样一首诗：古人云此水，一酨怀千金；试使夷齐饮，终当不易心。

意思是说，自古相传，只要喝过贪泉之水的人，就会对财宝起贪婪之心；假如像伯夷与叔齐这些自古相传的清廉节义之士，也饮了贪泉之水，想来他们也绝不会放弃清廉高洁的人品精神的。

隐之本人其后到了广州任职，操守清廉，日常菜谱不外是青菜加干鱼而已。他手下的人为了讨好他，去掉鱼骨之后，才把鱼肉呈献上来，他毫不领情，还给他们予以处罚。

类似的故事，在中国历史上尚有不少。以不贪为宝，强调的是以自律来实现自我节制，杜绝并鄙弃那些贪得无厌的欲望，从而维护自己的高洁人品，增长智慧。这在人际交往，尤其是在官民、强弱双方的交往时，对于处于官方、强方者更为重要。

子罕辞玉，正是在这方面掌握好分寸的一项典型。而从吴隐之的诗中，人们不难看到设计贪泉的无名者，是何等的聪明、何等的善于教化后人：

一方面，大凡是贪官污吏，总怕人指斥其贪，所以，他们见贪泉，必是道貌岸然而不敢饮，但这并不证明他们就不贪。贪婪者因常有永无止境的贪婪意识，有时也能占一些小便宜，而这又进一步刺激起了他们更贪婪的心理。殊不知，此时已经埋下了得不偿失的隐患，用宝珠来弹打小小的鸟雀，因弹雀而入坠深井，就是贪婪者的个人作为与命运的一种真实境遇。

另一方面，对于清官言，正因其不贪，所以就不会因饮了贪泉之水而变贪。相反，类似吴隐之式的清官能以此作镜，明白贪泉设计者的良苦用心，在关键时刻，时时处处以此意象来自持自律，使自己在或廉或贪的取舍上，变得更理智，也更清醒。这也正是王勃在《滕王阁序》中所讲的"酌贪泉而觉爽"。

古人说：天理路上甚宽，稍游心胸中便觉广大宏朗；人欲路上甚窄，才寄迹眼前俱是荆棘泥土。意思就是天道就像一条宽敞的大路，只要人们略微用心探讨，心灵深处就会广阔无边豁然开朗：人世间欲望就好像一条狭窄的小路，刚有把脚踏上就觉得眼前全是一片坎坷难行的崎岖不平的泥路，稍不小心就会踏进泥潭寸步难行。

一个人，特别是一个领导者，只有时时注意不让自己的私欲膨胀，把眼光放长远一些，才能算得上是"合乎天道"的。

曹沫劫盟

齐桓公在北杏召集诸侯会盟，可是鲁国却没有参加。桓公决定给鲁国点颜色看看，于是亲率大军攻打鲁国的附庸遂国。鲁庄公得知消息，急忙召集群臣商议。大臣施伯和曹沫都主张和好。

正在这时候，齐桓公派来送信的人到了，信中责备鲁庄公不去北杏会盟。

鲁庄公复信答复说："开大会的时候我正好生病，没来得及参加，实在抱歉。如果您把军队撤回齐国境内，我马上就去会盟。"齐桓公接到回信，非常高兴，就撤了兵。

鲁庄公带着曹沫去齐国会盟，只见会场的前后左右都布满了士兵。气氛十分紧张。鲁庄公见这阵势，先就胆怯了，上台阶的时候，两腿直发软；曹沫镇定自若地手按利剑，紧跟在鲁庄公的后面保护。

齐、鲁两君见过面，一位大臣捧着一盘牛血上来，请两位国君歃血立盟。按照当时的规矩，立盟约的人为表示诚意要把牛血涂在嘴唇上。两位国君刚要伸手沾血，曹沫亮出宝剑，抢上前一步，用短剑对准桓公的肚子。众人像被施了定身法，举动失措。管仲急忙跑上前来，用自己的身体挡住齐桓公，厉声质问曹沫："您这是什么意思啊？"

曹沫说："既然两国会盟，号召扶弱抑强，那么鲁国连年战争，已濒临绝境。你们为什么不替鲁国想想呢？"

管仲问："那你想怎么办？"

曹沫说："齐国凭借着力量强大，欺负弱小的鲁国，干时之战凭空夺去我们汶阳之田，今天就请原样归还给我们，否则，天下诸侯怎么心服，我们也绝不订立盟约！"

管仲回头对齐桓公说："主公，您答应吧！"

齐桓公见曹沫的剑在眼前晃来晃去，忙说："我答应！我答应！"

曹沫这才收起宝剑，转身接过装牛血的盘子，请两位国君歃血。曹沫又对管仲说："您是齐国的相，我想和您歃血，请您担保实现贵国国君的诺言。"

齐桓公说："无需如此，我向你起誓。"说完便面对曹沫手指天空说："让上天作证，我一定退还汶阳之田。"

曹沫见桓公对天立誓，便向齐桓公拜了两拜，扔掉剑走了下去。

会盟结束以后，齐国的大臣们很生气，都要求齐桓公把鲁庄公杀掉，出这口窝囊气，齐桓公也准备反悔。

然而管仲却不同意，他对大家说："土地与信用比起来，信用是更重要的。有了信用，才可以称霸，霸业既成何患无地？用不着为一小块土地耿耿于怀。"

齐桓公想了想，对大臣们说："我既然答应人家了，说话要守信的！"

大臣们只好作罢。第二天，齐桓公摆下酒席，送鲁庄公回国，并且就把汶阳之田如数还给鲁国。鲁庄公带着曹沫，兴高采烈地回国了。

诸侯们听说了这件事，齐桓公讲信用的风度令他们敬佩，都想与齐国交好。卫、曹两国也派人来赔礼道歉，并且请求会盟。齐桓公就请他们一起去讨伐宋国。

【智慧解读】

管仲劝说齐桓公遵守"剑下之约"，看上去似乎有些出人意表，也不符合这位向来务实的宰相的作风。然而事实证明，这种看似迂腐的做法，对于树立齐桓公的诚信形象，形成对其他诸侯国的感召力，发挥了十分重大的作用。从这个意义上来讲，无论我们说齐桓公君臣是真心也好，作秀也好，反正是达到了良好的公关效果。

除了公关效果，这件事在当时"春秋无义战"唯利是图的短视氛围中，确实也创立了一种有利于诚信的文化，并且这种文化也极大地改善了诸侯国之间的关系，减少了摩擦和战争。从这个故事来说，管仲重信用而不重土地的思想，实际上是在从组织文化的高度做出的判断。

这个故事启示今天的领导者，处理任何事情，都不能仅以事件本身的好坏得失为标准，做出针对某个人某件事的短期行为，而应考虑长远效果和影响，着眼于组织文化的维护与建立，着眼于其长远的影响。组织文化最大的作用便是强调企业目标和企业成员目标的一致性，强调群体成员的信念，价值观念的一致性，强调企业对成员的吸引力和成员对企业的向心力。因此它对企业成员有着巨大的内聚作用，使企业成员团结在组织内，形成一致对外的强大力量。

一个组织的文化氛围，将直接影响其价值取向。一种不讲诚信与道德的文化，必然会影响所有人的忠诚度以及组织的发展，这个组织必然是一盘散沙，一事无成。成功的企业所具有的竞争力，固然直接表现为研发与营销能力，但是在更深的层次上，靠的却是成熟深厚的组织文化的支撑。这些企业的文化，无一例外都把诚信忠诚作为主要内容之一。

通用公司将自己所提倡的"诚信原则"，推广成为公司全体下属的共识。每个新下属都要接收公司的诚信培训，甚至还有专门的经典案例作为培训资料。

一个企业要推广诚信的价值观，就不仅应在领导层中取得绝对的一致。而且应建立各种学习制度和规章制度，来督促和监督从上到下的诚信行为，有时甚至应设立专门的机构，来执行这项任务。

宁戚封爵

宁戚是卫国人（今河南省境内），学识渊博，才华出众。著有《相牛经》一卷，为中国最早的畜牧业专著。

宁戚听说齐桓公有宏图大略，到处招揽贤士，就想过去谋个一官半职。但

由于家里太穷，生活都难以为继，哪里有钱做路费。于是就想出一个主意，帮助去齐国做生意的商人赶车，搭便车去齐国。他们在路上走了许多日子，来到齐国都时，天都已经黑了，听说城门已经关了，便在大路旁康浪河畔停下来歇息，以待天亮进城。

到了半夜时分，宁戚忽然听到人声喧哗，从城里走出许多人，前边有武士开路，原来是齐桓公夜间出来开城迎客。灯笼火把绵延数里，随从人员不计其数，真是热闹非凡。

这时，宁戚正在车子底下喂牛，望见桓公就悲从中来，就用木棍儿敲着牛角，边敲边唱道："南山矸，白石烂，生不逢尧与舜禅，单布短衣适至干，从昏饭牛薄夜半，长夜漫漫何时旦。康浪之水白石粲，中有鲤鱼长尺半，敝布单衣裁至干，清早饭牛薄夜半，黄犊上坂且休息，吾将舍汝相齐国。出东门兮厉石斑，上有松柏青且阑，粗布衣兮纭缕，时不遇兮尧舜主，牛兮努力食细草，大臣在尔侧，吾将与尔适齐国。"

齐桓公坐在车上，突然听到歌声，才发现是一个在车下喂牛的老农，穿着短衣，顶着破笠，光着脚依着大树，一只手给牛拌草喂料，一只手拍打着牛角，一边大声唱歌。齐桓公听得这歌声，对左右人说："奇怪，这个唱歌的绝非常人，怎么会流落到这儿呢？"

随后，桓公命管仲去察访。

第二天，管仲来到城外见宁戚，说明来意。不料，宁戚只是说："浩浩乎白水。"管仲跟齐桓公聊起市场经济来还可以，文学底子却差点劲，没有听明白。他本来想再问，可是宁戚已经转身不再说话。

管仲回到家，日夜思考这句话，食不甘味，坐卧不宁。他的小妾婧问他有什么事愁得这样，管仲叹口气说："人家说的话，我都听不明白，你一个妇道人家能懂什么？"

婧不服气地说："不要瞧不起人。老、弱、残、少者，一样能做大事。昔日先君姜太公，70多岁了在朝市杀牛，80岁才被拜为太师，90多岁封于齐国当了国君。您能以为他老了就不行吗？商朝初伊尹原本是有莘氏随嫁的一个奴隶，汤公立他为三公。你能以为他出身微贱就无能吗？圣子5岁，帮助禹治水，禹都非常佩服他，你能以为他年幼就不行吗？牛犊刚生下来站都站不稳，但用不了几年，就胜过其母，你能以为它弱就不行吗？"

管仲被婧说得满面羞愧，便对她说出实情说："桓公让我去察访一个从卫国来的人，这个人叫宁戚，我去了后，宁戚只说了一句'浩浩乎白水'，我不知道他说的什么意思，故忧愁。"

婧听了以后微微一笑说："古诗《白水》有云，浩浩白水，修修之鱼，君来召我，我将安君。这个人的意思是想追随齐王当官啊。"

管仲恍然大悟，更加佩服宁戚的才华，立刻上朝奏知齐桓公，说宁戚是不可多得的人才，建议封宁戚做官。桓公接见他，宁戚就向桓公建言如何称霸诸侯的计策。桓公听后，非常高兴。

考虑到宁戚的专长，齐桓公准备让他做大司田，也就相当于现在的农业部长。好多大臣不服，就说："宁戚是卫国人。卫国离齐国不远，您不如让人打听一下他的为人，若果然是名副其实的德才之士，再任命也不迟啊。"

齐桓公想了想说："不可，如果派人去打听，假如他得罪人太多，那里的人肯定过多的是说他的种种陋习，说得他体无完肤，这样他的才能和美德就被掩盖了。作为一个人谁又能做到十全十美呢？到那时我们又怎么能敢重用他呢？用人就要用人之长，而不是用人之短。因为一个人的小毛病而丢掉他的大优点，这是君主之所以失去天下贤士的原因。"

于是齐桓公力排众议，决定给宁戚先修豪宅。自己戒斋5日，亲自去请宁戚。宁戚深受感动，从此一心一意辅佐齐桓公，为桓公霸业的创建做出了杰出贡献。后来宁戚辞世后被安葬在胶水东岸。

【智慧解读】

凡是听取别人的主张一定有某个取舍的根据，现在听从了他的主张而不再去追究他的为人如何，是因为他的主张合乎自己的标准。况且人本来就难以十全十美，衡量以后用其所长，这就是得当的举荐啊。桓公算是掌握住这个原则了。

领导者要做到识人准，必须具有睿智卓识的眼力，看本质，看潜力，看发展，而不能对人才的短处"明察秋毫"，计较一时过错，甚至"吹毛求疵"去纠缠历史旧账。

进一步讲，聪明的领导者不会致力于减少下属的短处，而会努力发挥他们的长处。这就要求领导者必须以宽容的胸怀去对待人才，有容才之量。

领导者既要能容人之长，不嫉才，更要能容人之短、容人之错。有大才者常不拘小节，有异才者常有怪癖，恃才自傲往往是人才的通病，而且优点越是突出，缺点也就越明显，也就越需要领导者的胸怀与见识。

美国一家公司在聘用职员时，曾别出心裁地制订了一个条件：受聘者必须曾在以前的工作中犯过一次不大不小的错误。这看似有些可笑，实则很有道理，充分体现了该公司宁愿用犯过错误的能人，而不愿意用那些所谓"没有缺点"的庸人的用人原则。此外，容人之错还要容人改错，既不要把犯过错误的人"一棍子打死"，也不要急于求成，强求别人"朝错夕改"。古人"以人小恶，忘人大美，此人主所以失天下之士也"，说的就是这个道理。

美国石油大王洛克菲勒的一位助手，有一次因经营失误造成投资损失了40%，他正准备挨骂，洛克菲勒却拍着他的肩膀："全靠你处置有方，替我们保全了这么多的投资，能干得这么出色，已出乎我们意料了。"这位因失败而受到赞扬的助手后来为公司创造了无数佳绩，成为公司的台柱子。

领导者只有遵照实事求是的原则，全面客观公正地评价人才，才能避免主观片面。有主见的下属往往不会轻易附和别人的意见，领导者不能视为骄傲；勇于标新立异的下属往往喜欢表现，领导者不应把这看成是出风头；勇于开拓创新的下属往往不安于现状，领导者不能把这看成是有野心；口才好的下属往往把一个问题说得头头是道，领导者不能把这看成是夸夸其谈。

金无足赤，对人才不可苛求完美。

骊姬乱晋

公元前 676 年，晋武公的儿子姬诡诸继承了君位，号称晋献公。晋献公还是太子的时候，武公为他娶妻贾姬。贾姬无子。后来他又娶过两位夫人，一个叫狐姬，是大戎主的侄女，生子重耳，一个是小戎允姓女子，生子夷吾。

献公的父亲武公晚年时，又娶了个年轻夫人叫齐姜，是齐桓公的女儿。这齐姜青春年少，过门不久，就和姬诡诸勾结上了，到武公死后，诡诸干脆把他的继母娶了过来，做了夫人，后来还生了两个子女。男的就是申生，女的就是后来嫁给秦穆公的那个长女，名叫伯姬。这样，献公就有了 3 个儿子——重耳、夷吾和申生。若按年龄说，申生最小，但因为申生的母亲是齐桓公的女儿，所以"子以母贵"，被晋献公立为太子。

公元前 671 年，晋献公率兵攻打骊戎，骊戎主求和，并送给献公两个美女。这两个人是姐妹俩，姐姐叫骊姬，妹妹叫少姬。那骊姬生得十分美貌，又能言善辩，所以很得献公宠爱。

过了几年，骊姬生下儿子奚齐。献公就想废掉齐姜，更立骊姬为夫人。有一天，他召来了太卜郭偃问道："废齐姜，立骊姬，好不好？"郭偃占卜后说："不好啊，不吉利！"

献公一心宠爱骊姬，不信他的话。于是又请来了另一个太卜用另一种方法占卜，谁知他也说："先后不分，长幼无序，不应该立骊姬为夫人。"

尽管如此，献公还是选定吉日良辰，来到太庙祭告了祖宗，册立骊姬为夫人。骊姬被立为夫人后，在文武百官中引起了不少议论。

大卜史苏私下和大夫里克说："不好了，晋国快要灭亡了，这可怎么办？"

里克大吃一惊，问："亡晋的是谁呀？"史苏说："还不是新夫人骊姬？"

里克摇头表示不信。史苏进一步解释道："唉，夏桀宠幸妹喜，夏朝灭亡；纣王宠幸妲己，使商朝灭亡；幽王宠幸褒姒，周朝崩溃。今献公宠幸骊姬，晋

国还能不灭亡吗!"

里克听了点头感慨地说:"有理,有理。"

献公把骊姬立为夫人后,还想立奚齐为太子,就和骊姬商量。骊姬是一个心计多端的人,感觉时机还不成熟,于是就跪下,声泪俱下地说:"申生早已立为太子,为天子、诸侯和世人所知。如废申生立奚齐,妾宁愿去死。"

但是骊姬身边有个能说会道的优施,捉摸透了她的心事,便乘机献计说:"夫人想立奚齐为太子,这还不容易嘛?以封疆为名,把3位公子分封在外,不就可以从中行事啦?!"

骊姬听罢转忧为喜,忙说:"谁能替我办这件大事呢?"

优施说:"我听人讲,外臣'二五'办事周详。只要他俩肯出头露面,还愁太子立不成吗?"

"二五"是晋献公的两个心腹大夫,一个叫梁五,一个叫东关五。这两人专会阿谀奉承、拍马溜须。谁知献公偏偏喜欢他们,委以重任,派在外地视察国事。

于是,骊姬准备了大量的金银财宝,让优施重贿梁五和东关五。"二五"接受骊姬的东西后,向献公进言说:"曲沃是晋祖始封的土地,又是先君宗庙所在处,是个非常重要的地方。蒲地与屈地(在山西吉县)濒临黄河,紧挨戎狄外族,是边防要地,这3个地方应该派自己人去镇守,如能让太子申生去曲沃,重耳、夷吾去蒲地和屈地,主公居中指挥,晋国江山定能坚如磐石,固若金汤。"

献公听完"二五"的陈述,想了想说:"让太子外出,不怕别人说闲话吗?"

东关五说:"太子,是未来的国君;曲沃,是宗庙所在地。太子去曲沃是再合适不过了。"

献公说:"蒲、屈两地荒芜凄凉,怎么好守呢?"

东关五回答道:"不设防便是荒地。一建城池,荒野之地就变成热闹的都市了。”

献公不知是计，便命申生去守曲沃，太傅杜原款从行辅佐；重耳去蒲地，狐毛跟从；夷吾到屈地，吕饴甥相随。为掩盖众人耳目，选派工匠到三地加固城墙，建筑房屋。三公子远离晋都，只有骊姬的儿子奚齐和少姬的儿子卓子留在献公身边。为了让献公把奚齐立为太子，骊姬大玩手段，挑拨献公疏远太子申生和其他公子。

有一次，公子申生回到晋都来问候君父健康。丽姬派人对太子说：“前一段，你父亲梦见了你的母亲姜氏。”

第二天，申生匆匆忙忙回到曲沃，在宗庙里大祭齐姜 3 天。祭奠完毕后，申生按照惯例，将祭奠用过的猪、牛、羊等肉类，派人送给献公享用。这时，献公正在外面打猎，骊姬便买通看守，偷偷在祭品中下了毒。两天后献公回来，厨师们忙把申生敬献的祭肉烹调成各种佳肴美味，让献公品尝。献公正要夹肉，骊姬突然阻止道：“远道来的食物，试试再吃吧。”

骊姬随即泼了一碗肉汤，地上立刻烧起一个土包。又唤来一只狗，喂了一块肉，狗惨叫了几声就死去了。献公还有点不相信，又叫来身边的一个小官，叫他吃下祭肉后，也立刻身亡。

献公大发雷霆，立刻发出诏命，要拿太子申生问罪。

申生得知这一消息，又惊又气，手下人劝他逃走，申生说：“父东已经老了，没有骊姬，食不甘味，夜不能寐，我如果逃走，还要让父亲背上恶名。”

于是就拔剑自杀于曲沃宫中，重耳和夷吾听说申生死了，就前往晋都询问。

骊姬又向献公挑拨说：“申生下毒，看来重耳、夷吾是知道的。”

两公子得知骊姬又在暗算他们，就悄悄回到了各自的封地。多疑多忌的献公见两公子不辞而别，越发信以为真。立即派出军队，兵分两路，去追捕重耳和夷吾二人。追兵来到蒲城，进入宫中，重耳翻墙逃跑，一个名叫勃抵的小官举刀便砍，结果只砍下了重耳的半截农服袖子。公子夷吾听说后，吓得从屈地逃到梁国去了。

公元前 651 年夏，晋献公前往参加齐桓公召集的诸侯会议，半路上突然得了急病，只好返了回来。骊姬坐在献公的病榻旁，伤心地说："唉！您病成这样，一旦有个三长两短，重耳、夷吾假如打了回来，可怎么办呀？"

献公当下传令召荀息进宫，让荀息全力辅助太子奚齐。数日后，献公去世。荀息遵照献公的遗嘱，扶奚齐做了新的国君，自己当了宰相，总管国家大事。外臣梁五、东关五也加封为左右司马，率领晋军。

晋国大夫里克和邳郑，对荀息扶立奚齐大为不满，对荀息说："主公刚去世，重耳、夷吾两位公子还在外边，你身为国家大臣，不迎长公子就位，却扶立了小老婆生的弱子，恐怕于理不通吧。况且晋国人民对骊姬早已恨之入骨，假使秦国出兵，国内叛乱，你拿什么办法对付呢？"

荀息说："我受先君遗命，扶助幼主，除了奚齐，我不知还有他人。如果力不从心，只有一死，以谢九泉下的先君。"

里克、邳郑见荀息铁了心，于是就收买了个大力士，给他换上晋君卫队的服装，混杂在王宫卫队里，在给献公办丧事的时候，把幼主奚齐刺死在灵堂上。这时，灵堂内外一片哭喊声。荀息伏在献公柩前痛哭着就要碰柱而死。骊姬急忙叫人拦住，劝说道："幼主虽死，还有卓子，也可扶立为君。"荀息听着有理，重振精神，杀死了数十名守灵的卫士，另派可靠的卫队守灵。

荀息把丧事草草办毕，就赶快召集文武百官把 9 岁的卓子扶上王座，立为晋国新的国君。梁五和东关五又收买了一个名叫屠岸夷的大汉，让他在安葬献公时，趁机杀死里克、邳郑。但是屠岸夷却和大夫雅遄关系密切，就将梁五、东关五的计谋告诉了雅遄。雅遄让屠岸夷将计就计，为国除害。

为献公送葬那天，屠岸夷拉住"二五"，挥刀结果了他们的性命，然后跳在一块石头上，高声呼喊着："公子重耳领着秦国的兵马已到城下，我奉老大夫里克命令，杀除奸党，为太子申生报仇，迎接重耳回国，愿跟我的就站过来。"

士兵们听说重耳要当国君了，一下子站过一多半人马。屠岸夷立即领兵乘胜追击，里克、邳郑、雅遄等也纷纷率领家丁，一齐杀进朝里，摔死了卓子，刀劈了荀息和骊姬。

【智慧解读】

　　如果把责任都推到骊姬的头上，说一句"红颜祸水"，固然十分便宜和轻巧，但是这往往掩盖了历史真正想告诉我们的。"祸端自是君王起，倾国何须怨玉环"，这是清朝赵长令评安史之乱的诗句，用来比喻晋献公，倒也十分贴切。

　　无论是一个国君也好，一个团体的领袖也好，举凡掌管一部分事业的领导者，都会有一大批人围着。他们中当然不乏忠勇刚直的干才，但也有些是有才缺德的，有些是忠诚良实而无大才的，才高德硕的人总是少数，而某些"二五"之徒，常常是很容易成为被提拔、重用的对象的。这些人上台，在领导面前，极尽阿谀逢迎之能事，谎报成绩十分拿手，特别对关系领导生活及其切身利益的事十分留心卖力，因而也就易于得到上级赏识。

　　作为一个想干一番大事的领导，应该看到这种人的两个方面，有效地把给他们的权力限制在一定范围之内。在听到他们的"建议"之后，要多想想，多听听反面意见，然后做正确判断。不要让他们搬弄的口舌迷住眼睛，冤枉了好人，做错了事情。

　　晋献公不理解这一点，不知道身边的人之间必定存在利害冲突，更不能从大局出发，明辨是非，只是根据一方言辞妄下定论，结果造成自己的家庭四分五裂、亲子相残的悲剧。这都是他不能掌握大局，平衡各方矛盾，只知偏执造成的，这人头脑不够，不适合作为领导者。

　　领导者的主要任务之一就是平衡多股冲突的势力，引导群体朝着一个方向前进。因此领导者要相信自己，当目标已经确立下来的时候，不能轻易变动，不能被冲突的矛盾势力而左右了自己的判断力。而这也是领导者之所以能区别于其他职位上的人物的主要标志之一。

　　美国总统林肯，在他上任后不久，有一次将6个幕僚召集在一起开会。林肯提出了一个重要法案，而幕僚们的看法并不统一，于是7个人便热烈地争论

起来。林肯在仔细听取其他 6 个人的意见后，仍感到自己是正确的。

在最后决策的时候，6 个幕僚一致反对林肯的意见，但林肯仍固执己见，他说："虽然只有我一个人赞成但我仍要宣布，这个法案通过了！"

表面上看，林肯这种忽视多数人意见的做法似乎过于独断专行。其实，林肯已经仔细地了解了其他 6 个人的看法并经过深思熟虑，认定自己的方案最为合理。而其他 6 个人持反对意见，也许只是一个条件反射，有的人甚至是人云亦云，根本就没有认真考虑过这个方案。既然如此，自然应该力排众议，坚持己见。因为，所谓讨论，无非就是从各种不同的意见中选择出一个最合理的。既然自己是对的，那还有什么犹豫的呢？

在企业，经常会遇到这种情况：新的意见和想法一经提出，必定会有反对者。其中有对新意见不甚了解的人，也有为反对而反对的人。一片反对声中，领导者犹如鹤立鸡群，陷于孤立之境。这种时候，领导者不要害怕孤立，对于不了解的人，要怀着热忱，耐心地向他说明道理，使反对者变成赞成者。对于为反对而反对的人，任你怎么说，恐怕他们也不会接受，那么，就干脆不要寄希望于他的赞同。

决断，是不能由多数人来做出的。多数人的意见是要听的；但做出决断的，是一个人。重要的是决策是对的，只要真理在握，就应坚决地贯彻下去。

重耳出奔

在骊姬之乱中，晋献公把原来的太子申生杀了，重耳和夷吾都感到危险，逃到别的诸侯国去避难了。献公死后，晋国发生了内乱。夷吾在秦穆公的帮助下，于周襄王二年（前 650 年）回国当上国君，就是晋惠公。

晋惠公在即位后时第十四个年头时得了重病，无法临朝。留在秦国做人质的太子圉得到这个消息，恐怕君位被人抢走，乘天黑逃归晋国。晋惠公也担心公子重耳归国抢夺君位，急得寝食不安。大夫欲芮献计说："重耳在外流亡，毕竟是个祸害，不如设法把他杀了。"晋惠公就派了一个叫勃鞮的人去刺杀重耳。

重耳逃出晋国以后，一直住在狄国避难，这一住就是 12 年。晋国一些有才干的大臣，像狐毛、狐偃、赵衰、介子推等人全跟随他。

有一日，狐毛、狐偃兄弟俩收到父亲狐突的信，信中写道："有人 3 天内即去谋刺公子，快做准备。"他们赶快报告重耳。大家商量准备逃往齐国。第二日，重耳还在收拾行李，只见狐毛、狐偃慌慌张张地跑了过来说："我父亲现派人送来急信，说杀手现在提前动身了，让咱们赶快离开。"

重耳听说，扔开行李，撒腿就跑，一口气跑出了城外，等了很长时间，跟随他的人则陆陆续续地赶了上来。大家商量了一下，觉得到齐国去还可以安身。要从狄国向齐国去，必须通过卫国，但是卫文公却不让重耳进城。

没有法子，重耳一行只得绕着道走。他们一路走去，没有干粮，只得沿路乞讨。走到五鹿（今河南濮阳东南）地方，实在饿得厉害，正瞧见几个农民在田边吃饭，重耳就叫人向他们讨点吃的。

农夫们看着这群贵族打扮的人说："我们哪儿有吃的？连野菜都吃不上，没有多余的送人。"另一个农夫从田里捧来一大块泥土，递到重耳面前说："把这个给你吧。"

重耳勃然大怒，抽出鞭子要打那个人。狐偃连忙拦住，接过泥巴，安慰重耳说："想弄点儿粮食不难。要弄片土地恐怕就难了，老百姓送给我们泥土可是好兆头啊！这是上天借他们的手对我们的恩赐，得土正意味着得国啊！"

重耳听了，只好趁此下了台阶，马上磕头致谢，收下土块装在车上，向前流浪。

重耳一班人流亡来到齐国。齐桓公听说重耳投奔，知道重耳将来是个有作为的人，马上派人来迎接，给他们安置住处。提供车马，送肉送米，招待特别周到，又把本家的一个美女齐姜嫁给重耳作夫人。重耳觉得留在齐国挺不错，可是齐桓公死了以后，孝公即位，齐国的霸主地位开始动摇，诸侯们不再听命于齐国。重耳的随从们知道齐国帮不了他们多大的忙，想离开齐国，可是又怕重耳不答应。

他们背着重耳聚集在桑树林里商量回国的事。没想到桑树林里有一个女奴在采桑叶，把他们的话偷听了去，告诉重耳的妻子姜氏。姜氏怕走漏了消息，就把女奴杀死，然后对重耳说："你的随从要同你离开这里，你一定要同意大家的考虑，不可犹豫，犹豫是办不成事的。自从你离开晋国，晋国没有安宁的日子，人民没有一定的君主。天没有亡晋，但是在你以外，没有别的继承人选。拥有晋国的人，不是你，还是谁？您在这儿贪图享乐，是没有出息的。"

可重耳总是不愿意走，他说："我走不动了，一定要死在这里了。"

第二日天刚亮，赵衰、狐偃来请重耳。重耳正在酣睡。齐姜将狐偃叫了进来，问他什么事。狐偃说："公子过去在狄国时，每日乘车驰骋，现在长久没出去活动，我们恐怕他闷坏了，要请他去打猎。"

齐姜笑着道："您别讲笑话，去打次猎，为什么要做远行的准备？"

赵衰、狐偃听了大吃一惊。

齐姜说："你们不要骗我了。你们商议的事，我都知道了。我很敬佩你们的一片忠心，我也曾经劝过公子，但是他不听，这回我一定给你们帮助。今日晚上我陪公子喝酒，把他灌醉，你们乘夜里将他拉出城去，做你们的大事去吧。"

狐偃见齐姜不是寻常女子，不由肃然起敬。于是姜氏就把重耳灌醉了，让狐偃他们把他放在车里，离开齐国。重耳酒醒后，已离开齐国很远了。

重耳勃然大怒，拿起随从护卫魏犨的长戟就刺狐偃，狐偃急忙跳下车躲避。重耳也跳下车挺着长戟追逐。随从赵衰、臼季、狐射姑和介子推等一齐下车解劝，重耳把戟扔在地上，怒气未消。狐偃跪在地上请罪说："如果杀了我能够对您有好处，我虽死无憾！"

重耳说："我们这一走如果成功则已，如果不成功，我一定会生吃你的肉！"

狐偃笑着回答说："如果我们不成功，我都不知自己会死在什么地方，哪里还能给你吃肉？如果我们成功，你一定会钟鸣鼎食，我的肉又腥又臊，你哪能吃得下去呢？"

赵衰等人一起说："我们都认为公子素来有安邦立国之志，才会离开家乡舍弃亲人，千里跟随您，同时也是希望能够名垂青史。现在晋国国君无道，全国人民都对公子翘首以待，公子如果自己不想办法回国，谁会到齐国来迎接公子呢？今天的事是我们大家一起的决定，并非狐偃一个人的主意，公子不要错怪了。"

魏犨也从地上捡起长戟，大声说："大丈夫应当努力建功立业，留名后世，怎么能对眼前的享乐恋恋不舍，却不想想一生的事业呢？"

重耳听了大家一番话，不好意思地说："事已至此，我就听从大家的吧。"

重耳一行人来至曹国。曹共公是个贪吃喝图玩乐的家伙，他身边的大臣也多是趋炎附势的奸人，对重耳这位落难公子傲慢无礼，不愿搭理。因此，重耳在曹国只住了一夜，第二天就动身往宋国了。

宋襄公大腿在泓水之战中受了伤，正在养伤。他虽然被楚兵战败，可对称霸之事还念念不忘，总想找到能人帮助他，再整旗鼓，报仇雪耻；现在他听说重耳来投奔他，十分高兴，立即就派公孙固去迎接。下令要用国君的礼节招待重耳。可是宋襄公有心无力，加上伤势越来越重，哪有能力帮助重耳回国呢？

重耳一行只得告别宋国君臣，来到楚国。楚成王把重耳当作贵宾，还用招待诸侯的礼节招待他。楚成王对待重耳好，重耳也对成王十分尊敬。两个人就这样交上了朋友。有一次，楚成王在宴请重耳的时候，开玩笑地说："公子要是回到晋国，将来怎样报答我呢？"

重耳说："金银财宝贵国有的是，叫我拿什么东西来报答大王的恩德呢？"

楚成王笑着说："这么说，难道就不报答了吗？"

重耳说："要是托大王的福，我能够回到晋国，我愿意跟贵国交好，让两国的百姓过太平的日子。万一两国发生战争，在两军相遇的时候，我一定退避三舍。"古时候行军，每30里叫作一"舍"。"退避三舍"就是自动撤退90里的意思。

楚成王听了并不在意，却惹恼了旁边的楚国大将子玉。等宴会结束，重耳

离开后，子玉对楚成王说："重耳说话没有分寸，将来准是个忘恩负义的家伙。还不如趁早杀了他，免得以后吃他的亏。"

楚成王不同意子玉的意见。正好秦穆公在各处打听重耳的消息，听说他正在楚国，马上派人来接。原来秦穆公曾经帮助重耳的异母兄弟夷吾当了晋国国君。没想到夷吾做了晋国国君以后，反倒跟秦国作对。夷吾一死，他儿子又同秦国不和，秦穆公才决定帮助重耳回国。

这时，楚成王对重耳说："秦伯派人来接您了，他将帮助您回国，这真是再好没有了的事情。"

重耳听到了这个消息十分高兴，他知道秦国力量很大，送他回国没有问题，但他假意说："我宁可跟着您，不愿去到秦国。"

楚成王看透了重耳的心意，说道："可别这么讲。我国离贵国远，当中隔着好几个国家；秦国与贵国紧挨着，早上出发晚上就到了。再说秦伯和晋君有矛盾，他对晋君很不满意，他一定会尽力帮助您的。别犹豫了，快走吧。"

重耳便告别了楚王，带着一行人向秦国而去。重耳到达秦国，秦穆公热情接待，还把守寡的女儿怀嬴嫁给重耳。

有一日，狐毛、狐偃兄弟两人跑了进来，捶胸大哭，要重耳为他们报仇。原来在晋惠公死后，继位的怀公和他父亲一样，日夜担心重耳回来抢夺王位，下令凡是追随重耳的人，3个月内必须回国；过时不归，或者在国内的父兄没叫他们回来，统统处死。狐突因为不肯招他的两个儿子回来，就被晋怀公杀了。重耳把这事告诉了秦穆公，秦穆公说："这乃天赐良机，不要错过，我亲自率兵送你们回国。"

周襄王十六年（前 636 年），秦国大军来到了黄河。秦穆公派公子絷率兵护送重耳过河，自己带兵驻在黄河西岸，作为接应。公子絷护送重耳过河以后，一连攻下好几座城。晋军大将吕省、欲芮看到秦军势不可挡，又见人心全向着重耳，就和公子絷订立盟约，投降了。

公元前 636 年，护送重耳的大军过了黄河，晋怀公弃城逃命，不久被人杀死。晋国的文武大臣拥戴流亡了 19 年的重耳即位，就是史上所称的晋文公。

晋文公由 43 岁起逃难，至即位的时候，已经是 62 岁了，计算起来，在外邦颠沛流离，前后整整有 19 年。长时期的流亡生活，使得重耳和他手下的那班大臣，既磨炼了意志，又开阔了眼界，更在政治才能上有了很大的提高。重耳做了国君以后，汲取所到各国的经验，用来整顿国内政治，安抚人心，晋国很快便强盛起来了。

【智慧解读】

从上面的故事中我们可以看出，重耳最后能够在流亡这么久的时间之后回到晋国，并且成为春秋时期最有名的霸主之一，其中第一个原因就在于他的乐观人格，使他在挫折面前不屈不挠，永不言败，直至获得最后的成功。

重耳对于前途的乐观态度，使他不因为自己流亡在外而感到自卑，反而用实际行动向世人证明，一个流亡者也可以通过个人努力成为霸主。他的乐观精神还使他不因 19 年的坎坷就自暴自弃，相反他在挫折中不断地吸取教训，以变得更加成熟聪明。更重要的是，他的乐观人格使他养就了从谏如流的性格，这不仅是他自我成长的重要手段，也是他凝聚人心的有力武器。

除此之外，重耳最终成功的第二个原因在于他身边有一个始终使他朝向这个目标努力的团队。而重耳虽然一时因为自己贪图享乐而不想回国，甚至对下属绑架他回国感到不理解。但是最后却仍然通过行动表明自己作为领导者，决不会脱离部属，不会放弃理想。

我们说，重耳的成功，实际上也是一种团队意识的成功。杰克·威尔奇曾经说：领导者必须确保下属不仅看到目标，而且要将目标视如呼吸的空气。要达到这种目标，领导者必须"把自己想象成一个园丁，一手拿着水壶，另一手拿着一罐头肥料。偶尔需要清除一些杂草，但多数时候，你的工作就是施肥、看护和寻找开花植物。"

只有这样，才能给自己的团队增加燃料，使自己的人马大展拳脚，鼓起冒

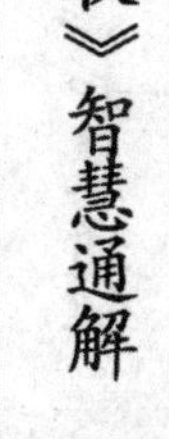

险和超越梦想的勇气。

秦晋大战

晋献公二公子夷吾，从屈城逃到梁国后，和梁伯的长女结了婚，并且生下个孩子，取名叫姬圉。夷吾时刻在打听晋国的动静，献公一死，他就派跟他逃亡的大夫吕饴甥带了一队人马，偷偷打回他的封地屈城。当时，献公还没有安葬，辅国大臣荀息也顾不上去讨伐他。

不久，夷吾听说大臣里克杀了奚齐、卓子和荀息，重耳又不想当国君，心里十分庆幸。这天，晋国派屠岸夷、梁繇靡两位大夫来迎接夷吾回国为君。

夷吾即位后，秦国大将公孙枝住在晋都，索取晋惠公许给的河西5城的土地。这时，晋惠公却有点舍不得了。大夫吕饴甥说："土地是祖宗留下的，怎能轻易送给别国呢？"

里克竭力反对他的主张，说："主公是依赖秦国力量做了国君的，不能失信于秦国，我看还是给了为好。"

郤芮生气地说："若给秦国5城，晋国就失去一半疆土！"

里克抱怨地说："既是先君打下的江山，当初何必许人呢？"

郤芮大声喝道："里克，你哪里是为秦国争地，分明是向主公讨要你那100亩封地！"

惠公听从了吕饴甥的主意，并让他给秦穆公写了一封长信，信中说：自己刚刚为君，不敢骤以5城予秦，待国内稍稍安定后，再行划拨。并派邳郑带了一些金银财宝送往秦国。

邳郑动身后，里克送了一程又一程。郤芮暗中对惠公说："里克不怀好意，说国君夺了他的大权，又不肯给他的封地，早就对主公不满了。邳郑临走时，他俩又不知在嘀咕什么，其中必定有鬼，不如趁早杀掉，以绝后患。"

惠公说："里克有功，怎能将他杀死呢！"

郤芮说："里克连杀两君一臣，罪大恶极，君主念他回国保驾功劳，这是私事，清算他杀君乱政的罪行，才是公事。国君怎能以私利而忘公义呢？”

惠公犹豫了一会儿，说：“如此说来，你去杀死他吧！”

隙芮和里克早有冤仇，听了惠公的命令，带领人马很快包围了里克住宅。站在高处喊道：“晋公诏命，没有里克，晋君难立，这是功劳，但里克连杀两君一臣，罪不容赦。君不敢以私利废大义。里克快自刎吧！”

里克据理驳斥说：“我不杀奚齐、卓子，惠公怎么做国君呢？真是欲加之罪，何患无辞！”说完，拔出宝剑含恨自刎。

后来，邳郑从秦国返回晋国，隙芮又在惠公面前栽赃陷害。晋惠公轻信隙芮之言，将邳郑等8位老臣统统杀死。这就是晋国历史上有名的屠杀大臣事件。

不久，晋国连遭几年风旱虫灾，庄稼收成很少。公元前646年，又遇一场大旱灾，曲沃、绛州一带庄稼大都旱死，几乎一无收成。晋国难民扶老携幼，背井离乡，四处逃荒，国库吃空，士兵挨饿，怨声载道。

要熬过荒年，务必向秦国求借，可是许给秦国的5座城池，连一座也没有给，怎么好意思再张口呢？夷吾心中十分矛盾。

隙芮说：“主公不必忧愁，我们并不是拒绝割让5城土地，只是说，待国内安定后再给，我们可向秦国借粮，它若不答应，就是秦国不是了，那时，我们拒绝割让5城，他们也就没啥说的了。”惠公于是就命大夫庆郑带着书信和珠宝玉器，前往秦国借粮。

秦穆公召集大臣商议，穆公很不高兴地跟大臣们说：“夷吾许我河西5城土地，至今1座也不给，他倒借粮来了。你们说借还是不借？”

秦国大臣蹇叔和百里奚（百里奚原是虞国大夫，晋献公假虞灭虢后在秦国任职）不约而同地回答说：“天灾荒年，哪个国家也免不了。救灾如救火，晋国的难处，好比秦国的难处，这是人情常理，主公还是借给吧！”

秦穆公说：“我给晋国的好处，已经够多的了。”

大夫公孙枝说：“这怕什么，我们借给他的多，他们还的也多，无损于秦国的富强，如果他不还我们，晋国人民就在对岸，人心归秦，我国威望将会

更高。”

刚从晋国逃跑出来的邳郑之子邳豹，一心要为父亲报仇，说：“晋君惨无人道，天灾人祸一齐至晋，这是上天的惩罚。秦国可趁晋国发生饥荒，起兵伐晋，机不可失啊。”

穆公严肃地说：“负我的是晋惠公，挨饿的是晋国百姓。我们不能因为憎恨晋君，而得罪晋国百姓啊。”

于是秦穆公发出诏命，借给晋国粮食。他征集车辆、马匹、船只，并派队伍把粮食护送到晋国首都。那时，从渭水河畔，到黄河、汾河沿岸，到处是秦国运粮的车队、船队。晋国百姓听说秦穆公送来了粮食，都十分感激。

不料第二年，秦国渭河流域也遇到特大旱灾，大片麦苗枯死，所收无几。说来也巧，这一年晋国的麦子反而获得了大丰收。

秦穆公想起头年蹇叔、百里奚所说的话来，深感欣慰：“真是丰歉难料呀！如果去年不借给晋国粮食，今日可怎么开口向人家借粮食呢？”

邳豹颇知惠公的为人，就说：“晋惠公是个贪得无厌、不守信用的昏君，我看不一定借给。”

秦穆公不以为然地说：“人心换人心，我看晋君会借给咱们的。”于是，便命大夫泠至出使晋国，临行时也带了大量珠宝玉器等礼品。

开始晋惠公想起秦国的好处，答应借给秦国一部分粮食。

大夫隙芮立即阻拦说：“君给秦国粮食，也将给秦土地吗？”

惠公说：“我只答应借粮给他，谁说给秦国土地来？”

隙芮说：“君只报秦借粮的小恩，而忘秦君辅助的大德，是舍大报小，不合情理。”

大夫庆郑说：“去年我奉命到秦借粮，秦君一无推辞，晋国人民都夸秦君的美德，如今我们不借给秦国粮食，不仅秦国埋怨，就怕连国内平民百姓也会反对的。”

吕饴甥说：“秦借粮给晋，是为求地。我借粮给秦，向他求什么呢？”

大夫虢射对晋惠公说："去年我们晋国发生饥荒，是老天爷让秦国来消灭我们晋国，然而，他们却借给我国粮食，真是愚蠢，今年秦国发生饥荒，是老天爷让我们去攻打秦国，这个机会可不能错过。咱们赶紧去联合梁国，乘机讨伐秦国，共分秦地，才是上策。"

晋惠公本是个忘恩负义的吝啬鬼，听了吕饴甥、虢射的话，正合自己的心意，于是连连点头。秦国使臣冷至气愤地说："我们国君感念秦晋之好，不要晋国一寸土地，借粮食给晋国人民，现在你们不念旧情，恩当仇报，我回去将如实向我君报告。"

吕饴甥和隙芮大声喝道："要吃晋国粮食，除非用秦兵来取。"

冷至气愤地离开晋都，回秦国去了。晋惠公背信弃义，没有借给秦国粮食，使秦穆公大为恼火，他决定调集三军兵马（一军约万余人），攻打晋国。

秦穆公同宰相百里奚亲自率领中军，大将西乞术、白乙丙保驾，大将公孙枝统率右军，公子絷统率左军，杀奔晋国而来。

边境告急，大夫庆郑说："秦国发兵，还不是因为我们没借给粮食，不割让城池。依臣所见，还是把河西 5 城交给人家吧，省得再动干戈，晋国遭殃。"

晋惠公大怒，要将庆郑斩首，经过虢射求情才免去死罪。晋惠公组成战车 600 辆，率领三路大军，向西进发，准备迎战秦国。途中，庆郑见惠公乘坐郑国送来的"小驷马"，好心好意地劝说道："今遇秦国大敌，主公乘坐异国的马，它不熟悉晋国道路，恐怕于君不利吧！"

惠公非但不听，还训斥道："你还敢多话！"

这时，秦军已东渡黄河，连战连捷，长驱直入，一直打到了晋地韩原。晋惠公命令部队在离韩原 10 里处安营扎寨，并让大夫韩简前往秦营刺探虚实。韩简回来后报告说："我看秦军兵精将勇，人数虽然比我军少点，可士气强我军 10 倍！"

惠公听了非常生气，说："这是庆郑的言语，长他人志气，灭自己威风。我誓与秦军决一死战！"

《吕氏春秋》智慧通解

他当即就令韩简到阵前请战。双方在龙门山下，摆开阵势，厮杀起来。顷刻杀得天昏地暗，血流成河。混战之中，晋惠公乘坐的"小驷马"，气力已尽，又遇秦国大将公孙枝，惠公让大将家仆徒接战。公孙枝有万夫不当之勇，家仆徒哪里是他的对手，不多会儿便败退下来，"小驷马"被惊得狂奔乱跑，终因不识途径，陷入泥潭，拔不出腿来。正在十分危急的时刻庆郑冲杀过来，惠公高声叫道："庆郑将军快快救我！"

庆郑看了惠公一眼："国君乘小驷马挺稳当，你就等着别人来救你吧！"说着扬鞭策马而去。战斗以晋军大败而告终，秦国俘虏了晋惠公和家仆徒、虢射等一批晋军将领，600辆战车，逃脱的只有100来辆。

秦穆公押着俘虏回到秦国，想把晋惠公杀掉。大将公孙枝却认为：杀了，对秦国也无多大好处；驱走，还会有人收留，可能留下后患。倒不如仍立他为君，让晋国归还河西那5城土地，让太子圉作为人质，留在秦国，使秦晋两国世代友好相处。

秦穆公称赞说："公孙枝有卓识远见！"于是他把晋惠公暂时安置在灵台山的离宫里，派了1000名秦兵严密看守着。晋君被俘的消息，很快传到了秦国。穆公夫人穆姬正好是晋惠公的同父异母姐姐，她听说自己的弟弟被抓了来，于是就让人们在后花园里垒了个高台，台下堆上许多柴草。她和太子身穿素服，住在台上的小屋里，发誓说："如果不把惠公放归晋国，她就在台上自焚。"

穆公听说以后，十分震惊，立刻吩咐侍女，回去报告夫人，很快就释放晋君回国。晋国吃了败仗，惠公终于割让了河西的5城土地，把太子圉作为人质留在秦国。

【智慧解读】

晋献公身边有许多人整天围着他，这些人之间必定存在利害冲突和争权夺利的斗争。但晋献公不能从大局出发，明辨是非，只是根据一方言辞妄下定论，结果造成自己的家庭四分五裂、亲子报仇的悲剧。这都是他不能掌握大局，平衡各方矛盾，只知偏执造成的。这人头脑不够，不适合作为领导者。

祁奚至公

　　春秋时，祁黄羊名祁奚，春秋时期晋国的大夫，本来是晋公族献侯之后，父新任高梁伯，因为封地在祁，就以祁为姓。他历事晋景、厉、悼、平四世（前599～前532），在位约60年，为四朝元老。

　　晋悼公在位时，任命已经70多岁的祁奚担任中军尉。

　　有一次，晋平公问祁黄羊说："南阳县缺个县令，你看应该派谁去当比较合适呢？"

　　祁黄羊毫不迟疑地回答说："叫解狐去，最合适了。他一定能够胜任的！"

　　晋悼公听了一愣，隔了一会儿才说："听说，解狐这个人是你的仇人呀，你怎么还推举他呢？"

　　祁奚严肃地回答："君主问臣的是谁可以做南阳令，而没有问谁是臣的仇人。"

　　于是，平公就派解狐到南阳县去上任了。解狐到任后，替那里的人办了不少好事，大家都称颂他。过了一些日子，平公又问祁黄羊说："现在朝廷里缺少一个中军尉。你看，谁能胜任这个职位呢？"

　　祁黄羊说："祁午能够胜任的。"

　　平公又奇怪起来了，问道："祁午不是你的儿子吗？你怎么推荐你的儿子，不怕别人讲闲话吗？"

　　祁黄羊说："你只问我谁可以胜任，所以我推荐了他；你并没问我祁午是不是我的儿子呀！"

　　晋悼公见祁奚推举贤能完完全全用才德论取，而不夹杂丝毫的个人恩怨，没有任何出自个人好恶的忌讳，实在难能可贵，禁不住对他怀着深深的敬意，派了祁午去做中军尉。祁午当上了中军尉，公正执法，替人们办了许多好事，很受人们的欢迎与爱戴。

孔子听到这两件事，十分称赞祁黄羊。孔子说："祁黄羊说得太好了！外举不避仇，内举不避子，像黄祁羊这样的人，才够得上说'大公无私'啦！"

晋平公即位后，任命他担任公族大夫。这是一个闲官，基本上不过问政事了。但是因为祁奚忠公体国，急公好义，赢得了朝野内外的赞誉，他的言行也随之成为衡量是非曲直的标准。

【智慧解读】

祁奚忠公体国，外举不避仇，内举不避亲的故事告诉我们，如果一个领导者只有排除自己的感情好恶，才能为组织找到合适的人才。

站在现代组织的角度来分析，领导者在工作中的价值取向必须要清清楚楚，哪些应该奖励，哪些应该惩罚，都应该清楚表明。因为他这是理性上的指向，它所代表的是公司的利益和组织的价值。只有标准明确，下属才有行事的依据，知道何时该采取公司奖励的行为，何时又该远离公司要惩罚的行为。

领导者的价值取向除了可以从公司的角度讨论之外，另一个讨论的角度，是从领导者个人的角度。

但是在私人的价值取向，一方面要像韩非所主张的"虚静"，隐蔽自己的价值观，另一方面要尽量排除对正常工作的干扰。领导者私人的价值取向，甚至于晚上下班以后从事什么活动，如果表现得太显眼，被下属知道得一清二楚，有些下属就会故意投其所好。个性正直的领导者不会被这类特意讨好的行为收买，在工作上还是秉公处理。但是，不够正直的领导者，则很容易被下属刻意讨好的行为动摇，而失去决策的公正性。对刻意讨好的下属特别宽容。

领导者一旦因为诱惑，造成决策偏差，势必引起下属的不满，形成劣币驱逐良币的效应。固然有些正直的主管可以以组织的利益为重；但是人毕竟是人，大部分的领导者都难免被下属刻意讨好的行为所动摇。由于人的品性是可以培养的，因此可以透过企业的价值观要求所有人正直为公，由文化的洗礼来矫正人性的弱点，这样完全可以培养出无数的祁奚。

智救叔向

春秋时期，晋国两大权贵范、栾两家之间的矛盾激化，演化为一场激烈的政治斗争。

这场斗争起因于多年前栾氏家族谋杀晋厉公。

范、栾本来都是晋国的名门望族，结成亲戚关系。范宣子的女儿嫁给了栾黡，生下儿子栾盈。栾黡死后，栾盈发现母亲与人私通，但是不好对母亲发火，便鞭笞守门小吏，并下令对出入的人严加盘问。不想他母亲恼羞成怒，竟趁给自己的父亲范宣子贺寿的机会回到娘家，对父亲说了栾氏的许多坏话，造谣说栾盈咒骂外公"专权"，宣称栾家与范家"誓不两立"。

正在执掌晋国朝中大权的范宣子听女儿这些话，马上鼓动晋平公对多年前的谋杀案进行清算，报复栾家。

在这场政治动荡中，栾氏家族的干将羊舌虎被抓了起来。羊舌虎有两个兄弟一个叫羊舌赤，另一个叫羊舌肸，而后者就是历史著名的叔向。这两兄弟虽然没有参与作乱，平时也享有贤能的名声，但此时也处于城门失火殃及池鱼的危险处境之中。

大夫叔鱼很受晋平公信任，他仰慕羊舌兄弟贤能的名声，很想找机会认识他们。这天来到朝门，正好遇上叔向，叔鱼施礼并安慰他说："请先生不要着急，我见主公，一定尽力给先生兄弟二人说情。"

但是叔向冷笑了一声，并不领情，甚至连句道谢的话也没说，弄得叔鱼很尴尬。

羊舌赤听说了这件事，责备弟弟说："唉，我们兄弟算是死定了，羊舌氏非绝后不可！你怎么这么傻呢？那叔鱼得到了君侯宠信，如果能让他说几句好话，主公放过了咱们，那不是羊舌氏的福气吗？可是，你怎么不理睬人家，在这样的紧要关头去得罪人家呢？"

叔向却不这样认为，他笑一笑说："死生由命吧。如果老天保佑，不使我羊

舌氏绝后，必然是由祁奚老大夫出面说话，那叔鱼没有用！"

羊舌赤争辩道："你这话好没道理！如今，那叔鱼是晋平公跟前的红人，一语千钧。他朝夕在君侯身旁侍候，而你不以为重。而祁奚此时已告老还乡，很少有进宫面君的机会，手中什么权力也没有了，你竟然把自己的身家性命与前程押在一个行将入土的老人身上，这不是信口乱说吗？"

叔向见哥哥生气了，就不紧不慢地说："那叔鱼虽是平公跟前红人，但趋炎附势、阿谀奉承、溜须拍马极尽所能，只是个摇尾求媚的小人，他想要的是让君主喜欢，一定不会逆着君主的意思说话的。在我羊舌氏福祸存亡的问题上，他能真的给我们说情吗？那祁奚老大夫就不同了，为人正直坦荡，光明磊落，一定会搭救我们的。"

不久，晋平公处理栾氏谋反这一案件，谈到了羊舌氏兄弟。他问叔鱼："你想想看，那羊舌虎参加谋反，他的哥哥羊舌赤、叔向能不知道吗？"

叔鱼悄悄望了平公一眼，猜测平公的语气。"看来主公是不想饶恕羊舌兄弟啦！"他心想，"再说，那次见面，好心好意地说几句安慰的话，叔向那小子却不识抬举！事已这样，活该！"在短短的时间里，叔鱼的脑子里转动得飞快。他很自然地应声说："主公英明！俗话说，'最亲的是兄弟'，这么大的事情，怎么会不知道呢？"这几句淡淡的话，好像火上浇油一样，终于促使晋平公下了决断——把羊舌氏兄弟全抓起来，关到狱中听候发落。

祁奚的儿子祁午听说羊舌氏兄弟蒙难，面临杀身灭门惨祸，慌忙派人星夜赶到祁地去见父亲祁奚，求他为羊舌兄弟说好话，求得个宽大处理。

祁奚见信吃了一惊，对身边的人说："我听说当小人得到官位时，不谏争是不义的；当君子处于忧患时，不援救是不善的。"他马上动身，坐了驿传所用的快车星夜赶到都城，直接到范宣子的府上求见。

一见面，范宣子说："祁大夫，您这么大年纪了，竟日夜兼程赶来光临我家，一定有什么重要的事情吧？"

祁奚答："老夫为晋国国家存亡而来，不是为别的什么事。"

范宣子大吃一惊，忙问："不知什么地方关系到国家存亡，使老大夫这样着急？"

祁奚严肃指出："贤人是国家的保卫者和台柱子。羊舌职为晋国立有大功，羊舌赤和叔向又能继承和发扬他的美德和才干，是难得的贤人。特别是叔向惠而有谋，是国家栋梁之材，以其弟之故而杀他们，是弃国家社稷于不顾，这样做，是非常愚蠢的，至于羊舌虎，是个不肖之子，参与栾氏叛乱，他是自作自受。可是把羊舌氏兄弟三人都抓起来杀掉，莫非就不觉得可惜吗？当年郤芮反逆遭了惩罚，而郤缺却被提拔起来在朝中做了大官。这是先君英明的地方。既然父子之罪都不互相牵连，更何况兄弟之间呢！范先生，你假使因为有私人恩怨就借机乱杀无辜，使鱼死网破，那么，这晋国的江山社稷可就危险啦！"

祁奚是晋国德高望重的老臣，现在他亲自赶来，这样严肃地批评和提醒范宣子，指出他可能要犯的大错误，使范宣子不得不惊怕起来。他慌忙离席致谢，并请祁老大夫与他一起进宫谏阻晋侯。

于是，二人并车入朝，见了晋平公上奏说："听说善于治国的人，行赏不过分，施刑不轻忽。行赏过分，恐怕会赏到奸人；施刑轻忽，恐怕会使君子受刑。如果不幸做过了头，那么宁可行赏过分赏赐了奸人，也不要施刑过分伤及君子。因而尧施刑杀了鲧，而到了舜时仍起用了鲧的儿子禹；周施刑杀了管叔、蔡叔，而仍任用他们的弟兄周公。这些都是不轻忽用刑啊！"

晋平公听了，宣布免除羊舌两兄弟的罪行，并官复原职。二人得到赦免，入朝谢恩出来后，羊舌赤对叔向说："咱们应当到祁老大夫处去表示谢意，感谢他的救命之恩！"

而叔向却说："用得着去感谢吗？他为的是晋国国家的安危存亡，可不先是为了咱羊舌氏兄弟呀。"说完，扬长而去。羊舌赤总觉得过意不去。弟弟不通情理，怎么说也不去道谢，自己可不能不去呀！

他独自前往祁午府上，求见祁奚老大夫。祁午对羊舌赤说："对不起，我父亲见过晋侯以后，一刻也没停留，就回祁地去了。"

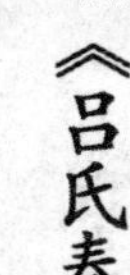

祁奚早已随历史的脚步走入尘埃，而他留下的君子风范不知在我们的身边还有几许？

故事到这里可以看出，叔向能不理睬叔鱼而寄希望于祁奚，实因对二人的人品和性格都了如指掌，事情发展早已运筹帷幄之中，在危险的境况下才能谈笑自若，不失君子之风范。

正如美国政治学家阿瑟·本特利所说，管理并不是个别领导者的个人事务，从根本上说，它是集团的事务。

祁奚搭救叔向是出于公心，所以事后他不见叔向就回家了。按世人观点，费这么大力气把人给救了，实在不想收叔向的谢礼，也应该见别人一面，让他知道是谁救了他，再说三十年河东，三十年河西，说不定哪天自己或者是后人倒了霉，叔向还能不忘前恩。叔向这人也实在不识抬举，祁大夫救了他之后，他竟然连个谢字也没有，直接朝见晋平公，回到自己的工作岗位上去了。因为叔向对祁奚是十分了解的，知道祁奚救自己是为了国家，并非偏爱自己。

祁奚与叔向之间的心有灵犀，同时也告诉现代的领导者良好沟通的重要性：在一个团队中如果没有默契的交流和沟通，就不可能达成共识，也不可能发挥团队绩效。

沟通思想是任何一个领导者都面临的最困难的一项任务，很多人认为下属会仔细研读上级的指示和通知，并且能够很好地理解。实际上却大谬不然。不管是指示还是通知，都很容易被歪曲和误解，而且更有趣的是，被歪曲和误解的信息，反而比正确的信息传播得更快。

因此，身为领导者，必须能够保证上下沟通的渠道畅通无阻，善用任何沟通的机会，甚至创造出更多的沟通方式，与下属充分交流。唯有领导者从自身做起，秉持对话的精神，有方法、有层次地激发下属发表意见与讨论，汇集经验与知识，才能凝聚共识。

荧惑在心

【吕氏语录】

宋景公之时，荧惑在心，公惧，召子韦而问焉，曰："荧惑在心，何也？"子韦曰："荧惑者，天罚也；心者，宋之分野也。祸当于君。虽然，可移于宰相。"公曰："宰相，所与治国家也，而移死焉，不祥。"子韦曰："可移于民。"公曰："民死，寡人将谁为君乎？宁独死！"子韦曰："可移于岁。"公曰："岁害则民饥，民饥必死。为人君而杀其民以自活也，其谁以我为君乎？是寡人之命固尽已，子无复言矣。"（《吕氏春秋·制乐》）

在春秋时代，宋国的景公有一天上朝时，太史官禀报："昨天晚上，下官按惯例观察星象，发现了'荧惑守心'的星相，这是个大凶的星象，请大王召集百官商议对策。"

荧惑即火星，荧惑守心就是火星正好停留在心宿不去。在古人看来，火星的运行路线最复杂，行踪最让人捉摸不透，所以起名"荧惑"。另外它的火红颜色也令人不安，故中西方都常把它看成是战争、死亡的象征。

宋景公便问百官有什么办法。文武官员面面相觑，谁都不敢说，因为荧惑守心常常标志着君王遇祸、宫廷遭灾，怎么开口向国王解释呢？

散朝之后，大臣中最聪明的子韦来到宫中求见景公。景公召见了他，子韦对景公说道："荧惑守心确实是最不祥的星象，主君王大祸。但是，大王可以通过祷告驱禳的办法，把这个灾祸转移到宰相的身上。"

景公说："这怎么使得？宰相是助我治国的人，我若移祸给他，岂不惹天下人耻笑？"

子韦说："还有个办法，大王可于今日午时三刻登上灵台祭天，将灾祸转移给百姓。"

景公不高兴地说："你开什么玩笑，人民都死了，我还做什么国君？"

子韦又想了想，说："那就别转给人了，转成今年年成不好，也能过这一关。"

景公不高兴地说："年成不好，必有饥荒，人民会挨饿。为了自己而坑害百姓，这算什么君王？老子说：受国不祥，方为天下王。这是我的命，我自己承担吧！不用你出这些馊主意了。"

子韦一听非常高兴，退了几步，率众大臣一齐向景公礼拜，说："下官们向国君贺喜，您这种情愿自己受难，也不嫁祸给臣民的德行，一定会上达天庭，老天爷虽处九天之上，但耳朵却可以听到很低地方发出的话语。你有与国君美德相符的三句话，上天必不但能使您免祸，而且您一定还会延寿。"

果然，这一天什么事也没发生，到了晚上，太史官陪着景公和子韦再观察天象，发现火星已经离开了心宿。子韦对景公说："荧惑一晚上就走了三舍，这是上帝赏您三次，您可延寿 21 年。"

虽然宋景公为人仁慈爱民，而且勇于承担自己的责任，但是却失之懦弱优柔寡断，也正是这种性格，为宋国带来了不小的麻烦。当时宋景公有一个宠信的弄臣叫向魋，关系十分亲密，景公对他有求必应。

宋景公的公子地有 4 匹白马，向魋想要这 4 匹马。宋景公把马牵来，在马尾、马鬣上涂上红颜色给向魋。公子地听说以后十分生气，派手下人打了向魋一顿，并且夺回马匹。向魋害怕，准备逃走，宋景公关上门对向魋哭泣，眼睛都哭肿了。

宋景公的同母兄弟辰对公子地说："您看不起魋，这也是不公平的。您平日对国君有礼，现在却得罪他，如果您做出出国待罪的表示，国君必挽留您。"

公子地于是就准备逃亡陈国，但宋景公没有挽留他。公子辰为他请求，宋景公不听。公子辰说："这是我欺骗了我哥哥。我领着国内的人们出国，国君和谁处在一起？"

冬季，宋景公同母兄弟辰和仲佗也逃亡到陈国。

第二年春季，他们进入萧地而叛变。秋季，乐大心跟着叛变，大大地成为宋国的祸患。史家评论这件事说，这场动荡完全是由于齐景公宠信向魋的缘故。

【智慧解读】

宋景公不愿意把灾祸转移给宰相和人民，更不愿意转移到年成上，可以说是一个勇于负责的领导者。而承担责任，也恰恰是一个成功的领导者所应该具有的品质。

承担责任是领导者走向正确的第一步。在营救驻伊朗的美国大使馆人质的作战计划失败后，当时美国总统吉米·卡特即在电视里郑重声明："一切责任在我！"仅仅因为上面那句话，卡特总统的支持率骤然上升了10%以上。

下属对一个领导者的评价，往往决定于他是否有责任感，勇于承担责任不仅使下属有安全感，而且也会使下属进行反思，反思过后会发现自己的缺陷，从而在大家面前主动道歉，并承担责任。做下属的最担心的就是做错事，特别是花了很多精力又出了错，而在这个时候，领导者诚恳地承认错误，与下属分担责任，那对这个下属又会是何种心境？

杜鲁门当美国总统的时候，在椭圆办公室挂了一个牌子："责任止于此处"。每位领导者都应该理解和接受这句座右铭。

领导者这样做，表面上看是把责任揽在了自己身上，使自己成为受指责的对象，实质上不过是把下属的责任提到上级身上，从而使问题解决起来容易一些。假如你是个中级领导者，你为你的下属承担了责任，那么你的上司是否也会反思，他也有某些责任呢？一旦公司里上行下效，形成勇于承担责任的风气，便会杜绝互相推诿、上下不团结的局面，使公司有更强的凝聚力，从而更有竞争力。

有些领导者在下属或者自己发生错误时，第一个反应就是训斥人，寻找替罪羊，然后躲在办公室里长吁短叹。实际上，这种把注意力集中在错误本身的做法是不明智的，无论什么问题发生时，寻找解决方法，并且避免重犯类似的

错误，是最重要的。

如果犯了错误不知道总结经验教训，却一味地埋怨客观，在领导者找替罪羊的时候，更多的问题会像鹰一样悄然向企业袭来。那就会犯更大的错误，导致更大的损失。

列子辞粮

列御寇，东周威烈王时期郑国圃田人。战国早期，著名的思想家和文学家。那时，由于人们习惯在有学问的人姓氏后面加一个"子"字，表示尊敬，所以列御寇又称为"列子"。

列子

列子一生安于贫寒，不求名利，不进官场，隐居郑地40年，潜心著述20篇，约10万多字。现在流传有的《列子》一书，其中《愚公移山》《纪昌学射》等脍炙人口的寓言故事，可谓家喻户晓，广为流传。

列子不仅学问渊博，而且是非标准、生活准则也十分明确，其人品道德修养更是高尚。

有一次，一位外国使者入郑拜访列子时，发现这位自己仰慕的有道之士生活贫困，竟然经常在饿肚皮的情况下，埋头搞学问，面容常有饥色。于是他对郑国的上卿子阳说起这件事："列御寇是一位有道的人，居住在你治理的国家却是如此贫困，你恐怕是不喜欢贤达的士人吧？"

子阳随即派遣官吏给列御寇送粮食，列子见到派来的官吏，再三辞谢不接受子阳的赐予。

列子拜谢说："无功不受禄。"使者只得带上粮食返回复命。

官吏离去后，列子进到屋里。他的妻子对此困惑不解，埋怨他并且拍着胸脯伤心地说："我听说作为有道的人的妻子儿女，都能够享尽逸乐，可是如今我们却面有饥色。郑相子阳瞧得起先生方才会把食物赠送给先生，可是先生却拒不接受，这难道不是命里注定要忍饥挨饿吗？"

列子笑着对妻子解释道："郑相子阳并不是亲自了解了我。他只不过想沽名钓誉，因为别人的谈论而派人赠予我米粟，等到他想加罪于我时，必定仍会凭借别人的谈论，这就是我不愿接受他赠予的原因。"

后来，百姓发难而杀死了子阳。

列子青年时代求道十分执着认真，起初从师壶丘子，后又问道于老子亲传弟子关尹子，还曾拜商氏为师。他继承了老子的学说，又加以发扬光大。传说当他潜心修道时，能够"御风而行"。他常在立春之日"乘风游八荒"，在立秋之日返回住所"风穴"。这些记载虽然夸张，但也间接反映了列子道家学问的精深和列子超然物外的道家风范。

【智慧解读】

列子辞去子阳送来的粮食，并不是因为清高或者是不愿出受人恩惠，而是出于对可能因此而威胁自身安全的前景的预测。这一点，与商鞅对公叔座分析魏王既不会因人推荐而用之，也不会因为因人进言而杀之，有异曲同工之妙。

在纷纭的环境里，一个细心聪明的人应该能通过一些不易察觉的征兆，一斑窥豹，预见到一些虽然没有明显表现出来，但是正在形成中的隐性因素，从而帮助自己得出符合实际的结论。

列子的故事指出了人的预见能力对于生存与发展的重要性，对当代人仍然很有教益。

一方面，在信息爆炸的时代，各式各样的信息真真假假、虚虚实实、浩如烟海。当我们企图获得尽可能全面的信息时，往往发现更加难分主次，造成"眉毛胡子一把抓"的结果。另一方面，社会环境的链条是相互联系而又相制约的。聪明者往往能够从广泛的联系中寻求事物真相和趋势的蛛丝马迹。面对各种信息，关键在于眼光。无论是看人，还是判断其他事物，在全面地了解情

况的基础上，注意分析各种现象之间的内在联系。

当然，如果我们能够掌握宏观和微观的所有情况，能够最大限度地对事物的整体了然于胸，那么，得出对事件发展趋势的正确判断就会更容易一些。但是对多数人来说，这种情况是一种可遇而不可求的境界，受到诸多条件的限制，因此一斑窥豹的认识方法，要比一味追求更多的资料更为重要。

但需要注意的是，不管是大样本的调研，还是解剖麻雀式的深度推测，我们必须确保得到的信息是客观准确的，只有这些信息才能准确地揭示根本问题。

史起论人

春秋时，魏襄王有一次举办盛大的宴会宴请群臣，酒喝到高兴时，魏王站起来举杯向大家祝福道："希望诸大臣都能万事如意，心想事成。"

史起乘着酒兴说："诸位臣子有君子有小人，君子得志当然会报效国家，小人得志将会危害人民，您这样说可万万不行啊！"

魏王说："如果大家做臣子都和西门豹一样那就好了。"

史起说："魏国其他地方井田都是以 100 亩为单位划分，西门豹的辖区邺地却以 200 亩为单位划分，这是为什么呢？是因为缺水的原因。而漳水就在他的旁边，而西门豹却不知道利用，这是他不够聪明；假如知道这件事可行，却因为实施起来有困难，就产生畏难心理不向上报告，这叫不忠。无论是不聪明还是不忠诚，都是不可效法的。"

魏王被说得哑口无言。

第二天，魏王召见史起，问他："漳水真的可以浇灌邺地的农田吗？"

史起说："可以。"

魏王说："那你为什么不替我去做这件事呢？"

史起说："我是怕你不能始终如一的信任我。"

魏王说："只要你真能替我办好这件事，你放心，我会全听你的！"

于是史起就答应了。同时又对魏王说："我做这件事，百姓肯定会说我劳民伤财而怨恨我，严重的情况下甚至可能会杀死我。但是不管怎样，大王您都一定要派人完成这件事。”

魏王说：“你放心，我一定按你说的办。”

于是按照前约，就任命史起为邺地的行政长官。

【智慧解读】

在魏王召见史起的过程中，有两个细节值得我们注意：第一个细节是哑口无言，第二个细节则是询问史起“为什么不替我去做这件事”。从这两个细节当中，我们既看到史起的出色口才和谋略，同时也看到了一个出色的领导者善于反省和对内部人才的使用能力。

在任何组织中，一个领导者既要保证组织富有活力和创造力，又要控制得法，使组织内下属各安其任，团结向前。只有如此，在遇到危机时才能理性地去解决，并带领团队获得成功。

为此，领导者不需要成为天才或英雄，而只需要通过理性的控制来解决问题。有时，领导者应该把管理当成一种促成过程，像一个老谋深算的外交家一样，利用各种平衡、回旋、暗示等手段，让观点相左的各方通过妥协接受问题的解决方案，而且不留下任何的后遗症。这就需要领导者能够坚持不懈，工作勤奋，有权衡能力和忍耐力。

权衡能力和忍耐力对于领导者尤其重要。因为人无完人，任何人都会有出错的时候。这时领导者为了维护组织的团结和长远的发展，就需要通过策略来进行调整。目的有两个：一是要保全组织对外的良好形象，二是要保持整个组织的内部协调。

明基公司中国营销部总经理曾文祺在接受记者采访时，曾经举了一个自己进行协调的例子。

在明基公司内，为了促进下属尽快成长，设立了轮岗的机制。下属在公司内做满一年，只要下属提出来轮岗，自己部门和对方部门同意就可以调换工作。

做满两年，只要对方部门同意就可以了。后来有一个做运筹管理的下属，因为表现出色，很快被提升为主管。到做满两年多的时候，她提出想去做销售工作，并且想从销售员做起。曾文祺告诉她："不行，你在原来的部门已经是主管了，如果从销售员做起，运筹管理部的士气会被你打击，会贬低你原来部门下属的价值。"后来，那位下属被直接安排到做浙江省的销售主管，表现也很不错。

管理并不是个别人的个人事务，从根本上说，它是集团的事务。因此，真正成功的领导者并非是自己的个人成就有多高的人，而是通过各种权衡甚至牺牲，让组织不断完善的人。

傅说拜相

商代第二十三位国王武丁是盘庚的侄子，在位 59 年。他即位后任命甘盘和傅说为相，其中傅说是商朝第二个奴隶出身的宰相，他和商汤时期的伊尹被称为历史上的"奴隶双璧"，都立下了不凡的业绩。傅说拜相的故事颇有传奇色彩。

武丁的父亲小乙排行老四，根本没有想到自己能做国王，并且把王位传给儿子。盘庚去世时，儿子年幼，王位相继传给了弟弟小辛和小乙。武丁年幼时，父亲不让他留在王室里，而是把他送往殷都西部的林虑山，和平民奴隶一起生活。

武丁隐瞒了自己的王室身份，不仅学会了耕作的本领，养成了简朴的生活习惯，更重要的是认识了一个奇人，那就是傅说。傅说是个奴隶，每天与众苦力一起筑墙。那时筑墙是先用两块木板固定，规划出墙体范围，然后在其中填以半干的黄土、稻草，夯实，去掉木板即是结实的土墙，称"版筑"，今日叫"干打垒"。这是个非常累的活，人称"版筑垛墙，活见阎王"，但是傅说并不以为苦，在劳动间歇经常给同伴们讲故事，议论前朝是非。

武丁感到傅说虽出身卑微，但勤学好问，见识不凡，谈天说地，证古论今，对国家大事颇有见解，没想到奴隶中也会藏有如此大贤，因此非常喜欢傅说。

他们一起劳动，武丁还从傅说那里学会了不少本领。傅说也觉得武丁虽是商王的儿子，却没有贵族的高傲，能和贫民平等相处，很赞赏武丁，于是两个人就交成了无话不谈的朋友。

武丁即位后，为起用傅说，苦思冥想出一条妙计，即利用当时人们的迷信心理，演一幕哑剧。

这天，武丁对大臣们说："我当了国王，希望有一个大才大德的人帮助我治理国家，请大家举荐。"大臣议论纷纷，挨个把王公贵族的名字数了一遍，武丁总是摇头叹息。蓦然间竟晕了过去，经一阵抢救，才慢慢醒来，从此却一言不发。

就这样，武丁在宫里整整 3 年不语，每天上朝只听朝臣们念念叨叨，就是不说话，大臣们一个个都很害怕。

一天，甘盘正在召集大臣们议事，武丁突然大笑起来，大臣们顿时惊呆了。武丁说："我们商朝有希望了！我梦见先王，他给我推荐了一位大圣人，名叫'傅说'，说这人定能辅佐我治理好国家。傅，就是辅佐的意思，说呢，就是喜悦、取悦。看来老天赐我此人，就是辅佐我，而使万众喜悦的人哪！我要有一位治理天下的好帮手了！"

然后，武丁就把群臣叫到跟前，装模作样地一个个地细看，看谁长得像梦中所见的傅说，但最后摇头说没有一个像的，然后他招来画工，详述傅说的长相模样，让画工把他画出来，命令大家按照这画影图形在全国寻找。

最后，臣子们终于在傅岩这个地方找到了一个长得与画影图形上的毫无二致的人，而且也叫傅说，于是就把他接到了殷都王宫。

武丁见到当年的好朋友傅说，喜出望外，连连点头。于是赶快让傅说换了朝服，拜为宰相，并让大臣们尊称傅说为"梦父"。

傅说先劝武丁虚心纳谏，再陈述治国方略，其中"非知之艰，行之惟艰"成为传颂至今的名言。

傅说大权在握，立即竭尽文韬武略之才，实行"治乱罚恶、畏天保民、选

贤取士、辅治开化"等一系列政策，用 3 年功夫，缓解了社会矛盾，使国家出现政局稳定、经济发展、天下太平的兴盛局面。商代达到又一个极盛时期，史称"武丁中兴"。

武丁和傅说，也成了古代明君贤相的代表，被后人尊为圣人。

【智慧解读】

一个组织在为自身选择高级领导者的时候，往往会面临这样一种选择：是从外部引进呢，还是从内部选拔？

人们都说，外来的和尚会念经。之所以如此，是因为我们对外来的和尚不甚了解，由此带来的距离感、神秘感不由我们不言听计从。这也是古今中外很多组织热衷于任用"空降兵"的原因。然而，用人在很大程度上决定着组织未来的生死存亡，必须要慎重。如果能找到念好经的"外来和尚"当然好，但如果从自己的组织内部选拔任命一个"家里的和尚"来念经，因其熟悉情况，也许能更好地带领组织走向辉煌。

武丁起用傅说的故事，可以说是一个重用家里的"和尚"的经典案例，在武丁的精心策划下，傅说终于获得了"念经"的环境氛围，也最终念好了经。

对于傅说来说，几乎所有的人都知道他的根底，知道他是一个每天与众苦力一起筑墙的奴隶，如果一下子贸然提到很高的职位上来，必然导致众位大臣的不满：昨天还是一个苦力，怎么一夜之间咸鱼翻生，变成我们的上司宰相了?! 他们当然是不服！在这样的怀疑与对立环境中，傅说即使再有能耐，也不可能施展出来。

据说对于周文王请姜太公出山，也运用了托梦的手段，并且孔子和他的弟子颜渊还对此进行过一次讨论。颜渊向孔子问道："文王难道还未能达到圣人的境界吗？为什么还要假托于梦呢？"孔子说："你不要再说！文王算得上最完美的圣人了，你怎么能随意评论和指责呢？他也只不过是短时间内顺应众人的心态罢了。"

孔子的解释，可以说是一针见血地指出了这种起用人才的方式的个中奥妙：顺应众人的心态，从而使人们对起用的人才能够接受。

在现代，多数组织的领导人都是从内部提拔上来的，这也就引起了同样的问题，如何让"家里的和尚"念好经？

武丁提拔傅说的经验证明，"家里的和尚"是能念好经的。现代领导者要做的是，通过某种程序、某种过程或某种仪式，帮助他们在上台念经之前，形成一定的威望，获得初步的认同，从而创造"念好经"的环境和氛围。古代的国君在任命宰相或者是军事统帅时，都要斋戒几天，然后筑起高台来"拜相"或者"拜帅"，目的就是以此抬高对方身价。

灭陈复陈

春秋时代，陈国是今河南省东部淮阳县和安徽省西北一带的一个小国，因为在大国的夹缝中生活，经历了一场被灭亡而后复国的悲喜剧。

悲剧最初的导火索，居然是陈国一个面貌丑陋的使节。这个使节名叫敦洽雠糜，据说生得尖顶宽额，面色黑红，眼睛下垂，几乎接近鼻子，胳膊很长，大腿向两侧弯曲。

陈侯见了以后却十分喜欢他，对外让他办理外交，对内让他管理自己的饮食起居。在楚庄王举行盟会时，陈侯有病不能前往，于是派敦洽雠糜去向楚庄王表示歉意。楚庄王觉得这个名字很奇怪，就最先接见他。

他进去以后，楚庄王见到他的怪模样，觉得比他的名字更可恶；听他说话，觉得比他的模样又更可恶。楚庄王很生气，会合众大夫，告诉他们说："陈侯如果不知道这样的人不可以出使，这就是不明智；如果知道他不可以出使却硬派他出使，这就是有意侮辱我，不可不攻伐。"

正在楚庄王筹划伐陈的时候，机会来了。陈国起了内乱，陈侯被执掌兵权的司马夏征舒杀了。

原来，郑穆公有一个女儿嫁给了陈国司马夏御叔，所以叫夏姬。二人生下

一个儿子夏征舒。当征舒长到 12 岁的时候，御叔病死了，夏姬成了寡妇。这夏姬年近 40，仍生得蛾眉凤眼，杏脸桃腮，有天姿国色。

陈灵公是个荒淫昏庸的家伙，和自己手下的大夫孔宁、仪行父两个好色之徒，先后与夏姬勾搭成奸，后来三人串通一气，与夏姬同欢同乐。

夏家住在株林，陈灵公就经常到株林去鬼混。《诗经陈风》有一首诗叫作《株林》，就是当时陈国的民歌。老百姓见国君行为放荡，心中不满，就编了这么一首民歌来讽刺陈灵公。诗中说：胡为乎株林？从夏南！匪适株林，从夏南！

到夏征舒 18 岁时，陈灵公为了讨好夏姬，让征舒当了司马，执掌兵权。

有一天，孔宁和仪行父陪同陈灵公在夏姬家里聊天，陈灵公对仪行父说："征舒身材魁伟，有些像你，是不是你的种儿？"仪行父笑着说："征舒两目炯炯，很像主公，还是主公的种儿。"孔宁插嘴说："主公与仪大夫年纪小，生他不出来。他的爸爸很多，是个杂种！"三人拍掌大笑。夏征舒听到这些话，恼羞成怒，带人冲了进来。

陈灵公一见，急忙掀翻了案子，往马厩那边跑，被埋伏在那里的一支强弩，发箭射死。而孔宁和仪行父从狗洞里钻出来逃往楚国。夏征舒杀了陈灵公，就通告说"陈灵公酒后急病归天"，然后和大臣们立太子午为新君，就是陈成公。

楚庄主听说陈国内乱，就想借机吞并陈国。楚国大夫屈巫是个贪色之徒，数年前出使陈国，曾看见过夏姬，一直惦记在心，现在一听说陈国内乱，就打算"混水摸鱼"，积极劝楚庄王去征伐陈国。

庄王于是就向陈国派出了侦察人员。不久，侦察人员就回报说："陈国城墙很高，护城河很深，蓄积的粮食财物很多。恐怕不好进攻。"

但是大夫宁国却不同意这种说法，他分析道："照这样说来，陈国倒是可以进攻的。为什么呢？因为陈国只是一个小国，蓄积粮食财物却很多，说明税赋繁重，人民怨望。城墙高，城河深，民力凋敝，正好可以利用这个机会。"

令尹孙叔敖很欣赏宁国的逆向思维，帮腔说："帮助邻国平定内乱，是霸主的职责。"

于是，楚庄王就率领大军打到陈国去。这时候陈成公到晋国去还没回来。大臣们一向害怕楚国，不敢对敌，只好把一切罪名全都推在夏征舒身上，便开了城门，迎接楚军。随后，楚庄王查明陈国的地界和户口，把陈国灭了，改为楚国的一个县。

一切安排好了，楚庄王就回郢都了。大臣们都来朝贺，南方的属国和许多小部族也都争先恐后地到郢都来进贡道喜。这时，出使齐国的大夫申叔时回来了。他向楚庄王报告了出使的情况后，什么也不说，转身就走。

楚庄王很不高兴，责问他说："陈国的夏征舒杀死国君作乱，罪大恶极，是我主持公道，惩处了他。诸侯都庆贺我做得对，为什么你对这件事偏偏这么冷淡？"

申叔时说："我还可以有申辩机会吗？"

楚庄王说："可以呀。"

于是申叔时便说了这么一番话："夏征舒杀了他的国君，他的罪确实很大；出兵伐处死了他，您也确实主持了正义。假使有人判案，只因有个人牵着牛踩坏了别人田里的庄稼，就没收了他的牛，这样做是对的吗？牵牛踩坏了人家的田，当然有过错，但是因此没收了他的牛，处罚就太重了，诸侯拥护您，是因为您讨伐有罪的人。现在您把陈国并吞而成为一个县，这里却是贪婪了。用讨伐罪人的名义取得诸侯的拥护，然后趁此侵占别国的土地，归自己所有，恐怕不怎么合适吧！"

庄王问陈国大夫辕颇："陈侯现在在哪里？"

辕颇说："还在晋国。"

庄王说："我恢复你们的国家，你们快去把陈侯接回来做国君，世世代代归附楚国，不要辜负了我的一片心。"

又对孔宁和仪行父说："你们回去好好扶助陈侯。"

恢复陈国后，中原诸侯个个都佩服楚庄王的道义精神。陈国君臣和老百姓十分感激，当然是归附了楚国。

【智慧解读】

陈国的那位使臣敦洽雠糜言谈粗鲁足以辱没国家的形象，可是陈侯却对他宠爱有加，以至于引起楚国的不满。其中固然有楚国一直觊觎的原因，但是如果联系陈侯与自己的大臣孔宁和仪行父狼狈为奸的背景，我们可以说，陈国灭亡的主要原因就在于陈侯在用人上的荒唐与昏庸。

陈侯用人在几件事上都反映为一个原则：那就是以个人的情感好恶为准则，根本没有对品行和人才的基本考察和辨别。而这一切又因为他本身就是一个道德败坏的领导者，是一个被美色迷昏了头的昏君。他因为要勾搭夏姬而信用孔宁和仪行父，又因为要讨好夏姬而把国家的兵权交给夏征舒，最终导致国家的衰落和混乱。不仅害了自身，也把先祖传下来的江山白白地葬送掉，教训可以说是十分惨痛。

陈侯的教训警示着历代的领导者，在用人当中，必须把品德作为一个考察标准。

北宋文学家司马光说：才者，德之资也；德者，才之帅也。这句话深刻地揭示了人的才与德之间的辩证关系。也许有人说：用人只要唯才是举就行了，其他的何必要管。古代陈平盗嫂受金，不也一样受到重用而为汉室立下大功吗？

诚然，领导者要有超常的气魄和见识，重视和爱惜人才，认识到人无完人、慎无苛求的重要性，以及才重一技、用其所长的必要，只用人才，不用庸才。特别是在事业的初创或者转折时期，这一点尤其重要。但是同时也要认识到，唯才是举的标准压倒一切的做法，有其特定的存在环境，并不能作为一条放之四海而皆准的天条，更不能因此而否定"德"。

关于品德在用人中的地位，司马光曾经有一段精辟的论述："德才兼备者可以称为圣人，德才兼无者称为愚人，德高于才者可称君子，才高于德者是小人；凡是用人的方法，如果无法得到圣人和君子，那么宁可用愚人，也不用小人。为什么呢？因为君子可以借才为善，小人却可以挟才作恶。"

在今天，许多依靠高科技发展起来的公司，其用人之道也都体现了这样一条永远的"金科玉律"。也许，联想公司的用人标准能够为这条"金科玉律"做一个注脚："人才要先学会做人。人才与企业发展的最关键的结合点在于，企业有良好的用人战略，而人才要有良好的道德品质。我们选拔人才的标准是能够吃苦耐劳，有韧性，上进心强，能够自我激励，迎难而上。"

才与德看似一个悖论，实际上并不矛盾。正如李世民的谋士魏征所说：天下未定则专取其才，不考其行。丧乱既平，则非才行兼备不可用。这句话一针见血地指出：在用人时是侧重才还是侧重德，取决于当时的环境与组织发展的需要。既不能一味追求德才兼备，也不能一味偏重一个方面。

庆封谋逆

春秋时期，大臣崔杼和庆封密谋害死了齐庄公，改立景公为国主，崔杼位居右相之职，庆封官居左相之职。

然而事态并未因此而平息下来，崔杼与庆封之间很快就出现了权力之争。左相庆封性好饮酒，好射猎，常不在都城中。崔杼大权独揽，恃功无恐，独掌朝政。庆封看到崔杼与自己一同谋事，位却比自己高，心中非常不平衡，想要取而代之。但由于崔杼势大，庆封不敢正面与之交锋，便采取了利用其家族中矛盾的手段，来达到个人目的。

崔杼娶棠姜生崔明之前，已与前妻生有崔成、崔强二子。棠姜又把与前夫所生的儿子棠无咎接来，让他和东郭偃同为崔府的家臣。后来，长子崔成由于受伤失去了一条胳膊，于是崔杼就废掉了崔成的嫡长子身份，立崔明为继承人。

而崔成察觉出父亲之意，请求让自己到崔邑养老。

崔杼因为可怜长子，本来已经允许了，可是东郭偃和棠无咎却对此表示不同意见说："崔邑是崔家的宗族之邑，必须要给继承人。"

崔杼把意思转达给崔成，崔成又讲给自己的弟弟崔强听。崔成和崔强都很生气，崔强说："你已经把继承人的位子都让给他们了，可是他们连一座城邑都

吝啬不给我们，真是岂有此理？我们的父亲还在世，东郭偃等人还这样把持；父亲死了，我们弟兄求做奴仆恐怕都办不到了。"

崔成想了想说道："那么我们去央求左相庆封，让他替我想想办法吧。"

于是两个人偷偷地求见庆封，把事告诉他。庆封知道，崔氏势力的削弱，就等于庆氏势力的强大，于是便满口答应帮助他们，给他们出主意说："你们父亲最听东郭偃和棠无咎的话，我就是进言，他也一定不会听。既然你们知道这二人来日必成祸害，为什么现在不除掉他们？"

崔成和崔强说："我们也有这心，只是力量小，怕不能成事。"

庆封说："你们如果能起事，我一定用兵器帮助你们。"就赠送二人精制铠甲 100 副，兵器数目相同。

公元前 546 年 9 月 5 日，崔成和崔强打探到东郭偃和棠无咎第二天要来拜见崔杼，就在半夜率家中众人穿上铠甲，拿着兵器，分散埋伏在崔府旁边。第二天，东郭偃二人一进门，伏兵突然冲出来，将二人乱枪刺死，然后占据了崔府。

崔杼闻报以后，又惊又气，可是他出来一看，家臣和私兵都已经逃走了，不得已只好叫养马的人驾好车，逃到了老朋友庆封的府中，哭诉家里的事情，请庆封出面制止内乱。

庆封看着老泪纵横的崔杼，心中冷笑，但却假装不知情地说："崔、庆虽然是两家，实际为一体。不懂事的小子竟敢目无尊长到这地步！你先坐着别急，我帮你解决这件事情！"

崔杼道谢说："您如能帮助我安定崔家，我让崔明拜您为父。"

庆封便集聚手下全部甲士，召来素与崔氏有仇的将领卢蒲嫳，吩咐一番。卢蒲嫳接受命令前往。来到崔府，对崔成和崔强说："我奉了左相的命令而来，是要帮助你们，不是害你们。"

崔成对崔强说："莫非要除掉崔明？"

崔强说："或许有这意思。"

两兄弟开门让卢蒲嫳进来，甲士全都跟入。卢蒲嫳一声大喝："还不动手！"

崔成和崔强未来得及答话，人头已落地。卢蒲嫳于是就纵容手下兵将抄掠崔家，把车马、服饰和财物都抢夺一空，又砸烂了所有的门窗。棠姜在房间里又惊又怕，在房中上吊自杀。

卢蒲嫳回报庆封。庆封对着崔杼说："现在好了，事情已经解决了。"

崔杼问："你们没有惊扰我的夫人吧？"

卢蒲嫳说："夫人正高睡未起。"

崔杼满心感激，急忙向庆封道过谢，登车告别。庆封派了一个车夫为他驾车。崔杼走到自家府第，只见四门大开，并无一人走动。到了中堂，直望内室，空空如也。棠姜吊在梁上，绳子还没有解开。

崔杼见到自己的府邸已成废墟，自己无家可归，吓得魂不附体，再到处寻找崔明，也找不到，放声大哭说："没想到我今天被庆封出卖！"

说完，崔杼也上吊自杀了。崔氏一族中只有崔明亡命到鲁国。

于是，齐国就由庆封一人独揽了政权，他更加独断专行，爱喝酒好打猎，不处理政事，由他儿子庆舍当政，不久父子间发生矛盾，田氏、鲍氏、高氏和栾氏几大家族趁机共同商讨对付庆氏。

有一年中秋八月，庆封领着他的族人庆嗣、庆遗到东莱去打猎。

齐景公在太庙举行祭祀，各大夫和庆舍都参加了，庆氏用家中甲士把守住太庙。而栾、高、陈、鲍四个家族的壮丁，全到太庙门外集合，秘密包围了太庙。

一个大力士卢蒲癸站到庆舍身后，倒拿着戟，示意随从在门上连拍三声，甲士蜂拥而入。庆舍吃惊地站起来，还未离开座位，卢蒲癸的刀从背后刺了过来，另一个卫士王何又用戈打庆舍左肩，打断了他的肩骨。庆舍瞪着眼睛，举起祭祀用的俎壶打死了王何，自己疼痛难以忍受，一只手抱住柱子摇撼，太庙的屋脊都震动了，最后大叫一声死去了。

景公看见情形危急，大吃一惊要跑开躲避。晏婴暗暗回奏说："群臣为了主公的政事，要诛杀庆氏以安定国家，没有别的打算。"景公才安下心，脱下祭祀穿的衣服，登车回到宫内。

栾、高、陈、鲍四家的甲士杀尽了庆氏同党，各家分别把守城门。庆封打猎回来，在半路遇到逃出的庆舍家丁前来报告变乱。

庆封听说儿子被杀，大为恼怒，就回都城攻打西门，可是手下兵卒渐渐逃散。庆封害怕了，就逃亡到鲁国。齐景公派人谴责鲁国，说不应该收留作乱的臣子。鲁国要抓庆封送给齐国人，庆封听说后很害怕，又逃到吴国。吴王夷昧让他住在朱方，他聚集他的族人居住在那里，比在齐国的时候还富裕。

【智慧解读】

从时代背景来分析，庆封专权是春秋末期卿大夫专权和君主专权的矛盾在齐国的表现。我们从有关记载中看到，春秋前期，列国形势，主要是诸侯称霸和兼并小国；春秋中后期，主要是卿大夫专权和他们之间的相互兼并。从诸侯称霸和兼并，发展到卿大夫专权和兼并，标志着西周的宗法统治秩序的进一步瓦解，标志着诸侯公室力量的逐步削弱，标志着旧制度的崩溃和新势力的崛起。

卿、大夫专权和兼并，成为春秋后期非常突出的社会现象。庆封先与崔杼弑君夺权，而后杀掉崔杼，都反映了这一社会现象。

正是由于庆封在不长的时间内连续搞掉了国君和宰相，导致政局混乱，后来人们总结出一句话叫"庆父不死，鲁难未止"。

几乎在任何组织中，都会出现像庆封这样的刺头人物，他们存在的目的似乎就是为了和领导过不去，或者把事情搞糟。最糟糕的是，他们像果箱里的烂苹果，如果不及时处理，它会迅速传染，把箱里其他苹果也弄烂。我们经常能发现，一个正直能干的人进入一个混乱的部门可能会被吞没，而一个无德无才者却能很快将一个高效的部门变成一盘散沙。

在一个组织当中，故意颠覆破坏组织的规定，惹麻烦，勾心斗角，暗中影响同事的士气；窃取公司的财产将之占为己有，或是泄漏公司机密给竞争对手；公开打击公司的名誉；假公济私；这些都是害群之马的典型表现。

与这些典型表现相比，另外一类害群之马则不那么容易被发现。几乎在任何组织中，都存在一些既得的利益集团，其中甚至包括一些很有才干的主管人员。他们会拼死保护一种特定的制度，或者保留一种特定的产品。但是在已经变化了的形势下，这种制度和产品已经成为可能把企业拖垮的因素。而既得利益集团已经把自己的利益与未来同这种制度和产品紧密联系在一起，因此会千方百计破坏企业的革新，并为此而拉帮结派，分立山头。

无论是典型的还是非典型的害群之马，其可怕之处，还在于其惊人的传染力，如果不及时处理，它就会像一匙污水迅速传染，把一桶酒变成污水。因为组织系统往往是脆弱的，是建立在相互理解、妥协和容忍的基础上的，它很容易被侵害、被毒化。一个特殊利益集团能够很快将一个高效的企业变成一盘散沙，再正直能干的人进入这种混乱的企业，都可能会被吞没。

酒与污水定律告诉我们，破坏总比建设容易。一个能工巧匠花费时日精心制作的瓷器，一头驴一秒钟就能毁坏掉。如果一个组织里有这样一个或者几个特殊利益集团，即使它拥有再多的能工巧匠，也不会有多少像样的工作成果。

因此，领导者应该果断把企业里的害群之马清除掉，让改革不再阻力重重；如果没有办法清除，也应该想办法把它拴起来。

葆申刑谏

楚文王得到茹黄的狗和宛路的箭，带着它们到云梦去打猎，3 个月都不回来。后来又有人献上丹地的美女，他就沉湎在淫欲中，整整一年都不上朝听政。

葆申对他说："先王安排让我做太保，是对我非常的信任。如今您得到茹黄的狗和宛路的箭，打了 3 个月的猎都不回来。得到丹地的美女，就沉湎在淫欲中，整整一年也不上朝听政。按照您所犯的罪，应当受到鞭打。"

文王说："我自小就位于诸侯之列，身份尊贵请换一种刑罪，不要鞭

打我。"

葆申说："我受先王之命，不敢废弃这种刑罚，不对您施鞭刑这是不执行先王的命令啊！我宁愿获罪于您，也不敢获罪于先王。"

文王说："遵命。"

葆申拉过来一张席子，文王趴在上面。葆申把 50 根细荆条捆在一起，跪下放在文王身上，再拿起又放下。这样做了两次，然后对文王说："您起来吧！"

文王说："反正已经犯有了受刑的名声，索性就真正打我一顿吧！"

葆申说："我听说，对于君子，要使他内心感到羞耻；对于小人，要使他皮肉觉得疼痛。如果使他感到羞耻都不能改变他，那么使他皮肉受苦又有什么用？"

葆申说完，急步离开王宫，自己请求流亡在渊里，并请文王治他的死罪。

文王听说以后惭愧地说："这是我的过错，葆申有什么罪？"

于是楚文王立刻召回葆申。从此，改变以往恶习，杀了茹黄猎犬，折断了宛路的箭，放走了丹地的美女，全身心投入朝政大事。后来楚国兼并了 39 个国家，使楚国的疆土极大地扩大，这里自然有葆申直言劝谏的一份功劳，也有楚文王纳谏责己的一份智慧。

【智慧解读】

《论威》指出"号令强者其敌弱，其令信者其敌诎。先胜之于此，则必胜之于彼矣"。俗话说国有国法，家有家规，对于一个号令严明的国家来说，人民重号令比什么都重要。对于一个组织来讲，应该有规有矩，企业的有效运作离不开各种规章制度的约束力。制度让下属感到有法可依，有章可循，自己规范自己的行为。

著名化妆品企业家玛丽·凯·阿什说："要想管理一家规模宏大的公司，制定一整套的政策和制度往往是必要的，但政策必须具备公平性，人们是会遵守公平的政策。"所以一个组织若能有一套严明的制度且使用过程之中赏罚分明、执法如一，则必能为在同行业中立于不败之地奠定良好基础。

但是正如楚文王所做的那样，对于多数组织来说，如果没有领导者的自我约束与自我反省，任何政策与法规都是无法执行的，因为法规是死的，企业文化则需要领导者与下属来共同营造。

2001 年，戴尔计算机公司对公司下属进行调查发现，下属普遍认为 38 岁的首席执行官迈克尔·戴尔待人接物过于冷淡，在感情上太过疏远，而 50 岁的公司总裁凯文·罗林斯则独断专行，喜欢与人作对。公司于 2002 年夏天做了一次民意调查，结果显示，如果有机会的话，戴尔公司半数的下属将另谋高就。

两位公司领导非常重视下属的意见，因为他们害怕人才的大量流失。戴尔迅速与公司的高层管理人员进行交流，坦率地做了一次自我反省，他承认自己过于腼腆，以至于有些时候人们会觉得他过于冷淡、难以接近。他承诺自己会逐步与团队成员建立更加紧密的联系。很多人知道戴尔是一个"极度内向的人"，做出上述承诺是一件极为痛苦的事。

几天之后，他们开始向公司多达数千人的管理人员播放他的讲话录像。随后，戴尔在自己的办公桌上摆了一个塑料推土机，提醒自己不要在不考虑他人的情况下硬性实施某些想法；罗林斯在自己的桌子上放了一个"好奇乔治"玩具，鼓励自己在做出决定前先倾听一下别人的意见。

也许正是楚文王的自我反省，造就了一个强大而上下同欲的楚国，而戴尔和罗林斯的自我反省，使戴尔公司成为计算机领域管理最完善的公司。

吴王伐楚

公元前 512 年，吴王阖闾执政，为了称霸诸侯，他四处网罗人才，先后把伍子胥和孙武收到自己的麾下。

不久，吴国和楚国之间爆发了一场大规模的战争。

说起这场战争的起因却非常简单，吴国边境一个小镇叫卑梁，这里与楚国的边境小镇钟离接壤。有一日，吴国的一个小孩子采桑叶，与楚国的小孩子吵

了起来，双方的边民因此发生争斗，吴国的卑梁镇被楚国钟离镇的人杀了不少。楚平王得知以后，盛怒之下派大兵去平了卑梁。

吴王僚以牙还牙，也派公子光带兵去攻打楚国。吴国大军浩浩荡荡开赴边境，不费吹灰之力就把楚国防守的钟离和居巢荡平了，乘势直迫楚国的腹地。

伍子胥提出要乘胜进攻楚国的国都郢都，但是公子光和孙武却不同意，孙武说："我军反复转战，疲苦不堪，远在他国作战，后援不力；而楚国目前国势正盛，他的大多数军队还没参加战斗，如今我们和他们交战，楚军可以逸待劳，我们得胜的可能性很小。"

吴王接受了他的意见，退兵回国。

公元前 508 年，孙武利用一些小国对楚国的不满，先使桐国背叛了楚国，又争取了舒鸠国，并设下了一个诱敌之计。他让人到楚国散布说："吴人很害怕楚国，若是楚国攻打吴国，吴国只能用代替楚国去讨伐叛逆桐国的方法来讨好楚国。"楚令尹囊瓦果然经不住坐收渔利的诱惑，率领楚军去讨伐吴国。

孙武见敌人中计，便一方面将吴水军派往豫章南部的江面上，做出要讨伐桐国的架势，继续迷惑楚军；另一方面，孙武暗中指挥吴军主力，将其调至豫章地区中段的巢城附近集结，等待有利战机出现。最后楚军驻扎豫章达数月之久，不但征讨吴国没有任何成果，而且不见吴军攻打桐国，导致士气丧失，军心涣散。吴国主力这时突然进攻豫章，将楚军包围，只留一个缺口。楚军措手不及，拼命朝缺口逃窜，吴军乘势掩杀楚军，大获全胜。班师回国时，孙武又指挥吴军一举攻克了巢城。

这一仗，孙武诱敌、骄敌的谋略大获全胜，帮助吴王打通了入楚的通道，为吴国日后破楚战略计划的顺利实施创造了条件。

公元前 507 年，生性贪婪的楚国令尹囊瓦向蔡、唐两国国君索贿，没有得到满足，居然把两位国君拘留在楚国。蔡、唐两国对楚极其怨恨，于是孙武和伍子胥就计划联合唐、蔡，避开楚军正面，从其侧背作深远战略迂回袭楚。

公元前 506 年，楚国围攻已经归附吴国的小国——蔡国。孙武率领 3 万精兵，乘船逆淮河而上救援。楚军见势不妙，赶忙退兵，在汉水设防。没想到孙武却突然弃船登岸，从陆路奔袭楚国腹地。

伍子胥问孙武：“吴军长于水战，为何改从陆路进军呢？”

孙武告诉他说：“兵贵神速，应当走别人料想不到的路，以便打它个措手不及。逆水行舟，速度迟缓，楚军必然乘机加强防备，那就很难破敌了。”

但孙武并没有用全部兵力奔袭，而是精选了 3500 人做先锋，披坚执锐，轻装疾进。等到了汉水东岸，楚军迎击时孙武又领兵后撤，引诱楚军追击。楚军主帅令尹囊瓦为了争功，擅自改变预定的夹击吴军的作战计划，单独率军渡过汉水进攻吴军，结果在柏举之战中被围，大败而逃。

吴军乘胜追击，5 战 5 胜，占领了楚的国都郢城。然而，这时越国乘吴军伐楚之机进攻吴国，秦国又出兵帮助楚国对付吴军，这样，阖闾不得不引兵返吴。此后，吴又继续伐楚，孙武率领大军挥师直下，一直打到郢都，楚昭王仓皇出逃。

伍子胥回到了自己的祖国，他不禁百感交集，想起父亲和兄长惨遭楚平王的杀害，亲自率领军队去追赶楚昭王，但是没有抓到。他回到了郢都，挖开了平王坟墓，拖出他的尸体，抡起了自己手上的钢鞭，对着平王的尸体一下一下地抽打。他一边抽，一边数落着平王的过错。抽完了，他瘫倒在地下，对天大哭：“父亲！哥哥！我为你们报仇了！”

吴军占领了郢都。楚国人申包胥逃到秦国，向秦国求救。秦哀公没同意出兵。申包胥在秦国宫门外赖着不走，日夜痛哭，竟哭了 7 天 7 夜。秦哀公终于被感动了，说：“楚国虽然暴虐无道，但是有这样好的臣子，怎能眼看他们亡国！”

秦哀公派兵救楚国，击败了吴军。吴王阖闾又听说老对手越国已经出兵来打吴国，于是决定撤兵回国。

吴王阖闾回国以后，重用伍子胥和孙武，他俩也齐心协力为吴王出谋划策，吴国的国力获得了空前的发展。

【智慧解读】

孙武避开楚国重兵把守的方向，而出奇兵突袭，"走别人没有走过的路"，可以说是中国战争史上一次突破性的尝试。其中所反映的变革思想，一直到今天仍然有很大的启迪意义。

不论是个人也好，企业也好，都应该意识到这样一个规律：当一个组织中的每个个体都遵循规则时，创造力便会窒息。一般的领导者主要倾向于寻找完成任务的途径，过程重于目标；但变革型的领导者却把目标和愿景置于过程之上，见山不是山，见水不是水，跳出常规的框框界定，而以变化的态度看待事物，重新确立其存在的规则，将死气沉沉的组织变得充满活力。

而只有当例外打破规范所造就的常规或范例时，新的规则才能应运而生。

1980年韦尔奇接掌通用电气总裁职位时，该公司已是当时排名世界第十位的大型联合企业。但他并没有满足于此，而是对通用电气的管理体制进行了大刀阔斧的改革，使公司既有小公司的快速和灵巧，又有大公司的雄厚财力。

他的第一招是削减管理层级以实现组织的扁平化。他用两个管理阶梯替代原来的7个管理层级，使得从工厂一级到总部之间的管理层次由9个变成4个。他的第二招是削减臃肿的管理机构。他关闭了总部战略规划机构、裁减总部人员、尽可能减少各种会议，在通用电气，高层领导的例会，每月才开一次。

同时，他还打破公司内部等级森严、部门之间壁垒重重、一切按照制度和惯例办事的组织行为和氛围，推动通用电气公司在内部开展了一场"无边界"运动，要求下属们能够跨越其本身领域，为通用电气提供任何新的想法或方案。

这一连串的变革，使得韦尔奇获得了"中子弹杰克"的绰号，但改革也使通用电气成为21世纪最具有活力的巨型企业之一。

毫无疑问，打破旧规则，创立新规则是有风险的，需要勇气与智慧。但是风险和利益的大小是成正比的。如果风险小，许多人都会去追求这种机会，因此利益也不会很大。如果风险大，许多人就会望而却步，所以能得到的利益也

就大些。从这个意义上来说，有风险才有利益。可以说，利益就是对人们所承担的风险的相应补偿。

只有突破性思维才能创造突破性局面，一旦脱离固定的格局，往往是柳暗花明又一村，久拖不决的困局会豁然开朗。而墨守成规或一味循规蹈矩的人，看到失败的影子就远远躲开，看似在避免失败，实则接近成功的机会也被躲掉了。

惠子之辨

战国时，惠施就在魏国担任宰相，并得到了惠王的信任，一直参与魏国军、政、外交的重要决策。

公元前 342 年，魏国在马陵之战中大败于齐国，10 万大军全军覆灭，太子被杀，魏惠王召来惠施，说准备要起尽全国之兵进攻齐国。

惠施劝阻魏惠王说："大王，您这样做是失策，当前我国正当大败之后，既不能守，更不能战，要报此仇，我们只有假手于楚。用什么办法呢？我们可以屈节向齐国屈服，以激起楚国的恼怒，然后派出使节挑动楚国和齐国之间的关系，如果两国发生战争，已经养精蓄锐的楚军一定会打败已经被战争拖垮的齐国。"

魏惠王听从了这个主意。大臣匡章坚决反对向齐国称臣的做法，他绕了一个大圈子，对惠施说："齐王不停地使用军队，没有休止地攻击别人，原因是什么呢？"

惠施回答说："最大原因是想成为天下之主，其次的原因是在诸侯之中称霸。"

匡章说："先生的学说是要舍弃争斗，但是现在您又劝大王去向齐王臣服挑起战争，这不是自相矛盾吗？"

惠施说："如果现在有一个人在这里，正拿着一块石头要打碎你的儿子的脑袋，但是可以用石头来代替你儿子的脑袋。那么先生您是让他打脑袋呢，还是

用石头去代替呢？"

匡章说："当然是用石头去代替。因为人的脑袋是最宝贵的东西，而石头却是没用的东西，让他打击没用的东西，使宝贵的东西而免于受害，难道不对吗？"

惠施笑着说："如果我们让齐国君主当霸主，从而使我们的百姓保全性命，免除了战争，这难道不是用石头来代替小孩子的脑袋吗？有什么不可以呢？"

最后，魏惠王决定向齐国臣服。结果不出惠施所料，楚王听说以后大怒，亲自带兵伐齐，赵国也随之攻齐，在徐州把齐军打得大败。

从此以后，匡章对惠施产生了成见。这一天，匡章到魏惠王跟前告惠子的状说："蝗虫，农夫见到就要杀死它，为什么呢？因为它危害庄稼。现在惠子出门，多则数百辆车，随行人员数百人；少的也有数十辆车，几十人随行。这些人都是不耕田白吃饭的人，他们比蝗虫的危害更大啊！"

魏惠王说："惠子先生不好意思和您当面辩论，还是让我说句公道话，听听惠子的想法。惠子曾经说：'比如现在筑城墙，有用工具打墙，使之坚固的，有用容器运土的，有在一边做监工的，像我惠施，就是在一边监工的人。'您为什么把惠子比作蝗虫呢？"

魏惠王死后，安葬的日期已经定了，却逢天下大雪，积雪数尺，破坏了城郭，只得准备修栈道去下葬。大臣中很多人规劝太子，说："雪这么大，却举行丧礼，人民是会感到很困苦的，国家的开支恐怕也不足，请求改期安葬。"太子说："做儿子的如果因为人民困苦、国家开支不足的缘故，就不举行先王的丧礼，这不合礼法。你们不要再说了。"

群臣都不敢说了，就把这事告诉给犀首。犀首说："我没有什么说的，这事大概只有惠公可以吧！请去告诉惠公。"

惠施听了以后说："好吧。"

于是他就驾车去见太子，说："葬期已定了吗？"

太子说："是的。"

惠施说："从前周朝王季历葬在楚山脚下，浸出的水冲坏了墓穴，棺木的前头也露出来了。文王说：'唉！先君一定是想见一见群臣、百姓吧，所以让水流了出来。'于是他把先王的棺木拿出来，为他设朝，大臣朝拜，百姓也都来拜见，3天以后改葬。这是文王的礼仪啊。现在葬期已定，雪下得很大，有好几尺深，很难举行葬礼，太子因为要及时下葬，不顾困难，这岂不是稍嫌急躁了吗？希望太子改期，先王一定也想多待一会，想亲近国家，安慰人民，所以才要老天下大雪。就改变葬期吧，这是文王的礼仪。如果这样还不去做，难道是以效法文王为羞耻吗？"

太子说："太好了。那就改变葬期吧。"

就这样，惠施不仅实行了他的主张，还让魏太子改期葬其先王，而且又阐述了文王的礼仪。向天下宣扬、阐述文王的礼仪，难道是小事吗？

【智慧解读】

惠施"以石头代替小孩"的主张是很先进的，从中深刻地反映了我国道家顺势而为的思想。这种智慧体现在其对人世间一系列利害转化关系的洞察。而在这种转化中，为了获取最大的利益，可以没有原则。它所关心的是把握和应对人世间的祸福，如何以最聪明的做法来把祸患减低到最低的限度，如何以最小的代价获得最大的收益。

由于趋利避害是人的一种本能，一般人在寒冷的时候就会想烤火，在炎热的时候就会想到来消暑。因此对万物的吉凶祸福的转化，要有一个清醒而又彻底的认识。但仅仅掌握了道还是不够的，还要使自己的精神修养与道相契合，即顺应自然。一个国家的执政者在施政时候，对人民有利的道路也不止一条，无论采取哪一条道路，施行什么样的策略，只要适合百姓的情况就行了。

这样的思想所提供的，实际上是一种随机应变以保存自己的智慧。

自然界检验一个物种成功的尺度，是看这个物种是否能衍生下去。而检验一个组织，一个人的成功尺度是看能否适应外部环境的变化，并且能利用环境

来保全自己，并且发展和成长起来。因为生活并不是一场百米冲刺，而是马拉松赛跑。衡量其成功的标准不是什么理论上的原则，也不是变得如何大而无当，而是更好的生存。

在市场上长盛不衰的公司，比如美国的通用电器公司（120 年）、可口可乐公司（115 年）、吉列安全剃刀公司（100 年）、法国的人头马白兰地酒业公司（241 年）等，几乎都是适应了不同的环境，先成为适者，后成为强者。强者与适者的结合，是对随机应变智慧的高度发挥。

在动物界，老虎是强者，但因为人们的开发，老虎在慢性饥饿中减少；而被视为弱者的老鼠，人们虽然天天灭，然而还是到处都有。因为老鼠的适应性强，能够适应任何一种打击，并且学会了用最小的代价来避开老鼠药和人们的棍棒。

贪财失国

春秋末期，楚国的太子建被废黜，他辗转逃匿，最后在郑国被杀。太子建有个儿子，名胜，在吴国做事。楚国的令尹子西想把他召回国来，楚国的叶县县尹，也就是叶公子高听说后，来见子西说："听说您要召公子胜回国，有这回事吗？"

子西说："有。"

子高说："将怎样用他？"

子西回答说："我听说，胜正直而刚烈，准备让他去驻守楚吴边境。"

子高说："不可以这样。我听说，公子胜阴险狡诈，心术不正。他的父亲是因为反楚而被杀的，他胸怀狭隘、不守正道。如果他心胸狭窄，不忘记楚国的旧怨，而且不以正道改正自己的品行，必不甘心居于人下、洁身自好。现在，造成胜之怨的人，都不在了。假如他来后没有受到重用，会越发促其怨怒之心。假如他来后受到重用，便会贪得无厌，更思念楚国王孙的地位，并以此来盘算自己的心思，如果我们国家一旦有难，他必定不会安居其位。我听说国家将要败落，必会出现奸人，就像嗜食那种易于引起疾病的食物一样，这和您做的这件事是一样的呀！谁都会遇到生病或遇灾等类的事情，有能耐的人能够早早地把它消除。旧怨，就像能灭宗亡国的疾病和灾难一样，让怀有这种情绪的人去把守国家的关隘，恐怕能使这种情绪更加膨胀，对此是要日夜警惕、不可掉以轻心的。若是我们把王孙胜召来重用，将离亡国不远了！"

子西对子高的这番话不以为然，仍然召来公子胜。公子胜回到楚国后，昭王封他为白公，修了一座白公城给他，公子胜从此以白为姓，聚族而居。

楚昭王去世后，子西扶公子章继位为王，称楚惠王。

白公胜自认是先太子之子，希望子西将自己召回国都执政，子西却既未将他召回，又未给他加封进禄。因此他心中很是不满。这日白公胜听说伍子胥已死，说道："我向郑国报仇的时机到了！"

他于是派人去向令尹子西传话："郑国残害先太子，令尹是知道的。杀父之仇，不共戴天，令尹倘若可怜先太子无辜被杀，就请派出兵马讨伐郑国，胜愿为先锋。"子西推辞说："新王刚刚继位，楚国内部未定，报仇之事以后再说吧。"

白公胜以防犯吴国为借口，命心腹家臣石乞训练士卒，准备战车兵器，然后再次派人向子西请求，说自己愿率家兵为先锋攻打郑国。子西同意。

楚国尚未出师，晋国赵鞅已派兵马攻郑，郑国派人向楚国求援，子西率兵救郑，晋军退走，子西与郑国订约结盟后率军返回。白公胜闻讯大怒说："不伐郑反而救郑，子西欺我太甚，我定当先杀子西，然后发兵攻郑。"

白起

不久，吴王夫差与诸侯会盟黄池，白公胜假托吴国将袭击楚国，率兵攻入

吴国国境，大肆掳掠，回来后又夸大其功说："我军大败吴兵，缴获了一批车仗兵器，我想亲自将它们送到国都，以壮我国威。"

子西不知是计，满口答应。白公胜派出家兵，出动战车百辆，自称是从吴军手中夺来的，押送入朝献功。楚惠王登殿接见，子西、子期侍立一旁，白公胜参拜完毕，楚惠王见台阶下站着一位壮汉，全身披挂，问道："这是何人？"白公胜答道："是臣手下的部将石乞。"

惠王遂召手让其上前，石乞正要登上大殿台阶，子期忙命侍卫将其拦住，石乞用手猛地一推，众侍卫东歪西倒。石乞拔剑去砍子西。

白公胜大声喝道："众人何不齐上?!"手下壮士千人手持刀剑，蜂拥而上。白公胜命人将惠王捆住，朝堂百官纷纷逃散，子西被石乞生擒。

子西对白公胜说："你逃亡吴国，我惦念骨肉之情，将你召回，委以公爵之位，有什么对不住你的，你竟要谋逆反叛？"

白公胜说："郑国杀死我的父亲，你却与郑国讲和，出兵援郑，我为父亲报仇，哪能顾念你这点小小的恩义？"

子西叹道："真后悔不听子高的话啊！"白公胜亲手将子西斩首，陈尸朝堂。石乞说："不杀掉楚王，大事难成。"

白公胜说："他是一个小孩，又有何罪？将他废掉就行了。"

白公胜占领了首都以后，不愿意把楚国府库中的财物分给别人。过了7天，石乞劝他说："您要大祸临头了，如果府库的财物不愿意分给别人的话，您干脆就把它们烧掉，否则的话，我怕会有人借这些东西来收买人心，加害于您啊。"

白公胜不同意。过了几天，叶公子高听说朝中有变，召集人马星夜赶到了都城。很快占领了府库，然后把里面的财物都分发给了百姓，并且拿出兵库里兵器发放给普通的百姓。

叶公来到街上，受到百姓夹道相迎，百姓见叶公未披铠甲，说道："你为什么不披挂甲胄，城中百姓盼望你来，如赤子盼念父母，万一你被反贼伤害，我们百姓还有什么指望？"

叶公披上铠甲，在街上又遇上一群百姓，百姓见叶公身着铠甲，说道："你为什么要披甲将自己遮掩起来，城中百姓盼望你来，如荒年盼望粮米，若能见你一面，我们死也心甘！"叶公将甲胄脱下，让人在车上竖起一面大旗，率领追随的军民家兵百姓围攻白公胜。

石乞率兵抵抗，结果大败而归，急忙将白公胜扶上车，一路逃到龙山。叶公乘胜追击，白公胜被迫上吊自杀。石乞将白公胜的尸首埋在山后，自己束手就擒。叶公审问石乞说："白公胜现在何处？"石乞答道："已经自尽。"

叶公又问："尸体埋在何处？"

石乞拒不说出。叶公命人取出大锅，点火将水烧沸，放到石乞面前，对他说："你若不说，就把你活活煮掉！"石乞自己解掉衣服，大笑说："大事成功，我就是上卿，不成就被人煮死，实在是理所当然。我怎能靠出卖别人尸骨来求自己活命呢！"

说罢，自己跳入锅中，不一会儿功夫就被煮成一团烂肉。

叶公将惠王迎回复位。这时陈国乘楚国内乱，发兵侵犯楚国，叶公请命率兵出战，将陈国攻灭。又让子西之子宁继为令尹，子期之子宽继为司马，自己则告老返回叶地，楚国终于转危为安。

【智慧解读】

白公胜的失败，在很大程度是因为其不愿意放弃到手的财富，结果失去了人心，最后连财富也一起被对手得到。他所缺乏的，就是放弃眼前利益，而争取长远发展的智慧。

在军事上，放弃一块阵地或者一个区域，是一种十分必要的战略。在市场竞争中，放弃一条产品线或者一个细分市场，也是一种不可不用的战略，是与维持性战略、发展性战略、榨取性战略相并列的战略之一。

有人曾经说，企业的情况很复杂，所以应该有壮士断臂的勇气和决心，因为这个放弃减少了对他的很多压力和拖累，使他更有力量，寻找更好的机会来

发展。要树立正确的舍弃心态，必须有全局观念，全局是由多个不同层次的局部所组成。全局制约局部，而局部又影响全局。在局部和全局发生冲突时，要能果断地舍弃局部，以抓住重点，保证全局；在局部可能导致全局失败时，又要高度重视局部，步步落实。

如果希望获得成功，必须学会放弃一些眼前的利益，来保证获得支持自己得到最大成功的力量。

荒嬉被逐

卫献公是卫定公的儿子，为人倨傲无礼，他母亲定姜知道他不能守住王位，多次规劝，献公不听，肆意羞辱辅政大臣。

孙林父和宁殖是当时卫国的两个主要辅政大臣。孙、宁二族出自卫武侯，至宁殖时，宁氏已是九世，孙氏也差不多，卫献公一点也不尊重孙、宁二人。孙林父见献公无道，于是就暗中交结晋国为外援，将国中宝物都迁往自己的封邑——靠近晋国的戚城，让妻子居住在那里。献公怀疑他有叛心，一来表现不明显，二来畏惧他势大，所以隐忍不发。

有一天，献公约请孙林父、宁殖二卿共进午饭。二人穿着朝服在门外等命，从早等到午间，不见来召，宫中也无一人出来，二人心疑。看日已西斜，饥饿难忍，就敲宫门请见。内侍答说："主公在后园射箭，二位大夫想见，可自己去。"

孙林父、宁殖心中大怒，忍饥直到后园，见献公正带皮冠和射师公孙丁较量射箭。献公看见孙、宁二人近前，不脱皮冠，臂挂弓上前问："二位今日来此何事？"

孙、宁二人齐声回答："蒙主公约共进午饭，臣等伺候到现在，腹中已饥饿，恐怕违抗君命，所以来此见君。"

献公说："我一心射箭，偶尔忘了这件事。二位且退下，等改日再约会吧。"

话完，正好有鸿雁飞鸣而过。献公自顾自地引箭去射。

孙、宁二人含羞而退。后来，孙林父和宁殖共同请卫献公到家中一坐，说好黄昏时分，结果很晚卫献公不紧不慢才来，到家中外衣也不脱，帽子也不摘。按周礼，臣着朝服见君，君需脱下皮帽说话。不脱皮帽，是对二人的羞辱。

卫献公这种无礼的态度，使二人非常愤怒。孙林父说："主公沉迷游戏，戏耍部下，对大臣全无尊敬之意，我等将来难免大祸，怎么办呢？"

宁殖说："君无道，自取之祸，怎么能连累别人？"

林父说："我想要公子剽为君，你认为如何？"

宁殖说："此举很对，你我见机行事吧？"

说完二人分手，孙林父因此离开卫都帝丘，回到戚邑。孙林父派儿子孙蒯回朝请命，实是试探献公的态度及动向。

蒯到了卫国都，见献公在内朝，谎称："我父偶染风寒，暂时在河上调理，望主公宽宥。"

献公笑着说："你父亲的病，想是因为上一次饥饿所得，我今天再不敢让你又挨饿。"

传命内侍取酒，让乐工诗歌伴酒。太师请问："歌唱什么诗？"献公说："《巧音》里的最后一章，符合时事，何不歌唱这篇？"

太师说："此诗语意不佳，恐怕不适合宴会。"

师曹喝道："主公要歌便歌，何必多说！"

原来师曹善于鼓琴，献公让其教宠妾，宠妾不服教，师曹鞭打10下，妾哭诉献公，献公当宠妾之面鞭打师曹300下，师曹怀恨在心，今日明知此诗不佳，故意要歌唱，以激起孙蒯之怒，然后放声而歌：彼向人斯，居河之糜？无拳无勇，职为乱阶。

唱完以后，师曹为了使孙蒯听得更加明白，便把词意朗诵出来。意思是说，因孙林父居于河上，有叛乱危险，故意借歌提醒警告。孙蒯听歌，坐不安稳，不一会儿就要辞别回去。献公说："刚才师曹所唱，你传给你父，你父虽然在河

上，但他一举一动我必知，好生谨慎，休养病体。"

孙蒯很害怕，回去告诉了其父。孙林父说："国君忌恨我了，如果不先下手，必死无疑。"于是把孙氏的人员集合在戚邑，打进卫都。

卫献公只顾刺激孙氏，却没做一点防备。见孙氏打来，才慌了手脚，派了3个公子子蟜、子伯、子皮前来抵抗，全被杀死。献公急忙逃奔到东边的鄄邑，又派子行前来请求和解，也被杀死。卫献公只好逃奔齐国去了。

卫献公奔齐之后，卫国人另立公子剽为君，即卫殇公，由孙林父、宁殖二人辅政。

【智慧解读】

卫献公的悲剧下场，是由他两方面的缺失造成的。

首先是权谋能力的缺失。在古代社会中，有所谓"君臣一日而百战"的说法，也就是说，君臣关系从本质上来说是对立的，国君于臣属决不能以仁、义、忠、信来维系，可以说一切关系都是靠不住，因此君主对任何人包括自己的妻子儿女，都只能以利害关系为准。这除了需要实力之外，更需要有高超的权谋。卫献公显然是不懂得这一点，他在明知自己的实力不如权臣的情况下，还故意记恨对方的一些小事情，在各种情形下刺激对方，最后落得出逃的下场，实在也是咎由自取了。

其次，卫献公除了缺少治国和统辖群臣的权谋，更缺乏一个领导者所应有的修养。违背了当时一些约定俗成的礼节，给所有人留下一个荒嬉之君的形象，这既是授权臣以把柄，更使自己陷于众叛亲离的悲惨境地。

卫献公的失败告诉我们，一个领导者的个人修养和人格品德，是打动人，吸引人，赢得下属信赖和信任的基本条件。也就是说，领导者应当具备与运用权力相适应的修养，拥有强烈的感召力，才能一呼百应，令行禁止。

而感召力的产生，只能来自领导者的品德、情操产生的一种亲和力。在许多情况下，这种领导者个人品德产生的亲和力。与权力的效力成正比，亲和力

越强，权力之效力越大；亲和力越弱，权力之效力越小。权力的运用、权力运用的响应、权力的效力，构成权力运用有联系但又有区别的密不可分的 3 个过程。

正因为如此，自从盘古开天地，三皇五帝到如今，历代都倡导领导者必须加强个人修养，必须注意养成优秀的品格；都推崇领导者光明正大，胸襟坦荡，奉公守法，勤政廉洁。忧，先天下之忧而忧；乐，后天下之乐而乐。一句话，以自己的人格魅力，使权力产生应有的效力。

作为一个领导者，无论管理一个工厂、一家公司、一间银行，都要注意领导者对自己个人品行的修养。只有真正具备与权力相适应的修养，才能恰当地保有和使用权力。这也许就是卫献公出逃国外给我们的启示吧。

夏屋之宝

公元前 458 年，晋国正卿赵简子在主政 50 年之后溘然长逝，但是接替他职位的，并不是长子伯鲁，而是出身微贱的庶子赵无恤。

其实，赵无恤其貌不扬，开始在众多兄弟之中并没有引起赵简子太多的注意。一天，善于相面的晋国名士姑布子卿来赵府做客，赵简子把儿子们叫出来请姑布子卿看相，子卿看过之后，委婉地说："这里面没有未来的正卿。"

简子道："难道赵氏后继无人了吗?"

子卿说："我刚才进来时见到一位公子，那大概也是您的儿子吧?"

于是，几乎从未被简子重视过的赵无恤第一次真正走入了大家的视线，走入了赵国的历史。一见到无恤，子卿立即站了起来："这就是未来的正卿!"

简子道："这个孩子出身卑贱，母亲是翟族的奴婢，他能够做尊贵的正卿吗?"

子卿道："上天赐予天赋，即使出身卑微，也一样能够彰显尊容。"

尽管子卿这样说，赵简子仍然半信半疑。但是很快，他就从几件事情上认识到了赵无恤超出于常人的才智与雄心。

　　赵简子将日常训诫言词写在竹简上，交给了儿子们让他们牢记于心。3 年之后，简子向儿子们问起训诫内容，伯鲁一句也想不起来，竹简也早已不知遗失于何处，只有时刻将竹简藏于衣袖之中的无恤对答如流："赵氏一旦有难，不要嫌晋阳路途遥远，尹铎年青，一定要据守晋阳……"

　　赵简子点了点头，对赵无恤深感满意。但是他还想考察一下，于是就对几个儿子说："我在夏屋山藏有宝符，你们谁能找到谁就有赏。"夏屋山在今天河北曲阳西北，其他几个儿子无一例外地空手而归，只有无恤胸有成竹地告诉大家他找到了简子的宝符："从夏屋山居高望去，代国尽收眼底，代国便是我们的囊中宝物。"

　　经过几次考察，赵简子最终废长立幼，改立无恤为世子。这一举措虽然遭到许多人的反对，但事实证明，正是由于他选择了赵无恤，才有了后人称道的"简襄功烈"，使赵氏家族在晋末激烈的权力角逐之中立于不败之地，并最终奠定了赵国 200 年的基业。

　　赵简子生病的时候，自知不久于人世，就把赵无恤叫到跟前说："我死之后，你不要拘泥于别人的看法，穿着孝服到代国南面的夏屋山上看一看，到时你就会明白我的意思了。"

　　赵无恤哭着答应了。简子被下葬后，他处理完父亲的丧事，穿着孝服对众位臣属说："我想去夏屋山上看一看。"

　　臣属都大惊失色，对赵无恤说："夏屋山这样的风景名胜，是游玩的地方，穿着孝服去游玩，按礼法是对祖宗最大的不敬啊！万万不可！"

　　赵无恤说："这是父亲的遗嘱，我不敢违抗。"

　　群臣见到他决心已定，都知说也无用，只好答应。

　　当襄子登上夏屋山看到山下代国的风景时，心想有所醒悟，他想："父亲一定是想让我尽快夺取这片地方！"

　　于是，赵襄子打听到代君好色，就让他姐姐嫁给代君，代君答应了。襄子利用其姐在代国的关系，千方百计讨好代君。代国的马郡因出产好马得名，代

君为示报答，就把上等的好马送给襄子。

就这样双方友好往来了几年后，代国已对赵国毫无戒心，襄子看到时机成熟，去谒见代君，请求会饮于马郡的边境。

襄子事先让数百名跳舞的人把兵器藏在用羽毛做的舞具里，并准备了一个盛酒用的大金斗。代君到了以后，与赵襄子把酒言欢，等到酒喝到兴致正浓的时候，斟酒的人装作上前给代君倒酒，走到他的身边，猛地翻过大金斗猛击过去，一下就打烂了代君的脑袋，脑浆流了一地。

与此同时，那些跳舞的人也都迅速从舞具中取出兵器，杀散了代君带来的随从。随后，赵襄子命令早已枕戈待旦的部队大举出击，一举占领了代国的全部领土。

这一政治阴谋的牺牲者，除了代王，还有他的夫人、赵无恤的姐姐。赵襄子用代君的车子去接自己的姐姐，可是他的姐姐听说代王被自己的弟弟杀害之后，痛哭不已，在路上磨尖了插发的簪子，自刺而死。所以至今还有"刺笄山"和"反斗"的地名。

【智慧解读】

襄子作为一个刚刚成长起来的领袖，不管群臣如何用强大的传统力量来企图改变年轻君主的主意，他都不为之动摇，终于完成父命。这表明了领袖在完成使命中的重要性：只要自己首先意志坚定才能保证大方向的准确，只有自己首先意志坚定才能调动群体的热情。

赵襄子从处心积虑地筹划到一举杀掉代王，灭掉代国，可以说反映了一种冰冷的理性，甚至可以说是为了争取最大的利益而无所不用其极的铁血理性，哪怕是牺牲自己的姐姐也在所不惜。这种铁血的理性，可以说反映了春秋战国时期诸侯争霸中的一些显著特点：

无论是赤裸裸地攻伐还是用阴谋智取，诸侯之间的利益争夺没有任何原则，如果说有，那就是无原则的原则。大家都没有任何原则可以遵守，只要能够打

败对方，就是胜利者，除此以外，没有任何的评判原则。对于各家诸侯来说，就是以成败论英雄，成者王侯败者寇。

一场战争也许有正义和非正义之分的，但它只能是事后的评价，而不属于战争本身。利益争夺而引起的战争，本身就已经意味着对人道原则的践踏、对人际协同原则的撕毁，对"仁义道德"的否定，所以，无论是智斗还是兵斗状态的战争，从其本质上来讲就不讲究任何原则，在这一点赵襄子走得并不比其他诸侯更远，甚至可以说是无可厚非。

其实不仅是古代的诸侯争战，就是在现代的竞争中，无论是商战还是政治、外交斗争，尽管有各种通行的游戏规则，但是从每一个竞争参与者来说，都应像赵襄子那样，以无情为大情，以失小德为大德。由于任何竞争的胜负，大则关系到本国人民的祸福利害，小则关系到一个组织一个团体的生死存亡，这就要求领导者必须站在大利大害的角度上来看待问题，排除一切情感因素，并在此冷静的状态下运用一切可能的手段来获得最大的胜利。

在任何情况下，如果一味放任自己的感情影响决策，就是对自己一方的无情；越是对竞争对手的无情，就越是对己方的负责任。这是一种辩证，更是不可改变的现实。

智伯攻緟

春秋时，在中山国的旁边有一个不起眼的小国——仇犹，都城在今盂县城大东门外的左侧。据载，仇犹是狄人东迁时建立之国，系中山国之联盟，其疆域的西部与晋国接界。

周贞定王十二年，晋大夫智伯看到仇犹物产丰富，土地肥沃，人民安居乐业，就想吞并归为己有。但由于和这个小国之间隔着高山深谷，道路交通极为不畅，给行军造成很大困难，因此一直未能实现目的。思来想去，他终于想出一个方法。

智伯首先在今定襄县城东南下 5 里的开门峪集结重兵，并拟定以给仇犹国赠送大钟为用兵之计，以便突破白狄人，也就是仇犹人的第一道防线，而后东下太行，直插中山腹地，吞并其全部疆土。

智伯派使者拿上大礼，去仇犹去拜见君王。

使者躬身禀奏："大王，晋国深知贵国治理天下，万民所望，且又与晋国相交甚密，我们特地用两年时间，搭架、冶炼、开炉、铸造、制作了一口大铁钟，重 3 万斤，上刻周鼎花纹，并铭刻大王你的功绩。把它送给大王，我们帮修一钟楼，把它安置其中，鸣钟振釜，金声玉振，声落九天，惊云逐月，大有五音韵律之威。"

仇犹国君大喜，几乎从龙椅上站起来，他说道："来呀，为晋国使者设国宴款待。"

这时，官员队伍中走出一个大臣来，生得身高力大，熊腰虎背。大家一看，原来是在群臣中威望最高的赤章蔓枝。他上前进谏说："《诗经》说：'要依法治国'，咱们有什么理由接受智伯的东西？大家都知道智伯的为人，一向是贪得无厌，不讲信义！他肯定是在想攻打我们没有办法的情况下，故意造个大钟，用两辆车拉着送给大王您，您可千万别上他的当。您若是真逢山开路、遇水架桥的话，智伯的军队肯定会随后就到，那时后悔都来不及。"

仇犹国君站起来阻止了赤章蔓枝的话，他说："那好，我们派人马上修路筑基，这口大钟乃仇犹镇国之宝，可不能错过机会呀。"

当下，赤章蔓枝又直言再谏："大王，万万使不得啊！"他上前推开晋国的使臣，仇犹国君厉声说道："这是大国的行为，胸怀博大，你不但不知领情，反而出言不逊，疑心重重，真是鼠肚鸡肠，我主意已定你不要再说了！"

赤章蔓枝说："做别人的臣子不忠心耿耿，那罪过是不可饶恕的，但如果忠诚的良言不被采纳，那就只有离开，没有别的选择了！"于是他就驾车投奔卫国去了。

于是，仇犹国君就派出大队人马逢山开路，遇水架桥，修一条能两辆车并行的大道，以高规格的礼仪来迎接大钟。路修好后，智伯便大摇大摆地以方车二轧，载送大钟，沿滹沱河顺河东下，通过今御枣口村即当年的仇犹关，然后又沿龙华河南上，直抵仇犹国都。

仇犹国君亲自前去迎接，他坐在车上远眺，看到一队人马缓缓推着大钟走了过来。一口大钟可真大，他生平还是第一次开眼呢。可是他还没弄清楚这钟的精美之处时，就见这口大钟分开两半，从钟里钻出几百名士兵。领头的一摇小旗，四面八方一下子拥出几万军马。

大兵压境，赶快撤退，可哪能来得及？仇犹国君眼看全军覆没，城门被攻破的残局，悔不听赤章蔓枝的忠告，只带着残兵败将跑到大山上，自刎而死。

仇犹被灭后，置原仇城，全部国土归于晋国。仇犹国人把智伯所赠之钟视为国耻，不愿再目睹亡国的物证，就将此钟埋于西城郊外。明代巡按陈灏路过盂县时，写下《过仇犹有感》一诗曰：

凿道曾迎智伯钟，雄藩从此霸图空。

人间往事随流水，路上行人说故宫。

秋草断碑寒而绿，残鸦高枝夕阳红。

停骢此日闲登眺，宦思离心总不穷。

【智慧解读】

在敌我交战的双方中，很多统帅都会以一些小便宜、小恩惠来诱使敌方的首领上钩，从而夺取更大的胜利。上面故事中的智伯是一个，秦惠王也是如此。而且更为异曲同工的是，两个计谋的实现，都有赖于一个贪婪得可笑的对手。

秦惠王一直计划要攻占蜀地，但苦于大批兵马难以通过山涧险峻的蜀道。后来侦知蜀侯本性十分贪婪，秦惠王就采取计谋，令工匠雕琢了一些石牛，将许多金子置放在石牛之后，并称这是牛粪之金，以此来赠送给蜀侯。

蜀侯闻报，不听大臣劝阻，马上派人劈山填谷，以迎取石牛回去。蜀人前边走，秦军大批兵马随后循路而至，很快就攻占了蜀地，蜀侯也就因贪小利而失领地，落得个亡国灭身的下场，成为世人传诵至今的笑柄。

作为一个领导者的仇犹国君和蜀侯，竟然能被一个大钟甚至金子迷惑心智，更可叹的是自己的大臣已经向他说透了其中的阴谋，而他仍执迷不悟，一意孤行，这样的人做领导真是小材大用。

我们中的许多人，或许很少有面临这种大场面的机会，但在日常生活的小场面中，性质类似的现象也是常有发生的，因为世界上贪图小利的人最多。

子反醉酒

公元前 579 年，长期争霸的晋、楚两国，在宋大夫华元调停下弭兵议和，但双方都无诚意。周简王十年，楚国首先进攻中原要冲之地的郑、卫，迫郑屈服。次年，晋厉公以郑国叛晋附楚为由，率军伐郑，以栾书为中军帅。

楚共王为援救郑国，亲统楚军及郑军、夷兵，在鄢陵与晋国军队作战。楚国担任中军元帅的是司马子反。楚共王也亲自率兵参加这场血战，一连几天相持不下。激战中，楚共王被晋将魏锜射瞎了一只眼睛，回到营中，既羞惭又恼怒。子反安慰他说："两军都已经很疲劳了，明天暂时休息一天，让我从从容容地想个办法，一定为大王报仇。"

子返回到中军帐，坐到半夜，也没有想出一个好计策来。

子反平日好喝酒，一直喝醉了才罢休，一醉一天不得醒。楚共王知道他有这个毛病，每次出兵打仗，都不准他喝酒。这次和晋国打仗，重任在身，几天来一滴酒也没有喝。子反有个贴身的仆人叫谷阳，见他冥思苦想，愁容满面，想到营中有美酒，就温了一壶送给他。子反闻到香气，惊讶地说："是酒吗？"

谷阳知道子反想喝，但又怕左右的人传出去，就故意说："不是酒，是椒汤。"

子反领会了他的意思，接过酒杯，一饮而尽，觉得又甜又香，妙不可言。问："还有椒汤吗？"

谷阳说："还有。"就又给他斟酒。

子反连声说："好椒汤，谷阳对我太忠心了！"

斟来就喝，不知喝了多少，喝得酩酊大醉，倒在座席上睡着了。

楚共王听说晋军鸡叫出战，而且鲁国和卫国的兵也到了，急忙派人去司马子反帐中催他出战，不料子反正醉意沉沉，睡在床上鼾声大作，喊也喊不醒，扶也扶不起，哪里能起床打仗。于是仆人阳谷对来人说子反胸口痛，不能出战。

楚共王听说大将在这紧急关头病了，十分着急，便亲自到子反帐中探望。他刚一进账就闻到一股浓烈的酒味，顿时气得脸色发紫，指着睡在床上的子反大声喝道："今日之战，关系重大，寡人亲自出战，身受重伤，指挥全军就完全靠你了，谁知你在这紧要关头竟敢胡来，这不是存心要让楚国亡国吗？像你这样置国家利益于不顾的嗜酒之徒，还能再率兵打仗吗？罢！罢！罢！这仗不能打了！"

子反的仆人阳谷后悔得不知所措，求共王原谅子反，自己愿替子反顶罪。恭王冷笑道："你作为仆人，只知道一味娇宠自己的主人，你的罪过也不轻。子反作为国家大将，误了国家大事，你顶替得了吗？"

楚共王见子反不醒，没办法，只好招令尹公子婴齐商量。公子婴齐本来就与子反不和，就对楚王说："我早就知道晋军势力强盛，不一定打得过他。开始商量的时候，我就不同意救郑国，这次出兵都是司马的主张。现在司马已困槽丘，我也无计可施。不如乘夜间悄悄地退兵回国，免得打了败仗受侮辱。"

楚王说："退兵倒是可以，只是司马醉在中军，若被晋军擒获，楚国就太丢人了。"

公子婴齐说："可派养由基护送司马回国。"

楚共王没有办法，只好暗传号令，拔寨退兵回国。郑成公亲自率军护送出境。

谷阳哭着说："我本来是爱元帅才送酒给他喝的，谁知反而害了他！我的性命也难保啊！"说着就逃走了。

奉命护送司马子反的养由基看到子反还在醉乡，不知何时得醒，就叫士兵用皮带把他绑在车上前行，自己率领300弓弩手后行，以防晋兵追赶。鸡叫时，

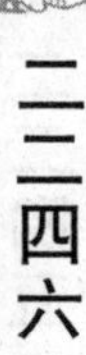

晋军开营挑战，栾书见楚营都是空的，知道楚军已偷偷退走了。又看到郑国各个地方都防守得很严，知道郑国也打不下来，就率领大军回去了，鲁国和卫国的军队也各自回国了。

子反乘车行了 50 多里，才醒过来。他发觉身子不得劲儿，就大叫："是谁把我捆住了？"

车上的士兵说："司马喝醉了酒，养将军怕乘车不稳，就把你捆在车上。"

说着给他解开了皮带。子反又问："现在车马往哪里走？"

士兵回答说："是回国去的。"

子反又问："为什么就回国去？"

士兵答："昨夜晚楚王连召司马数次，司马不得醒。楚王怕晋军来战，无人抵敌，就只好回国去。"

子反一听就大哭起来了，他边哭边说："谷阳那个小子害死我了啊！"急忙喊谷阳，谁知谷阳早已溜之大吉。

楚共王行了 200 多里，不见动静，才放了心。他怕子反畏罪自杀，就传令说："先前的大夫成得臣打败仗，先王不在军中；这次打仗，责任在我，与司马无关。"

令尹公子婴齐怕子反不死，就派人对子反说："昔日大夫成得臣打败仗自杀了，司马是知道的。这次楚王虽然不忍心杀你，司马又有何面目统领三军呢？"

子反叹息说："令尹以大义责备我，我还敢贪生吗？"

说完，他就自缢而死。

【智慧解读】

作为仆人的阳谷，爱护主人，对主人忠诚无可厚非，但不顾场合，不考虑后果，在战争的紧急关头还满足主人喝酒的爱好，结果误了国家大事，使主人召来杀身之祸，悔之晚矣。这种不讲原则、不顾后果的爱固然害人不浅，但是子反本人对于自己和下属的管制丧失原则，怀有"妇人之仁"，也是一个深层

的原因。

一个"妇人之仁"泛滥成灾的组织里，领导者和下属并不是在真正地相互关心和爱护，而是在拿组织的前途做代价，维持一时的绥靖。相反，领导者如果自觉地鼓励和培养一种讲原则重大局的组织文化，对其不好的苗头坚决进行抵制和批评教育，乃至必要的惩罚，甚至加以开除，都是一种手段，是保证自己和组织长远利益的必要手段。

在企业的日常管理中，很多领导者都会遇到子反这样的问题，制定一些政策规定，却因为感情因素而无法推行下去。在这种时候，领导者就需要首先进行三令五申，把违反规定的后果以一定的方式告知下属，必要的时候也可使出雷霆手段，毫不手软地对违抗命令的下属进行惩罚，以儆效尤。

下属对于领导者的关心固然要从大局出发，而领导者对下属的关心，更不应是无原则地妥协与讨好，而是从其根本利益和长远的发展着眼，着力于使其成为独当一面的成熟人才。通过规劝与惩罚，使其不至于因为各种坏习气而堕落变质，甚至走上自我毁灭的不归路。

这是一个适者生存的社会，平均主义与妥协永远不能成为组织中的公认原则。组织若无适当的惩罚与淘汰制度，常会因小仁小义而耽误了进化，在竞争的环境中将会遭到淘汰。

子产相郑

子产，即公孙侨，是春秋时郑国的大夫，曾当过多年国相，执掌郑国政权。

子产在执政后，对外抗衡晋、楚，对内则针对豪族较多的国情，采取了安抚公族、打击豪强的政策。他在执政伊始，就毅然决然地改革田亩制度，它的主要内容是挖掘沟渠，整编田亩，承认土地私有，按田亩征收税赋，取消土地定期分配的井田制。

在当时，这样的改革方案要冒很大的政治风险。当初郑国的执政子驷同子国、子孔、子耳一起制订了整顿田界的政策，使贵族司氏、堵氏、侯氏、子师氏以及尉氏丧失了不少土地，触怒了这些贵族，他们在公元前 563 年攻杀了子驷、子国、子耳。

子产的国氏公族虽列"七穆"，但是国氏的势力并不是很强大，所以子产初掌国政的时候，首先要安抚公族强宗，避其锋芒。比如他通过贿赂伯石采邑，又得以获任命为卿。在大宗族公孙黑和公孙楚的争端中，明明是公孙黑强夺人爱，但子产为了免于得罪子皙所在强宗驷氏公族，只得隐忍不发。

果然，土地改革的法令颁布后，反对之声不绝于耳。公族丰卷最有意见，他借祭祀祖先之名，迫使子产准许他出去猎取新鲜的野味作祭品，意在挑衅。针对丰卷的无理要求，子产严词拒绝："只有国君才能用新鲜的野味，其他贵族用一般的就行了。"

丰卷于是企图率家兵攻打子产，子产几乎就要逃到晋国去政治避难。不过，幸而子产的政治盟友子皮的驷氏家族是当时势力最大的公族，发兵打败了丰卷，结果反而是丰卷亡命晋国。

土地改革不仅损害了贵族阶层的利益，也损害了一些下层庶民和奴隶的局部利益。原来，一部分奴隶自己开垦了一些私田，这些私田原来都不征税。就在新法颁布实施一年后，一首《舆人诵》的歌谣流传在郑国民众中间："取我衣冠而褚之，取我田畴而伍之，孰杀子产，吾其与之。"

从歌谣里玩味当时的"民风"（庶民的意愿和情绪），可见那时的老百姓恨子产入骨。然而，自从纳税以后，那些下层庶民辛勤开垦的私田也因此具有了合法性，他们的经济利益反而得到了保护和加强，这样，一部分下层的士就成为中小地主，一部分原来的奴隶则成了自耕农。

随着新法的贯彻实施，新兴地主和自耕农逐渐认识到新法确实符合自己的利益，于是又有一首《舆人诵》在村野里传唱："我有子弟，子产诲之。我有田畴，子产殖之。子产而死，谁其嗣之。"

这首《舆人诵》距前面那首《舆人诵》已有 3 年时间，在短短的 3 年时间里，民众对子产的感情由恶毒的诅咒变为热情的颂扬。

　　然而更难能可贵的是，无论人们对子产的态度是咒骂还是赞美，子产都从不禁止人们的言论，而是处之泰然。

　　在当时，郑国的普通民众经常到乡校休闲聚会，议论执政者施政措施的好坏。一个善于拍马的郑国大夫然明听到人们在乡校里说子产的坏话，跑去对子产描述了一番，然后说："我们把乡校关了，怎么样？"

　　子产十分奇怪地问："为什么关掉？人们早晚干完活儿回来到这里聚一下，议论一下施政措施的好坏。对他们有利的我们就推行；他们讨厌的我们就改正一下。他们是我们的老师。为什么要关掉乡校呢？我听说尽力做好事以减少怨恨，没听说过依权仗势来防止怨恨。难道很快制止这些议论不容易吗？然而那样做就像堵塞河流一样：河水大决口造成的损害，伤害的人必然很多，我是挽救不了的；不如开个小口导流，不如我们听取这些议论后把它当作治病的良药。"

　　然明听了以后十分惭愧地说："我从现在起才知道您确实可以成大事。小人确实没有才能。如果真的没有你，恐怕郑国真的就失去了依靠，对我们这些臣子又有什么好处呢？"

　　在外交上，子产也有自己的一套，不卑不亢，绵里藏针，以柔为主；不失原则，重在灵活；虽有硬顶，巧于软磨；不忘分歧，强调共识。在霸主政治的氛围中通过平衡外交，得以使郑国在夹缝中生存下来，为国家赢得了较长时期的和平。

　　当时，郑国是处于晋、楚两大国之间的小国，为两国必争之地。子产深知外交总是"在力量阴影下进行"的潜规则，他在力量对比极为悬殊的外交对阵中，明智地选择了"周旋战略"，把以往的"朝晋暮楚"政策调整为"从晋和楚"路线，利用晋楚势均力敌而又各陷内争的有利形势，执礼相抗，巧于周旋。

　　公元前542年，也就是子产当了宰相的次年，他随郑简公到晋国访问。当时，正遇上鲁襄公逝世，晋平公有意怠慢弱小的郑国，借口为鲁国国丧致哀，没有立刻会见，简公与子产一行只好住下来等待。日子一天天过去了，这样漫无终止地等下去，也不是办法，子产心生一计，他命令随行的人员，把晋国宾馆的围墙拆掉，然后将一行人的车马都赶进院子里，安放物品。

晋平公得知这一消息，吃了一惊，派担任晋国礼宾官的大夫士文伯到宾馆责问子产。士文伯说："我国是诸侯的盟主，来朝聘的诸侯官员很多。为了防止盗贼，保障来宾安全，特意修建了这所宾馆，筑起厚厚的围墙。现在你们把围墙拆了，其他诸侯来宾的安全怎么办呢？我国国君想知道你们拆围墙的意图是什么。"

子产回答说："我们应贵国的邀请，准备了厚礼，来这儿拜谒贵国国君，可是，你们偏偏说有事无暇接见，也不订个约见日期，我们带来的礼物，只好听任风吹雨打，眼看就都要泡汤了。我听说过去晋文公做盟主的时候，自己住的宫室是低小的，接待诸侯的宾馆却造得又高又大。宾客到达的时候，样样事情有人照应，能很快献上礼品。他和宾客休戚与共，你不懂的，他给予教导，你有困难，他给予帮助。宾客来到这里就像回到自己家里一样。现在呢？国君住在方圆数里、豪华壮丽的离宫中，给外宾住的馆舍却像陋巷里的大杂院，窄小到车马都不能进来，说盗贼横行，可又不曾见到一个警卫。挤在这种差劲透顶的地方，又不能确定约见日期，为了保护这些礼物，只好毁掉土墙把它们拖进来。贵国国君正为鲁君服丧，敝国何尝不是如此呢？只要贵国收下这些礼物，我们就马上把土墙修好，打道回国，还请阁下将我们的心意传达上去。"

士文伯把情况报告了晋平公，宰相赵文子说："子产说得不错，让外宾住在那种大杂院似的地方，着实有伤国家颜面。"

他通过士文伯向子产致歉，晋君也连忙召见简公，隆重款待后，送他们回国，然后下令重建迎宾馆。

【智慧解读】

从人民对待子产的新政从厌恶反对到拥护赞成的戏剧性反转中，我们一方面认识到改革的最终合法性并不在于它是否就范于传统制度，而在于能不能给

老百姓带来实际的利益；另一方面，它也揭示了一个领导者在面临短期利益与长期战略的矛盾对立时，所应该采取的态度。

任何一个组织都会有战略目标和战术目标，或者说长期目标和短期目标。两种目标从根本上来说是一致的，但是在实施中，由于两者的侧重点不同，也会产生矛盾，有时甚至会使领导者落入两难的境地。

特别是在很多情况下，这种长期目标和短期目标的矛盾，会直接转化为领导者与下属之间的对立。领导者由于统观全局，一般会着眼于长期目标，涉及今后三至五年的发展。但具体实施这些战略的人们，却通常是根据他们短期的工作绩效，如销售量、市场占有率或利润率等指标来进行评估和奖励的。因此，他们常常选择短期行为。

在这里，就能够看出一个优秀的领导者和平凡领导者的一个最大的区别，就在于前者能从全局利益出发，持重待机，灵活施谋。为了摆脱战略上的被动态势，或是改变力量的悬殊状况，最终能够取得长期和短期的协调平衡。

更重要的是，当长期目标和短期目标发生矛盾时，他们懂得坚持和取舍，既不为反对者之多，情绪之强烈而改变战略目标，也不会为了短期目标的实现，变更调整甚至牺牲长期目标。

这种坚持要求领导者有很高的权衡技巧。他必须对未来有明确的长远发展规划，向下属展示这个前景，并鼓励大家按照规划为这个前景而奋斗。在规划前景的时候，要把长远的目标进行分解，和当前阶段的短期目标相配合。随着长期目标的逐步实现，那些因短期利益受损的反对者，最终都会理解并支持领导者当初的决策。

荆人善相

荆国有个人特别擅长相面，被他相过面的人都说他水平高。这件事被传到宫廷里面，荆庄王也很想见识一下这个人。

两人见过后，庄王问：“听说你相面很准，真的吗？”

那人回答说："其实我相面并不是根据人的长相，而是根据这个人身边所交的朋友来下结论的。如果是普通人来相面，而他交的朋友都是守孝道、遵法令的人，那他的家庭会越来越好，他自己的前途也会不差，这就是吉人；如果是当官的来相面，他交的朋友都是些诚信之人，并且乐善好施，这种人的官运也会亨通的，称之为吉臣；如果给君王相面，如果他的群臣之中，忠诚贤明者居多，那他的国家肯定会越来越稳定，越来越繁荣，这称之为吉主。我并不能给人看相，而是能观察他们的朋友啊！"

楚庄王心中受到启发，称赞他说得好，于是首先整顿内政，起用有才能的人，将伍举、苏从提拔到关键的职位上去。当时楚国的令尹和斗越椒野心勃勃，想要篡位。楚庄王便任命了3个大臣去分担令尹工作，削弱了他的权力，防止斗越椒作乱。

楚庄王一边改革政治，一边扩充军队，加强训练军士，准备与晋国决战，雪城濮之战的恨。

他在即位的第三年，率兵灭了庸国（今湖北竹山县一带）；第六年，战败了宋国；第八年，又战败了陆浑（今河南嵩县北部）的戎族。

陆浑在东周都城洛阳附近，于是庄王亲自领兵到周定王的边境阅兵，显示楚国势力的强大，吓得周定王立即派大臣王孙满去慰劳他。

庄王一见王孙满就问："我听说大禹铸有九鼎，从夏传到商，又从商传到周，成为世界上的宝贝，现在放在洛阳。这鼎有多大？有多重？"

这一问话把王孙满吓了一跳，因为九鼎是大禹治水时，用九州进贡的铁铸成的，它是九州的象征，也是国家政权的象征，夏、商、周三个朝代，都把它作为世代相传的国宝，它标志着天子的尊严，象征着王位的神圣，从来都是奉若神明，不容许任何人过问的。

王孙满义正词严的回答："大王，这九鼎不是你能问的！"

庄王说："那九鼎有什么了不起呀？从楚国的仓库里随便拿出一点铁就足够铸成九鼎！"

询问九鼎的重量，实际上便是以此威胁周天子，表示自己的权威。

经过这一回耀武扬威，楚国的势力和声威振作起来。以后，楚庄王又陆续传鲁、宋、郑、陈等国归顺，他继齐桓公、晋文公、秦穆公之后，也当上霸主。他前后统治楚国 23 年，使楚国强盛一时。

【智慧解读】

楚庄王的成功，是起用大批人才的结果。而他从那个擅长相面的人那里得到的启示，就在于考察人才的标准和方法。

说起识人知人之难，我国有一句俗语，叫作"画虎画皮难画骨，知人知面不知心"。为了破解这道难题，《吕氏春秋》在《论人》中列举了考察了识别人才的方法，值得借鉴：内则用六戚四隐，外则用八观六验，人之情伪贪鄙美恶无所失矣，譬之若逃雨，汙无之而非是。此先圣王之所以知人也。

"六戚四隐"可用于认识同事、下属等。"六戚四隐"：何谓"六戚"？父、母、兄、弟、妻、子。何谓"四隐"？交友、故旧（熟人）、邑里（乡亲）、门郭（亲信——春秋战国时为门客）。

另一个方法就是所谓的"八观六验"，即"通则观其所礼，贵则观其所进，富则观其所养，听则观其所行，止则观其所好，习则观其所言，穷则观其所不受，贱则观其所不为。喜之以验其守，乐之以验其僻，怒之以验其节，惧之以验其特，哀之以验其人，苦之以验其志。八观六验，此贤主之所以论人也"。

这种方法首先是通过观察一个人在不同的环境下的行为表现来判断其素质及才能，如观察一个人通达时是否以礼待何人，当权时是推荐何人，有财富时是赡养何人，先听其意见再看以后的行为表现，无事时看他的爱好，成为近臣时看他说什么，穷困时看他不接受什么，贫贱时看他不做什么。其次则是通过"高兴、快乐、发怒、恐惧、悲哀、困苦"分别检验一个人的"节操、邪念、气度、品行、仁爱、意志"。

这种方法如果放在今天，仍然有其积极的借鉴意义。如果能够变通就用，完全可以用于领导者来衡量、认识和选拔下属。

这种知人之法已不限于单凭相貌与言谈举止，而通过内外两方面，用于现代人力资源管理中选择人才。这样对正确选拔人才无疑有重要意义，若能正确运用，对选出真正有用之才大有帮助。

师旷辨音

春秋时，晋国的师旷虽说是个盲人，但他精通音律，琴艺尤为超凡，十分神奇。据说，当他弹琴时，马儿会停止吃草，仰起头侧耳倾听；觅食的鸟儿会停止飞翔，翘首迷醉，丢失口中的食物。晋平公见师旷有如此特殊才能，便封为太师。

公元前534年，晋平公新建的虒祁宫落成，要举行庆祝典礼。卫灵公为了修好两国关系，就率团前去祝贺。他们一行朝辞帝丘，走到濮水河边，天色已经慢慢地黑下来，他们在河边停车歇息。

夜半时分，卫灵公朦胧中突然听到一阵琴鼓丝竹之音。他披衣俯窗，侧耳细听，曲调新奇，微妙悦耳，问及左右，都说听不见，于是召来随行的乐师师涓，命他把这奇妙的音乐记录下来。师涓听后告诉灵公："我能听懂一个大略，但是必须要在这儿住一晚，我才能记下来。"

师涓静静地坐在河边，一边把调子记下，一边学着弹奏，尽得其妙。第二天，灵公问师涓这个曲子来由。师涓说道："殷朝末年，纣王命师延创作靡靡之音，师延不肯，纣王就要杀他，师延没办法，只好谱了一曲，纣王听了以后十分喜欢。后来周武王伐纣时，师延抱琴东逃，乘船沿濮水东下，到了这个地方投水而死，从此水中常有音乐声靡靡传出。"

师涓本想以此说服灵公远离声色，弃绝靡靡之音，不要因此而荒殆国政。但是灵公却并不介意什么纣王亡国，而是越听越着迷。

卫灵公一行来到晋国，见虒祁宫如此富丽堂皇，不由得啧啧称道。晋平公摆筵招待。酒酣将醉时，卫灵公命师涓演奏从濮河边听到的那支曲子助兴。师

《吕氏春秋》智慧通解

涓不得不从命，于是就遵命理弦调琴弹奏起来。

开始时师旷面带微笑用心倾听着。不一会儿，只见他脸上的笑容渐渐消失了，神色越来越严肃。师涓刚将曲子弹到一半，师旷再也忍不住了，他猛地站起身喝道："快停住！这是亡国之音啊！"

卫灵公听师旷这么一说，吃惊地愣住了。师涓更是吓得不知所措，十分尴尬地望着卫灵公。晋平公见喜庆之时，太师弄得卫国国君一行人下不了台，忙责问太师道："这曲子好听得很，你怎么说它是亡国之音呢？"

师旷道："这是商朝末年乐师师延为暴君商纣王所做的靡靡之音。你们一定是在濮河边听来的。这音乐很不吉利，谁要沉醉于它谁的国家定会衰落。所以不能奏这支曲子。"

晋平公很不以为然地说："早已改朝换代了，我们现在演奏，又有什么妨碍呢？你还是让乐师弹下去吧！"

师旷摇摇头道："佳音美曲可以使我们身心振奋，亡国之音会使人堕落。主公是一国之君，应该听佳音美曲，为什么要听亡国之音呢？"

晋平公见卫灵公一行人面有难色，便命令师旷道："你快松手，让乐师弹下去！"

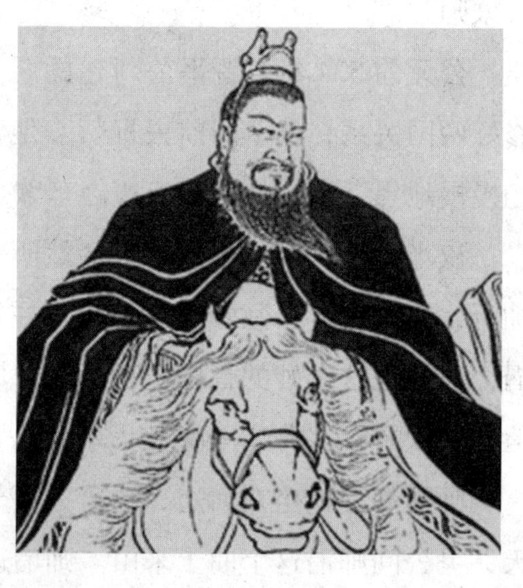

晋平公

师旷只能松手。师涓终于弹完了那支乐曲。当最后一个音符消失，晋平公见师旷面带愠色，便故意问道："这是什么曲调的乐曲？"

"这就是所谓的《清商》。"师旷回答。

"《清商》是不是最悲凉的曲调？"

"不是，比它更悲凉的还有《清徵》。但是古代能够听《清徵》的，都是有德有意尽善尽美的君主。大王的修养还不够好，不能听！"

晋平公道："我不管什么德义，我只喜欢音乐。你快弹吧！"

师旷感到王命难违，只好坐下来，展开了自己的琴。当他拨出第一串音响时，便见有 16 只玄鹤从南方冉冉飞来，一边伸着脖颈鸣叫，一边排着整齐的队列展翅起舞。晋平公和参加宴会的宾客一片惊喜。曲终，晋平公激动地提着酒壶，离开席位边向师旷敬酒边问道："在人世间，大概没有比这《清徵》更优美的曲调了吧？"

师旷答道："不，它远远比不上《清角》。"

晋平公喜不自禁地道："那太好了，就请你再奏一曲《清角》吧！"

师旷急忙摇头道："使不得！《清角》可是一支不寻常的曲调啊！它是黄帝当年于西泰山上会集诸鬼神而作的，怎能轻易弹奏？"

可是晋平公一定要听，师旷无奈只好从命弹起了《清角》。当一串玄妙的音乐从师旷手指流出，西北方向的晴空突然滚起乌云，随后狂风暴雨应声而至，尖厉的狂风呼啸着，掀翻了宫廷的房瓦，撕碎了室内的一幅幅帷幔，各种祭祀的重器纷纷震破，屋上的瓦坠落一地。

满堂宾客吓得惊慌躲避，晋平公趴在廊柱下喊道："赶快停止……"

师旷停手，顿时风止雨退，云开雾散。

晋平公的王宫修缮一新后，又铸了大编钟，乐工们都以为此钟是合于律制的，但师旷用手轻轻一掸，认为不合。后来师涓有机会来到晋国，经过校正钟律，果然发现此钟的音响是不协调的。

有一次，晋平公制成一张琴，大琴弦和小琴弦音高相同，他让师旷来调整它。师旷拨了两下，一下就发现了其中的问题。他借题发挥道："对于琴来说，大弦好比君主，小弦好比臣下。只有大小相应，各得其所，才能合阴阳，成就美声。现在大王让它们相互混合，我这个瞎子怎么能调好它们呢？"

晋平公经师旷这么一说，细看大小琴弦，正是由于相互混同才至音不分高低，他再一细想，明白师旷是在用琴来说明治国用人的道理，对师旷更为尊重。

【智慧解读】

师旷能够敏锐地听出大钟不合韵律，这对于一个音乐家来说算不得什么。但是能够从音乐中听出其中的"亡国之音"，那么所需要的就不仅是音乐知识，而要有更为高超的才识，以及找到事物之间由此及彼的联系的认识能力。

这种能力实际上在领导者的素质列表上的排名也十分靠前。如管理大师彼得·杜拉克所说：从 19 世纪一直到 20 世纪的前半期，本业之外的技术对企业的影响微乎其微。每一个行业都认为自己与其他行业井水不犯河水，有独特和完全不同的存在方式。

但是，这种想法今天已经远远过时了，现在对一个行业影响最大的技术，却很可能在自己的领域范围之外。制药工业越来越需要依赖与自身不同的技术，如遗传学、微生物学、分子生物学、医疗电子学等等；汽车工业越来越需要依靠电子学和电脑；钢铁工业越来越需要依靠过去未受重视的材料科学，等等。

在这种情况下，在企业的管理中，必须对已经出现的任何社会发展趋势，都用联系的眼光去审视，而不能再抱着事不关己的态度。实际上，从严格意义上来说，真正事不关己的事情是不存在的。一个看上去与自己毫不相干的事情，可能会对自己的组织生存的环境产生不可估量的影响。有人把这种现象称为蝴蝶效应。

另一方面，社会组织体系的各个环节都像拴狗的链子一样环环相扣。这种关联性使得任何人都无法准确预测它会如何动作。由于紧密关联，某个环节一旦出了毛病，就会迅速蔓延开来，使整个链条都不结实，成为一场灾难。所以，关联本身是一个成本，或者说有一个不可避免的命运，就是不可能完全把握的风险。

一个管理者必须对组织创造价值、降低成本、化解问题、风险控制和内部协调等一系列的管理流程负责。同时在日常的管理中，管理者时刻要担任维持组织的必要功能，包括：自动自发调整工作架构或流程、征求其他的意见或信息、厘清不明白的地方以建立可行方案、协调联络、保持沟通管道的顺畅、诊断并促进团队运行、积极鼓励及聆听其他成员的感觉等。

任何一个环节出现问题，都可能功亏一篑，造成不可挽回的损失。

奸臣无忌

楚平王执政之时，晋国的力量日渐强大，楚王非常害怕，就用了朝中大臣的计谋，联秦拒晋，派了朝中最巧言善辩的大臣费无忌到秦国为太子建求亲，秦哀公就把自己最漂亮的妹妹孟赢嫁给楚国。

费无忌一见这孟赢长得这么漂亮，心里就暗自高兴，认为这是讨好国王的好机会。于是他就自己骑着快马，先赶到郢都，去到宫中向平王极力渲染她的美丽，并撺掇平王自己把她娶过来："秦国嫁来的孟赢真是绝代美人，您可以自己娶她，我再去给太子另娶一个不也行吗？"

色令智昏的平王听了正中下怀，于是就照他说的做了，重新给太子建娶了一个媳妇。

后来太子建知道了这件事，非常恨费无忌。费无忌便想一不做二不休陷害太子。他有楚王给他撑腰，什么都不怕，便在平王身边不停地说太子建的坏话。他对平王说："自从我把秦国女子送到您的后宫，太子便非常恨您。太子在城父，掌握着重要的兵权，而且他也经常和诸侯联系，您可要多加注意啊！"

平王本就有愧，听他这样一说，心里就有些不踏实，疑神疑鬼。又过了一段时间，费无忌劝平王说："晋王之所以称霸，是因为距各诸侯国近，而我们楚国太偏僻，不能够与晋国争霸。不如扩大城父城，将太子安置在那里，伺机进攻北方的宋、郑、鲁、卫，大王您收取南方的吴越，这样就可以得天下了。"

平王很高兴地同意了，让太子住在城父城里。太子在那里才一年，费无忌就诬陷他说："我听说太子的老师连尹有造反之意，整天与一些人在一起密谋，想杀了您而拥立太子建。您如果再不动手，那可就晚了。"

楚平王说："他已经是我的太子了，还想要怎样？"

费无忌应对说："您夺了他的妻子，他怎么会甘心呢？加上齐国和晋国在一边煽风点火，还有什么值得怀疑的地方？"

楚平王听了这话，就要传命废去建的太子称号。费无忌说："太子拥兵在外，现在废掉他，恐怕事情有变。"平公说："那可怎么办才好呢？"费无忌说："我看先把连尹囚禁起来，以后再对付太子建。"

平王立即派人火速到城父，将连尹召回京城关起来，又命司马奋扬召回太子建。太子见自己的老师被抓走，知是他的父王听信谗言将加害于他，便趁着黑夜飞马逃向宋国。

除掉了太子，费无忌又把冷箭对准了楚国人都很爱戴的左尹郤宛。同样，这一次他仍然假手别人。

有一天散朝以后，费无忌装作很偶然的样子对令尹子常说："郤宛想请子常您喝酒。"

然后，他又跑到郤宛的家中，装出一副神秘的样子说："令尹想来你家喝酒。"

郤宛很谦虚地说："我地位低贱，不足让令尹有辱身份到我这里喝酒，如果他一定要来，我该如何招待他呢？"

费无忌说："令尹喜欢兵甲武器，等请客的时候，你让人穿上盔甲，拿着武器布置在大门里，子常到了，看过后一定很喜欢，必定会赞赏你的细心安排。"

到了请客的那天，左尹郤宛便在门两侧布置了很多士兵，拿着武器等候子常前来观赏。费无忌就去对子常说："我差一点害了子常，郤宛想要杀您，已在门口布置了兵甲。"

子常派人去察看，果然如此，于是出兵攻击郤宛并杀了他。

民众对这事非常愤怒，没有不说子常的不是。沈尹成对子常说："费无忌这个人，是楚国专说别人坏话的人，他使太子建逃奔他国，杀害了连尹伍奢，堵塞了国王的视听。现在子常又听了他的话，杀死了这么多无辜，老百姓指责您的过错的人不少，祸患要降到您头上了。"

于是子常杀了费无忌，连他同族的人也都杀尽了，以平民愤。

【智慧解读】

在封建社会中，那些已经成为政客的知识分子，其毒辣与阴险程度常常出于一般人的想象，因为他有文化，所以做起坏事来能坏到骨头里。费无忌为了讨得主子的欢心，保住自己的荣华富贵，不惜构陷太子，以至于设计出让同僚相残的方法来，但是最后自己的首级也成为子常收买人心的一个工具。

这里面所有的腥风血雨，无不揭示出知识分子在封建时代的人生大悲剧。在专制的社会制度下，他们的出路十分单一，唯有出仕为官求富贵一途。由于僧多粥少，往往会通过各种方法来扼杀其他竞争者，这就是赤裸裸的权力斗争。

在这种权力斗争中，费无忌向我们揭示了整人的一种堪称最高境界的手法，那就是陷害于无形之中。他害了人，又无把柄落在别人手中，让受害者自己说不出什么。这些人往往是揣摩的高手，他们善于把握上级的心理，自己想说的话能引导上级说出来，自己想做的事，能引导上级做出来。

费无忌这样的人不讲道义，只知道害别人，最终招致自己家族的毁灭，固然是咎由自取，可是荆平王与子常都属于领导者，但他们却无法区别自己周围人的言论真假，听信谗言，结果导致国人群起而攻之。这样的管理不仅没把人民的热情导向正面，反而将他们的一腔怒气引到自己身上来了，这与管理的初衷是背道而驰的。

封赏之度

晋公子重耳逃亡了许久，终于又回国登上了王位，举行了复国封赏大典，原来跟随他逃难的人，一下子都加官晋爵。那些接济过他的人，也都做了官儿，对投降归附的旧臣，也都做了适当安排。他还下令，特赦了吕、隙两族的家眷和随从。

然而在这次封赏中，对于两个人的遗漏把重耳的性格特点十分鲜明地暴露出来了。

第一个人是介子推。

介子推曾经跟文公一齐出逃，一直跟随着他，并为他争取回国执政为王出过大力。重耳在流亡途中又累又饿，派随臣遍寻吃食不得。就在几近绝望之时，跟随重耳一同逃难的介子推从自己的大腿上割下了一块肉，煮了一碗肉汤让公子重耳喝了。一碗肉汤下肚，重耳渐渐恢复了精神。当发现所食之肉竟是介子推从自己身上割下的时候，重耳感动得流下了眼泪。

封赏后，文公怕有遗漏，派人在宫门前贴了一张诏令：如有功的人，还没受封赏的，可以前来自报。一天清晨，宫前门上出现了一张无名帖子，上写："有龙失所，到处奔走。数蛇相从，历尽辛苦。龙饥无食，一蛇割股。龙归大海，安其壤土。数蛇入穴，终得其所。一蛇无穴，有谁怜顾。"

卫士们忙将帖子揭下，进宫禀报。晋文公看了以后说道："这是介子推在埋怨我呀！从前经过卫国时，他割下股上的肉让我充饥，怎么封赏功臣竟把他忘了！"

文公立即派人去请介子推，谁知介子推早已不在家了，只丢下一所破烂的房子，四壁空空，积满了灰尘蛛网。

原来，介子推因为回国渡黄河的时候看见狐偃以功自居，耻于和他一起为官，就假托有病，在家自受清贫之苦，织麻鞋养活老母亲。晋文公论功行赏偏巧又把他忘了。他的邻居有个人，名叫解张，见介子推没有得到赏赐，替他抱不平，就催促介子推写信补报自己的功劳。

介子推的老母亲对他说："你效劳文公 19 年，曾经割股救君，功劳不小，只落得织麻鞋度日。你自己去诉说清楚，也许求得几斗粮米，可以早晚食用。"介子谁说："晋献公共有 9 个儿子，只有主公重耳最有贤德。惠公、怀公不实行德政，上天对他们不满，国民不拥护他们，把晋国夺回来归还主公重耳，群臣又不知天高地厚，急功要赏，我为这些人感到羞耻。我愿一辈子织麻鞋，也不愿贪天之功据为己有啊！"

他老母又说道："你虽然不要俸禄，也应该入朝见一见晋文公，那样就不会埋没你的功劳。"

介子推说："我既然没有什么索求的，还见他干什么呢？"

老母亲感叹地说："你既然能做廉洁之士，难道我不能做廉洁的母亲吗？你我母子应该隐居深山之中，再也不要沉浸在混浊的市井中。"

介子推说："我一向喜欢绵山，那里山高谷深，风景秀丽，我们现在就去。"便背着母亲上了绵山。绵山在山西定阳县，山势巍峨，古木繁茂，径流屈曲，鸟语花香，是晋中一大名胜。

介子推在深山谷林中盖起茅屋，过着以草为农，采果猎物为食的原始生活。介子推背着母亲进入绵山后，解张感到很不平，于是他就代介子推写了那个帖子。晋文公把他邻居们都叫来，追问介子推的去向，并且说："有能说出介子推去向的，也与子推一同做官。"

解张承认说："这封怨恨信不是介子推写的，是我写的。他耻于向您求得赏赐，背着老母去隐居绵山了。我恐怕他的功劳被埋没，所以写信替他申述。"

晋文公说："如果不是你写这封信，我几乎就忘了介子推的功劳了！"

他于是封解张为下大夫，当天起程，让解张做前导引路，亲自去绵山寻找介子推。那绵山峰峦叠嶂，草树丛生，山间泉水，潺潺流动不息，万里高空望蓝天，朵片行云浮空中，山林中百鸟齐鸣。

于是晋文公下令把车仗停放山下，派人四处查访，几天以后仍然找不到介子推的踪影。晋文公的脸上显露不高兴的样子，对解张说："子推竟然恨我到这般地步吗？我听说介子推很孝顺，要是放火烧山，他总会背着母亲逃出来。"

火烈风猛，一会儿工夫，绵山竟变成了一座火山，一连烧了三天三夜，烧死了不少野兽，可没见到介子推母子出来。大火灭了以后，在一株烧枯的柳树下，发现了介子推母子相抱在一起的尸体。

人们在装殓介子推遗体的时候，发现了他临死时留下的绝笔：

割肉奉君尽丹心，但愿主公常清明。

柳下做鬼终不见，强似伴君作谏臣。

倘若主公心有我，忆我之时常自省。

臣在九泉心无愧，勤政清明复清明。

晋文公掉泪，派人厚葬了介子推母子，并且立起一座介子推祠堂祭祀他。把离绵山 20 公里的定阳县，改为"介休"，意指介子推休息于此地。绵山周围的田地，都作为祭祠的用田，叫当地农夫掌管每年祭祀的事情。

随后，文公命人将旁边烧剩下的残木劈成板子，做成木鞋，穿于脚上。让嗒嗒作响的木屐之声时时提醒自己，不重犯错误，不重蹈覆辙，勤政清明复清明。

第二个没有被封的人是重耳的车夫陶孤，不过这一次是文公有意识地不加封官。

因为陶孤一直忠心耿耿地跟随着重耳，可是却没有被封官，只赏了一些财物，众人都很疑惑，就想问个清楚。

晋文公说："患难之中大家都在尽心尽力地帮我，但每个人的贡献是不一样的。能够用礼义教导我的，我就应该给他最好的赏赐；劝我多行善事，学习先贤的，我要给他较好的赏赐；让我不要安于享乐，鼓励我奋进的，我也要给以相应的赏赐。这 3 种人都是有功的人，所以要奖赏你们，而陶孤和你们不一样，虽然他也很辛苦，忙里忙外，但他所做的事情大都是服务性的，对于我治理国家没有多大帮助，所以这次赏赐没有他。"

周朝的内史兴听说了这件事，感叹地说："晋公要称霸了。古代的圣王都是把德义放在首位，晋文公的做法正是这样的，此人治理国家何愁霸业不成？"

【智慧解读】

晋文公对于介子推和陶孤的封赏的忽视，无论是有意的还是无意的，实际上都有他的考虑。但是人们往往赞成他对于陶孤的处理，而对他忽视介子推不理解。实际上，我们抛开介子推不贪图富贵的品格成分不谈，仔细考察他在重耳流亡中的表现，除了割股进肉之外，对重耳登上王位和称霸诸侯，既没有提出过任何值得大书特书的有益的谋略，也没有做出什么重大的贡献。重耳对介子推的忽视，只能说明重耳在成为晋文公之后，已经自觉地把封赏作为聚集治国安邦的人才的工具，而不是当作报答个人恩情的手段，是无可厚非的。

晋文公在上面两个人的封赏中所表现出来的，实际上是一种封赏有度的王者之气。他启示我们每个人：赏罚得当是激发下属积极性的最佳办法之一。下属的心理其实很简单：我为你好好地干，你给我应得的报酬。赏的问题事实上是他们很敏感的付出与得到的问题，如果赏得不分明，那么他们就对自己付出的意义感到怀疑，从而积极性下降甚至丧失。

美国瑞恩电气公司前首席执行官查克·阿梅斯曾经说："给我看一家公司的各种薪酬计划，我就能告诉你这家公司的员工的表现如何。"这句话所反映的，就是赏罚标准与员工的积极性之间的必然联系。

有区别的对待所有做出贡献的人，不要一概而论，是平衡矛盾的有效途径。大贡献有大奖赏，小贡献有小奖赏，没有贡献不给奖赏，这种做法可以平衡大家的心理。否则，所得的奖赏与所做的贡献不一致，甚至出现小贡献得大奖赏的现象，这样有些人是满足了，但大部分人却会感觉到这是不公平的待遇。一次两次无所谓，时间一久，矛盾必然会爆发。

一个领导者要善于赏罚，必须明确区分开自己的好恶以及下属的功过，绝不能因为喜爱某个下属，而加重对他的赏赐；同时也不能因为憎恶某个人，而加重对该人的责罚。任何赏罚，都必须依据所赏的人的行为引起什么结果，也就是产生了什么样的绩效或后果来决定。如果绩效很高，对组织有利，那么即使是很憎恶他，也要给予相当的赏赐；如果产生了不利的后果或者是不良的影响，那么即使是自己所喜爱的人，也要给予必要的责罚。

而罚的这方面看来似乎对他们的积极性的影响不如赏来得大，但事实上也是很关键的。首先，罚的威胁可以让那些本不打算好好干的人有所忧惧，想到

将会有的惩罚，也就不敢太过放肆。而另一方面，如果罚得不分明，即使赏得再周到也不会有什么大的作用。试想，如果一个人虽然拿到了与自己付出相应的报酬，甚至还多的奖励，而他却看到另一个干得很差的人并未受到任何惩罚，甚至还拿了与自己一样的报酬，那么他的骄傲与兴奋会即刻减弱，得出一个"干得好坏都一样"的结论。

这是汉高祖刘邦通过赏赐自己所讨厌的将领雍齿，从而平息众人不满的内在原因。

晋文安周

晋文公即位以后，整顿内政，发展生产，晋国渐渐强盛起来。他也想能像齐桓公那样，做个中原的霸主。

这时候，正好周朝的天子周襄王派人来讨救兵。

说起事件的起因，还得从公元前 636 年郑文公攻打滑国说起。

滑国的位置在今天河南省偃师县境内，与周接境而又与周王保持良好关系。在强大的郑国军队进攻下，滑国国君只好求助于周王室。周襄王于是就派大夫伯服、游孙伯到郑国为滑国求情，没想到竟遭到郑伯的严词拒绝，并逮捕了这两位大夫。周襄王十分恼火，即派大夫颓叔、桃子出使隔河相望的赤狄，请求狄人讨伐郑国。

大夫富辰力谏说："郑国与天子您是兄弟之国，可是您与兄弟为敌却向戎狄求助，不是什么好事。"可是襄王盛怒之下，根本听不进去。

狄人得到王命，出兵深入郑国，很快攻下了栎邑，距郑国国都不足百里，大大地打击了试图挟天子以令诸侯的郑文公。狄人给周襄王挽回了面子，周襄王十分感激，希望与狄联姻，以进一步利用狄人的力量巩固自己的地位。正赶上这时王后新丧，襄王就把狄君的女儿叔隗纳为王后，入住后宫。

周襄王有个异母弟叫叔带，史称王子带，又名太叔带，是惠后的儿子，惠后在世时，非常宠爱太叔带，一度想立他为嗣君，结果没有来得及，惠后就死了，太叔带怕襄王迫害自己，就逃到了齐国。周襄王是个仁慈之君，性情比较温和，弟弟的逃亡使他感到很没面子，于是，就派人把太叔带召回了当时的京都王城（旧址在今洛阳市王城公园一带，西周时称东都，公元前 770 年，平王东迁，定都于此）。

可是太叔带回到王城之后，又与王后叔隗私通，被内人发现，报于周襄王。周襄王盛怒之下，废了叔隗，把她打入了冷宫。太叔带一看要祸及己身，就联合大夫颓叔和桃子等一群大臣，借用狄人的军队，攻打王城，周师大败。狄人掳走周大夫原伯、周公忌父、富辰、毛伯等，置太叔带及王后于温邑（今河南温县西）。

周襄王带着几十个随从出奔郑国，避难于汜地。

在当时，周天子仍是名义上的天王、诸侯的共主，争霸的诸侯必须高举"尊王"与"攘夷"两面旗帜，并且做出实绩，才能达到挟天子以令诸侯的目的。于是周襄王在汜邑发出命令，要求各国诸侯护送他回洛邑去。各国诸侯有派人去慰问天子的，也有送食物去的，只有秦穆公首先响应号召，率师东来。

这时候，晋文公已于上一年即位，地位虽并不十分巩固，但他的谋臣都认为必须抓住这个机会。

狐偃说："求诸侯莫如勤王。"他认为要想继承晋文公护送周平王东迁、晋武公统一晋国的业绩，并且使晋国扩大疆土，必须抢在秦国以前，使周襄王回到王城复位。

赵衰也说："求霸莫如入王尊周。周王室和晋国君主同为姬姓，晋国如果不先发兵勤王，而让秦国占了头功，那么以后再也别想号令天下了。现在勤王尊周，是我们晋国强大起来的机会啊。"

于是，晋文公一方面劝阻秦兵，同时亲率晋军南下，自周邑阳樊（又作樊邑，今河南济源西南）分兵两路，一路赴汜地迎襄王；一路直攻温邑。文公向草中戎族与丽土狄族送去大量礼物，加以收买，开辟向东进军的道路，结果很快把赤狄打败，包围温邑，杀掉了太叔带和他的拥护者，护送襄王回到京城。

晋文公一举而逐狄，襄王为了表示感谢，就把原属于周王的阳樊、温、原、横、茅等处"南阳之地"赐给晋国，这些地方在襄王出奔之前多已被狄人占据。于是晋的东面，太行山以南地区，全归晋有，与周隔河为境。晋文公从此走上了继承齐桓公霸业的道路。与晋争霸的主要是楚国，此后百年，大体都是晋楚争霸时期。

【智慧解读】

无论是狐偃所说的"求诸侯莫如勤王"，还是赵衰所说的"求霸莫如入王尊周"，实际上都反映了一种借势借力的思想——也就是借助于周天子的势，来成就晋文公称霸诸侯的事业。"尊王"在当时是一个很有用的政治口号。其短期目标是统一于周室，周王无力，霸主受王命代行。而远程目标则是建立一个大一统的中央集权国家。因而这个口号既具有稳定当前局势的重要现实意义，又具有推动社会前进的长远意义。

这一思想的基本内涵，实际上在齐桓公称霸时提出的"尊王攘夷"思想，以及后世三国时期曹操的"挟天子以令诸侯"的战略中，都有所体现。

在中国的传统统治理论中，法家的韩非子有一个势治理论，他说如果有了才能而没有权势，那么即使是贤能的人也不能制服无能的人。为什么呢？将一尺长的木头立在高山之上，就可以俯视千仞深的山涧，这并不是因为木头长，而是因为它的位置高。几万斤重的东西倚靠船就可以浮起来，几两重的东西没有船就会沉下去，这并不是因为几万斤轻些，几两重倒反而重些，是因为借重了船的缘故。

鲁哀公稳居君位，虽然庸劣愚蠢，也能让天下第一号圣人孔子拜倒在他的脚下，愚可治贤，也正是这个原因。

但是反过来，齐桓公借助用天子的声望与地位，造成了自己的势，从而实现了称霸天下的梦想，实际是一种对势的反用。短木在高山之上俯临深涧，需占据有利的地势，在这里，周天子的地位就是山的高度，而晋文公则是长在高山之上的松树。

据《国策》记载，周庄王赐齐桓公祭肉，特别关照说：伯舅年事已高，不用跪拜的方式受礼了。使者转达了周庄王的意思，桓公执意不肯，连忙下阶跪拜，口说："我接受天子的恩赐，怎能不下拜呢？"下拜以后，才上阶登堂接受祭肉。

这出戏看起来似乎是齐桓公遵守君臣之分，特别的谦逊。但是实际上，当时的周王室日渐衰敝，诸侯都不朝拜，齐桓公打出"尊王攘夷"的招牌，干起了天下霸主的勾当，他九合诸侯打的都是尊王的旗帜，乃是在舆论上为自己的霸权政治树立正义的名号，为自己创造一个垫脚的梯子。从这个角度来说，下跪哪里是对周王室的服从，而不过是对在他的"尊王"旗帜下掏空了仅剩权威的周王室的再次利用而已。

晋文公通过帮助周王室解除内乱而称霸的过程，实际上也就是借势成功的过程。没有一个人能够仅仅依靠自身的力量而不借助外界的力量就能成就大事业，在市场上更是如此，每一个致力于发展的领导者都要善于借助外界力量。

许多人对借助外力有一种强烈的羞愧感，然而在生活中，所有的领导者一定要记住：别人的东西永远可以为你所用。这些东西可以是声誉、权力、智慧、技术等等。所以应丢弃这种无谓的羞愧感，不管是借鸡生蛋还是借船出海，只要加入利用别人条件来发展的行列中，一定会发现这是一场快乐的游戏。

在商业运作中，借用他人力量的前提，是自己有主导产品，只是在自己的发展过程中，力量不足时，才借别人之"花"，献市场之"佛"。"借花献佛"不仅仅只是个简单的借技术借资金，而是在此基础上使自己的产品的市场占有率大幅度地提高。

资源不足、名气不大都不要紧，关键在于要有足够的智慧来借力。

退避三舍

晋文公即位以后，在国内兴利除弊，使晋国渐渐强盛起来，并开始向中原

地区发展。可是这时候，南边的楚国也强大起来，黄河以南的大片土地都成了楚国的势力范围，晋、楚两国的矛盾和冲突就变得突出了。

恰在此时，公元前 634 年，宋襄公的儿子宋成公来讨救兵，说楚国以宋国投靠晋国为名，派大将子玉率领楚、陈、蔡、郑、许 5 国兵马攻打宋国。晋文公召集群臣商量对策。大臣们都说："楚国老是欺负中原诸侯，主公要扶助有困难的国家，建立霸业，这可正是时候。"

大将军先轸说："现在能与晋国抗衡的只有楚国，主公想实现霸业，就一定要战败楚国。"

狐偃等人也同意先轸的意见，并说："楚国不久前把曹国拉过去；又与卫国结成亲家，他们三国现在正是关系最好的时候，曹、卫两国在主公落难时闭门不纳，甚是无礼。我们以此为名出兵去攻打这两个国家，楚国一定会相救，这么一来宋国的围就能解了，我们仇也报仇了，岂非一举两得吗？"

晋文公决意出兵，建立了三个军，准备去救宋国。公元前 632 年，晋军出兵攻打归附楚国的两个小国——曹国和卫国，没几天就把两国国君都俘虏了。可是楚国还是围着宋国不肯撤兵。晋文公和先轸说："若不援救宋国，他势必和我们一刀两断；若去救他，又不免与楚国有一场恶战。只靠我们自己的力量，未必就能打败楚国，最好能联合齐、秦两国一同攻楚。只是齐国、秦国素来与楚国无隙，怎样才能使他们帮我们呢？"

先轸说："这又何难？让宋国拿出贵重礼物贿赂齐国、秦国，请这两国帮宋说情。请楚国退兵。如果楚国不同意退兵，两国君主就会认为不给他们面子。那时我们联合他们去攻楚国，准保可成。"

过了几天，齐、秦两国的使者正在楚国大将军子玉面前帮宋国说情，只见有人来报告说宋国仗着晋国的势力，把曹国、卫国的土地都夺了。子玉大怒之下说道："宋国表面上要求讲和，却攻占我们的保护国，这是讲和的样子吗？"齐、秦两国使节只得离去。晋文公早就派人等候在半路上，把两位使臣请至晋军大营之中，摆宴款待，向他们说："楚国将领真狂妄呀，当面羞辱二位。我们马上就要对楚开战，望你们两国多多协助。"两位使臣立即同意。

楚成王已听说晋国、齐国、秦国联盟，感到军力有些单薄，就立刻派人下命令叫子玉退兵："晋侯在外奔走多年，现在有 60 多岁了，极有经验，我们未必斗得过，不如尽快收兵吧。"

可是子玉以为宋国迟早可以拿下来，不肯半途而废。他派部将去对楚成王说："我虽然不敢说一定打胜仗，请主公再给我几天时间，战胜了宋国就班师回朝。"

子玉为早点儿取胜，加强了攻势。宋国军民知道晋国正在帮助宋国抗楚，便坚定了反抗意志，更加拼命抵抗，楚军暂时也攻不进城去，子玉为了找个台阶下，派使者通知晋军，只要他们释放卫、曹两国国君就可以停战。可是晋文公一方面将子玉的使者扣下，另一方面暗地通知这两国国君，答应恢复他们的君位，但是要他们先跟楚国断交。曹、卫两国真的按晋文公的意思办了。

子玉气得七窍生烟，立即下令解除对宋国的包围，到晋军驻扎的地方去决战。由于晋军力量不如楚军强大，晋文公担心难以取胜，便问他的舅父狐偃说："我军即将同楚军开战了，但是目前敌众我寡，您看怎么办呢？"

狐偃回答说："我听说，'喜欢礼物的国君，收受礼物再多也不嫌华美；喜好打仗的国君，打仗再多也不厌诡诈'。对于有益于百姓之事，应该以诚为本，但在战争时对敌人，应用些欺诈的手段，我们还是用计策来打楚国吧。"

说完，他给晋文公出了个计策。晋文公听完以后，又找到大臣雍季商量，并把狐偃的计策告诉了雍季，雍季劝谏说："放干了池塘里的水捉鱼，哪里会捉不到？但是第二年池塘里就没有鱼可捉了。烧光了丛林中的草木打猎，怎么会打不到猎物呢？但是第二年这里就没有猎物可打了。用诡诈的计策也是如此。现在偶尔用一次会取得成功，但下次再用就不灵了。因此，这不是长远之计。"

文公用狐偃的主张，立刻命令往后撤。晋军中有些将士想不开，说："我们的统帅是国君，对方带兵的是臣子，哪有国君让臣子的道理？"

狐偃对大家解释说："打仗先要凭个理，理直气就壮。当初楚王曾经帮助过主公，主公在楚王面前答应过：要是两国交战，晋国情愿退避三舍。今天后撤，就是为了实现这个诺言啊。要是我们对楚国失了信，那么我们就理亏了。我们退了兵，如果他们还不罢休，步步进逼，那就是他们输了理，我们再跟他们交手还不迟。"

晋军一口气后撤了90里，到了城濮（今山东鄄城西南），一看此地临黄河，靠太行山，足以御敌，于是就停下来布置好了阵势。楚国有些将军见晋军后撤，想停止进攻。可是子玉认为晋军害怕了，就在后面紧追到城濮，跟晋军遥遥相对。

子玉还派人向晋文公下战书，措辞十分傲慢。晋文公也派人回答说："贵国当年的恩惠，我们从来都不敢忘记，所以退让到这儿。现在既然你们不肯谅解，那么只好在战场上比个高低啦。"

第二天，两军对阵，楚国分左、中、右三军，以右军最薄弱，右军前头为陈、蔡士兵，他们本是被胁迫而来，并无斗志。战斗开始，子玉命令左右军先进，中军随后。楚右军直扑晋军，晋军忽然又撤退，陈、蔡军的将官以为晋军惧怕，就紧追不舍。

忽然晋军中杀出一支军队，驾车的马都蒙上老虎皮。陈、蔡军的战马以为是真虎，吓得乱蹦乱跳，转头就跑，骑兵哪里控制得住。楚右军大败。

晋文公派士兵假扮陈、蔡军士，向子玉报捷："右师已胜，元帅赶快进兵。"子玉登车一望，晋军后方烟尘蔽天，他大笑道："晋军不堪一击。"其实，这是晋军诱敌之计，他们在马后绑上树枝，来往奔跑，故意弄得烟尘蔽日，制造假象。子玉急命左军并力前进。

晋军上军故意打着帅旗，往后撤退。楚左军主将斗宜申望见晋军主帅旗，就指挥兵士冲杀过来。狐毛抵挡几下，诈败而逃。斗宜申哪知是计，紧紧追来。眼看就要追到，忽听阵阵鼓声，晋军主帅先轸亲率精锐部队拦腰杀出，狐毛也率队反攻，两边夹攻，楚军顿时大乱。

楚左军陷于晋国伏击圈，又遭歼灭。等子玉率中军赶到，晋军三军合力，把子玉团团围住。子玉这才发现，右军、左军都已被歼，自己已陷重围，见势头不好，急命收兵，全军才幸免覆没。

楚军战败的消息传到了楚成王那里，他本来就对子玉一意孤行不满，现在又见伤亡惨重，不禁大骂道："随他出征的战士阵亡这样多，他还有什么脸回国！"子玉听到这话羞愧万分，于是自杀了。

晋军占领了楚国营地。把楚军丢下来的粮食吃了3天，才凯旋回国。

回来论功行赏时，雍季却位列第一，左右大臣很奇怪问："城濮之战所以能得胜，是因为用了狐偃的建议，大王您用了他的主张而行赏时却把他放在一边，这难服人心呐！"

文公说："雍季的话，是能有益于百代的建议，狐偃的主张只是一时的权宜之计，哪有以一时的权宜之计而先于有益百代之计的道理？"

【智慧解读】

雍季和狐偃两个人提出的主张，最大的不同之处在于，狐偃注重从眼前的现实政治出发，因此崇尚权谋，重在利用自己的军事实力，来达到击败对手的目的。上升到治国的理论上，就是只求收获于一时，而不求见效于长远，所以弊端也是显而易见的。

而雍季的主张则重在长治久安之道，有些接近于儒家的中庸之道，强调统治者和民众、统治集团内部各阶层的长远利益，强调确定政策要考虑和权衡长远的利益和政治的稳定。可以说代表了所有儒家治国思想的总体思路，虽然不能见效于一时，但能收效于长远。

在强敌当前之际，雍季的主张自然是缓不济急，甚至有些迂腐，极其务实的晋文公自然不会听从，而自然选择能够解决燃眉之急，能战胜楚国的狐偃的计谋。然而晋文公在大获全胜后，注意的焦点已经不是战胜敌人，而是如何向自己的臣民宣扬自己的政治主张，宣扬自己是着眼于国家的长远发展，宣扬自己不在意一城一地的得失，更不在意一场战争的胜负，才会把雍季位列受赏的

第一。这与其说是晋文公的真实想法，不如说是一场十分高明的公关活动。

尽管如此，雍季和狐偃的争论以及晋文公的做法，也给后世的领导者提出了很有益的启示。领导者周围会有各种各样的有才能的人，有时对于同一件事他们会提出各自不同的主张，而这些主张又都有自己能够成立的一面。这时候，领导者就必须将这些意见放在它们各自适合的位置，以让它们产生应有的作用。

但位置的正确与否是关键的，否则一旦错位，主张没被实现，很可能就会造成大家对领导才能的怀疑而不能形成一股凝聚力，而这种恰当对待各种意见主张、平衡各方矛盾的能力也是领导者的主要素质之一。

斗鸡之变

在鲁国的历史上，有一次著名的内乱，称为"斗鸡之变"。

当时，鲁国公室衰微，世卿专横，政在季氏的局面，使鲁昭公不得不想方设法铲除季平子，以恢复公室的权力。

这一年夏天，季平子和郈昭伯发生了斗鸡纠纷。开始是季家的鸡翅膀上加了芥末，所以郈家无论怎样雄壮的斗鸡总是被弄瞎了眼睛，连连失败。后来郈家发现了这一秘密，便在鸡爪上装上锋利的小铜钩，于是反过来季家的鸡又无一遗漏地被抓瞎了眼睛，总是以失败而告终。

在祭祀的当天下午，他们两家的鸡又进行了一次角逐，季家发现了郈家的鸡爪上装有铜钩，矛盾顿时激化。季平子决心第二天早朝借昭公之口，当着文武百官的面杀死郈昭伯，以泄心头之恨。

可是，他万没料到，就在这天深夜，郈昭伯联合臧昭伯和鲁昭公，三家合兵包围了季宅。鲁昭公想到多年来受到的屈辱，恨不能马上除掉季平子，食其肉，寝其皮。

而"三桓"中的另两家——孟孙氏和叔孙氏，对于季平子平时专权霸道，恃强凌弱早就不满，故而按兵不动，坐山观虎斗。郈昭伯清楚地看到了这一点，将军队交给鲁昭公指挥，自己去游说孟、叔两家。郈昭伯想，三家合兵围攻季氏，只要稳住孟、叔二氏，定然稳操胜券，所以尽管战场上激战厮杀，他却在与孟懿子饮酒聊天。

事实果然像郈昭伯所料定的那样，季平子毫无防范，寡不敌众，眼看成了瓮中之鳖，即刻将束手就擒。而就在此千钧一发之际，叔孙氏接受家臣建议，来到孟孙氏家中，对孟懿子说："我等与季氏同为上卿，三分公室。三足鼎立，三家俱存；一荣俱荣，一损俱损。"

孟懿子同意这一观点，四下看了几眼猛然挥剑将郈昭伯斩为两段，发兵救援季平子。援兵一到，抛下郈昭伯首级，围兵四散逃命。

鲁昭公成了孤家寡人，只好逃到齐国去了。

【智慧解读】

为什么叔孙氏一句"同为上卿，三分公室，三足鼎立，三家俱存，一荣俱荣，一损俱损"的话，就能够打动孟懿子，使其马上杀掉郈昭伯而发兵救援季平子呢？

实际上，叔孙氏的这句话所运用的就是谈判中的杠杆原理，起到了四两拨千斤的作用。而用来支持他这句话的支点，就是双方共同的利益。

在物理学上，只要找到一个支点和一根木棍，就可以移动或撑起巨大而笨重的物体，这就是力学中的"杠杆作用"。应用物理学中的杠杆原理，可以帮助我们实现谈判的目的，使对方的立场往自己所期望的方向"移动"。在上面的谈判例子中，运输的路线和运输的难度，就是成功劝说孟懿子发兵的杠杆。

要做到这一点，谈判者必须制造出可以"移动"对方的足够长度与强度的杠杆。杠杆如果够长也够强，所发挥的作用力则愈大；杠杆的作用力愈大，便意味着谈判愈是强大有劲。

使对方的注意力集中于有利于自己的条件上，是杠杆作用的有效利用方法之一。在上面的故事中，叔孙氏看出孟懿子对季平子的不满而静观变化的心态，于是马上让他意识到自身利益在这场战争中的所在，又提出保证其利益的道路，终于说服了对方，也保全了自己。

因小失大

春秋时，卫灵公的儿子蒯聩即位当上国君，号卫庄公。他上台后，大夫石圃当权，于是两人都在处心积虑地想灭掉对方，但同时谁都不具备这样的实力。

卫庄公有一次登上高台远远眺望，看到戎州，就问手下人："那里是什么地方，谁在居住？"

从人回答："是戎州。"

卫庄公大怒："这是我姬姓的天下，戎人怎么能住在这里！"

于是下令派军队把戎人都赶了出去，夺了他们的家产。但是没想到这样一来埋下了祸根。

原来，蒯聩登上王位是经历了一番激烈争夺的，并且运用了一系列的阴谋诡计，本身的地位并不稳固。

事情还要从卫灵公的夫人南子说起。南子是春秋时的一位风流女人，红杏出墙在列国出了名，在未嫁时就与娘家的宋国公子朝私通。蒯聩到宋国出使时，因此事受到嘲讽，回国后就要杀南子。事未成，蒯聩逃走，先到宋，后又到了晋国。卫灵公死后，卫国人立了蒯聩的儿子辄为君，就是出公。于是在卫国又演出一幕父子争位的闹剧。

蒯聩逃到晋国，晋人把他安置在戚邑住下，以示与卫出公对峙。因为当时卫出公与齐悼公、郑声公都是支持晋国的范氏、中行氏而反对赵氏。而赵氏是执掌晋国政权的，所以赵鞅利用蒯聩牵制卫国。

鲁哀公十五年，蒯聩通过他的姐姐孔伯姬的情人浑良夫，潜入卫国，住在孔文子家。当时卫国是孔伯姬之子孔悝当政，孔伯姬和蒯聩就在夜里胁迫孔悝立蒯聩。孔悝只得赞同，于是立蒯聩为君，是为庄公，蒯聩的儿子出公逃到鲁国避难。

卫庄公为人心地狭窄，从下面这个故事可以看出。

蒯聩作乱时，孔子的弟子子路仗剑赶到孔家去搭救孔悝，蒯聩命石乞、孟黡去斗子路，三人战成一团，子路以一敌二，渐渐不支，先被人将帽缨砍断，随后又被刺成重伤，最后慢慢死去。

孔子听说蒯聩作乱后，对众弟子说："高柴会回来，仲由却要死于非命！"不一会儿，高柴果然来到。紧接着就有卫庄公使者赶到，卫使见到孔子说："我家新君对先生十分敬重，将派我来向先生献上美味。"

孔子拜礼接受，打开一看，见是一坛肉酱，立即命人将它盖上，然后问使者说："这是我弟子仲由的肉吗？"使者大惊说："是啊，先生怎么知道的？"孔子说："如果不是，卫君也不会把它赐给我。"孔子让众弟子将肉酱坛掩埋，自己失声痛哭。

卫庄公上台后对在国内的大臣打算全部清除，他对司徒瞒成说："我在外流落受苦很久了，现在请你也尝尝流落的味道吧。"

瞒成和褚师比被迫逃往宋国。扶他上台的孔伯姬和受压即改变主意的孔悝，也没有吃到好果子，卫庄公上台的第二年6月，在平阳（今河南滑县东）设宴请孔悝，并重加赏赐。待孔悝酒醉后，卫庄公派人将孔悝母子遣送出国，孔悝只好逃到宋国避难。

卫庄公倒行逆施，卫国人民十分痛恨他。

鲁哀公十七年，晋人攻卫，到达城外，卫国人起来赶走卫庄公，立卫庄公的从兄般师为君。卫庄公不久又打回来，般师逃走。

卫庄公为增加财富，无限期使用工匠，使他们长期不得休息，工匠十分不满，就密谋起来反抗，在石圃的鼓动下，进攻卫庄公。卫庄公把宫门关起来请求饶恕，人们不准。他跑到北门，打算跳墙逃走，当他跳下时，摔断了腿。恰巧戎州人赶到助战，杀死了跟随他的太子疾、公子青。

卫庄公逃到戎人己氏家中，这家人的妻子有一头美发，被卫庄公发现后，剪去作了他夫人的假发，己氏很痛恨他。卫庄公逃到他家，正是报仇的时机，拿出兵器准备杀了他。

卫庄公请求活命，拿出随身带的玉璧说："不要杀我，我给你玉璧。"

己氏却说："杀了你，玉璧能跑到哪里去？"说完，毫不客气地将他杀死。

【智慧解读】

卫庄公属于因小失大的人。他虽身为国君，高高在上，却不懂得尊重下面的人，甚至还要侮辱他们，这是缺少长远眼光的做法。更重要的是，做为国君，他的主要工作本来应该是治理国家，从国家的根本利益出发来进行决策，但他却凭自己的一时意气，去做那些细小的工作，甚至因此损害局部的利益。

卫庄公的教训告诉我们，每一位领导者都必须明白自己所面临的主要工作是什么，而不应是眉毛胡子一把抓，更不能因小失大，捡了芝麻丢了西瓜。

一般来说，无论是从古到今，一个团体中的领导者，所担负的工作都是多种多样的。一个团体中的所有工作大致分为三类，即管理工作、作业工作和辅助工作。作业工作是那些以团体业务为主要对象的工作，如在企业中的生产和销售、科研单位的实验、医院中的诊治、学校中的教学等等。而管理工作、辅助工作则都不直接面向业务的工作对象，它们都是为作业工作服务的，是为了确保作业工作的顺利和有效进行。其中，辅助工作不仅对作业工作起辅助作用，也对管理工作起辅助作用，它具体是指组织中的后勤保障等工作。

事实上，在每个团体中，都有不少领导者从事一些作业或辅助工作，例如，医院院长有时也做外科手术，经理有时也参与新产品研制，大学校长可能带研究生等。领导者参与做些作业工作或辅助工作并非坏事，这有利于组织内各部分人员之间的沟通和理解，从而促进团结和协作。

但在更多的情况下，领导者一定要把主要的时间和精力放在管理工作上，这是由领导者的定位所决定的。所谓"有所不为才能有所为"，作业工作或辅助工作必须服从于管理工作的需要，否则就是舍本逐末，其结果必将是因小失大，得不偿失。这种领导者也就不能说是称职的管理者。

郈成善察

　　春秋后期，鲁国大夫郈成子为和晋国通好，奉命访问晋国。他路过卫国的时候，卫国大夫右宰谷臣把他挽留，并设家宴热情地款待他。宴会上歌舞蹁跹，但右宰却闷闷不乐，脸上没有一点儿喜色。

　　酒过三巡，右宰谷臣还送给郈成子一块璧玉。

　　等到郈成子从晋国回来，路过卫国时，却没有去向右宰谷臣辞行。车夫很奇怪地问：“先生您上次经过卫时，右宰先生非常热情地宴请您，现在咱们经过卫国，按礼应去拜问一下，您却径自回来，这是为什么呢？”

　　郈成子说：“上次他宴请我，是想和我一起高兴高兴；歌舞在旁而闷闷不乐，是向我表示他忧心忡忡；席间送我玉璧只是暂时寄存于我而已。由此看来，难道卫国有什么危险要发生了吧？”

　　等到他们离开卫国有 30 里以后，听说卫国发生了“宁喜之难”。

　　这场动荡起源于 12 年前宁殖驱逐卫献公的政变。

　　12 年过去，宁殖的儿子宁喜当上卫国的左相，而被驱逐在外的卫献公也在齐国的帮助下占据了夷仪这块地盘，并开始图谋恢复王位。卫献公派人找宁喜谈判，要求他废黜卫殇公而拥戴卫献公，并许诺说如果宁喜能让他回国复位，他就让宁喜完全执掌朝政，而他自己则只主持祭祀事宜。

　　于是，宁喜犹豫再三，同意了卫献公使者的劝说，趁孙林父在其封地的机会，突然攻打卫都帝丘的孙氏之宫，孙林父的儿子孙襄受伤过重而死，孙氏宫中终于攻破。第二天，宁喜就杀了卫殇公和太子。

　　卫献公在齐国和晋国的帮助下回到卫国，又恢复了王位。

　　卫国大夫太叔文子知道了这件事，他说：“宁喜看待国君还不如一颗棋子儿，日后定不能幸免于祸难。下棋的人举棋不定，就不能胜过对手，更何况安置国君这样重大的事情呢？九代相传的卿相，到宁喜这里就要灭之，这是多么可悲的事情啊！”

从此以后，宁喜在卫国专权，大小事情独断专行，并不向卫献公禀报。大臣们有事情都到宁喜的家中汇报。晋国与楚国相约召开盟会，通知了卫国。宁喜也不通知献公，径自就带着人前去赴会。

献公听说以后再也忍耐不住，告诉了大臣公孙免余。免余于是就前去见宁喜，责备他说："诸侯会盟这样的大事，怎么能不让国君知道呢？"

宁喜不高兴地说："你难道忘了我当初与国君的约定吗？"

免余回报献公说："宁喜太无礼了，为什么不杀了他？"

献公说："你自己斟酌着办吧，只要别连累我就行了。"免余于是就联络宗弟公孙无地和公孙臣，密谋诛杀宁喜。不久，宁喜在家摆宴请客，公孙无地趁其不备，率家兵进攻宁喜，不料掉进了陷阱被俘虏，被宁喜杀掉。

右宰谷臣听说宁喜抓住贼人，急忙乘车前来探问。宁喜家的人刚刚打开门，不料公孙免余带着援兵赶来，乘机在门口杀了右宰谷臣，冲了进去。宁喜惊惧逃跑，围着堂柱绕了三周，身中两剑而死。

献公得到禀报，命令把宁喜和右宰谷成的尸体摆在朝堂上示众。

听到这个消息，郎成子立即调转车头，回到右宰谷臣的府上，在他灵前3次哭吊，然后才返回。

回到鲁国后，郎成子又让人把右宰谷臣妻子和孩子接来，把自己的宅院分出一部分让他们居住，把自己的俸禄分出一部分以供他们的费用，右宰谷臣的儿子长大后，郎成子就把其父所赠玉璧返还给了他。

后来，孔子听说了这件事，感慨地说："这件事情，从智慧方面可以看出右宰谷臣筹谋的细微，其仁能够对之托孤寄财的，只能是郎成子呀！"

【智慧解读】

郎成能够从一点点的蛛丝马迹中发现事态发展的苗头，其悟性之高可以说是世所罕见。关于他这种敏锐的直觉判断，有很多人都曾经讨论过，实际上是一种模式判断。如果他已经多次目睹或者揣摩过类似的现象，一见到当时的情境，马上就会心领神会，而不必再做更多的调查。事实证据或许并不充分，但是整体的形式却让他觉得似曾相识。

虽然人们经常说"君子善谋，小人善意"，但是实际上，不论是对君子还是对小人，对领导者还是普通一兵来说，这种善于领会和揣摩的悟性都是必不可少的。

一个细心聪明的人总是可以通过一些不易察觉的征兆而推测将要发生的事情。能够做到这点可以避免自己被人蒙在鼓里，或者能够采取行动帮助朋友摆脱困境，或者早点抽身避免被卷入漩涡。但也不能过分在这方面执着，否则会疑心重重，更有可能错误判断，聪明反被聪明误。

我们看到了现象，但却不能说已经掌握了事实，因为现象不会自己给出结论；我们掌握了事实，事实也不会变成问题的答案。只有通过现象推断出事实，从事实再推断出问题的结论，才能做到闻一知十，我们才能得出问题的答案。

21 世纪是一个变化快速和完全"测不准"的时代。在纷纭的环境里，一个细心聪明的领导者，无论从身边的生活现象还是别人的言谈话语中汲取管理智慧，都必须发挥自己的悟性，融会贯通，通过一些不易察觉的征兆，一斑窥豹，预测可能发生的事情，从而避免自己被假象所蒙蔽，采取行动抓住机会，或者摆脱困境，避免被卷入未知的风险之中。

对于一个领导者来说，凡是与企业生产和经营相关的数据、图表、说明和各种客观情况的反映、规定、体制、条例、习惯、信仰等等都是有用的信息。在企业内部的生产和经营过程中发生和反映出来的信息，称为内部信息；在企业外部发生和反映出来的信息，称为外部信息。除此之外，领导者还必须注意一些与市场有密切关系的情况，如国家的政治政策的变化、人口状况、科学技术情况及人类生态环境等数据。

面对各种信息，关键在于眼光。无论是看人，还是判断其他事物，都要全面地了解情况，注意分析各种现象之间的内在联系。

领导之道贵在能够举一反三，触类旁通。战国时期著名商人白圭曾经说：

"吾治生产，犹伊氏、姜尚之谋，孙、吴用兵，商鞅行法是也。"也就是说，把政治、社会、军事等领域的传统管理智慧，适用于经济与市场领域。作为现代的领导者，更应接受古人的教益。这里面也有一个悟性的问题。

邓析之死

2000 多年前的春秋时期，郑国有个叫邓析的政治家，他聚众讲学，传授法律知识，并帮人打官司，因而被后人视为中国古代第一位有据可查的讼师。从下面这个故事中，我们可以看出邓析超人的逻辑思辨能力。

新郑境内有条著名的洧水。有一年发大水，郑国有个富人渡河时不慎失足，落入洧水中淹死了，尸体被一个穷人打捞上来。富人的家属听说后想用钱赎回尸体埋葬，打捞尸体的穷人了解到死者家里很有钱，觉得奇货可居，就漫天要价，想趁机捞一把。富人不想出那么多钱，双方相持不下，事情就闹僵了。

情急之下，富人的家人便向邓析请教解决的办法，邓析说："你们不要着急，一文钱赎金也别多出。放心吧，对方只能把这具尸体卖给你，因为除了你，没有第二个人会向他买这具尸体，还怕他不卖给你？尸体不能长期存放，只要你拖着，穷人自然会降价的！"富人的家人觉得邓析言之有理，就耐心等着，不着急了。

过了几天不见富人家来买尸体，那个穷人坐不住了，也来找邓析出主意。邓析对那个穷人说："不要着急，一文钱赎金也不要降低，因为对方除了在你这里能买到那具尸体，在别处是买不到的！"穷人一听有理，也不着急了。

由于邓析的名声，老百姓之间如果发生了什么纠纷，都去找邓析请教解决的办法，当然少不了要送给他一些礼物作为酬金。帮人打官司，邓析约定按照案情轻重收费，大案件收取一件外衣，小案件收取一条短裤，类似今天的收费律师。当时，拿着外衣、短裤前来找邓析咨询诉讼者络绎不绝。

邓析是个很有民主意识的人，他积极提倡平民百姓参政议政。在这方面，他的一个贡献是制定竹刑。

所谓竹刑，是与当时郑国执政大臣子产所制定的鼎刑相对而言的。子产以周朝的礼仪作为司法准据，铸刑书于鼎，作为国家日常治理的法令，称为鼎刑。邓析成为郑国大夫后，反对以旧礼作为全社会的价值观念，要求摒弃旧制，进行刑法改革。他吸收了很多人的意见，私自拟定了一部新的法律条文，并把这些法律条文刻在竹简上，在民间传播，让人们学习和掌握法律，在守法的同时用法律保护自己的利益，受到群众的欢迎。人们称邓析私自拟定的法律为"竹刑"。

竹刑比鼎刑造价便宜，易于传播，使得贵族和平民都能看到法律条文，提高大众的法律意识，也保护了平民的利益。

邓析的另一个发明是引导群众用贴匿名帖的方法揭发当权贵族和大夫们的过失，议论国家的政事。如此一来，那些贵族们便害怕老百姓揭发他们的罪恶，对邓析很反感，便向继子产之后的郑国执政大臣驷颛告了邓析一状，说邓析用匿名帖煽动平民百姓闹事，要造反。于是，驷颛禁止老百姓不允许贴匿名帖。

但是禁令并没有使邓析退缩，他又教老百姓把贴匿名帖改为寄匿名信，将议政的内容相互传递，甚至把举报揭发一些当权者犯罪的材料寄到执政大臣驷颛那里。驷颛又下令不准老百姓传寄匿名信。邓析又想出了把评议时政的信夹寄在包裹里的其他物品中，继续相互传递，使民间议政之风一直难以禁止。

由于邓析的讼师身份，有很多平民百姓到他这儿来揭发贵族大夫的罪行，使得一些大夫和贵族不敢再胡作非为。在邓析的倡导下，当时的郑国兴起了一股诉讼的浪潮，却触犯了当权贵族们的利益，致使当权贵族们对邓析怀恨在心，纷纷跑到执政大臣驷颛那里说邓析的坏话，把他称为扰乱民心的祸首。

公元前501年，为了维护当权贵族的利益，驷颛将邓析杀害，并展尸示众。

【智慧解读】

邓析之才，高则固然高矣，但是却称不上是一个明智的人。如果他仅仅是凭借自己的聪明才智来著书立说，帮助下层的人民之间解决一些诉讼争端，那

么也许还不至于最后被杀害。但是他不仅帮助平民去向那些盘剥他们的贵族进行诉讼，而且公然订立出通行于民间的"竹刑"，与统治者所订立的"鼎刑"相抗衡，也就不容统治者不起杀机了。

实际上，邓析的悲剧，也是古往今来无数民间思想家共同的悲剧。

几乎所有的统治者都把维护自己的统治，打击第二种力量的崛起当作主要任务。因为这里面涉及一项十分重要的权力：刑罚和赏赐的权力。统治者要治理好一个地方，必须要凭借人的本能心理。人的本能就是趋利避害。所以就可以用刑罚和奖赏来加以治理；既然刑罚和奖赏可以有效，那么法令规定什么可以做，什么不可以做，就可以得到遵守了。只要领导者能牢固地掌握刑罚和奖赏的权力，那么他的命令就能贯彻执行，发布的政策就可以使人们严格遵守。

而邓析通过自己的才干，能够使这些权力变得不那么好用，发布的政令不那么灵光，无形中造成了一种分权的局面，自然是统治者所不能容许的。

借助法律的名义随便诛杀一个思想家，反映了在专制条件下，术与法相抵触时，掌权者往往舍法取术。是否善于用术，成为专制政体能否治理好，国家妥善用人的关键，法成为术的附庸。法只是权力的工具，在这一观念背景下，法既得不到统治者的遵守，也得不到民众的信任。

从这个意义上来讲，邓析之死也带有讽刺性地揭示出，在一个专制的社会中，无论"法"是刻在鼎上还是什么坚不可摧的东西上，在统治者眼里都不过是他们自己磨打的一把快刀，在民众眼里，它是一把悬在头上的达摩克利斯之剑，偶尔希图用以切菜，却又是锈迹斑斑。

赵襄远虑

赵襄子，名无恤，战国之际晋国赵氏的封君，在位为33年，史称赵襄子。

赵国大将新稚穆子攻打翟国，占领了老人和中人两座城池，于是就派人来向赵襄子汇报战果。当时，赵襄子正在吃饭，听到报告后，面有愁容。左右的人问："一天占领两座城，这是人人都应该为之高兴的大喜事，您却为何发

愁呢?"

襄子说:"暴风骤雨,用不了一会儿就得停;日到正中很快就会偏西。现在,我们并没有为翟国老百姓做什么有益之事,却一天占领他们两座城池,这难道不是快要灭亡的征兆吗?"

孔子听到这话后感慨地说:"赵国看来要昌盛了!对国家的事,总要从坏处着想,这是昌盛的开始;而每天悠哉游哉,认为万事大吉了,这才是衰的征兆。一时的胜利,并不困难,难的是永远立于不败之地,有头脑的领导者总是能够事先考虑事情将会出现什么不利因素,所以他们所取得的成就能够延续到后世。齐、荆、吴、越四国,都曾经打过胜仗,

孔子

但最后很快都灭亡了,不都是因为不能做到居安思危这一点吗!"

上面这个故事,十分鲜明地显示出了赵襄子深谋远虑的政治作风。这一点,在他后来通过立太子来维护内部团结方面也体现得很突出。

赵襄子自己是赵简子的庶子,被立为太子,继位为君,从宗法习惯上来说是不正常的。他的被立与太子伯鲁的被废,属于废嫡立庶,废长立幼,与宗法传统的嫡长子继承制相悖。他一直对此事感到不安,想方设法加以补救。

在他即位不久,攻灭了代国,即把太子伯鲁之子封为代成君。后来又不立自己的儿子为太子,而把伯鲁之孙立为太子。他死以后,伯鲁之孙即继承大权,是为赵献侯。

赵襄子尊重宗法传统的行为,维护了赵氏宗族内部团结的作用,同时还可以赢得当时人们的敬重。因而,那样的行为,在特定的历史条件下,又可以说是一种比较成功的政治手段。

在对外方面。赵襄子联合智氏、韩氏、魏氏三卿瓜分了范、中行氏的领地,

驱逐晋出公，立晋懿（或作哀）公。四卿把持晋国的朝政，争权夺利的矛盾更集中、更激烈。其中势力最强大的智伯狂妄骄横，要求韩、赵、魏三家都割给他一块土地。韩、魏二家答允，唯有赵襄子不答应。智伯大怒，联结韩、魏两家，向赵氏进攻。

赵襄子寡不敌众，听从张孟谈的谋划，退保晋阳（今山西太原市南晋源镇）。因为晋阳是赵简子时的干练之臣董安于苦心经营过的，简子失利时就曾固守晋阳，历任守臣都做到了政宽民和，是理想的死守据点。赵襄子退据晋阳，巡视一遍，见城池坚固，府库充实，仓廪丰盈，只是缺乏御敌所用的箭矢。张孟谈又告诉他，董安于当年深谋远虑，建筑宫室墙垣的材料都可以拆来做箭杆，铜铸的柱础可以用来造箭镞。于是一切齐备，严阵以待三家来犯。

智伯率韩、魏两家围攻晋阳，一年多没有攻下。后来引汾河水灌城，"城中巢居而处，悬釜而炊，财食将尽，士卒病羸"，岌岌可危。在生死存亡的关头，赵襄子与张孟谈策划，由张孟谈暗中与韩、魏二氏联络，说动二君，约好里应外合，共灭智氏。韩、魏之兵在夜里杀死智氏守堤之吏，决开河堤，反使汾河水冲向智伯军中。赵军从城中杀出，韩、魏二家从旁夹击，活捉了智伯。三家瓜分智氏领地，形成韩、魏、赵三家把持晋国的局面，为三家分晋奠定基础。

赵襄子在困守孤城的境地中，始终坚持，而且临危不乱，在破城的前夕，能够做出正确抉择，反败为胜，充分显示了他的政治和军事才能。

赵襄子还十分注意维护自己的权威。在晋阳被围时期，群臣惶恐不安，都想寻找个人的出路，对赵襄子不怎么恭敬，只有高共一个人不敢失礼。胜利以后，赵襄子论功行赏，高共并没有什么功劳，却被定为首功。

对此有人提出异议。赵襄子说："当晋阳危急的时候，群臣都惶惶不可终日，对我很怠慢，唯独高共从来不敢忘记君臣的礼节，所以应该记首功。"

在他看来，恭谨驯顺的臣子比建功立业的干将更重要，因为后者固然有用，但若没有前者，就无法维持他自己及其家族的统治。

在晋国六卿攫夺政权的残酷斗争中，赵襄子注意团结内部，向外扩张，又能把握时机，转化矛盾，败中取胜，终于使赵氏具备了位列诸侯的势力，成为瓜分晋国的三家之一。

【智慧解读】

赵襄子对打了胜仗反而表示忧虑，是因为他深深地明白想要万世永存是不可能的，但是如果能够隐藏自己的优势，同时弥补自己的不足，这也是一种长久的打算，对于成功会有极大帮助。中国有一句古语叫作"物速成而疾亡，晚就而善终"，讲的就是这种智慧。实际上这种思维方式在很多智者身上都存在，孔子很有力量，能用双手举起城门板，但从不向人炫耀自己力大；墨子攻城和守城的技术使公输般叹服，但从不肯向人炫耀自己善于用兵。

一个成功的领导者，除了必须在身处逆境时矢志不渝之外，在一旦取得出乎意料的成功之后，更要戒惧有加，不能因此而妄自尊大，目中无物。实际上，这也是古往今来的成功者所必备的涵养。

"10多年来我天天思考的都是失败，对成功视而不见，也没有什么荣誉感、自豪感，而是只有危机感。"说出这句话的，就是目前被无数领导者视为楷模的深圳华为老总任正非。也许正是管理层这种如履薄冰的戒惧，才造就了今天的华为。

现代企业所面临的环境改变，也和温水煮蛙试验中锅里的水一样，大多是渐热式的。如果领导者与下属对环境的变化没有疼痛的感觉，最后就会像青蛙落入逐渐加温的水中一样，被煮熟了还不知道怎么死的。

直到今天，仍然有一些领导者对此认识不足，有的自以为已经天下无敌，可以为所欲为；有的只看到企业发展的有利因素，而忽视了潜在的风险；有的只看到对手的弱点，却看不到自身的不足；有的取得一时的成功就得意忘形，而对可能发生的危机却缺乏准备。

但是竞争环境的改变大多是渐进式的，因此发展伴随的风险也是逐渐积累起来的。对于企业来说，最大的风险就是没有危机意识。很多企业由强变弱，

最终惨遭淘汰，原因各不相同，但有一点却是共同的，那就是缺乏忧患意识和危机意识，对环境的变化没有疼痛的感觉，最终导致一败涂地。

宓子贱治亶父

鲁国人宓子贱是孔子的学生。他曾有一段在鲁国朝廷做官的经历。后来，鲁君派他去治理一个名叫亶父的地方。他受命时心里很不平静。宓子贱担心：到地方上做官，离国君甚远，更容易遭到自己政治上的宿敌和官场小人的诽谤。假如鲁君听信了谗言，自己的政治抱负岂不是会落空？

将要辞行的时候，他向鲁君请求派两个亲信官员，同他一起到亶父去。亶父的官员都来参见。

宓子贱让那两个同来的官员书写。他们刚要书写，宓子贱从旁边不时地摇动他们的胳膊肘。官员写得不好，宓子贱就大发雷霆。

两位官员很为难，便告辞请求回去。宓子贱说："你们写得很不好，你们赶快回去吧！"

两位官员回朝向鲁君报告说："没有办法给宓子书写文书。"

鲁君说："为什么？"

两位官员回答说："宓子让我们书写，却又不时地摇动我们的胳膊肘，写坏了却又对我们大发脾气。亶父的官员们都笑话宓子。这就是我们所以告辞离开的原因啊！"

鲁君长叹一声，感慨地说："宓子是用这个方法来对我的错误进行劝谏啊！我扰乱宓子，使他不能实行自己的主张，这样的事一定有过好几次了。没有你们两个人，我几乎要犯错误了！"

他于是派遣亲信，到亶父传令，告诉宓子说："从今以后，亶父不是属我所有的了，而是属你所有的了。凡是利于亶父的事情，你决定了就办吧！每5年向我汇报一次治理的大概情况就行了。"

宓子答应了，这才得以在亶父实行自己的主张。

过了 3 年，巫马期穿着粗布短衣、披着破皮袄，到亶父去观察施行教化的情况。看到夜里捕鱼的渔夫，得到鱼以后却又放回水里。

巫马期向他问道："捕鱼是为了得到鱼。现在你得到鱼后却又放回水里，为什么？"

渔夫回答说："宓子不让人们捕小鱼。我放回水里去的是小鱼。"

【智慧解读】

宓子贱之所以能把亶父治理得井井有条，其前提就是鲁君能够放手大胆地让别人去做事。有才之士凡做事情都有自己的一套思路，并且希望在工作当中将自己的思路一直贯彻下去，这就需要领导者必须大胆放手，让他们有足够自由发挥的空间，只有这样才会将热情调动起来。否则约束越大，下属的才华越不易得到发挥。这样的话，领导者权力虽然得到巩固集中了，但却无法干成任何事情。

正如杰克·威尔奇在其新作《胜利》中所指出的："领导者要求独特的行为和态度，对许多人来说，这些都伴随新的职位自然产生。在成为领导之前，成功完全取决于个人成长。成为领导之后，成功取决于培养他人。"

一般来说，不愿授权的人在内心深处都有一种完美主义人格，使他做事务求尽善尽美，不容出半点差错，也不敢承担任何风险。他宁肯自己劳累致死，也不愿有一丝放松，更不敢大胆地放权于属下。这也许能够创造几多辉煌，却也使组织蒙受一些不该有的损失，丧失了一些大好的发展机会。

很多领导者担心下属智慧比自己高，能力比自己强，因而不敢充分信任，这是最愚蠢的。美国"钢铁大王"安德鲁·卡耐基本人对钢铁的制造、钢铁生产的工艺流程，照他自己的话说，知道的并不多。但他手下有 300 名精兵强将在这方面都比他懂，他的卓越才干就是善于用人、用好人。卡耐基专门授权给能力比自己强的人聚集在自己周围，是他事业获得成功，登上美国钢铁大王宝座的重要原因。

　　与此相反，被誉为美国"汽车大王"的亨利·福特及孙子福特三世，在其事业发展的顶峰，变得刚愎自用，嫉贤妒能，绝对不允许下属"威高震主"，一旦有这种感觉，就不顾一切将对公司的发展立下汗马功劳的人解职。正是这一套做法，导致其事业大滑坡，今天的福特汽车公司，已失去当年的那般威风。

　　因此，领导者也要学会授权。要让人独当一面，须使其独立自主。在那些没有授权的机制中，一般都有一些直接控制所带来的一系列不良后果：难以准确把握市场，决策风险系数加大，效率不高；最高层领导忙得团团转，而中高层管理人员无积极性，被动执行；上有政策，下有对策等等。

　　每一个领导都必须明白，管理的真正使命在于运用智慧，发掘潜在问题，进而深入分析，提出解决对策，而不是一手一脚地去指示下属，更不是亲力亲为地做一些具体的工作。一般来说，学会授权对于领导者的意义在于：

1. 提高部属的主观能动性；

2. 本人生产力可得到延伸；

3. 部属可得到发展机会；

4. 对部属的激励和信任；

5. 提高部属的责任心；

6. 达到优势互补；

7. 使气氛和谐。

　　根据研究，一般来说，领导者可以授权下级来完成的工作包括：日常工作及需要专业技术型工作、收集事实与数据、可以代表其身份出席的工作、某些特定领域中的决定、监管项目、准备报告等。同时，还有一些工作是不可轻率授权的，它们包括：下达目标、人事问题（如激励、保持士气、解决部门间的冲突、发展及培养部下、任务的最终职责、维护纪律和制度等）。

桑下饿人

　　赵盾，春秋时晋国执政。即赵宣子，谥号宣孟，亦称赵孟，是一位在当时各国都有较高名望的政治活动家，有一定的政绩可称。

有一次，赵盾沿河而上，要去绛这个地方。

途中，他看见一棵枯死的桑树底下，卧着一个饿得奄奄一息的人，赵盾就停下车，亲自喂他东西吃。赵盾连续喂了他几次，他一点一点咽下食物，慢慢地才睁开了眼睛。

赵盾问他："你怎么会被饿成这个样子？"

那人回答说："我本来是在绛做官，回来的途中食物吃完了，想讨饭又羞于开口，自己又憎恨去做盗贼，所以就给饿成了这个样子。"

赵盾看他怪可怜的，就给了他一块肉干。那人感激得直磕头，但拿着肉干就是不吃。赵盾觉得很奇怪，就问他，那人说："我家有一个老母亲，我是给她老人家留着的。"

赵盾说："你先吃吧，我再给你带些回去。"

于是就又给那人两串肉干和一些钱，然后才离开。

当时在位的是晋灵公，他刚刚即位时由于年龄太小，不能料理朝政，于是让赵盾、士会和荀林父三人辅佐。灵公年长即位后，昏庸无道，残暴荒淫，搜刮民财，乱收赋税，是春秋时几个有名的无道昏君中排名比较靠前的一个。

灵公的喜好之一就是站在城楼上，用弹弓射街上来往的行人，看到人们为了避弹子而左躲右闪，乐得前俯后仰，根本不考虑弹子会误伤人命。有一次晋灵公要吃熊掌，等端上来时发现熊掌还没熟，一气之下，命令把厨师杀掉，并把厨师的手砍下来，让一个妇人托着走过朝堂，用以警告众人。

赵盾看到晋灵公这样残忍昏庸，就几次劝说他。晋灵公不但不虚心接受，反而在心里算计着要杀掉赵盾。

第一次，灵公派一位名叫锄麑的力士去刺杀赵盾。

锄麑潜入赵府，看见赵盾穿得整整齐齐的，准备上朝，时间还没有到，在那里打个小盹，就想，赵盾是国家的忠臣，怎么能杀这样的人呢？杀了对不起人民。国君命令他去刺杀，不杀又对不起国君，人生两难啊，思前想后，他痛

苦地决定一死了之，于是一头在树上撞死了。

灵公一计不成，又生一计，在宫里埋伏上武士，接着假装请赵盾喝酒，席间还连连向赵盾敬酒，想乘他酒醉时下手。赵盾看出了晋灵公的用意，所以在酒喝到半截时就借故溜开了。

灵公见赵盾一去不回，就急令房中的武士赶去追杀，其中一个追得快，最先追上，一看是赵盾，大吃一惊，说："原来是先生您，赶快上车离开这儿吧！我来截住追兵为您断后！"

赵盾问："你叫什么名字？"

那人边往回跑边说："还问名字干吗？我就是枯桑树底下的那个快要饿死的人！"

那人只身奋勇与追兵拼杀，结果被乱刀砍死，而赵盾得以走脱活下来。赵盾和他的儿子赵朔被迫逃往国外，在逃跑的途中正巧遇见晋灵公的姐夫赵穿。赵穿听后非常生气，他前去找晋灵公评理，然而晋灵公不但不听，反而对赵穿恶声恶语。万般无奈之下，赵穿只好命令卫士一拥而上，杀死了晋灵公。

赵盾听到这件事后，返回晋国，把晋灵公的儿子拥立为王，这就是晋成公。

一天下午，赵盾来到当时负责编写晋国国史的太史官董狐的办公室里，拿起记录历史的竹简一看，很生气地对董狐说："晋灵公死的时候我都不在朝中，怎么能说是我杀的呢？你这样乱写，诬蔑朝廷命官，是要杀头的。"

董狐不慌不忙地说："你身居相位，曾经逃亡而没有走出国境，回来后又不惩办凶手。这不是你的责任，又是谁的责任呢？"

赵盾一听，觉得也是这么回事，但他还是说："还是修改一下吧，改了对大家都有好处。"

董狐严肃地说："作为一个史官，最重要的就是诚实。黑就是黑，白就是白，来不得半天虚假，否则就是对后代人的欺骗。我的职责就是记录真实的历史，让我为了个人私利改写史书，是无论如何也做不到的。丢脑袋对于我而言是件小事，丢掉了作为一个史官应有的节操，可是一件大事了。"

赵盾听了董狐的一番话，被他这种负责的态度和正直的品德打动了，叹息说："《诗经》上都说'因为我怀恋君主，所以给自己带来忧伤'。大概说的就是我这样的人吧！"

此后，他也没有再为难董狐。

【智慧解读】

赵盾救济桑下饿人最初的打算，并不是为了这个人的回报，只是出于一种同情。人毕竟不同于其他生灵，是有感情的，将这种仁爱之心表达出来，纵使自己吃一些亏也无所谓，因为这是对生命的尊重。

这就给所有的领导者提出了这样的启示：只有从情感上感动下属，才能得到真正的忠诚。

人人都希望得到信任和尊重，也都会对信任和尊重投桃报李。正如美国公关专家苏姗·罗安所说："你不可能因为给人一个微笑而丧失什么，因为它永远会再回来。"很多领导者认为与下属之间是工作关系，因此不愿投入过多的关怀与热情；还有人担心自己的关心投入以后，反而会损害自己的权威，得不到下属的尊重。

实际上，上述的想法都是与管理的真谛背道而驰。如果领导者利用一点时间，对自己组织内的下属投入一点关心，表达一点自己的兴趣与信任，比如说每个周末利用一点时间，对那些很少会面的下属，写一张卡片，发一封 e-mail，甚至打一通电话来表达感激，将会获益匪浅。

事实上，西安杨森的总裁就是这样做的：每到逢年过节，他即使在外出差、休假，也不会忘记邮寄贺卡，捎给员工一份祝福。每位员工过生日的时候，公司也会发贺卡祝贺，这不是形式上的统一贺卡，而是很个性地对员工表达关爱的贺卡。员工生病休息，部门负责人甚至总裁都会亲自前去看望，或写信问候。员工结婚或生小孩，公司都会把这视为自己家庭的喜事而给予热烈祝贺，公司还曾举办过集体婚礼。公司的有些活动，还邀请员工家属参加，一起分享大家

庭的快乐。

因此，一个领导者要得到下属的心，在工作上给予其用武之地是一个方面，另一方面就是从情感上重视他们。不要忘记对他们以春风风之，以夏雨雨之，用友好、和善的态度去与他们交往，对他们的遭遇富有同情心，表现得通情达理。

任何一个组织中，下属只有得到领导者关心、支持、指导、理解、重视以及对于工作及时的反馈和冲突给予协调，才能回报以更多的成就。因此，领导者在具体的管理活动中，一定要尊重和关心下属，以下属为本，多点人情味，必须学会与下属进行沟通，主动询问、问候、了解下属的需要与困难，帮助解决问题，除了精神和物质帮助之外，给予认可和信任。

在下属工作遇到阻力时，定期给以工作上的反馈，倾听他们的诉说，对工作中遇到的冲突进行调解和解决，并且根据不同的情况进行认可，或者加以在职辅导和培训。

当下属为个人的困难来求助时，一定要珍惜这种信任和敬重，无论他们谈什么，都不要置之不理，也不要粗暴简单地把他们打发走。有些事情对领导者可能是微不足道的，可是对下属来说却可能至关重要。只要真心关注下属，哪怕只是一点小小的关心，下属也会没齿难忘。假如一个下属今天脸色不好，或者表现得郁郁寡欢，就要问候一下他有什么不愉快的事情。如果他请假去照料生病的家人，那么当他回来上班时，就要问一下他的家人康复没有。

因为领导者的兴趣与关怀，下属真正感觉到领导者给予的关注，会觉得自己被需要、被肯定、有影响力，由此所激发出的创造力和积极性，以及为组织心甘情愿的付出，也会像从水井里抽出的水一样源源不断。在这个过程中，必须记得要对下属从内心报以关怀，这比任何礼物都能收效。只有这样，下属才会信任和尊重领导者，并发挥出更大的潜能。

李克善谋

　　李克是战国初期的政治家，孔子的徒弟子夏的弟子。虽然他学儒出身，但是成了法家的创始人物。他在来到魏国以后，汇集了各国法律条文，编成一部《法经》，内容分为《盗法》《贼法》《囚法》《捕法》《杂法》《具法》，是最早最具规模和系统性的法律文典。其中《盗法》和《贼法》针对盗窃、杀人及犯上作乱者；《囚法》和《捕法》是有关断狱和捕亡的法律，包括惩罚"盗""贼"的具体规定；《杂法》用于惩罚轻狂放荡、翻越城墙、赌博、欺诈、贪污受贿、荒淫奢侈、僭越等级制度等违法行为；《具法》是根据具体情况加重或减轻刑罚的规定。

　　魏文侯攻灭中山以后，封太子击为中山君，翟璜推荐李克出任中山相辅佐太子。在李克出发前去中山国之前，魏文侯问李克："你说吴国是怎么灭亡的呢？"

　　李克说："是骤然发动战争和迅速胜利的原因。"

　　文侯说："骤战速胜是国家的福音啊！你怎么说是因此灭亡的呢？"

　　李克说："骤战会使百姓疲惫，速胜则会使领导者骄横。以骄横的君主领导疲劳的人民，这样的国家不灭亡，天下少有。骄横就会放纵，放纵就会无休止地网罗自己所喜爱的东西，以满足贪欲；疲劳辛苦则会产生怨恨，怨恨会导致逃避徭役，不服从国家的法令。照此来看，吴国的灭亡还算是晚的呢！"

　　有一次，文侯因翟璜举荐贤才有功，想把他封为相国，于是便将李克找来商议，文侯对李克说："先生曾经开导过寡人：家贫则思良妻，国乱则思良相，今内定的相国人选，不是季成，就是翟璜，二人谁当相国合适呢？"

　　李克回答说："臣闻位卑之人不应对尊者说三道四，疏远之人不应对亲者妄加评议。臣居宫门之外，不敢承命。"

　　文侯说："先生当仁不让，不必客气。"

　　李克说："您平时没有留心罢了。考查一个人：平居时，看他和哪些人亲近

交往。富裕时，看他把钱财花在什么地方。显达时，看他如何选贤与能。困厄时，看他在什么事情上不肯迁就。贫苦时，看他什么钱财不苟取。有此5项标准，完全可以确定相国的人选了，还问我做什么！"

文侯说："先生请回府，寡人心目中的相国有啦！"

李克出朝，翟璜迎面问他道："听说主公找您商量相国人选，现在定下了吗？究竟是谁？"

李克说："季成子当相国啦！"

翟璜不高兴，怒形于色说："以你耳之所闻，目之所见来说，我哪些地方不如季成子？西河守将吴起是我推荐的。君王甄选治邺人选，西门豹是我保举的。君王策划讨伐中山，主将乐羊是我提拔的。攻克中山，无人可任防守之责，您驻守中山，也是我推荐的。主公的世子没有师傅，屈侯鲋是我介绍的。我哪些地方不如季成子？"

李克说："噢！原来如此。您把我推荐给国君，是为了结伙营私，捞取做大官的资本呀！君王谈起设置相国的事，说：'不是季成，就是翟璜，两人谁当相国合适呀？'我答曰：'君王平时没有留心罢了。考查一个人：平居看他和哪些人亲近交往。富裕看他把钱财花在哪些地方。显达看他如何选贤与能。困厄看他在什么事情上不肯迁就。贫苦看他什么钱财不苟取。有此5项标准，完全可以确定相国的人选了，还问我做什么！'因此知道季成子是合适的人选。况且，您怎能和季成子比呢？季成举荐的卜子夏、田子方、段干木，与主公非师即友，你举荐的人再能干也不过是主公的臣子。季成一心为国，每年都将俸禄的十分之九拿出，款待四方贤士，你的俸禄全都自己食用了，你怎么能比得上季成呢？"

翟璜不好意思，向李克再拜说："我是个粗鄙野人，刚才说得很不像话，愿终身做您的弟子。"

【智慧解读】

李克和魏文侯对于宰相的人选的确定，以及在确定过程中所采用的选择标准，事实上十分深刻地说明了团队意识对于一个组织所起的作用。

团队意识是指在工作中不仅从自身出发来考虑问题，而是从整个组织的发展和进步为出发点，思考和解决问题。作为一个宰相，其最大的职能并不是把某一项工程完成，或者把某件工作安排好，而是要通过自己的努力，使整个组织中人尽其用，形成一种合力向上的文化。正是出于这种考虑，魏文侯和李克不约而同地选择了季成为相。

团队意识并不能自然在一个工作团体中产生。一个优秀的工作团体或许能够一起分享信息、观点和创意，共同决策以帮助每个成员能够更好地工作，同时强化个人工作标准的特点。但是把工作目标分解到个人，注重个人目标和责任等分工，往往使目标成为个人目标的简单总和，使成员不会为超出自己义务范围的结果负责，也不会尝试那种共同工作而带来的增值效应。

翟璜推荐一些实用型的人才，最后却因没有能够因此而获得宰相职位就怒形于色，反映了他急功近利的性格。他只看重能够抓到手的眼前利益，甚至只看重一己之私利，而缺乏提高整个团队凝聚力的能力，更缺乏从团队的前进方面来思考问题的眼光。这样的领导者一方面无法把更好的下属团结在自己的身边，另一方面也被短视局限了事业格局的扩大，而无法成为跃过龙门的化龙之鲤。

要形成出色的团队意识，必须在工作团队中达成以下几个方面的一致：

第一，在目标上达成一致。共同的目标是一种意境。团队成员应花费充分的时间、精力来讨论、制定他们共同的目标，并在这一过程中使每个团队成员都能够深刻地理解团队的目标。以后不论遇到任何困难，这一共同目标都会为团队成员指明方向和方针。

第二，共同承担责任。建立一种环境，使每位团队成员在这个环境中都感到自己应对团队的绩效负责，为团队的共同目标、具体目标和团队行为承担共同的责任。

第三，关系融洽。团队成员之间应该互相支持，善于沟通，彼此之间坦诚

相待，相互信任，并勇于表达自我。

归结到一点，团队意识的精髓是形成一种共同承担责任和共同前进的文化。没有这一点，团队如同一盘散沙。有了这一点，团队就会齐心协力，成为一个强有力的集体。

翟黄谀谏

有一次魏文侯在宴席上，命令大臣们对自己进行评论。

大多数的大臣都称赞魏文侯很睿智英明，唯有轮到任座这个人时，他唱反调，坦直地说："大王不是仁君。"

文侯有些不悦地问道："为什么？"

任座不管那一套，径自说道："我为什么说您不是仁君呢？因为您派兵夺取中山国后，不封自己的弟弟为领主，反而将这个地位赐给儿子。由此就可看出，您有处事不周的缺点。"

魏文侯听了，顿时觉得脸上无光，很没面子，更不高兴。

任座看到了马上离座退出，接着由另一个人翟黄发言，他是一个正直的人，也是一个有智慧的人，他说："您是一位贤君，因为，听说君主贤明的话，他的臣子就愿意说直话。刚才任座愿意说直话，由此可知您是贤君。"

魏文侯听了大喜，问："现在是不是该把他叫回？"

翟黄说："这还有什么问题呢？听说忠臣都尽其忠，不避其死，这会儿任座一定还在宫门附近没有逃开。"

话说完，翟黄出门一看，果然在宫门附近找到任座。因此，就将文侯的意思传达给他，同时一道返回席中。当任座刚进来，魏王就亲自下阶迎他，自此之后，待他如上宾，魏国的政治也因而愈来愈好。

【智慧解读】

喜听人赞扬，不喜听人批评，这是人的常情。当然，也有闻过则喜的，这是聪明人对待批评的态度。因为他知道，接受正确的批评可使自己改正错误，对自己上进和事业发展都有帮助。这道理也许不少人懂得，但真正"闻过则喜"且改过的则不多了。大多数人都是喜听人说赞扬自己的话，魏文侯便是其中的典型。当群臣都说他是"仁君"时就喜笑颜开，而那个任座偏不买账，不客气地指出他"非仁君"，使他气得脸色发紫。如果在这时翟黄为帮任座而照其反调唱，那同样会遭到文侯驱逐，也可能被文侯认为其二人是朋党，阴谋反对自己，而招杀头之祸。翟黄却巧出心裁，采取"谀中含谏"说法来劝解，先赞扬文侯是"仁君"，后以"君仁臣直"为其说的根据，而任座敢于直说就是文侯是"仁君"的有力证明。这么一说一解释，既满足了文侯喜人赞扬的愿望，又可使魏文侯"顺风转舵"改正了自己驱逐任座的错误，任座的忠直得到肯定而升了官。翟黄的"谀中含谏"之妙在此。

批评是门学问，更是门艺术，得选择方式，要有股巧劲，不但要让对方承认、改正错误，还得让他心服口服，不产生抵触情绪，这也就是人们常说的"话有三说，巧说为妙"。但是，我们似乎已经习惯了开门见山、直言不讳的批评，尽管觉得有丝苦涩，难以下咽。这得归功于"良药苦口利于病，忠言逆耳利于行"这句古训。它就像一根高高举起的大棒，随时准备敲打那些对"逆耳忠言"心存反感或有所不满的人，逼着他们逆来顺受，忍气吞声，"功劳"委实不小。

然而，我相信只要是味觉正常的人都不愿吃苦口的良药，逆耳的忠言又有哪个神经正常的人爱听呢？这从人们在苦药外边裹上糖衣或者包上胶囊即可知之。"己所不欲，勿施于人"。既然如此．那么我们在批评别人的时候，何不使心境放平稳一些，态度放和蔼一些，语气放舒缓一些，动动脑筋，把"逆耳的忠言"变成"顺耳的忠言"？如果让人们一味地接受"逆耳的忠言"，那么批评就变成一种模式，成了训斥，单调乏味得犹如军令；更严重的是，恐怕由此会引出一系列的争吵甚至打斗。

尹铎善治

春秋时，尹铎是晋阳城继董安于之后的第二任地方官，早年跟随晋阳宰董安于佐治晋阳，为董安于的属大夫。出身虽不尊贵，却很有政治眼光。董安于为赵氏殉职后，尹铎被任命为晋阳宰。如果说，董安于将晋阳城建成了一座坚固的军事堡垒，那么，尹铎则进一步将晋阳城建成了一座坚固的人心堡垒。

尹铎赴任时，请示赵简子说："您是打算让我在晋阳抽丝剥茧般，让它变成一个为您聚敛赋税的财源之地呢，还是安抚人心，一个百姓安居乐业的可靠根据地呢？"

赵简子回答当然是后者。于是，尹铎来到晋阳以后，继承董安于宽以待民的传统，采取许多办法，广揽民心。其中最主要的一条，就是"损其户数"，用少算居民户数的方法，减轻当地的赋税，以此来笼络人心。在尹铎的治理下，百姓安居乐业，人心向赵。

尹铎升任晋阳宰时，赵简子曾命令他将范、中行氏围攻晋阳时修筑的壁垒全部拆掉，称看见这些就像看见仇人一样仇恨。尹铎不仅没拆除，反而将壁垒修复增高。

赵简子后来到晋阳视察时，发现尹铎并没有拆掉壁垒，有增无损，认为他怀有二心，十分生气，一定要杀掉尹铎后再入城。大臣孙明劝谏道："遗忘祖训，放松警惕，是招至灾祸的根源，修筑壁垒，可以保持戒备，确保赵氏的安宁，壁垒可以当作一面镜子，使人居安思危，时刻警惕，确保晋阳安宁，尹铎这样做，实在是为赵氏宗族的利益着想。有什么不妥呢？"

于是，赵简子听了转怒为喜，收回成命，重赏了尹铎。赵简子临死时，对儿子赵襄子说："日后若晋国有难，不要以为尹铎地位不高，不要嫌晋阳遥远，一定要回到晋阳去固守。"

赵简子去世后，智瑶迅速填补了权力真空，执晋国政，凌驾于其他三卿之上，开始兼并其他三卿的步骤。

公元前 453 年，他以恢复晋国霸业为名向其他三家索要土地，韩、魏两家迫于智氏的强盛，都交给了他一个万户之邑，只有赵无恤断然拒绝。于是，智瑶以此为借口统帅韩、魏两家攻打赵氏。

此时，赵无恤想起了父亲的训诫：晋国有难，无以尹铎为少，无以晋阳为远，必以为归。于是率军避敌锋芒，退保晋阳。

来到晋阳以后，赵襄子发现这个城池经过董安于、尹铎的竭心经营，实行宽恤的仁政，晋阳不仅城坚壁厚，而且民无二心。但他也发现城中弓箭和兵器的储备不足以支持长期作战，向家臣张孟谈问计，张孟谈说："当年董安于修筑晋阳城时，用荻蒿等植物主竿做墙骨，用铜柱替代木柱，将它们挖出来后，正好用来制造箭杆和兵器。"董安于 60 年前的深谋远虑再一次帮助了赵氏家族，因此，三家联军围攻晋阳一年而未能破城。

久攻不下，智瑶借山洪暴发之机决开晋水冲灌晋阳，孤城晋阳陷入一片汪洋之中，洪水淹到离城头三版也就是大约两米的地方，城内一片泽国，灶膛内蛙虫滋生，百姓只得悬釜而炊，没有粮食吃的百姓甚至易子而食。

尽管全城百姓处于巢居而处、悬釜而炊的危难中，却始终同仇敌忾，无一背叛，终于战胜了敌人。事实证明了尹铎治理晋阳的方略对赵氏兴衰起了重要的作用。

后人为了纪念尹铎，在太原县建造了尹大夫庙。

【智慧解读】

赵简子开始准备因为尹铎违抗命令而惩处他，实际上是陷入了领导者十分常见的误区之一：霍布森选择效应。

这个效应来自 1631 年英国剑桥商人霍布森贩马的故事。这位商人把马匹放出来供顾客挑选，但附加一个条件，就是只许挑选最靠近门边的那匹马，显然，加上这个条件实际上就等于不让挑选，来买马的人也就没有任何自由发挥的余地。

这种效应实际上反映了传统观念对于管理的认识：控制，就是控制下属的一举一动，不让他们有发挥的余地，敦促他们按领导者的意愿行事，叫他往东，他就不要往西。

而人才一旦陷入"霍布森选择效应"的困境，就不能充分发挥自身的才能，不能充分挖掘潜力，更谈不上创造性地工作了。这对他们是比什么都更痛苦的折磨，对组织也是一种巨大的损失。

领导者必须清楚，高素质的下属大多不喜欢成功可能性非常低的工作，因为这种工作中听天由命的成分非常大，而这根本无法满足他们的成功需要；同样，他们也不喜欢成功的可能性很大的工作，因为这种轻而易举就取得的成功对于他们的自身能力不具有挑战性。他们喜欢设定通过自身努力达到的奋斗目标。对他们而言，当成败可能性均等时，才是一种能从自身的奋斗中体验成功的喜悦与满足的最佳机会。

这样的下属在那些通过自由发挥而成功的任务中，表现得最为出色。因此领导者用人的关键之一，就是给他们提供自由发挥、施展抱负的舞台，在工作中给以更多的自主选择权，尤其是需要开拓局面的时候。

剂貌游说

战国时，孟尝君的父亲靖郭君田婴，是一位十分大度的人。靖郭君在当宰相时，养了许多食客，其中有一位叫剂貌辨的，特别受靖郭君的器重。

可是，剂貌辨缺点很多，与人相处常常不注意小节，同时个性非常强烈，刚直不阿，经常当面指出别人的过错，弄得门客们对他都很有意见，有些甚至十分讨厌他。有一个叫士尉的说客曾为此去劝过靖郭君，靖郭君不以为然，没有接受，士尉一气之下，就辞职而去。

靖郭君的儿子孟尝君在私下里劝谏，应该慎重对待士尉先生的辞职。靖郭君十分生气地说："将来即使有人铲除我们这个家族，捣毁我们这片家业，假设能让剂貌辨满意，我也不能为这件事说什么。"

接着又让剂貌辨住在最好的房子，还让大儿子为他赶车，早晚进献美食。这样过了几年，威王死了，宣王即位。

靖郭君和新即位的宣王的意见不合，双方的关系也开始紧张，于是就主动请求辞掉宰相的职位，带着门客一起回到自己的领地薛以求避祸。住了一段时间后，剂貌辨提出想一个人到齐国国都去，拜见齐宣王。

靖郭君劝他说："宣王看不惯我，你若去，他肯定会杀了你，还是别去了。"

剂貌辨语气铿锵地说："原就没打算活着回来！"

靖郭君不能劝阻，只好同意。这件事被宣王听到了，心中很不是滋味。

剂貌辨到达国都后去拜见宣王，宣王面带讥讽地问："靖郭君不是对你言听计从，非常尊重吗？跑到这儿来干什么呢？"

剂貌辩说："尊重是真的，言听计从却没有。在您还是太子时，我就对靖郭君说，太子的相貌不好，腮帮子很大，下巴突出，眼睛不端正，比古代那些有名的坏人还坏，不像仁义的人，以后肯定会背叛你。不如干脆现在废掉他，另立他的弟弟郊师为太子，你意见如何？但靖郭君却流着泪说：'不行，良心不让我这样做啊！'现在看来，倘若当时靖郭君采纳了我的意见，今天的情势肯定不会是这个样子。还有一件事，到了薛地以后，楚国将军昭阳愿意用比薛地大数倍的地方换薛地。我说，这是难得的机会，不要再多考虑了！但靖郭君说：'薛这块地是先王封给我的，虽然现在和宣王关系不好，但若因此而换地，以后怎么告慰先王英灵。而且祭奠先王的庙堂也在薛地，我怎能把先王的庙堂给楚国人呢。'这一次又不肯听我的。"

宣王听完后脸色都变了，不住地叹息，沉思了一会儿说："哦！原来靖郭君这样地处处为我设想，对我这样好，说起来真是惭愧，都怪我年轻不懂事，过去我一直不晓得这个情况，现在拜托先生替我把靖郭君请回来好不好？"

剂貌辨心花怒放，立刻答道："遵命。"

于是靖郭君来了，穿着威王赐给他的衣服和帽子，佩着威王新赐的宝剑。

宣王亲自迎接到郊外迎接，望见他惭愧地流出了眼泪。后来，宣王让他做相国，靖郭君再三推辞，不得已才接受，紧接着，靖郭君还是说自己身染疾病，坚决将相国之职辞掉了。

【智慧解读】

"士为知己者死"，这是古代才士的优秀品质。剂貌辨就是甘愿为报知遇之恩而牺牲自己的人，而靖郭君也能始终保持礼遇才士的态度，不因外人的言语改变主意，完全将人本理念的内涵精华表现出来了。

剂貌辨果然不负靖郭君的器重和信任，以卓越的口才与谋略使自己的主人挽回了一切。剂貌辨对齐王先是沉默，这样可以先揣摩齐王的心理，静候齐王开口以找到机会。当齐王开口就说到靖郭君是否对剂貌辨言听计从时，剂貌辨终于找到机会，把自己一番丑化，从而衬托出了靖郭君的忠心和伟大来。这实际上是游说中的苦肉计，通过污损自己来换取信任，来达到目的。

让一个人甘心为自己赴汤蹈火、肝脑涂地是很不容易的，这既需要物质上的接济帮助，更需要心灵上的肝胆相照、心心相印。"女为悦己者容，士为知己者死"。当你成为一个人的知己时，那么他才有可能为你做出牺牲和付出。光有一番雄才大略，而没有几个知己，是绝不能成大事的。

虽然说人们参与社会劳动，辛苦地工作，首先是为了生存。但人是有感情、有人格，而且潜力无穷的高级动物。金钱和职位等等一些外在的东西往往不是人们最终要追求的东西。

假如领导者简单地用奖金和一些奖惩机制来约束管理下属，一味给予人才丰厚的物质条件，而根本不给他们发挥的空间和条件，或者用各种条框束缚住他们的手脚，实际上这就意味着对他们人格的轻视。这往往不会收到明显的效果，有时反而会适得其反，纵使圣人再世，也没办法高效率地工作。

试图单纯依靠丰厚的待遇来吸引和留住人才，只能得到用金钩挂饵来钓鱼一样的结果。事实上，有真才实学和抱负的人才，实现抱负本身才是他的爱好。

他们工作的目的就是希望自己的抱负能够得到施展，而不仅仅是为了得到丰厚的物质报酬。因为他们的才干都是自己人生经历的结晶，如果能够被实施，那是对他们莫大的尊重，同时也是他们自我价值的最大实现。

曾经有记者问诺基亚（中国）投资有限公司人力资源部经理刘大维这样一个问题：诺基亚如何留人？刘大维回答说：我们不为留人而留人，留住人是结果不是手段，应该把更多的精力花在吸引人、选拔人、激励人、帮助下属发展上，这些方面做好了，自然会有人留下来。

鲁国献鼎

春秋时，鲁国有一个读书人叫柳下季，姓展名获，字子禽。曾经官拜士师之职，掌管监狱。因为他居官清正，执法严谨，得罪了很多人，被撤职。于是他就弃官归隐，居于柳下濮阳县柳屯。他死后被谥为"惠"，因此人们又称他为柳下惠。

柳下季为人们留下了很多美德故事，其中最著名的要数"坐怀不乱"的典故。

柳下季年轻的时候，有一年冬天远行，在一个寒冷的夜晚宿于一处荒落无人的宗祠。半夜里刮风下雪，气温骤降到零下十几度。

突然有一个迷路的女子来投宿，柳下季见她冻得快不行了，恐怕她冻死，叫她坐在怀里，解开外衣把她裹紧，一直抱坐到第二天天亮，并没发生非礼行为。从此以后，柳下季就被誉为"坐怀不乱"的正人君子。人们争相把他的言论作为行为的规范。

鲁国有件宝贝，叫作岑鼎。这只岑鼎形体巨大，气势宏伟雄壮，鼎身上还由能工巧匠铸上了精致美丽的花纹，让人看了有种震慑心魄的感觉，不由得赞叹不已。鲁国的国君非常看重和珍爱岑鼎，把它看作镇国之宝。

鲁国的邻国齐国幅员广阔、人口众多，国力很是强盛。为了争夺霸权，齐国向鲁国发起了声势浩大的进攻。鲁国较弱，勉强抵挡了一阵就全线溃败了。

鲁国国君只得派出使者，去向齐国求和，齐国答应了，但是有个条件：要求鲁国献上岑鼎以表诚意。

鲁国的国君很是着急，不献吧，齐国不愿讲和；献吧，又实在舍不得这个宝贝，如何是好呢？正在左右为难之际，鲁国有个大臣出了个主意："大王，齐人从未见过岑鼎，我们何不另献一只鼎去，量他们也不会看得出来。这样既能签订和约，又能保住宝贝，难道不是个两全之策吗？"

"妙啊！"鲁国国君拍手称是，大喜道，"就照你说得这么办！"

于是，鲁国悄悄地换了一只鼎，假说是岑鼎，献给了齐国的国君。

齐国国君得了鼎，左看右看，总觉得这只鼎虽也称得上是巧夺天工，但似乎还是不如传说中那样好，再加上鲁国答应得这样爽快，自己又没亲眼见过岑鼎，这只鼎会不会是假的呢？又能用什么方法才能验证它的真伪呢？要是弄得不好，到手的是一只假鼎，不仅自己受了愚弄，齐国的国威也会大大受损。他思前想后没有法子，只得召集左右一块儿商量。

一位聪明又熟悉鲁国的大臣出点子说："臣听说鲁国有个叫柳下季的人，非常诚实，是鲁国最讲信用的人，毕生没有说过半句谎话。我们让鲁国把柳下季找来，如果他也说这只鼎是真的，那我们就可以放心地接受鼎了。"

齐王同意了这个建议，派人把这个意思传达给了鲁国国君。

鲁国国君没有别的路可走，只得把柳下季请来，对他把情况讲明，然后央求他说："就请先生破一回例，说一次假话，以保全宝物。"柳下季沉思了半响，严肃地回答道："您把岑鼎当作最重要的东西，而我则把信用看得最为重要，它是我立身处世的根本，是我用一辈子的努力保持的东西。现在大王想要微臣破坏自己做人的根本，来换取您的宝物，恕臣不可能办到。"

鲁国国君听了这一番义正词严的话，知道再说下去也没有用了，就将真的岑鼎献给了齐国，签订了停战和约。

【智慧解读】

柳下季如此守信用，甚至具备抵过一国之众的力量，实在是难能可贵的。

他用实际行动告诉我们：诚实信用是无价的，任何宝贝都不能与之相比。无论何种情况下，我们都不能放弃做人的根本。

一些成功者对给予别人的承诺往往非常慎重，一旦承诺就一定做到。承诺必须是你可以兑现的，否则就会伤害自己的信誉。当一个组织，一个人被人们视为"值得信赖"时，在以后再提出自己的观点时，就能被人们所接受和相信。由此可见，诚信是现代人立足之本，是奠定成功事业的基础，是决定一个人能否赢得别人认可的重要砝码。再好的策略如果失去了诚实的基础，也难以在别人心目中拥有立锥之地。

诚信的缺失是目前社会上的普遍现象，很多人仍然过分注重"注意力经济"，选择"做秀"，进行夸大不实的宣传，愚弄甚至欺骗别人。

实际上，欺骗别人的结局只能是搬起石头砸自己的脚，这样的故事每天都在上演。曾几何时，中国生产的蕨菜一直是日本市场上极受欢迎的珍品，是当地餐厅和饭馆的抢手货。日本每年要从中国进口大批蕨菜，因为中国的蕨菜味道关，而且食用时十分方便：只要将蕨菜搁在水里，浸泡一下即可食用。

可是几年后，日本完全停止了中国蕨菜的进口，这是为什么呢？

原来，蕨菜的采摘和制作是很考究的，最佳的采集时间只有 10 天，过早，蕨菜未成熟；过晚，菜梗又老了。蕨菜采摘后，要摊在室外晾干，而且要反复翻晒，直到阳光把蕨菜中的水分全部"挤出"，还要将它晾透，才能打包装箱。只有这样加工出来的蕨菜，才既鲜脆可口，又保留菜的清香。

可是，当地的农民为了多采多卖多挣钱，不约而同地简化了工序，蕨菜采集后，放在火炕上加热烘干。工序省了，时间省了，用这种方法加工出来的蕨菜，外表与阳光晒过的没什么区别，但食用时，不管把它放在水里怎么泡，都像老树根一样，又老又硬，根本嚼不动。谁能喜欢这样的蕨菜呢？

次非刺蛟

楚国有个名叫次非的人，在一次旅游时来到吴国干遂这个地方，得到了一

柄非常锋利的宝剑，高高兴兴地回楚国去。

次非在返回楚国的途中要过一条大江，便乘船渡江。当渡江的小木船行到了江中心时，忽然从水底游来两条大蛟，异常凶猛地向这条小木船袭击过来，很快地从两边缠住渡船不放，情况非常危急，所有乘船过江的人都吓呆了。

这时，次非向摆渡的船夫问道："您在江上摇橹摆渡多年了，您曾经见到或听到过有两条大蛟缠住船不放而船上的人还能够有活下去的可能吗？"

船夫回答说："我驾船渡江几十年，也不知送过多少人过江，不说没见到，还从来没有听说过有这样的事情而船上的人能活命的。"

次非想：如果不除掉这两条恶蛟的话，全船的人就会有生命的危险。于是他立即脱去外衣，捋起衣袖，抽出从吴国干遂得到的宝剑，对船上的人说："这两条大蛟如此凶恶，也只不过是这江中一堆快要腐烂了的骨和肉，还怕它干什么？为了保全船上所有人的生命，我即使丢掉了这柄刚刚得到的上好宝剑，甚至是我个人的生命，也没有什么可惜的。"

说完，他就毫不犹豫地手持宝剑，跳到江中向缠住渡船不放的大蛟砍去，经过一场紧张、激烈的人与恶蛟的争斗，挥剑斩了那两条大蛟，从容不迫地上到船上来。就这样，次非斩除了两条大蛟，保住了渡江的小木船，挽救了全船人的生命。

同样是关于勇士的故事，在《吕氏春秋》中还有另外一个，那就是齐庄公时候的勇士宾卑聚。

一天夜里，宾卑聚梦见一个壮士，身材魁梧，头戴白色绢帽，外穿耀眼的红色麻布盛装，内穿棉布做的衣服；帽上坠着红色的丝穗，脚穿一双崭新的白色缎鞋，身上挂着一个黑色的剑囊。这个威武的大汉走到宾卑聚面前，大声地呵斥他，还朝他脸上吐唾沫。

宾卑聚被这个突如其来的凶狠汉子惊醒了，他发现原来是个梦。尽管这样，他依然因此而一夜没睡，心中非常气愤。

第二天天一亮，宾卑聚就把他的朋友们都请来，向他们讲述了前一天晚上做的梦。然后他对朋友们说："我自幼崇尚勇敢，60年来从没受过任何欺凌侮辱。可是昨天夜里，我在梦中受到如此的侮辱，心里实在咽不下这口气。我一定要找到那个敢于在梦中骂我，并向我吐唾沫的人。假若在3天之内找到他，我就要报这个仇；如果3天之内找不到他，我也没脸面活在世上了。"

于是，每天一早，宾卑聚就带着他的朋友们，一起站在行人过往频繁的交通要道上，寻找着跟梦中打扮、长相一样的人。可是，3天过去了，他们始终没有看到一个如梦中一般打扮的壮士。宾卑聚气馁地回到家中，长长地叹了一口气，然后拔出剑自刎了。

【智慧解读】

这两则寓言告诉我们，什么是真正的勇敢。

勇敢的定义只有一个，但勇敢的表现却可能多种多样，其中有真勇，有假勇。假勇并不是说表现得很怯懦，而是不符合勇敢的原则。次非在危急存亡的关头，为着大众利益要挺身而出，迎难而上，不畏首畏尾，苟且偷安，是真正的勇士，而宾卑聚则仅凭梦中的一点不快便耿耿于怀，甚至含恨自尽，这种自暴自弃的做法是十分愚昧的，与勇敢的精神是背道而驰的。

有这样一个故事。英、法、日的3位海军上将在一艘军舰上闲聊，日本将军说："我们的士兵最勇敢。山本来，爬上那40米高的桅杆，然后跳下来。"海员照做了，将军很满意。

法国将军不服气："来！西蒙，爬上那50米的桅杆，然后跳下来。"海员也照做了，法国将军很满意。

英国上将漫不经心地对两位将军说："这算什么呀！然后对他的手下命令："杰克，爬上那70米的旗杆，然后跳下来。"海员说："哦，上帝，您发疯了吗？将军。"

英国将军得意地对他的同行说："看到没有，这才是真正的勇敢。"

勇敢是一个褒义词，它所体现的是一种好品德。连人们教育孩子都常说要

做勇敢的好孩子。但勇敢确实又还有一个是与非的前提。不分是非的、没有理性的绝对执行命令的勇敢是一种可怕的勇敢，也是一种愚蠢的勇敢，更是一种专制者欣赏和欢迎的勇敢。而坚持真理、敢于同谬误、同荒唐、同发疯对抗的勇敢、理性的勇敢，才是最值得称道的勇敢。

3个国家的水兵，前两个坚决执行上司的命令，好像是无可厚非，毕竟是上司的命令；但后一个敢于拒绝执行上司的荒唐命令，则是更高一个层次的勇敢，是值得称赞的真勇敢。

母羊三耳

公孙龙，战国时名家代表人物，因为"白马非马"而闻名。其实在经典史册里，关于他的记述并不多，但是他留下的几个故事，却意味深长，让人回味。

首先人们最熟悉的就是他的"白马非马"的故事。他说："白马是说马的外形，而马的概念是说马的实质，所以，'白马这个概念其实不同于马'，也就是说'白马和马不是一回事'。"他并且因此雄辩一时，没有人能说得过他。

白马非马

有一回当他来到一个城门口时，他又搬出他的"白马和马不是一回事"的理论，想不交"马匹入城费"就进城，但这回看门人根本不理会他，反正不交钱你的马就免进，根本懒得听他的鬼话，他只好交了钱入城。

其实"白马非马"还不是公孙龙最显示其雄辩口才的得意之作，他居然能将"母羊只有两只耳朵的事实"诡辩成"母羊有三只耳"，而且几乎让人无法反驳。

有一次，他和孔夫子的孙子孔穿高谈："母羊有三只耳。因为母羊本身有两只耳朵，母羊又是羊，羊也是有耳的，而羊的耳朵不同于母羊自身的两只耳，

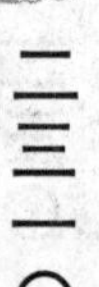

所以母羊有三只耳。"

孔穿听后一言不发，在一旁的平原君说："公孙龙真是雄辩啊，这么难他都能说圆。"对之佩服得不得了。

后来，平原君又一再对孔穿说公孙龙多么多么雄辩。孔穿说话了："你是真的相信说起来难而事实又不是这样的话，比如母羊有三只耳呢，还是相信说起来容易事实又是如此的话，比如羊实际只有两只耳呢？"

平原君于是不言语了，他后来对公孙龙说："你以后还是不要和孔穿辩论了。"

那时，秦国和赵国相约两国结成攻守互助同盟，结果有一回秦攻魏，让赵来帮忙，结果赵反而助魏，因为赵魏本来是三晋一家、唇亡齿寒嘛，于是秦派使者责备赵国。

平原君一时理屈词穷，便问公孙龙如何应对，公孙龙说："你可以这样说：本来我们约好互相帮助，现在赵想帮魏，秦却攻魏，是秦违约。"

【智慧解读】

在上面的故事中，孔穿之所以开始对公孙龙的狡辩不予批驳，而后面又通过三言两语就使平原君心服口服，其根本原因于他抓住了公孙龙命题中有违事实的致命弱点，提出了这样一个简单的问题：你是相信事实还是狡辩呢？

在与人的交际中，有时会遇到很大的阻力。这时，为了避免矛盾激化，与其把精力和时间消耗在徒费口舌的争执中，不如直接超越，避实就虚。从侧面绕过障碍，旁敲侧击地提出假设的条件和问题，采用由彼及此的路线，等对方认同了条件，再转到原来的问题上，就能够让对方顺理成章地接纳不同的意见。

这种方法一般可以在交际的探测阶段实行，提出假设条件可以从两方面考虑：一是在对方认为不太实质的问题上提出假设，如果对方对此反应敏感，则说明他对这一条件与问题本身同样抗拒；二是应在我方认为比较关键的问题上提出假设。

提出假设还应注意提出时机，如果与对手对一个问题已经商讨多时，只差最后一步就可以定下来时，就不应再提假设条件，这会打乱已谈妥的方案。只有在双方出现分歧，均在设想解决方法时，提出假设条件，才能收到好的效果。

同时，在提出假设条件之前，应对假设成真后的可能产生的结果有正确的估计。否则一旦假设条件变成现实，或对方努力地实现这一假设条件时，而又出现其他的变动和要求，则会处于非常被动的局面了。

这样做看似在兜圈子，多费了工夫，但实际上却避开了对方严阵以待的进攻路线和目标，打消了对方的戒备心理，从而收到单刀直入所无法起到的效果。

秦王立帝

公元前 288 年，秦昭王称帝，同时发兵攻打赵国。赵国君臣一面组织民众抗击，一面向各国发出求救的书信。平原君特别写了一份紧急求援信派人送给魏国信陵君，要求他星夜督促兵马救赵。

信陵君接信后，迅速和门客魏敬一起驱车拜见魏安釐王。

魏王一见信陵君到来，率先说道："秦国使臣许绾已拜见了寡人，劝诫寡人退兵大梁，消除救赵之心，并劝寡人率先尊秦为帝。不然，秦军破赵之后就来袭击我魏国。以你之见，我们应如何做？"

信陵君反问："王兄之意呢？"

"我已经命令把救赵的 10 万人马驻扎在邺城，观望秦赵战局发展。倘若齐燕楚等国救兵到来，我们再兵发邯郸，如果各国都不派兵救赵，寡人立即收兵，然后去咸阳尊秦为帝，以此免除魏国臣民的战乱之灾。"

信陵君连忙劝谏说："王兄万万不可持观望态度，立即命晋鄙火速赶往邯郸解赵国的危难。韩赵魏本是一家，自三家分晋以来才各自建立王号，但仍如兄弟一般。俗话说唇亡齿寒，假如邯郸被攻破，赵国灭亡，秦国下一个攻击的目标必是我魏国，只怕魏国也会同赵国一样被秦国灭掉。倘若赵魏联为一体，情况将大不一样，合纵之势将再次重现，必能扭转六国羸弱的局面。六国合纵，魏国先行一步必被推为盟主，我魏国的声威也会大盛，这种对魏赵两国都有利的事大王为何不做呢？"

安釐王摇头说道："贤弟看问题太片面了，仅仅看到联赵抗秦有利的一面，却没有认识到不利的另一面。如果魏国先出兵救赵，一定惹怒秦王，秦王一怒之下转而攻魏，我魏国如何能承受秦国大军全力进攻，后果实在不堪设想。何况许绾已经给寡人警示，只要魏兵驻扎邺城不再前进半步，秦国仍和魏国结盟，决不为难魏国。假如魏军越过边境前去救赵，秦兵立即放弃邯郸来攻大梁，并一举灭掉我魏国。许绾最后还说道，倘若寡人能够入咸阳拜见秦王尊他为帝，从此以后决不向魏国派一兵一卒，仍封寡人为魏王，保全祖宗祭祀。"

信陵君道："大王万万不可听信许绾一派胡言，否则，大王是步楚怀王后尘，只怕被囚禁秦国永远不得回魏。"

安釐王不以为然地说："许绾已经对天发誓，如果寡人入而不出，将割下许绾的人头向寡人谢罪。许绾还答应寡人，在寡人去秦国时他留在大梁为人质，等寡人回来后再放他回秦。"

不等信陵君发话，魏敬说："大王要去咸阳帝秦，臣不敢阻拦，但臣有一事请教大王，如果拿河内的土地与大梁相比较，哪个重要？"

"当然是大梁，这是我魏国的国都嘛！"

"如果拿大梁和大王的身体比较，哪个重要？"

"这还用说吗？当然是寡人的身体了，如果寡人的身体都保不住了，空有大梁于寡人又有什么益处呢？"

"假如秦王向大王索取河内的土地，大王愿意给他吗？"

"魏国的每一寸土地都是先王用生命与血汗换来的，寡人怎敢轻许他人，这岂不是让寡人做不肖子孙吗？"

魏敬这才说道："河内的土地在三者之中是最次要的，大王的身体是最重要的，秦王向大王索取次要的大王不答应，索取最珍贵的大王却答应了，大王以为自己的选择可取吗？"

"魏先生不必多心，有许绾在大梁作人质，还怕秦王不放寡人回来吗？"

魏敬说道："臣虽然只是一个卑贱的人，如果有人说魏敬，你从悬崖上跳下去，摔死了就用一只大老鼠给你殉葬，我是决不会从悬崖上跳下去的，臣觉得自己的生命比那个大老鼠要贵重得多。大王和许绾相比，许绾的价值尚不如一只大老鼠，大王怎会为他的性命担保而去冒险呢？再说秦国耍这种伎俩也不止一次了，远的不说，单说张仪欺骗楚怀王一事吧，把 600 里土地说成 6 里，后又骗怀王入秦，终于因死于秦地。渑池之会后，秦王把自己的孙子异人送到赵国作人质，可秦国因为异人的性命减少对赵国的进攻了吗？臣以为许绾的价值还不如异人，大王该以此为戒打消去秦的念头。"

安釐王沉思片刻说："寡人听取魏先生的劝谏，回绝许绾的请求，再也不提入秦之事。"

【智慧解读】

在纷纭的局势之中，某种中立力量的偏向，哪怕只是做出偏向的某种表示，都会立刻对力量制衡产生巨大的影响，并由此发生后续的连锁反应。这也正是秦赵魏等国所面临的局面。而在秦赵对战之际，魏国的态度之重要，不仅在于对赵国的安危，更在于对整个体系的维系和推动。

一般来说，当对立的双方相争时，第三者越是不介入，其地位越是重要，当他以置身事外的态度进行仲裁时，更能显示其权威性。战国时的谋略家孙膑曾经说：要想把一个乱七八糟的线团解开，不能用手强拉硬扯；要想把两个打架红了眼的人劝开，不能直接参加进去打。

一个高层的领导者很多时候也需要一种置身事外的艺术。如果你手下的两个部门主任为了工作发生了争执，你已经明显感到其中一个是对的，而另一个错的，现在他们就在你的对面，要求你判定谁对谁错，你该怎么办？其实一个精明的头儿在这时候他不会直接说任何一个下属的不是。因为他们是为了工作发生的争执，而影响他们做出判断的因素有很多，不管对错，他们都是非常出色的人才。当面说一个手下的不是，不但会极大地挫伤他的积极性，让他在竞争对手面前抬不起头，甚至很可能你会因此失去一个得力助手，而得到表扬的那个下属会更加趾高气扬，也不利于你的管理。

学会了置身事外，我们的管理水平当然就上升到了一个更高的档次。当我们心里冒出涉入下属之争的冲动时，可以用下面这句谚语告诫自己：It is easier to get in vdved insomething than it is to get out of it.（涉入某件事比从该事脱身容易得多。）

剖腹葬肝

公元前 669 年，卫惠公的儿子赤继位，即卫懿公。

卫懿公有一个奇怪的嗜好，就是喜欢养鹤。凡献鹤者必有重赏，甚至封以高官，给以厚禄。他为鹤建造豪华的窝笼，到各地请名师为鹤做精食细料；请名医为鹤治病防疫；招来宫女伺仆为鹤梳毛理羽。懿公每餐有鹤做伴，出门有鹤紧随，上朝有鹤做伴，下殿有鹤欢送。

最奇的是，他还给每只鹤赠予雅号：仙马、神乘、玉女、银童、黑龙、丹凤。鹤定品位给俸禄，封为大元帅、将军等，上等的享受大夫的俸禄，下等的也享受士的俸禄。每当卫懿公出游，这些"鹤将军"也乘着华丽的马车，在前边开道。黎民百姓和大小官吏，都得毕恭毕敬地迎送这些"鹤将军"。喂养这些鹤的，都是上等的好粮食。鹤死后，还有棺有椁举行隆重葬礼。

卫懿公为君 8 年，玩物丧志，不理朝政，对自己的鹤倍加珍爱，而对受苦受难的百姓却毫不关心，许多百姓被饿死冻死！

当时，北方的游牧部落狄人很强大，不断侵犯晋、卫、邢等国。晋国军力强大，狄人占不到便宜，转而自西向东侵扰，卫国首当其冲。公元前 660 年，狄人大举挥戈南下，在攻破邢国之后，又移兵扑向卫国。

卫懿公若无其事，仍在宫中观鹤舞、听鹤鸣。直到狄人打入卫国境内，他才传令召集群臣商议对策。没等人员到齐，狄人已攻到城下。卫懿公惊慌失措

吩咐将士披甲上阵。但将士们无动于衷。卫懿公气恼地责问他们：“敌人进犯我卫国，你们身为卫人，贪生怕死，躲躲藏藏，不肯应征抵御外寇，不感到可耻吗？”

将士们答道：“君侯呀，您用一物就足以御敌了，怎么用得上我们呢？”

懿公问：“何物？”

众人齐声答道：“鹤。”

懿公气急败坏地问：“那些鹤怎能御敌呢？”

将士们回答说：“鹤既不能耕，又不能战，纯属无用之物。你抛弃了有用的东西而热心地养一些无用的东西，所以您还是让‘大元帅’、‘二将军’骑上‘仙马’、‘神乘’带着‘银童’、‘玉女’出征吧！”

懿公只好认错，他命宫人把所有鹤都放了。那些鹤被懿公豢养熟了，久久在头上盘旋而不去。卫懿公亲自率兵迎敌，把朝中政事委托给大夫石祁子代理，军事指挥委托宁速执掌，而且发誓说：“国中之事，全委二卿。寡人不胜狄，不能归也！”

军队好歹算是组织起来随卫懿公出发，但怨气未消，士气怎么也鼓不起来。懿公夜察军营，就听兵士唱道：“鹤食禄，民力耕；鹤乘轩，民操兵。狄锋厉兮不可撄，欲战兮九死而一生！鹤今何在兮？而我瞿瞿为此行！”

这支怨愤难解、人心涣散的军队与敌兵一遭遇，马上一触即散，把卫懿公和大臣们撇下了。狄兵将卫懿公等一伙人团团围住，如成群的饿狼扑食一般，把他们以刀割肉烤来吃掉了。

战争发生的时候，卫国大夫弘演在战乱前出使陈国请求救兵，在返回途中，卫国已被狄兵荡平。弘演听说卫侯死在荥泽，便赶去寻尸。一路上他看见到处都是骸骨暴露，血肉狼藉，不胜伤感。

行到一处，忽见一面大旗倒在荒泽之旁，心想：“大旆在此，主公的遗体也不会相离太远了。”走了几步，忽听呻吟之声，前往察看，原来是一个小内侍，手臂折断了，躺在地上。弘演问内侍：“主公在哪里？”

小太监指着一堆血肉说道："这就是了。"

弘演定睛一看，卫懿公尸体早已被狄兵吃得零落不全，只有肝脏被剜出扔在一边。弘演向尸体叩拜，放声大哭，并报告出使陈国求救的经过，就像卫懿公仍然活着似的。弘演说："主公亡国死得如此之惨，没人来收尸，我要以身体做棺木，为主公入葬。"

他回头嘱咐仆人道："我死以后，将我埋在树下，等国家有了新君再把此事告诉他，我们君臣一同返国罢。"

说完拉出佩剑，剖开腹部，将卫懿公肝脏放入后，倒地死去。仆人抢救不及，只好依照弘演的嘱托将他埋葬。

卫国都城遂被狄人攻破，几乎灭国。卫国的遗民渡过黄河，在漕（今滑县西南）安顿下来。据《左传》记载，当时卫国遗民男女老少一共只有730人，加上共、滕两地的百姓也不过5000人。齐桓公当时以"尊王攘夷"号令天下，于是派兵车300乘，甲士3000人保护卫国遗民，赠送给他们车马、衣服、牛、羊、鸡以及建筑材料，帮助他们在楚丘（今滑县东）建都复国，把公子申立为国君，称卫戴公。

【智慧解读】

弘演纳肝，不过是以己之腹为祸国君主作棺，何足以称，然而历代以来却被视为做人之典范，直颂为天地之间忠诚的典范。这反映了传统社会中"君叫臣死，臣不得不死"的价值取向，但是问题在于，这样的忠诚价值何在？

一个人是否忠诚，并不只是一种行为的体现，其中也包含着理性，包含着道义。没有理性的、缺乏理性的忠诚，充其量不过是没有头脑的愚忠。

在1999年科索沃战争结束之际，几百名俄军突然抢先进驻科索沃首府普里什蒂纳，不但抢占了一个十分重要的战略空军基地，还受到当地塞族狂热欢迎，令北约措手不及。恼羞成怒的北约科索沃军事行动最高指挥官，对当时已经率领部队抵达普里什蒂纳的英国指挥官下达了攻击的命令。在片刻的沉默后，那

个指挥官明确表示拒绝执行此项命令，并说："我不想挑起世界大战。"

这位指挥官之所以能够拒绝攻击的命令，是因为他有自己的原则，那就是人的生命和人类的命运高于一切的价值观。实际上这种带有独立人格进行思考和行动的勇敢，并不仅仅体现在非常时刻，而是现代人时刻所应该具备的。

有一家宾馆招聘雇员，有3个人应聘通过初试，进入了复试环节。

老板对3个应聘者说："在我们的公司，我们需要的是绝对的忠诚于公司的利益。为了考察你们是否能够做到这一点，下面将进行一些小测试。"

他对第一个应聘者说，楼道有个玻璃窗，你用拳头把它击碎。应聘者忠实地执行了老板的指示。然而，幸喜那不是一块真玻璃，不然他的手就会严重受伤。

老板又对第二个应聘者说："这里有一桶脏水，你把它泼到清洁工身上去。她此刻正在楼道拐角处那个小屋里休息。你不要说话，推开门泼到她身上就是了。"

这位应聘者立即应命提着脏水出去，找到那间小屋，推开门，果见一位女清洁工坐在那里。他直接把脏水泼在她头上，回头就走，向老板交差。老板此时告诉他，坐在那里的不过是个蜡像。

老板最后对第三个应聘者说："大厅里有个胖子，你去狠狠骂他两句。"

这位应聘者说："对不起，我没有理由去骂他；即便有理由，我也不能用骂人的方式。因为这有违于我的原则，也有损于公司的形象。我因此可能不会被您录用，但我也不执行您这样的命令。"

老板宣布，第三位应聘者被聘用，理由是他是一个真正会忠于公司利益的人，也是一个理性的人。他有勇气不执行老板的荒唐的命令，认为不执行命令才是真正忠诚于公司利益，当然也更有勇气不执行其他人的荒唐的命令了，因此只有他能挺身而出维护公司的利益。

这才是真正的忠诚，有原则的忠诚，而不是剖腹葬肝那样的奴隶式忠诚。

刺杀庆忌

春秋时期，吴王阖闾杀了吴王僚，夺得王位。他十分惧怕吴王僚的儿子庆忌为父报仇。庆忌是吴王僚的儿子，有万夫不当之勇，据说他能够"走追奔兽，手接飞鸟"，是吴国第一勇士，当时正逃亡卫国，招兵买马，欲报杀父之仇。

阖闾听说庆忌正准备打回吴国来夺取王位，整日提心吊胆，要大臣伍子胥替他设法除掉庆忌。伍子胥向阖闾推荐了一个智勇双全的勇士，名叫要离。要离以捕鱼为业，家住无锡鸿山山北。

从外表来看，要离不过是一个身高不满 3 尺的侏儒而已，用他自己的话说："细小无力，迎风则偃，负风则伏"。然而也许正是这卑微的身世却激起了他强烈的成名之心，武功也很高强。在一次友人的丧席上叫他碰上了吴国有名的勇士椒丘䜣，要离折辱了椒丘䜣，而对方竟然没敢发难，要离由此名声大噪。

而老天似乎也要成全他，伍子胥向吴王推荐了他，机会来临了。

阖闾见要离矮小瘦弱，说道："庆忌人高马大，勇力过人，如何杀得了他？"

要离说："刺杀庆忌，要靠智不靠力。只要能接近他，事情就好办。"

阖闾说："庆忌对吴国防范最严，怎么能够接近他呢？"

要离说："我可以假装负罪出逃，请大王杀了臣的家小，砍断臣的一只手，臣投奔庆忌，庆忌一定会相信臣。"

阖闾不肯答应。要离说："为国亡家，为主残身，我心甘情愿。"

此后不久，吴都忽然流言四起：阖闾弑君篡位，是无道昏君。吴王下令追查，原来流言是要离散布的。阖闾下令捉了要离和他的妻子，要离当面大骂昏王。阖闾假借追查同谋，未杀要离而只是斩断了他的右臂，把他夫妻二人关进监狱。

几天后，伍子胥让狱卒放松看管，让要离乘机逃出。阖闾听说要离逃跑，就杀了他的妻子，焚弃于市。这件事传遍吴国，邻近的国家也都知道了。要离

逃到卫国，求见庆忌，劝说庆忌伐吴，也为他报断臂杀妻之仇。

要离对庆忌说："正像您所知道的那样，阖闾昏庸无道，杀害了我的妻子，并且把尸身焚弃于市，确实是无辜被杀。吴国的国情我都知道，希望凭借王子您的勇力来报仇。您为什么不与我一起杀回吴国呢？阖闾一定能被捉住。"

庆忌相信了这个和自己一样可怜的人，接纳了他，并委以重任。要离成了庆忌的贴身亲信。庆忌和要离在卫国训练士兵，修战船，一切准备就绪，就带领要离一起奔袭吴国。

渡江那天，要离与庆忌同坐一条船上。庆忌坐在船头上，要离手中拿了一杆长矛，因为力气小，就事先坐在了庆忌的上风头，和庆忌随便说些话。庆忌见要离拿着矛，便说"有这么多卫士，何劳将军你亲自执锐呢？"叫卫士将矛拿开。

眼看要大事难成，却是天意，一阵风吹过，要离的帽子掉到了江中。要离趁机用长矛伸到江中捞他的帽子，大家的注意力便都集中到了这件事上。机会难得，要离趁庆忌不备，猛然顺过长矛借着风势刺入庆忌胸中。

卫士们惊呆了，庆忌被刺穿了胸膛，带着重伤将要离揪过来倒提在手中，顺船舷放入水中，然后又提上来，如此 3 次最后将要离放在自己的膝上叹口气说："真是天下的勇士啊，竟敢刺杀我！"

这时两边的卫士欲杀要离。庆忌认为要离是一名讲义气的英雄好汉，不忍心加害他，就说："这是位天下少有的勇士，怎么可以一日而杀死两名勇士呢！还是成全他，放他回去。"

说罢自己倒地而死。

要离得以渡江回国，而走到半路上，忽然决定不回去了。跟随他的人说："您怎么不走了呢？"

要离说："我设计杀害了我的妻子，来报效国君，是不仁啊；为了新君主而杀害以前的君主的儿子，是不忠啊。现在我却贪生怕死，是不义啊。有这三种不仁不忠不义的恶名，我有什么面目面对天下人呢？"

要离说完以后，投身江水之中，却没有淹死。跟随的人急忙把他救出来，要离说："我难道还能不死吗？"

跟随的人说："你先不要死，等着吴王来封赏你吧。"

要离说："我杀庆忌，是为了吴国的安宁，不是贪图富贵。"

说完，他挥剑自己斩断了双足，然后自刎而死。据说死后就葬于今无锡鸿声镇鸿山泰伯陵旁、专诸墓西首。

要离最终也自杀了。应该是死于大彻大悟，死于良心发现。要离最终也成名了，他追求的都得到了。他的名字不仅写入了正史野史，还被一代代诗人墨客们吟诵不绝。陆游诗云：生拟入山随李广，死当穿冢伴要离。杨铁崖诗云：侏儿三尺干，不配双吴钩。中包猛士胆，白日照高秋。忍死屠骨肉，视身若蜉蝣。蒋士铨有诗：要离碧血专诸骨，义士相望恨略同。

【智慧解读】

要离以一个瘦弱枯干之身，能够刺杀得了力大无穷，甚至在受了重伤以后仍然能够把要离提起来的庆忌，可以说是奇迹。而这样的奇迹不仅是在体力对比悬殊时发生，更在很多领域中有所反映。这些现象告诉我们：大和小，强和弱都不是绝对的。只要实力较弱的一方掌握了强者的致命弱点，充分发挥自己的优势，以己之长，克其之短，就能够以小胜大，以弱胜强，取得最后的胜利。

我们把这种智慧运用到日常生活，就是如何选择自己发挥优势位置的策略。一个没有能力与强大对手抗衡的中小型公司，不要去充当整座山中的另一只老虎，而要学会找到一片森林当一只猴子，利用自己灵敏和应变能力强的优势，开拓一片属于自己的天地，也不至于被偶尔进入森林的老虎吃掉？

为此，我们在与对手进行竞争之前，一定要设法研究外部环境，找出对手的优势和劣势，攻其不足，扬我所长，才能形成自己的定位。面对竞争，往往不是大勇者的无畏拼杀占领更多的市场，而是大智者善于把握机遇，从而稳操胜券。

不管大人物，还是小人物，也不管是大战场，还是小战场，若能找到独一无二的优势，则一定会成为赢家。决定经济向前发展的并不是财富500强，他们只决定媒体、报纸、电视的头条，真正在 GDP 中占百分比最大的还是那些名不见经传的中小型企业；真正推动社会进步的也不是少数几个明星式的 CEO，而是更多默默工作着的人，这些人也同样是名不见经传，甚至文化程度教育背景都不高，但获得的成功往往让人刮目相看。

惠盎善辩

惠盎想用仁义之道去诤谏宋康王。有人劝阻说："宋康王是个荒淫暴虐的昏君，群臣有劝谏者必杀之，诸侯称他'桀宋'，你用仁义之道去诤谏他，必将自遭其祸。"

惠盎不信，他来到朝廷，谒见康王。刚一见面，康王就跺着脚，故意咳嗽着，毫不客气地大声说："我所喜欢的是勇武有力的堂堂男子汉，不喜欢那些所谓仁义的谦谦君子。客人将有何见教啊？"

对康王这目中无人、毫无礼貌的举止言谈，惠盎毫不介意。他避开康王的讽刺和讥笑，转守为攻地问康王："我这里有一种法术：能使人虽然勇敢，但是他的剑戟却刺不进您的身体；虽然有力，却击不中您。大王您难道无意于这种法术吗？"

听了这个开场白，康王心动一下，稍稍改变了一下傲慢的态度说："好，这是我想要听的了。"

惠盎说："剑戟虽然刺不进您的身体，击打也不能命中您的身体，但您还是受到了侮辱。我这里有一种法术：能使人虽然勇敢却不敢刺您，虽然有力却不敢击打您。大王您难道无意于这种法术吗？"

康王听得有点入了神，眉宇间的皱纹松了一点，说："好，这是我想知道的。"

惠盎说："那些人虽然不敢刺您，不敢击打您，但并不是没有刺您击打您的

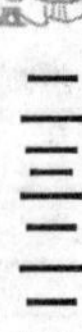

想法啊。我这里有一种法术：能使人根本就没有刺您击打您的想法。大王您难道无意于这种法术吗？"

康王更加高兴了，赶快说："好，这是我所希望的。"

惠盎说："那些人虽然没有刺您击打您的想法，但还没有爱您利您的心。我这里有一种法术：能使天下的男男女女无不愉快地爱您利您。这就胜过了勇敢有力，在4种法术中位居于首位。大王您难道无意于这种法术吗？"

康王头向前倾，瞳孔放光，说："这正是我想要得到的。"

惠盎说："这就是孔丘、墨翟的品德呀！孔丘、墨翟没有领土，却能像当君主一样得到尊荣；没有官职，却能像当官长一样受到尊敬。天下的男男女女没有谁不伸长脖子、抬起脚跟盼望他们，希望他们平安顺利。现在大王您是拥有万辆兵车的大国君主，如果真有这样的志向，那么四境之内都能得到您的好处了，您就能远远胜过孔丘、墨翟了。"

惠盎说完，不等康王答话，便快步走了出去。

惠盎快步走了出去以后，宋康王对左右的人说："很善辩啊！客人用他的言论说服了我。"

【智慧解读】

宋康王是个昏庸的君主，而他的心还可以说服，这是惠盎因宋王的爱好，从而加以引导的结果。

在奴隶社会和封建社会，社会等级制度森严，"君为臣纲"。臣下对君王、下级对上级进行批评时，位卑的为了保住自己的性命、地位或俸禄，不得不采取一些迂回策略，实属无奈。反过来，要让每个君主都有从谏如流雅量，和颜悦色地接受臣下的劝说与批评，其难度可想而知！

只有因势利导，顺着对方已经习惯的思路来阐述自己的观点，才能让对方接受。这才是说服的艺术。

随着社会的进步，领导者与下属之间的关系变得更为民主，命令、惩罚式的批评少了，谈话、交流式的沟通多了。但是说服策略的重要性并未因此而降低。个别领导对待部下时仍然带有轻视、讽刺的味道。一些人还在玩弄封建家长作风。凭借地位、权势，高高在上，自以为是，不顾下属的人格尊严和思想感情，对待下属的意见轻则拒绝，重则训斥，甚至穿小鞋。

这样的领导虽然说是少数，但是一旦遇到了，也不得不打交道。要说服这样的领导者，必须摆脱好为人师和有意卖弄的心态，转而采用一些更为策略的手段和语言。只有这样，才能避免冲突，达成说服的目的。

国有五尽

春秋时代，群雄并起，国家众多，兴亡轮替的经验特别丰富。但是国家衰亡的事例这么多，原因未必尽然相同，总得求出一个最大公约数来，以为后人之警戒。于是，有人就进行了这方面的总结，他就是我国最早的经济学家和商人白圭。

白圭名丹，生活在约公元前 370 年至前 300 年的战国时期。他曾经在魏文侯的手下做过宰相，后来到了中山国，中山王想留他做官，他坚决拒绝。又到了齐国，齐王也想延揽他，他也谢绝而去。后来到秦国。

有人问他离开中山国和齐国的原因，他说："这两个国家都要灭亡了。根据我所学的知识了解，国家有 5 种情况就会亡国：没有人一定对它忠诚，那就无人进言了；没有人一定会称赞它，它的名声就没有了；没有人一定会爱戴它，亲近它的人就少了；出门的人没食，在家的人没粮，那就是财尽了；既不能用外面的人，又不会用内部的人，成功的机会就渺茫了。国家有这 5 种情况，就没有什么希望，一定会灭亡。中山国和齐国，就是有这 5 种情况的国家。"

白圭把这 5 种情况称为"五尽"，也就是一个国家的有形、无形资源的 5 种"玩完"的方式。古代社会结构和人民生活都较简单，但"五尽"仍然包括了国家用人、经济、民心和对外关系等重要项目。

仅从上面这一个故事，我们也可以认识到白圭作为一个经济谋略家的风范。

而事实上，白圭的思想是一个十分完整的体系，《汉书》中说他是经营贸易发展生产的理论鼻祖，我们所见不过是其中的一小束火花而已。

白圭的基础思想在于农业经济循环说，即农业的丰收和天时有关，认为12年为一个周期。开始的第一年是大丰收年，此后两年是衰退期，第四年干旱，再两年是小丰收，第七年又是大丰收年，此后两年又衰退，到第十年则又干旱，随之又是两年的小丰收，到下一年重新开始一个周期。

在上述思想的基础上，白圭提出了一套经商致富的原则，即"治生之术"，其基本原则是"乐观时变"，主张根据丰收歉收的具体情况来实行"人弃我取，人取我与"。

当时的贸易是以货易货，而白圭的高明之处就是准确掌握时常行情，在别人觉得多而抛售时，他就大量地吃进，等别人缺少货物需要吃进时，他就大量抛出。这样低进高出，必能从中取利，积累财富。白圭在当时的社会中不仅懂得低买高卖的经济基本规律，而且提出了"人弃我取，人取我与"的既简单又高明的理论，这对秦汉以后各代的设市贸易、公输方式都产生了极大影响。

白圭为达到理财富国的目的，对各种市场信息极为重视，反应也极快，出手果断。一遇行情变化，立即做出决定，是买进还是卖出，绝不错过任何一次良机，用他的话说就是"趋时若猛兽挚鸟之发"。

同时，他还能克勤克俭，身体力行，精心创业，是一个自制力极强的人，绝不会因为赚了钱就去挥霍浪费。

白圭为国理财，常从大处着眼，通观全局，在经营上从不嫌弃小惠小利，也从不靠诡计进行欺诈。他将货物流通与发展生产联系起来，既能使经营生财，又使生产有利其发展，他认为只有以足补缺，以丰收补歉收，使全国各地物资互相支援才能在辅民安民的同时为国家理财致富。

他的具体做法是：如果一个地方盛产蚕茧，就购进这些产品，而用谷物等其他当地缺少的东西去换。如果一个地方粮食丰产，就去购他们的粮食，然后用丝、漆等类必需品去和他们交换。这样就使全国的货物得到流通，既利于人

民生活，又能从中赚取利润，可谓一举两得，利国又利民。

白圭还很擅长观察时气变化，注意提前储备粮食物资来救灾救荒，辅民安邦。在丰收之年就趁粮价低时大量买进，等灾荒发生时就以低于市场的价格低价卖出，帮助人民度过灾荒。这样在辅民为民的同时，财富也成倍地增加。

白圭还有一个让现代人汗颜羞愧的经商思想："欲长钱，取下谷，长石斗，取上种。"意思是说如果为了省钱而买谷物自己吃，就买差一些的谷物，如果是为了做种子来年丰收，那就请买上等的种子。

他不但为对方着想，还计划得合情合理，既要节俭，又要丰产，可谓将生意做到了家。这种经营思想和真诚为顾客着想的人在如今也是很少见的。许多商家如果真把顾客当作上帝来对待，就应该处处为顾客着想，而且要像白圭那样想在前边，这才是最有效的也最让人钦佩的经商策略。

【智慧解读】

在战国时期，政治、军事的地位远远高于经济，但白圭却能够以一个商人的身份，看破国家兴亡的奥秘。这除了说明了白圭本人就是一个大谋略家，具有超乎寻常的眼光与谋略，同时也从一个侧面说明，天同此理，一通则百通，在不同的领域之间也存在着一些共同的规律。

实际上，白圭曾经表达过将经济的重要性等同于政治和军事，并且将三者融会贯通的思想。他说："吾治生产，犹伊尹、吕尚之谋，孙吴用兵，商鞅行法是也。是故其智不足与权变，勇不足以决断，仁不能以取予，疆不能有所守，虽欲学吾术，终不告之矣。"意思是说，商人要有丰富的知识，同时具备智、勇、仁、强等素质，要求既有姜子牙的谋略，又要有孙子用兵的韬略，它需要大智大勇，更要有仁义之心，这和治国统兵要求同样高，否则经商是很难有大成就的。

社会学家佩罗把事物之间的联系分成紧密关联和松散关联两种。在拥挤的海滩上，经常有数千人同时下水，但一个游泳者的不幸波及其他人的概率是极小的，他们是松散关联。

然而无论是从现代组织所存在的环境还是从组织本身来看，都绝不同于一个海滩，各个组成部分之间不仅是紧密关联，而且关联多重化、复杂化。无论是从文化还是从技术上来说，一个组织在整个社会环境中，不再仅仅是某个单根链条的一环，也不再是某个网络中的一个网眼，而日益变成整个产业甚至整个系统的一部分。

从组织的内部来说，各个环节都像一条链子般环环相扣，某个环节一旦出了毛病，就会迅速蔓延开来，使整个链条都不结实，都可能功亏一篑，引发一场灾难，造成不可挽回的损失。所以，关联本身是一个成本，或者说有一个不可避免的命运，就是不可能完全把握的风险。

对于现代领导者来说，他必须有白圭那样全局的、关联的眼光，既了解自己所生存的环境中存在的机遇与风险，同时对组织内部创造价值、化解问题、风险控制和内部协调等一系列流程了然在胸。只有这样，他才能在日常的管理中担负起自动自发调整工作架构或流程、征求其他的意见或信息、厘清不明白的地方以建立可行方案，协调联络，保持沟通管道的顺畅，诊断并促进团队运行，积极鼓励及聆听其他成员的感觉等任务。

晏子用人

晏婴字平仲，齐国莱地夷维人。齐国上大夫晏弱之子。齐灵公二十六年（前556年）晏弱病死，晏婴继任为上大夫。历齐灵公、庄公、景公三朝，是春秋后期一位重要的政治家、思想家、外交家。司马迁将其比为管仲，推崇备至，用"不辱使命，雄辩四方"8个字来形容他的外交能力。

有一次，他作为齐国外交大臣奉命出使晋国。完成公务以后，在返国途中，路过赵国的中牟，远远地瞧见有一个人头戴破毡帽，反穿皮衣，正从背上卸下一捆柴草，停在路边歇息。走近一看，晏子觉得此人的神态、气质、举止都不像个粗野之人，为什么会落到如此寒碜的地步呢？于是，晏子让车夫停止前行，

并亲自下车询问："你是谁？是怎么到这儿来的？"

那人如实相告："我是齐国的越石父，3 年前被卖到赵国的中牟，给人家当奴仆，失去了人身自由。"

晏子又问："那么，我可以用钱物把你赎出来吗？"

越石父说："当然可以。"

于是，晏子就用自己的车左侧驾着的一匹马作代价，赎出了越石父，并同他一道回到了齐国。

晏子到家以后，没有跟越石父告别，就一个人下车径直进屋去了。这件事使越石父十分生气，他要求与晏子绝交。晏子百思不得其解，派人出来对越石父说："我过去与你并不相识，你在赵国当了 3 年奴仆，是我将你赎了回来，使你重新获得了自由。应该说我对你已经很不错了，为什么你这么快就要与我绝交呢？"

越石父回答说："不是这样的，我听说君子在不了解自己的人那里受到委屈，是不必生气的；可是在了解自己的人面前得不到伸张，他必然会愤怒！当我在囚禁之中，那些人不了解我。你用自己的财产赎我出来，是你的好意。可是，你在回国的途中，一直没有给我让座，我以为这不过是一时的疏忽，没有计较；现在你到家了，却只管自己进屋，竟连招呼也不跟我打一声，这不说明你依然在把我当奴仆看待吗？因此，我还是去做我的奴仆好，请你再次把我卖了吧！"

晏子听了越石父的这番话，赶紧对越石父施礼道歉。他诚恳地说："我在中牟时只是看到了您不俗的外表，现在才真正发现了您非凡的气节和高贵的内心。请您原谅我的过失，不要弃我而去，行吗？"

从此，晏子将越石父尊为上宾，以礼相待，渐渐地，两人成了相知甚深的好朋友。

晏子的风格还在他与北郭骚的交往当中反映出来。

齐国人北郭骚生活清苦，以编织草鞋为生。并在家奉养高龄老母。虽然他

武艺高强，却从不恃强凌弱，还非常乐于助人，以贤良忠孝之名传遍乡里。晏子听说他的大名，认为他是齐国众百姓应该效仿的楷模。于是便派人送去黄金10两，粮食百斤以示奖励。北郭骚收下粮食分散给众乡邻，却把黄金奉还。并修书一封托人转交晏子，只有一句话：黄金请充入国库。

后来晏子在朝中受谗，被齐景公放逐。晏子只身骑驴，带一青衣小仆准备远走他乡。走到齐国边境时，路过北郭骚的家门。于是就去和北郭骚道别。

谁知北郭骚见是被贬为平民的晏子，只是冷冷地说了一句："请你保重。"说完便关门进屋去了。

晏子望着被关上的草门，一时感慨万分。毕竟人情冷暖，空有虚名者多啊。晏子叹自己对人还是看得不够透彻。无奈苦笑一声，飘然去也。

北郭骚等晏子走后，马上穿戴整齐，携宝剑，拎一只方盒，约上一位最好的朋友，来到齐国首都。走到齐王宫门口，北郭骚大声对川流不息的人群说："晏子，是天下少见的贤相。今日晏子被逐，齐国不久将亡也！"

他见人群纷纷围了上来，接着大声说："与其见齐国亡，草民北郭骚不如一死，以唤齐王猛醒！"

说罢，他拔剑自刎，血溅七步。朋友割下他的头，装入方盒，晋见齐景公。

景公大为震动，后悔不已。马上派人快马加鞭，千里追贤相。晏子被迎回皇宫时，听到北郭骚这件事情，立时泪流满面，站立不稳。他以相国之尊，在北郭骚坟前磕了3个响头，立誓曰："晏子如不能在有生之年为齐国鞠躬尽瘁，死而后已，当受五雷轰顶之灾也！"

【智慧解读】

晏子与越石父结交的过程说明：为别人做了好事时，不能自恃有功，傲慢无礼；受人恩惠的人，也不应谦卑过度，丧失尊严。谁都有帮助别人的机会，谁也会遇到需要别人帮助的难题，只有大家真诚相处，平等相待，人间才有温暖与和谐。

普通人对别人有一点恩惠，便会居功自傲，施恩图报。晏子把人从穷困中解出来，却反而谦辞大礼待人，这种行为和生活中的普通人相比，反差真是太大了。作为一个领导者，要想把事业做到最好，人才是不可或缺的重要因素，但人才大都有自己独特的个性和特殊的境遇，这就要求领导者要独具慧眼，心胸似海，既要能发现人才，同时也要能尊重人才。

无论一个领导者手下有 5 个人还是 500 人，都必须学会与他们相处的方法。假如一味地高高在上，不懂得尊重下面的人，甚至还辱慢他们，最终必然会因小失大，为这种短视的做法付出代价。作为领导者，不仅要以组织的战略目标为重，而且要注意与这个目标密不可分的关键所在，那就是与下属之间的关系。因为无论这个目标是什么，都必须依靠所有下属的努力来达成。

如果领导者认为可以凭借自己的个人权力，将自己的利益凌驾于下属，甚至团体利益之上，那么这个团体很快就会被视为个人的工具，而丧失凝聚力。

管理之中，能否将下属的热情调动起来。直接关系到既定目标的完成。而领导者将群体热情调动起来主要靠两个方面：令出必行的威严和顾全大局的牺牲精神。如果没有威严，就无法去用纪律约束下属；如果没有自我牺牲，那就无法让下属心服口服。

崔杼弑君

春秋时，齐国大臣崔杼很有权略与手段，刚刚弱冠之年就倍受齐惠公的宠信。但这却引起了齐国上卿高氏和国氏的猜忌。

公元前599年，惠公去世，齐顷公即位，高无咎与国佐联合起来，把崔杼驱赶到卫国。齐顷公在位17年死去，灵公即位，把流亡在外的崔杼召了回来，任命为大夫，崔杼成为齐国政治舞台上举足轻重的人物。

齐灵公病死后，崔杼佐太子光即位，号齐庄公。庄公、崔杼大开杀戒，消灭异己，形成了崔杼专权的局面，不久与庄公爆发了权力之争。

矛盾爆发的导火线，是庄公私通崔杼之妻棠姜。

原来，棠姜是齐国大夫棠公的女儿，貌美如花。其弟东郭偃为崔杼家臣。棠公死时，东郭偃给崔杼赶车去吊唁。崔杼惊见棠姜绝色，不久就通过东郭偃的关系，娶棠姜为妻了。

然而，棠姜的美貌又吸引了齐庄公，齐庄公频频到崔杼府中与棠姜幽会。崔杼因此而怀恨在心，同时害怕晋国对齐庄公反晋政策进行报复，于是就想杀了齐庄公来与晋国和解，但是一直没有得到机会。恰巧齐庄公又拿崔杼的冠赏赐给别人，崔杼大为惊慌，认为庄公有废了他的卿位的意思，于是加快了行动的准备步伐。

齐庄公有一个近侍叫贾举，因故被齐庄公鞭打，贾举怀恨在心。但是齐庄公后来又信用他，崔杼便找到贾举，让他监视庄公的动静，以便伺机下手。

这年 5 月，崔杼称病不朝，庄公以探视崔杼病情为借口来到崔宅，又想和棠姜幽会。棠姜出来迎接，领着庄公兜了几个圈子之后，就进入内室，关闭门户，与崔杼从侧门出去了。

齐庄公就拍打着门柱唱起歌来，想把棠姜再引诱出来。

这时，跟随前来的贾举见机会已到，立即关上崔府的大门，庄公的侍卫被关在了大门之外。同时，崔杼埋伏好的甲士冲了出来，齐庄公一看事情不妙，便登上高台请求甲兵退去，被拒绝了；又请求与崔杼盟誓，又被拒绝了；请求到祖庙中自杀，还是被拒绝了。

有人依照崔杼的授意对庄公说："主公的臣子崔杼生了病，因此他不能再听从君王的命令。这里距主公寝宫很近，我们只知道消灭淫贼，除此之外，不听从其他命令。"

齐庄公看到事已至此不可能另有转机了，就想爬墙逃走，结果被一支箭射中大腿而摔回墙内，众人一哄而上，乱刀下庄公一命呜呼了。随后，崔杼命令其党派打开府门杀出，将庄公的贴身侍卫州绰、邴师、公孙敖、封具、铎父、襄伊、偻堙等人全部杀了。

群臣听说庄公被杀，纷纷逃走。但是晏子却没有逃走，而是来到崔家的门

外。他的随从问：“去死吗？”

晏子说：“单是我一个人的国君吗？我死什么？”

随从又说：“走吗？”

晏子说：“难道是我的罪过吗？我逃什么？”

随从又问他说：“回去吗？”

晏子说：“我的国君死了，回到哪里去？作为百姓的君王，难道就凭着他的地位凌驾在百姓之上？他应当主持国政；给君王做臣子，难道是为了他的俸禄？他应当保护国家。所以君王为国家死，臣子也就为君王死；君王为国家逃亡，臣子也就为国家逃亡。如果君王为自己而死，或者为自己而逃亡，不是他亲近宠爱的人，谁能承担责任？况且别人有了君王却杀了君王，我怎么能为他而死？怎么能为他逃亡？而且又能回到哪里去呢？”

于是晏子来到了崔府门口。大门打开，晏子进去，崔杼说：“你为什么不死？你为什么不逃？”

晏子说：“祸乱一开始，我不在这里，祸乱结束，我也不知道，我为什么要死？况且我听说，认为逃亡是正确行为的人，不能保住君王；认为死合乎义的人，不能建立什么功业。我难道是那些女仆女奴，还要上吊陪君王死吗？”

于是，他摘下帽子，脱下衣服，坐下，枕着庄公的尸体大哭，然后站起来，依当时的礼仪跳了三跳，大摇大摆地走了出去。有人劝崔杼一定要杀掉晏子。崔杼说：“他是百姓尊敬的人，放了他可以得民心。”

杀死庄公后，崔杼极力争取人心，稳定局势。为了使局势尽快稳定下来，当月 19 日，崔杼就拥立庄公的同父异母弟杵臼为新君，是为景公，自任为右相，并由庆封出任左相。

为了制服百官，崔杼在齐国的始祖姜太公的庙前，要百官歃血为盟，以示效忠。盟誓说：“众人有不和崔氏、庆氏一条心的，日落头落！”还在祭坛前挖了一个深坑，如果有人不从，就当场处斩，把尸体丢进坑里埋掉。四周还派武装的士兵，层层包围。文武百官一一进来，崔杼和庆封相继宣誓，高氏和国氏等大臣也按誓词说了，发誓效忠新政权，而那些不肯屈从的人都遭到了杀害。

终于轮到了晏婴，晏婴走到祭坛前，仰天叹息说："崔子无道，杀了他的主公。不支持主公而支持崔杼、庆封的人，必定会遭到厄运。诸君能忠于国君，有利国家，而晏婴不和各位同心，必受天帝惩罚！"

这明白表示他拒绝发誓效忠，崔杼深知晏婴很得人心，不想杀他，以免给别人口实，就把剑直逼到晏婴的胸前，威胁他说："只要你改变态度，一定重用你，否则只有当场杀掉你，仔细想想吧。"

晏婴答说："在刀剑的威迫下屈服，算什么勇敢的男子汉？受名利的诱惑而背叛主公，算什么义士？你应该读过这一首诗：莫莫葛藟，延于条枚。凯弟君子，求福不回。'我一向抱着这种态度，就算赴汤蹈火，也在所不惧。"

这首诗的意思是说：欣欣向荣的树木，枝叶茂盛地伸展着；正直不阿的君子，义无反顾地勇往直前。

崔杼、庆封脸色变了，庆封想下令杀掉晏子，崔杼却再次劝止道："杀庄公是因为庄公无道。晏婴是贤士，杀了他，反而会蒙上无道的恶名。放他去吧！"

晏婴走下祭坛，登上等在庙门的马车。马车夫早就心急如焚，等不及晏婴坐稳就要挥鞭驱马。晏婴按住马车夫的手说："慢慢来吧，如果注定被杀，你再怎么赶，还是逃不掉的呀；如果注定活命，拖得再久，还是可以活命。鹿的死活靠厨师的需要与否，我的生命又何尝不是如此呢？"

晏婴的马车就这样从容地驶离了庙门。

【智慧解读】

齐庄公的被杀，虽然有当时公卿大夫专权的时代大背景，但是也与其不注意作为领导者的个人形象，上梁不正下梁歪的示范效应不无关系。

心理学研究证明，在没有外界控制的条件下，每个人都会受到他人行为的刺激影响，使自己的行为与之相似或相同。这是人的一种本能倾向，在群体行为中尤其显著。

领导者的形象是管好下属的必要条件。领导者如果通过树立良好的自身形象，使下属加以模仿甚至达到内在更深层次，就会形成一个团体的认同和忠诚，促进公司文化的整合和发展。与此想来，如果一个领导者像齐庄公那样，不仅自身形象欠佳，甚至发展到与下属发生私人恩怨的地步，那么下属对他的态度，对整个团体的态度，也就可想而知了。

正人先正己，做事先做人。领导者只有通过表率树立起领导者在下属中的威望，才能上下同心，大大提高团队的整体战斗力。得人心者得天下，领导者为下属树立良好的形象，必将获得下属的忠诚，在管理中事半功倍。

而与此相反，宽于律己，苛以待人，一味要求下属忠诚，却并不想对下属以诚相待的领导者，是下属最为厌恶的类型之一。这一类的领导者的管理标准不一，不仅不能以身作则，反而希望以高倍的放大镜甚至显微镜来看待下属的行为，必然造成管理中的诸多冲突，使下属产生逆反心理或者"上行下效"的倾向。当你拿放大镜看别人，却放纵自己的同时，下属亦必定是拿放大镜来看待你，由此产生的相互关系不仅谈不上忠诚，恐怕连最起码的信任都很难产生。

因此，齐庄公的教训告诉我们：一个领导者不但要清醒地认识到示范的影响，更要事事严格要求自己，做到己所不欲，勿施于人。

盗亦有道

春秋时期，最有名的大盗叫盗跖。

据说盗跖的部下有 9000 人，横行天下，侵扰各国诸侯；穿室破门，掠夺牛马，抢劫妇女。他所经过的地方，大国避守城池，小国退入城堡。

有一次，盗跖的部下问盗跖说："做大盗也有原则吗？"

盗跖回答说："无论做什么事情都有原则。做大盗怎能没有原则呢？凭空能猜出屋里储藏着多少财物，这就是圣；带头先进入屋里，就是勇；最后退出屋子，就是义；酌情判断能否动手，就是智；分赃均匀，就是仁。不具备这 5 种素质而成为大盗是不可能的。"

　　盗跖这一套说教，和儒家宣扬的"圣人之道"如出一辙。而在庄子的笔下，这位大盗竟也确实与孔子打过交道。

　　孔子跟盗跖的哥哥柳下季是朋友，对柳下季说："大凡做父母的，必定能告诫自己的子女，做兄长的，必定能教育自己的弟弟。假如做父亲的不能告诫自己的子女，做兄长的不能教育自己的兄弟，那么父子、兄弟之间的亲密关系也就没有什么可贵的了。如今先生你是当世的贤士，然而兄弟却被叫作盗跖，成为天下的祸害，而且不能加以管教，我私下里替先生感到羞愧。我愿意替你前去说服他。"

　　柳下季说："先生谈到做父亲的必定能告诫自己的子女，做兄长的必定能教育自己的弟弟，假如子女不听从父亲的告诫，兄弟不接受兄长的教育，即使像先生今天这样能言善辩，又能拿他怎么样呢？而且盗跖的为人，思想犹如喷涌的泉水，感情就像骤起的暴风，勇武强悍足以抗击敌人，巧言善辩足以掩盖过失，顺从他的心意他就高兴，违背他的意愿他就发脾气。先生千万不要去见他。"

　　孔子不听，让颜回驾车，子贡作骖乘，前去会见盗跖。盗跖正好在泰山的南麓休整队伍。孔子下了车走上前去，见了禀报的人员说："鲁国人孔丘，听说将军刚毅正直，拜托转达我前来拜见的心意。"

　　盗跖听说孔子求见，怒发冲冠地说："这不就是那鲁国的巧伪之人孔丘吗？替我告诉他：'你矫造语言，托伪于文王、武王的主张；你头上戴着树杈般的帽子，腰上围着宽宽的牛皮带，满口的胡言乱语；你不种地却吃得不错，不织布却穿得讲究；你整天摇唇鼓舌，专门制造是非，用以迷惑天下的诸侯，使天下的读书人全都不能返归自然的本性，而且虚妄地标榜尽孝尊长的主张以侥幸得到封侯的赏赐而成为富贵的人。你实在是罪大恶极，快些滚回去！要不然，我将把你的心肝挖出来吃掉！'"

　　孔子再次请求通报接见，说："我荣幸地跟柳下季相识，诚恳希望能够面见将军。"禀报人员再次通报，盗跖说："叫他进来！"孔子小心翼翼地快步走进

帐去，又远离座席连退数步，向盗跖深深施礼。盗跖一见孔子，伸开双腿，按着剑柄怒睁双眼，厉声说："孔丘你上前来！你所说的话，合我的心意有你活的，不合我的心意你就等着一死。"

孔子说："我听说，大凡天下人有三种美德：生就魁梧高大，长得漂亮无双，无论少小年长高贵卑贱见到他都十分喜欢，这是上等的德行；才智能够包罗天地，能力足以分辨各种事物，这是中等的德行；勇武、剽悍、果决、勇敢，能够聚合众人统率士兵，这是下一等的德行。大凡人们有此一种美德，足以南面称王了。如今将军同时具备了上述三种美德，你高大魁梧身长八尺二寸，面容和双眼熠熠有光，嘴唇鲜红犹如朱砂，牙齿整齐犹如编贝，声音洪亮合于黄钟，然而名字却叫盗跖，我暗暗为将军感到羞耻。将军如果有意听从我的劝告，我将南边出使吴国越国，北边出使齐国鲁国，东边出使宋国卫国，西边出使晋国秦国，派人为将军建造数百里的大城，确立数十万户人家的封邑，尊将军为诸侯，跟天下各国更除旧怨，弃置武器休养士卒，收养兄弟，供祭祖先。这才是圣人贤士的作为，也是天下人的心愿。"

盗跖说："凡是可以用利禄来规劝、用言语来谏正的，都只能称作愚昧、浅陋的普通顺民。如今我身材高大魁梧面目英俊美好，人人见了都喜欢，这是我的父母给我留下的美德。你孔丘即使不当面吹捧我，我难道不知道吗？而且我听说，喜好当面夸奖别人的人，也好背地里诋毁别人。如今你把建造大城、汇聚众多百姓的意图告诉给我，这是用功利来诱惑我，而且是用对待普通顺民的态度来对待我，这怎么可以长久呢！城池最大的，莫过于整个天下。尧舜拥有天下，子孙却没有立锥之地；商汤与周武王立做天子，可是后代却遭灭绝，这不是因为他们贪求占有天下的缘故吗？

"况且我还听说，古时候禽兽多而人少，于是人们都在树上筑巢而居躲避野兽，白天拾取橡子，晚上住在树上，人们不知道穿衣，夏天多多存积柴草，冬天就烧火取暖，所以称他们叫作懂得生存的人。到了神农时代，居处是多么安静闲暇，行动是多么优游自得，人们只知道母亲，不知道父亲，跟麋鹿生活在一起，自己耕种自己吃，自己织布自己穿，没有伤害别人的心思，这就是道德鼎盛的时代。然而到了黄帝，跟蚩尤在涿鹿的郊野上争战，流血百里。尧舜称帝，设置百官，商汤放逐了他的君主，武王杀死了纣王。从此以后，世上总是依仗强权欺凌弱小，依仗势众侵害寡少。商汤、武王以来，就都是属于篡逆叛乱的人了。

"如今你研修文王、武王的治国方略，控制天下的舆论，一心想用你的主张传教后世子孙，穿着宽衣博带的儒式服装，说话与行动矫揉造作，用以迷惑天下的诸侯，而且一心想用这样的办法追求高官厚禄，要说强盗再没有比你大的了。天下为什么不叫你作盗丘，反而竟称我是盗跖呢？你用甜言蜜语说服了子路让他死心塌地地跟随你，使子路去掉了勇武的高冠，解除了长长的佩剑，受教于你的门下，天下人都说你孔子能够制止暴力禁绝不轨。可是后来，子路想要杀掉篡逆的卫君却不能成功，自身还在卫国东门上被剁成了肉酱，这就是你那套说教的失败。你不是自称才智的学士、圣哲的人物吗？却两次被逐出鲁国，在卫国被人铲削掉所有足迹，在齐国被逼得走投无路，在陈国蔡国之间遭受围困，不能容身于天下。而你所教育的子路却又遭受如此的祸患，做师长的没有办法在社会上立足，做学生的也就没有办法在社会上为人，你的那套主张难道还有可贵之处吗？

"世上所尊崇的，莫过于黄帝，黄帝尚且不能保全德行，而征战于涿鹿的郊野，流血百里。唐尧不慈爱，虞舜不孝顺，大禹半身不遂，商汤放逐了他的君主，武王出兵征讨商纣，文王曾经被囚禁在羑里。这以上的6个人，都是世人所尊崇的，但是仔细评论起来，都是因为追求功利迷惑了真性而强迫自己违反了自然的禀赋，他们的做法实在是极为可耻的。

"世人所称道的贤士，就如伯夷、叔齐。伯夷、叔齐辞让了孤竹国的君位，却饿死在首阳山，尸体都未能埋葬。鲍焦着意清高非议世事，竟抱着树木而死去。申徒狄多次进谏不被采纳，背着石块投河而死，尸体被鱼鳖吃掉。介子推算是最忠诚的了，割下自己大腿上的肉给晋文公吃，文公返国后却背弃了他，

介子推一怒之下逃出都城隐居山林，也抱着树木焚烧而死。尾生跟一女子在桥下约会，女子没有如期赴约，河水涌来尾生竟抱着桥柱子而淹死。这以上的 6 个人，跟肢解了的狗、沉入河中的猪以及拿着瓢到处乞讨的乞丐相比没有什么不同，都是重视名节轻生赴死，不顾念身体和寿命的人。

"世人所称道的忠臣，没有超过王子比干和伍子胥的了。伍子胥被抛尸江中，比干被剖心而死，这两个人，世人都称作忠臣，然而最终被天下人讥笑。从上述事实看来，伍子胥、王子比干之流，都是不值得推崇的。

"你孔丘用来说服我的，假如告诉我怪诞离奇的事，那我是不可能知道的；假如告诉我人世间实实在在的事，不过如此而已，都是我所听闻的事。现在让我来告诉你人之常情，眼睛想要看到色彩，耳朵想要听到声音，嘴巴想要品尝滋味，志气想要满足、充沛。人生在世高寿为 100 岁，中寿为 80 岁，低寿为 60 岁，除掉疾病、死丧、忧患的岁月，其中开口欢笑的时光，一月之中不过四五天罢了。天与地是无穷尽的，人的死亡却是有时限的，拿有时限的生命托付给无穷尽的天地之间，迅速地消逝就像是千里良驹从缝隙中骤然驰去一样。凡是不能够使自己心境获得愉快而颐养寿命的人，都不能算是通晓常理的人。

"你孔丘所说的，全都是我想要废弃的，你赶快离开这里滚回去，不要再说了！你的那套主张，癫狂失性钻营奔逐，全都是巧诈、虚伪的东西，不可能用来保全真性，有什么好谈论的呢！"

孔子茫然若失走出帐门登上车子，拿在手里的缰绳掉了 3 次，眼光失神模糊不清，脸色犹如死灰，低垂着头靠在车前的横木上，颓丧地不能大口喘气。

他回到鲁国东门外，正巧遇上了柳下季。柳下季说："近来多日不见心里很不踏实，看看你的车马好像外出过的样子，恐怕是前去见到盗跖了吧？"

孔子仰天长叹道："是的。"

柳下季说："盗跖莫不是像先前我所说的那样，让你不高兴了吧？"

孔子说："正是这样。我这样做真叫作没有生病而自行吃药一样，自找苦吃，急急忙忙地跑去撩拨虎头、编理虎须，不免被虎口吞掉啊！"

【智慧解读】

盗跖的一番理论，似乎是说明世界上没有一成不变的真理。但是我们今天看来，却反映了不同的立场与角度对事物的不同反映，也就是说，立场决定思想。由此得出的启示在于：要想全面地了解事物，必须学会换位思考。

世界上的大多数人在考虑问题时，通常是站在自身的立场上，寻找问题的解决办法。但是作为一个领导者，却必须学会自觉地站在别人的立场上去，换一个位置考虑解决问题的方案。

有时，领导者只有站在对方的角度，才能找到让大家都满意的解决方案，把问题彻底解决。面对一些棘手的问题，如果仅仅从自己的角度出发去考虑，得到的往往是头疼医头，脚疼医脚的就事论事方案，而且会导致下属的惰性和部门之间的扯皮。

而换位思考则有利于采纳别人的意见，实行民主管理，特别是下属提出的一些较尖锐的问题，在换位思考的状态下，可能就听得进去，有利于提高领导者的管理水平。

有一家宠物食品公司销售额逐月下滑，总经理百思不得其解，于是便召开紧急干部会议，研究对策。会上大家各抒己见：有人认为是公司产品包装不漂亮，有人认为是公司产品价格太高，有人认为是公司促销力度不够，有人认为是公司分销渠道不畅。最后财务经理看看大家说道："我们的产品，我朋友家那条狗呀就是不爱吃！"

在所有人都在从公司方面找原因时，只有财务经理换位到顾客，或者说换位到直接消费者——狗的方面——进行思考，可以说是一语惊醒梦中人，终于使总经理意识到问题出在了狗粮的质量和口味。公司马上加大了科研力度，终于挽回了市场。

同时，换位思考还是人本管理的体现，可以满足人的心理需求。如果领导者能够本着平等的观念，学会换位思考，经常站在下属或同事的立场上去了解

他们，寻找问题解决之道的话，还可以大大改善自己的形象，成为大家都可以信赖的人。

穆公赐酒

春秋时，秦穆公出去游玩，途中乘坐的车子坏了，右侧驾辕的马逃掉了一匹。穆公亲自去寻找这匹马，看到一群农夫正在岐山南面准备吃马肉。

穆公本来打算要马，看到这种情形，反而说道："君子不因为牲畜而伤害人。吃了骏马的肉，而不马上喝酒，我怕这样会有伤你们的身体。"于是穆公一一赐酒给他们喝，并赦免了这些人，然后离去。

后来，秦国与晋国之间发生战争。战争起因于晋国献公与秦穆公反目。

原来，晋国献公去世后，他的5个儿子死的死，逃的逃，晋国变成了无君之国。大夫里克派人迎接流亡在外的公子重耳回国为君，但重耳谢绝了，于是他们又派人迎接公子夷吾。

跟随夷吾的大夫隙芮说："这事可不能轻信啊，咱们在外许多年，家里情况不了解，匆匆忙忙回去，万一上了当呢?!"

夷吾说："这该怎么办?"

隙芮献计说："依我之见，要做国君，应有贤臣、睦邻这两条。现在里克、邳郑一班老臣在朝主事，西边的秦国势力最强。咱们先用厚利收买他们，取得内外的支持，才能返国。"

夷吾采纳了隙芮的建议，命史官写了两封信，托屠岸夷带给里克和邳郑，信中赞扬里克身居虎穴，铲除奸贼，为晋国立了大功，然后又说，待自己做了国君，便封他为相国，并封给里克土地100亩，封给邳郑土地70亩。夷吾还特意写了一封长信，派人送给秦穆公，求他出兵助自己返国，答应事成之后，将晋国河西的5座城池划归秦国。

秦穆公接到书信后，正在犹豫。穆公的夫人是晋献公的女儿，她怕自己的父母之邦灭亡，就催着秦穆公去帮助晋国。穆公于是派出公子贽去向逃亡在外的晋公子重耳和夷吾吊唁，实际是探探他们两人的态度。重耳对公子贽痛哭流涕地说："父亲刚故世，做儿子只有感到悲伤，哪还有什么妄想？"

夷吾塑像

夷吾没有哭，却要求秦国派兵护送他回晋国，并许诺在事成之后把晋国黄河以西之地割让给秦国。他对公子贽说："现在国内一些大臣想立我为君，要是秦国能帮我回去即位，我愿把河外5城献给秦国作为谢礼。"

公子贽回去对秦穆公照实报告了两位晋公子的态度。秦穆公说："重耳是个正派人，我们应该帮助他。"

公子贽却说："帮助好的不如帮助坏的，坏的能把国家搞乱，对我们有利！"这话说中了秦穆公的心思，就命大将公孙枝带领300辆兵车，发兵送夷吾回国，立为晋惠公，并派公孙枝留在那里，准备接收河外的那5城。

谁知晋惠公一当上国君就反悔了，大臣里克说："主公刚接位不可失信！"晋惠公不理睬，就派丕郑给秦穆公送了封信去，对秦穆公说："开始时我把河西之地许给您，现在侥幸继位。大臣们都说：'土地是先君留下的，您流亡在外，怎么能擅自许诺给秦国？'寡人我争论不过，所以只能放弃割地给您的打算。"

秦穆公看了信，大骂夷吾忘恩负义。

又过了几年，晋国发生饥荒，请求秦国救济一些粮食。秦穆公听从了百里奚的建设，不计较晋惠公悔约的前嫌，派了大量的船只运载粮食，由秦都雍（今陕西凤翔南）至晋都绛，沿渭河入黄河转汾河再转浍河，运粮的船络绎不绝，称为"泛舟之役"。

第二年，秦国发生灾荒，也请求晋国帮助一些粮食。晋惠公与大臣商议此

事，有人认为应该答允，秦国能不念前嫌给晋国运粮救灾，晋国理应回报。但又有人认为，没有割地给秦国，两家已成仇敌，现在给秦国救灾，无疑是给敌人助长力量，这事不能答应。

惠公采纳了后一种意见，没有给秦国运粮。

两年后，秦国度过灾荒了，秦穆公马上率兵大举伐晋。晋惠公整军抵御，两军战于韩原（今山西河津与万荣之间的黄河东岸）。

秦穆公亲自参战，晋大夫梁由靡在混战中率部截击秦穆公，把穆公包围。战场一片混乱，有些晋国士兵已把秦穆公乘坐的马车包围住了，晋国将军梁由靡甚至抓住了穆公左边驾车马的笼头，晋惠公的右军将军路石也在用武器不断地打穆公的盔甲，情况万分危急。

正在这危急时刻，从远处赶来一支队伍，穆公起初以为是敌人的增援部队，但接近了才看清，原来是岐山之下偷吃良马肉的人，聚其家族共 300 多人。这些人飞驰冲向晋军，奋勇冲杀，围在穆公周围拼死保护，使穆公得以逃脱。

不久，晋惠公因战车陷入泥泞之中，无法行动，被秦军俘获。晋军失去主帅，全军溃败。

惠公被俘后，秦穆公对他的怨恨难以平息，预备把他杀了祭祀。

多亏穆公夫人是晋惠公之姊，以自焚要挟穆公，才劝阻了此举。晋惠公在秦国当俘虏期间，秦晋两国订立盟约，晋惠公送太子圉到秦国为人质，并将黄河以西的地方献给秦国，秦的东部疆界扩至龙门。

【智慧解读】

秦穆公给吃马的人赏赐美酒，从而在战场上获得赤诚之报，这个故事告诉我们：任何一个领导者，在任何时候都不能被眼前的得与失迷住了眼睛。而要谨记任何时候都应该和最大多数的人站在一起，想民所想，忧民所忧。这样不仅会使民众理解你的行为，支持你的举动，也会帮助自己克服脑子里面狭隘的想法，在危险时获得及时的帮助，在胜利时将成果保持得久一些。

古人指出取得天下的关键在"得助于众"，认为"得到人民的拥护和支持的人，是没有谁能打败的"，法学家慎到曾经说：喜爱自己儿子的人，不能对儿子的老师怠慢，如果外出旅游，不要怠慢司机。一句话，得到帮助才能成就事业，得不到帮助就不能成就事业。

要把握好两个关系，必须注意两方面的问题：一是君主不能苛求别人的长短，要善于用人的长处；第二要对什么样的百姓都要容忍，这样拥有的力量就越多，自己的力量就最稳固，权势就越大，谁能争取群众支持自己，谁的胜利可能性就大。

但是古往今来却有许多人一到领导岗位，就会特别重视自己的"权威"——不容他人冒犯的"权威"，假如有人冒犯，轻则对人生气，重则"置之死地"。但是，"权威"真正不可冒犯吗？在冒犯之后，只有一条对冒犯者惩罚的路吗？秦穆公作为一国之君，对臣民的冒犯，不仅不在乎，还进一步为他人着想，让我们看到以宽广的胸怀，去处理"冒犯权威"，才会树立最高的权威！

在某些组织中，领导者既没有参谋人员，本身也认识不到参谋人员的重要性。他们做决策都是属于典型的"三拍"型："决策拍脑袋，办事拍胸脯，失败拍屁股"。

这些"三拍"型的领导者为了坚持自己的"权威"，往往禁止周围的人提出不同意见。把不同意见看作是与自己过不去，是对自己权威和智慧的侮辱。担心有人会因此问："领导者怎么没有想到这些？"久而久之，下属提意见的热情消失大半，对工作也开始抱一种无所谓态度。

实际上，一个合格的领导者应该明白：一个组织内存在争论，往往是活力的象征。集思广益比单打独斗更容易激发出创意，每个人无拘无束地说出自己的想法，能够借此刺激其他人产生更多的联想。在一些现代型组织中，还会特意组织大家就某一政策相互争论，称之为"脑震荡"，也就是让多人一起想出点子的过程。

没有摩擦也就没有磨合，有了争论才会产生高论，这是一条领导者需要牢记在心的真理。

伯禽封鲁

周公辅佐年幼的成王时，把教育成王的方法用在自己儿子伯禽身上，成王做错了事，周公就打伯禽，用这种方法启示成王怎样懂得父子、君臣、长幼之间的道理，既教育了成王，也教育了伯禽。

周公初封原在今河南鲁山。周公东征胜利后，占领了徐奄，才把鲁由鲁山迁徙于今山东曲阜，仍称其国为鲁。曲阜原是徐奄的地方。周公东征胜利以后，徐奄人民被迫向江淮流域迁徙，留下来的就成为鲁国的附庸。

因为周公要留在京城处理政事，不能到封地去，等他的儿子伯禽长大了，就派伯禽代他到鲁国去做国君。成王分给伯禽殷民"六族"：徐氏、条氏、萧氏、索氏、长勺氏、尾勺氏。这些也都是具有某种专长的手工艺氏族，作为伯禽的奴隶。同时送他许多典册文物、宝器仪仗。

伯禽临走的时候，问他父亲有什么嘱咐。周公告诫伯禽，不要因为有诸侯的地位而瞧不起人，要礼贤下士。他问儿子："我是文王的儿子，武王的弟弟，当今天子的叔叔，你说我的地位怎么样？"

伯禽说："那自然是很高的了。"

周公说："对呀！我的地位确实很高，但是我每次洗头发的时候，一碰到急事，就马上停止洗发，把头发握在手里去办事；每次吃饭的时候，听说有人求见，我就把来不及咽下的饭菜吐出来，去接见那些求见的人。我这样做，还怕天下的人才不肯到我这儿来呢。你到了鲁国，不过是个诸侯，可不能骄傲啊！"

伯禽连连点头，表示一定记住父亲的教导。

伯禽到鲁国不久，东方发生了武庚、管蔡之乱，徐戎淮夷和南方的熊盈以及纣王的猛将蜚廉也闻风而动，前来攻打鲁国。伯禽率师到达费地，亲作《费誓》，以严明军纪。

《费誓》对国人说：你们要把甲胄、干戈、弓矢都准备好。你们要把牛马拉好，把井、获（井、获都是为捕获野兽而设的陷阱）杜塞起来，以防牛马误堕其中。如果伤害牛马，就要受到常刑。你们的牛马、臣妾（奴隶）逃跑了，不要离开军队去追赶。如果离开军队去追赶，就要受到常刑。你们不要抢夺人家的东西，有敢逾越垣墙，盗窃人家的牛马，引诱人家的臣妾，要受到常刑。甲戌那天，我要征伐徐戎，你们要准备好自己的干粮。准备不及的话，要受到大刑。

在全体将士努力奋战及齐军的支持下，不久战事就形成了相持局面，在平定武庚、管蔡之后，齐、鲁、周三支军队又经过两年苦战，终于安定了鲁国。

伯禽在鲁国苦心经营了3年，才去镐向周公汇报国政。周公问道："为什么报政这么晚呢？"

伯禽回答说："我改造了当地的风俗，变革了当地的礼仪。寻常百姓父母死后也要服丧3年，所以到这时候才来报政。"

伯禽老老实实贯彻周朝的礼仪制度，不知达变，反映出保守的治国思想。但他坚持以周礼治国，在位46年，鲁国的政治经济都出现了新局面。其辖区北至泰山，南达徐淮，东至黄海，西抵阳谷一带，成为周王朝控制东方的一个重要邦国，并享有"礼义之邦"的美称。

鲁国严格遵循以血统为基础等级森严的统治制度，所以权力延续32代也没有出现异姓篡位的，王权相对稳固。但是太公说："这样鲁国就会越来越弱小了。"自周公以后鲁国从来在诸侯国中都是被欺凌的对象，没有哪一代国君曾经称霸诸侯。

【智慧解读】

一个政权的创立和存续，有各种各样的因素，其中最主要者应该有二：一为这个政权存续所依赖的理念，一为这个政权存续所依凭的实力；二者相互影

《吕氏春秋》智慧通解

响，相互为用，共同支撑着一个政权的存在和发展。政权存续所依赖的理念又主要有二：一为政治观念，一为伦理观念；二者相互生发，相互支持。政权存续所依凭的实力大致可分为二：一为军事实力，一为经济实力；二者共生共用，相持而长。

就西周来说，这一政权所存续的理念是血缘宗法制。这既是一政治理念，又是一伦理观念，其外化形式是礼制。周人之所以得天下而治万民，是因为当时周人宣传这样一些观念并得到世人认可。从这一角度说，天命神权观念基础上生成的血缘宗法制，便具有绝对的合理性；其外化形式的礼制，也应毫不犹豫地推行。今天看来，这些观念的宣扬是符合当时的社会理念发展实际和时人心理成长实际的，所以能使西周国祚顺利延续了数百年。

但是，大社会背景下有各小地域社会现实差异。太公、周公东封，所面对的都是当地强大的地方势力。太公"尊贤上功"，并且"因其俗，简其礼"，没有强行推行西周礼制，因而迅速大治，使国力强大起来。而代周公就国的伯禽却大力推行西周礼制，强调血缘制而实行"尊尊亲亲"的用人制度，削弱当地的强大势力，这样做的后果是保证了国内的稳定结构，但是却严重地打击了地方势力的积极性，因而国力一直发展缓慢。

伯禽以推行血缘宗法礼制为立国第一要务，故鲁国发展缓慢；太公立国，以增强实力为第一要务，故齐国日益强大。在这个对比当中，伯禽治理鲁国的思路给我们的教训在于，即过分强调理念的推行而忽视实力的增强，必使改革达不到预期目的。

在竞争日益激烈的今天，一个国家也好，一个组织也好，其发展思路必须从发展变化了的社会现实出发，去制定相应的措施，以增强实力为最终目的。而不应以理念的推行和维护为第一要务，理念的推行应为增强实力的第一目的服务。只有这样，才能取得最大成效。

昭王南征

周公死后，召公辅佐成王，继续执行周公的执政方针，在这 40 多年中，周朝的政治比较清明，统治比较巩固，经济上一片繁荣景象，历史上叫作"成康之治"。

可是到康王的儿子昭王姬瑕即位的时候，周王朝就开始衰落了。

周昭王自幼生长在王宫中，不知创业守成都非易事，即位后不理朝政，沉溺于享乐之中。

有一天，南方的楚国派来一个使者，声称楚王得到了一只珍贵的白稚，有心到镐京朝见贡献，因路途遥远，白稚又极难饲养，万一死在途中，犯下欺君之罪，因此请天子屈驾前往。昭王一听喜上眉梢，决定南巡。

消息传出，许多大臣前来劝阻。原来这楚国近年来垦荒种植，扩军练兵，吞并周边小国，一直想摆脱周天子的控制，贡赋也不按时按量地献上。前两年，周昭王还曾经和楚国发生过两次大规模的战争。在这样的情况下，天子怎么能到楚国去呢？

可周昭王为了显示自己的威风，坚持要南巡。一路上，昭王的军队骚扰百姓，抢夺耕牛和鸡鸭，弄得鸡飞狗跳。沿途的老百姓男的被捉去驾车、挑担、运送粮草，女的被拉去给他做饭、洗衣。

这一天，昭王的队伍被一条大河挡住了去路，河水湍急，水势凶猛。昭公派人找来渔夫一问，才知道这就是汉水，是前往楚都丹阳的必经之路。于是，昭王下令征集船只，抓捕船夫，整整两天才将南巡大军全部运过河去。

渡过汉水以后，昭王听说楚国根本没有什么白稚，勃然大怒，下令军队向丹阳进攻。可是远道而来的周军哪里是楚军的对手，连打了几次仗，丹阳也没有攻下来。

昭王只好垂头丧气地班师回朝。他来到汉水边，发现河边一只船也没有，

不由大吃一惊，派武士到附近村庄里搜了半天，一无所获。于是把村民抓来，命令他们在 3 天之内，造出 30 条船来。

第三天中午，村民果然送了 30 条新船来到河边。周军回家心切，就争先恐后地上船，还把车、马和抢来的财物全都装到船上，一齐向北划去。不料船刚划到河中心，竟都漏起水来。船夫一个个跳到河中游走了。再看那些船，竟然都散开成了一片片的木板。昭王和他的军队连同车马财物，都掉进了湍急的流水中。

原来昭王的军队一路烧杀抢劫，沿途的百姓们早就恨之入骨，被抓来造船时，就用树胶把一块块木板粘合到一起，又在木板粘合的缝上画上一些花花绿绿的图案掩盖，根本就没铁钉加固。这船经水浸泡，树胶慢慢溶化，船自然就散架了。

周军兵士生长在北方，大多不识水性，纷纷沉入水底，只有少数兵士抓着木板勉强游到岸边，保住了性命。自幼在王宫中长大的昭王，肥胖的身体掉进水里，挣扎了几下就开始往下沉。昭王有个护卫叫辛余靡，不仅会游水，而且力气很大。他一看昭王沉下去了，就赶紧过去抢救。他从水底摸起昭王，用一只胳膊夹住，另一只胳膊划着水向岸边游。好不容易到了岸上，他低头一看，昭王的肚子胀得像面大鼓，试一试鼻息，一丝儿气也不出了，原来早就淹死了。

辛余靡等人抬着昭王的尸体返回镐京，向朝中大臣报告了这次南巡的详细经过。大臣们一商议，觉得堂堂的周朝天子，竟然为了一只白稚送命，传出去肯定会让天下人耻笑，于是就只好对外推说昭王暴病而亡。

昭王太子继位，就是后来的周穆王。

【智慧解读】

周昭王南征失败的过程，实际上也是一个领导者从狂妄自大到最终受到惩罚的过程。

如果一个人能够主宰并掌握一大部分人的命运时，能够节制自己，使自己的某种不良行为被人指出，从而彻底加以摒弃，那么他的为人处世也一定能够做得出色，而成为一个有用之才。

忠言逆耳利于行，良药苦口利于病，这是自古以来中国人坚信不疑的格言。大凡能够建功立业，称雄一世的明君英主，都以此为不可缺少的智慧之一。他们对于敢于直言相劝，排除国家隐患的忠臣良将极为尊重，贤明的君主纳谏虚心，从善如流，因而信息通达又宽广，做到防患于未然，成就一番伟业。与此相反，拒绝不同意见，骄横专断的君主，到头来落个国破人亡、身败名裂的下场，多少兴亡盛衰的历史在重演着一幕幕悲剧。

然而，历史上的许多亡国之君不可直言，其过失无法自知，忠臣不敢直谏，君主的言路堵塞不通，灭亡的命运也就随即降临。历史上的项羽刚愎自用，最后落了一个自刎乌江的下场。楚怀王嫉贤妒能，流放屈原。

虚心纳谏，从善如流，善于听取不同的意见，随时检查自己的所作所为有无过错，无论是治国为官，还是处世为人，也无论过去、现在乃至将来，都是一个人走向光明、决策英明、指挥若定、运筹帷幄的一个渠道。体现了善于集思广益，雄才大略的宽广胸怀，是极其重要的建国立业、守业、创业的智慧和能力。所以，人学会从善如流不是小事！

在很多组织里，同样存在着周昭王这样的领导者。他们自以为无所不能，无所不知，控制和领导一切，认为专家听从领导是一种天经地义的事。不论是在科学还是真理面前，一切都要唯权力是从，把自己当作真正的权威，而把专家和业务骨干当作是管理的对象。让他们一边受教育、受改造，还要感谢领导的关怀。

这里面所涉及的就是一对矛盾，当面临问题的时候，听专家的还是听领导的，专家"建议"还是领导拍板？专家要向领导请示甚至劝谏哀求，还是让领导者尊重事实、尊重科学？

周昭王的失败，在几千年前已经回答了这个问题。但是走到今天类似的闹剧却不断重演，这既是管理文化的悲哀，也可以说是一个民族的悲哀。

《吕氏春秋》智慧通解

厉王虐民

厉王姬胡是周朝的第十代国王，当政时国力已出现衰象。这时候，外族入侵、诸侯作乱、贡赋减少，王朝的国库空虚。偏偏厉王又奢侈荒淫，信任唯利是图的荣夷公，走上桀、纣的路子，使周王室的财政很快出现了危机。

周厉王为此决定增加赋税，维持花天酒地的生活。可是该收的税都收了，怎样再立名目设立新税呢？又以什么名目来征税呢？他想不出来。这时，荣夷公给厉王出了一个点子，让他对一些重要物产征收"专利税"。按照周制，土地王有，但是王应把土地财产赐给贵族，贵族可以世袭占有，但是只有占有权而无私有权。现在厉王听从荣夷公的意见，取回贵族占有的土地，使土地全部归于厉王所有。不论是王公大臣还是平民百姓，只要他们采药、砍柴、捕鱼虾、射鸟兽，都必须纳税，甚至喝水、走路也得缴纳钱物。

这个办法遭到老百姓的强烈反对，就连一些比较开明的官吏也觉得很不妥当。很多大臣也纷纷向厉王进忠言。其中有个叫芮良夫的大夫劝告厉王不要实行"专利"。他说："专利会触犯大多数人的利益，是很伤人心的做法。"可是厉王根本听不进去，他一味宠信荣夷公，让他来实行"专利"。

实行专利后，百姓的生活更是雪上加霜，顿时民怨沸腾。

老百姓们对周厉王充满了怨恨情绪，都纷纷咒骂他。大臣召公虎看到形势危急，就劝告周厉王说："国家目前的统治方式，百姓们实在受不了了，所以才会出现人民怨声载道，大王您看怎样施政，人民才会没有怨言呢？"

可厉王根本听不进去，他为了防止反抗，还从卫国请来一个巫师，专门负责监视老百姓，一旦发现敢于抨击朝政的，格杀勿论。从此，整个国家人们虽然牢骚满腹只好往肚子里咽，谁也不敢再说出来了。熟人在路上见面，也不敢站住打个招呼，用眼睛默默地表示一下，赶紧走开。整个镐京，顿时变得死气沉沉，毫无生气。

厉王却以为自己的统治产生了效果，沾沾自喜地对召公虎说："你看，还有谁在说什么吗？"

召公虎听了，对厉王说："这不是怨言没有了，而是百姓迫于严刑不敢说话。您这样做，百姓们的嘴虽被勉强堵住，但使他们的抱怨变成怒气了。比用东西把河水堵住还危险，水堵到一定时候就会溃堤，一旦决口，肯定会伤亡很多人。所以说治水的人把水扒开使流水畅通，治理国家应该放开禁令，使百姓畅所欲言。所以说治国，大臣应该当面进谏，百姓应该把问题反映上来，然后天子再斟酌处理，这样才会把国家治理好。现在大王您强行堵住百姓的嘴不让说话，让人民默认您的错误行为，恐怕是在一个火山口上跳舞，情势已经很危险了！"

厉王对召公的话置之不理，反而更加残酷地实行统治。

过了3年，国人实在忍受不下去了！国都里的小贵族、小商人、手工业者聚集起来，冲向王宫，去找厉王算账。起初厉王还想把民众镇压下去，可调来的军队中的兵士原来全是平民出身，他们见国人造反，很多人也参加进去了。周厉王眼看大势已去，只好带了一些随从，偷偷溜出了王宫。厉王临走前把太子姬静托付给了召公虎，然后就逃奔到了今山西霍县。

愤怒的起义群众找不到厉王，满腔怒火难平，决定找太子去抵罪。他们得知大臣召公虎家里收留了太子，于是就包围了召公家，勒令召公交出太子。召公心想："过去天子不听我的规劝，才落到这般地步。现在我交出太子，会不会有人说我是对天子的不忠、伺机报复呢？当初我满口答应保护太子。好让王安心；现在若是交出太子，岂不是天大的不义？可是国人见找不到太子，他们一定不肯答应，怎么办呢？"

他考虑再三，决定用自己的儿子代替太子，交给了起义群众，这才使太子没有被国人杀死。

国人暴动的第二天，卫国的国君卫武公就带着军队开到镐京。这卫武公，叫共伯和。共伯和率军到镐京是前来平叛的，可是起义群众在他来到王都之前，

已经散去。于是共伯和就率领部队，进到了王宫里驻扎。

厉王在逃不敢回国都，太子虽在国都，但年龄太小，不能主事。他是召公用儿子换下来的，现在暴动刚平，还不到说出真相的时候。于是召公虎提出，国事暂由共伯和代理，其他大臣全都赞成。共伯和虽然是代理，实际上却在执政，实际上同天子一样，所以这两年被称作共和元年（前841年）。也就是从这一年起，我国历史开始有了准确的年代可以查考。

共伯和执政以后，采纳了召伯虎的建议，废除了厉王时的"专利"法，减少了名目繁多的赋税，人民得以安生，社会又趋于稳定。厉王最后死于彘（今山西霍县东北），没有回国。

史书上把共伯和执政的时期，称为共和时期。转眼14年过去了，周厉王死了，太子姬静也已经在召公虎家里长大成人了。召公虎觉得时机已经成熟，于是上朝去对共伯和及众大臣讲了真相，众大臣见太子还活着，结果大家一致同意让太子继位。共伯和知道自己不是周室正宗，若争下去难以服众，不如做个顺水人情，就亲自到召公虎家把太子静接进王宫，举行了隆重的登基仪式，号为周宣王。

【智慧解读】

周厉王不明白，或者说不想明白"防民之口，甚于防川"的道理，在国内进行白色恐怖式的统治，试图用压制的方法来得到安全与稳定，最终被放逐，可以说是罪有应得。但是他的结局，也留给后人，特别是后代的领导者很多思考的空间。

自古以来，民本思想在我国就是一种极其重要的治国思想，从古到今一直在被有识之士尽力倡导着。但可惜的是，这种倡导并不是被普遍接受的，而只存在于一些真正明智的统治者的身上。只有他们才明白人民对于发泄和沟通的需求，因而懂得尊重他们的这种需求，并设法为他们创造条件。这样的领袖通常都能够名垂青史。

在现代管理学中，有一个十分著名的"霍桑效应"。

美国芝加哥郊外的霍桑工厂是一个制造电话交换机的工厂，具有比较完善的娱乐设施、医疗制度和养老金制度等，但工人们仍情绪不高，生产状况也很不理想。为探求原因，1924 年 11 月，美国国家研究委员会组织了一个由心理学家等多方面专家参加的研究小组，在该工厂开展了以生产效率与工作物质条件之间的相互关系为课题的一系列试验研究，这一研究课题的中心是"谈话试验"。专家们用两年多的时间，找工人谈话两万余人次，并规定在谈话过程中，要耐心倾听工人对厂方的各种意见和不满，做详细记录，对工人的不满意见不准反驳和训斥。

这一"谈话试验"收到了意想不到的结果，霍桑工厂的产量大幅度提高。这是由于工人长期以来对工厂的各种管理制度和方法有诸多不满，无处发泄，"谈话试验"使他们这些不满都发泄出来，从而感到心情舒畅，干劲倍增。社会心理学家们将这种奇妙的现象称之为"霍桑效应"。

"霍桑效应"启示我们：作为领导者，在具体的管理活动中，一定要注重畅通宣泄渠道，'努力营造一种使人们既生动活泼又心情舒畅的良好气氛，切莫堵塞言路。当前，面对市场经济优胜劣汰的竞争压力，面对制度不健全带来的某些不公正、不公平、不健康现象和现代社会生活方式发生的巨大变化，不少人或不适应，产生失落感；或心理失衡，滋生失望情绪；就是那些在物质生活方面取得成功的人们，也由于竞争压力和人情隔膜而感到生活空虚无聊、苦闷乏味，以至于"端起碗来吃肉，搁下筷子骂娘"。

所有这些都说明，在当前，畅通宣泄渠道，让人们"放气"是十分必要的。

存亡继绝

春秋时期，周初分封了几百个诸侯国，到春秋时期只剩下 100 多个了，其

中比较大的只有齐、晋、楚、秦、鲁、卫、燕、宋、陈、蔡、郑、曹、吴、越等十几个国家，大国争霸成为春秋时期国家间关系的主要脉络。而周王室衰落，周天子名义上是各国共同的君主，实际上他的地位只相当一个中等国的诸侯。

齐国是周武王的功臣太公望的封国，本来是个大国，再加上它利用沿海的资源，生产比较发达，国力就比较强。齐桓公当上国君后，在管仲的帮助下整顿内政，开发富源，大开铁矿，多制农具，提高耕种技术，又大规模拿海水煮盐，鼓励老百姓入海捕鱼。离海比较远的诸侯国不得不依靠齐国供应食盐和海产，齐国就越来越富强了。

齐桓公见齐国在 5 年时间内就变得国强民富，雄心勃勃地对管仲说："现在咱们兵精粮足，是不是可以会合诸侯，共同订立个盟约呢？"

管仲说："咱们凭什么去会合诸侯呢？大家都是周天子下面的诸侯，谁能服谁呢？天子虽说失了势，毕竟是天子，比谁都大。如果主公能够奉天子的命令，会合诸侯，订立盟约，共同抵御蛮、夷、戎等部族对中原的侵害，到了那时候，主公就是自己不要做霸主，别人也得推举您。"

齐桓公说："你说得对，可是怎么着手呢？"

管仲说："办法倒有一个。如今南方的楚国、西方的秦国和晋国，都拥有强过我国的实力，可他们都没有能够称雄于世。这是什么道理呢？因为他们只知扩张疆土对周王室却不尊崇，更不懂得借用天子名义号令天下的好处。如今新天子周釐王才即位。主公可以派个使者向天子朝贺，顺便帮他出个主意，说宋国（都城在今商丘南）现在正发生内乱，新国君位子不稳，国内很不安定。请天子下命令，明确宣布宋国国君的地位。这样做，谁也不能反对。您用'尊王攘夷'相号召，拿到天子的命令，就可以用天子的命令来召集诸侯了，而且可以在诸侯中树立威望。"

齐桓公听了，连连点头。他依计行事，派使臣朝见周釐王胡齐。

原来，宋国大将南宫长万打死了原来的国君宋闵公，并立宋闵公的堂弟公子游为国君。宋闵公的弟弟公子御说逃亡国外，后来他联络国内各大族，把公子游杀死，赶走南宫长万，身任国君，这便是宋桓公。

使臣到了洛阳，受到了隆重的接待。原来，春秋时代，许多诸侯已经不把周王室放在眼里了。周釐王刚刚即位，看到齐国这样一个大国打发使臣来朝贺，自然打心里感激，痛快地下令请齐桓公去宣布宋君的君位。齐桓公得到天子的授权，便通知各国诸侯，本年三月初一在齐国的北杏（今山东东阿县北）大会诸侯，共同确认宋国君位。

会期临近，宋桓公早早就来了，对齐桓公发起这次会盟表示感谢。第二天，陈国、邾国、蔡国的诸侯也陆续到了，但是到了二月最后一天其他诸侯还没有来。

齐桓公对管仲说："诸侯没有来齐。改个日期吧！"

管仲说："第一次会合诸侯，怎能再改日期？'三人威众'，现在已经来了四国可以开会了。"

三月初一，大会按时举行。五国诸侯会面叙礼毕。齐桓公说："我奉了天子的命令。会盟各位，一起商量怎样扶助王室。今天这个大会，得先推选一位盟主来主持大事，请大家公议。"

这时，几位诸侯交头接耳议论开了，因为宋国以前还算有些实力，可现在连宋君的君位还要靠各国来确定。怎么能当盟主呢？正在为难，陈宣公起来说："天子把会合诸侯的使命交给了齐侯，齐侯为盟主是顺理成章的事，就由齐侯当盟主吧。"

各诸侯都表示赞同。齐桓公谦让一番，坐到盟主的位置上去了。他率领大家先向台上虚设的天王的座位行礼如仪，然后宣读了盟约。盟约上主要的是三条：一是尊重天子，扶助王室；二是抵御别的部落，不让他们进入中原；第三是帮助弱小的和有困难的诸侯。

各国诸侯对盟约的内容表示同意，歃血为誓。接着，管仲走上台来，对大家说："鲁、卫、郑、曹四国不听天子命令，不来参加大会，这是对天子的不忠，应该讨其不敬之罪。"齐桓公接着说："敝国力量不足。请各位多多帮忙。"

陈、蔡、邾三君齐声说："一定照办。"

只有宋桓公不太满意，他回到住地，对大夫戴叔皮说："齐侯仗着自己强大，全不把我放在眼里，刚刚当上盟主，便作威作福，这怎么得了！"

戴叔皮说："齐国若称雄天下，宋国先受其害。咱们这次只是为了确定您的君位而来，如今这个目标已经实现了，管他别国如何？咱们回去吧！"宋桓公听了，急忙收拾行李，连夜走了。

宋桓公不辞而别，惹得齐桓公大怒，要派兵去追，被管仲劝阻。

周釐王二年（前680年），齐桓公派使臣去周天子那里告状，说宋桓公不听号令，请天子出兵讨伐宋国。周釐王答应了齐桓公请求，齐军浩浩荡荡，开到了宋国边界。大夫宁戚对齐桓公说："主公奉天子的命令，讨伐宋国，最好是先礼后兵。您让我先去劝宋桓公认错求和，不是更好吗？"

齐桓公一心想让各国诸侯对他心悦诚服，便传令军队暂不进攻，让宁戚去见宋桓公。

宁戚见了宋桓公，宋桓公毫不理会。宁戚长叹一声说："宋国真危险啦！"

宋桓公说："你这话是什么意思？"

宁戚不答话，却问宋桓公："以您的看法，您和周公相比的话谁更贤明？"

宋桓公回答说："周公是圣人。我怎敢和圣人相比呐？"

宁戚说："周公在周朝最强盛的时候，尚且礼贤下士，曾经'一饭三吐哺'，您可是怎么做的呢？宋国这样混乱，国内接二连三发生杀国君的事情，您的君位并不牢靠。就算您像周公那样礼贤下士，恐怕也有人不愿意到您这儿来。常言说：'君子不履危国'，何况您还如此骄傲呢！宋国的处境还不危险？"

一番话说动了宋桓公，他忙说："我的见识浅薄，先生不要介意。"

宁戚说："如今王室衰落，诸侯互不相识，篡国杀君的事常常发生。齐侯看着天下这样混乱下去心中不忍，奉了王命，在北杏会盟诸侯，帮助您确定了您的君位，订立了盟约。不想字迹未干，您就暗地里跑掉了。您的眼里还有天子位置吗？现在天子派齐侯兴师问罪。您不服从天子的命令，现在又和天子的伐罪大军对抗，触犯了众怒在后，哪还用战场上兵戈相见，战争的胜负不是明摆着吗？"

宋桓公忙说："请先生教我个好办法。"

宁戚说："依我看，您不如准备些礼物，和齐国会盟，这样天子和盟主见您已知认错，仗就打不起来，宋国就没有忧虑了。"

宋桓公说："眼下齐国兵马已到，求和是不是晚了呀？"

宁戚安慰他说："齐侯一向心胸宽广，不会计较的。您看，鲁国没去开会，后来认错了，齐侯不但和鲁国订了盟约，连汶阳之田都退还了，何况上次会盟您还参加了呢！"

宋桓公忙派使臣，带着礼物到齐桓公那里去认错求和。齐桓公将宋国送来的礼物交给天子的使者，让他献给天子，并同意让宋国重新入盟。

周釐王三年（前 679 年），齐桓公再次约会没有去北杏会盟的卫国、郑国等，在部地（今山东范县西南）会盟。于是，齐桓公便成为春秋时期第一个霸主。

【智慧解读】

齐桓公通过存亡继绝的战略来称霸，是建立于当时的时代大背景之上的。

在当时，华夷之争是位处中原的华夏民族的一种基本政治生态环境，生活在四周地区的戎狄势力很大，经常骚扰王室，进犯中原。桓公除大力维护王室外，对遭到戎狄侵略的其他诸侯，亦以存亡继绝的仁爱精神，鼎力救援。公元前 663 年，山戎进攻燕国，桓公率兵前去救援，燕庄公送齐桓公入齐境，桓公说："非天子，诸侯相送不出境，吾不可以无理于燕。"于是分沟割燕君所至之齐地与燕，并要求燕庄公修复召公之政，重新向周天子纳贡。

后来狄人伐邢灭卫，齐桓公都不遗余力地前去救援，而且把两个已经被灭亡的小国都加以恢复，用"车百乘，卒千人"把邢国恢复在夷仪，而以"车500 乘，卒 5000 人"把卫国的遗民安排在楚丘，最终使人们因为他的功德而

"邢迁如归，卫国忘亡"。

正是齐桓公这种内诸夏外夷狄的态度，继绝存亡的仁爱精神以及躬身履行的伟大实践，保卫了中原地区发达的文化，增强了华夏族的凝聚力，意义是很大的。因而他也得以一次次的以霸主的身份会盟各诸侯国，假主命以号令中原，这是桓公霸业的具体表现形式。

齐桓公通过"存亡继绝"的举动，来获得诸侯国的认同并且尊重，最终成为春秋时期的第一位霸主，其中所反映的思路对于今天的领导者也是很有启示意义的。

举个例子来说，就像路旁的参天大树，行人见了必定会解衣去帽坐在它下面休息，挡挡烈日，挡挡风雨，像这样的大树，是没人会主动去拿把斧子把它砍倒。相反，它会受到很多人的欢迎，大树如果有朝一日死掉了，人们会对它流出真诚的眼泪。

大树并非人，也不懂得如何保护人们，它只是长在那里，人们来到它下面休息，在它的枝上挂东西，它都不加以拒绝，只是默默做自己该做的事，这其实就是一种牺牲精神。领导者应学习一下这种牺牲精神，按照这种途径建立自己的凝聚力和威严。

人们之所以愿意乘船渡水，是因为它能把人们载起来不沉下去。所以领导者要谨记时刻不忘保持一种愿意牺牲自我的精神，这样才能让大家有一种心甘情愿的归属感，而这种归属感便是凝聚力的基础。

如果一个领导者想要下属与自己同呼吸共命运，那么当他们达到这种要求时，一定不要忘记对他们为此所付出的劳动进行酬谢，无论它是以薪水、奖金还是红利的形式。

齐桓泄密

春秋时，齐桓公和管仲商议如何去攻打莒国，计划还未对外宣布，整个都城的人就都知道了。桓公很奇怪，说："攻打莒国计划还未定，整个国都就都知道了，什么原因？"

管仲说："国都中肯定有高人在此。"

桓公说："噢，我想起来了，白天那些服劳役的人当中，有个人经过我们面前时，不时地跷着脚向上看，那人难道是你说的那个高人？"

桓公于是下令，把干过的活重新返工，而且规定昨天来的人全都得到，不能有人代替。

过了一会儿，东郭牙到了，管仲说："肯定就是他。"

于是就让礼仪先生把他请上来，且让他站在只有官员才能站的位置上。管仲问："你就是那个散布要攻打莒国消息的人吗？"

东郭牙说："是的。"

管仲说："我并没有对外说要攻打莒国，你是怎么知道的？"

东郭牙说："我听说当官的遇事要善于谋划，而地位卑微的人会揣摩别人的意图。我自认为是这方面的高手。"

管仲说："我又没说要攻打莒国，你是依据什么来推断的？"

东郭牙说："我听说官员有三种表情：欢欣高兴的，是听到了好的消息；面容严肃、悲戚哀伤的，肯定是家有丧事；兴高采烈、手舞足蹈的，肯定是准备打仗的。昨天我看您在高台上商量事情时，兴高采烈，手舞足蹈，这是快要打仗时的表现，您嘴张着不合，是发'莒'音的口型；您举手直指的方向，正好是莒国的位置，我心里想，现在诸侯不服从齐国命令的，只有莒国了，所以我知道您是要攻打莒国。"

于是，齐桓公任命东郭牙为官。但是实际上，东郭牙之所以能够猜测出齐桓公的计划，其细密的观察和分析能力是一个方面，而齐桓公本人不善于保守自己的想法，则是另外一个重要原因。齐桓公不仅被东郭牙猜破计谋，而且也被自己后宫的卫姬和管仲从表情上看透他的心思。

齐桓公大会诸侯，实力平平的卫国最后才到。齐桓公与管仲谋划要讨伐卫

国。罢朝后，卫姬望见桓公远远走来，走到堂下一拜再拜，对齐桓公说："看在妾的面子，恳求大王放过卫国！"

桓公说："我对卫国没有特别的事要做，你为何求情？"

卫姬说："我听说国君一般来说会有三种表情：显然喜乐容貌殷乐者，钟鼓酒食之色；寂然清静意气沉抑者，丧祸之色；愤然充满手足矜动者，攻伐之色。今天，妾望见君进来的时候，走路的神态，趾高气扬的样子，就是有讨伐他国的心意。看见臣妾而神色不太一样，那就是要讨伐卫国了。所以我才请罪！"

桓公答应了她的要求。

第二天桓公临朝，拱手为礼而引进管仲。没等齐桓公开口，管仲走向前来，说："君放弃攻打卫国了吗？"

桓公心里一想："真是活见鬼了，怎么每个人都知道我心里的想法？"急忙问管仲："您怎么知道了呢？"

管仲叹了一口气说："君临朝拱手为礼的态度很谦恭，而话也慢慢地说，看见我则有些惭愧的样子，所以臣知道您的想法。"

桓公惊叹说："妙！"

于是，齐桓公立卫姬为夫人，拜管仲为仲父。语重心长地对众人说："好啊！仲父为我治外，夫人为我理内，我无论如何一定不会被诸侯取笑了。"

【智慧解读】

从齐桓公的角度来看，作为高层领导者，他心中酝酿的机密表现于形态中，并为他人所猜透，致使风声走漏，这虽然没有造成严重的结果，但实际上却是很危险的，因为它会导致计划的完全失败。实际上这一点与他后来被易牙等奸臣谄谀欺骗，有很大的关系。

越是高层的领导者，越要在临事之前保持镇静的头脑，不可忘乎所以。这一点他在谋划攻打莒国这件事上做得很不够，有损他自己作为一个国君的形象。

正所谓"天下无粹白之狐，而有粹白之裘，取之众白也。夫取于众，此三皇五帝所以立功名也。"任何组织的发展需要一群有才能的帅才和将才，同时也需要其他下属的支持。但是无论是将才还是普通的下属，都未必能够一心一意地理解和支持领导者的意愿。为了达到这一点，领导者却必须能够通过各种途径和方式，来达到既使用下属的才能，同时又使其不超出自己的控制。只有如此，才能使自己成为一个战略领导者，从而使企业不断扩大。

在中国的传统政治文化中，对于这方面有很多的论述，其中尤以法家的论述最为直接。韩非子认为，一国的国君必须将权术深藏在心中，把它当作驾驭臣子的必需技巧。其中最主要的权术之一就是虚静。所谓虚静，是指制定的法令一定要公开、易知易行，但是国君不轻易表露个人的好恶和主张，切忌喜怒形于色，因为表现自己的好恶，就等于暴露自己的弱点。这个弱点极可能被下属利用，并且成为人臣钳制国君的工具。因此统御臣僚的方法，则要深藏在心中，连最亲近的人都不可以泄露。

那么这种权术思想在现代有没有价值呢？答案是肯定的。因为在一个组织中，领导的决策行为一方面要力图消除不确定性，追求透明度，另一方面又要维护不确定性，保持不透明。也就是说，对那些需要与大家进行共享的信息，需要以透明和开放的姿态提供，以保证决策能够获得下属的支持。

同时，对于需要保密的信息严格保密，以保证自己决策的自由度因为在决策过程中，信息的效用有赖于其独享性，如果一个信息被充分共享的话，它的优势和效用就被"磨光"了。因此，领导者必须学会保密，机密对任何人都不应该谈及，即使是最亲密的情人和朋友。因为有些嘴上把门不严的人不仅对自己的下属不忠诚，对上司也不会忠诚，因此领导者必须学会守口如瓶。嘴上没贴封条的领导者，往往是组织中最为薄弱的环节。保守机密是一个人的重要品质，有些人却喜欢瞎说，以为在别人面前谈论机密，是显得自己有多么了不起和重要的方法。

因此我们说，虚静是道家的哲学，但是我们却可以积极入世的手段应用，作为领导者驾驭下属以及进行决策的方法，让别人无从揣度。而他却静默观察

一切，最后有一番大作为。在驾驭下属及进行决策时，领导者也绝不可轻易表露自己的成见和主张，而是用虚静无为的方式，深沉静默的观察下属的行为和隐情，最后综合所得，以雷厉风行的方式进行决断和执行。

四、处世篇

世之听者，多有所尤。多有所尤，则听必于悖矣。所以尤者多故，其要必因人所喜，与因人所恶。东面望者不见西墙，南乡视者不睹北方，意有所在也。

——《有始览·去尤》

夫人有所宥者，固以昼为昏，以白为黑，以尧为桀，宥之为败亦大矣。亡国之主，其皆甚有所宥邪？故凡人必别宥然后知，别宥则能全其天矣。

——《先识览·去宥》

唐尚羞为史官

赵国人唐尚勤奋好学，学问渊博，尤其精通历史。在其同龄人中有不少人都去做了史官，他的老朋友以为他也希望这样，便问唐尚："现在有许多人都已当上了史官，而您又精通历史，为什么还不去做史官呢？是不是没遇到机会？"

唐尚不屑地说："我并不是没有机会当上史官，而是因为感到羞耻才不去做！"

"不会吧，这只不过是先生的托辞而已！"老朋友不相信他的解释。

不久以后，魏国大军围困了赵国的都城邯郸。唐尚觉得时机到了，便去游说魏惠王，成功地解了邯郸之围。事后，赵王把伯阳邑封给了唐尚。唐尚的老朋友这才相信他是真的羞于做史官。

过了一些日子，老朋友又来见唐尚，向他请求道："我哥哥现在没有什么事做，请先生为他找个职位好吗？"

唐尚对这个老朋友有点厌烦，就挖苦他说："等卫国君主死了，我就让你哥哥去顶替他吧。"

"好，那就多谢先生了！"老朋友竟然信以为真，起身离席，退步再拜，以表谢意。这样一来，唐尚反倒哭笑不得，只能苦笑。

（《士容论·士容》）

【智慧解读】

唐尚的老朋友对可信的不相信，而对不可信的反倒相信，这正是蠢人的弊病。蠢人的弊病就在于固执自信，师心自用，这样就会闹出不少让人哭笑不得的笑话，严重的甚至能导致亡国。孔子所说的"四勿"（勿意，勿必，勿固，勿我）正是针对这种人而发的！

列精子高自知

列精子高是齐国的贤人，齐湣王请他出山当辅政大臣，并对他言听计从。由于列精子高成了齐湣王的宠臣，齐国上下都对他百般迎合，列精子高也很是得意，有些飘飘然了。

有一次，有人送给列精子高一套十分漂亮的衣帽：衣服是用熟绢做的，而帽子是白绢做的。列精子高很高兴，第二天一大早就穿戴起这套新衣帽，特意在堂下撩起衣服走来走去，还问自己的侍从："我的打扮怎么样？"

侍从们都异口同声地称赞道："先生您真是又英俊又潇洒！"

列精子高听到赞美十分高兴，于是就走到井边去照看。一看井中人的形象，他愣住了，这哪是什么英俊潇洒的样子，分明是一个丑陋的男人啊！

过了一会儿，列精子高望着自己在井水中映照出来的"光辉"形象，感慨万分地说道："侍从们因为齐王对我言听计从，就这样地不惜歪曲事实来迎合我！更何况是对于听信我的齐王呢？这些日子以来，我真是太糊涂了！"

于是，列精子高便辞官归隐了。

（《恃君览·达郁》）

【智慧解读】

大凡人都喜欢别人迎合称赞自己，特别是身居高位的人。他们对自己的优点长处都知道得很清楚，唯独不明白自己的缺点，位高权重的人尤其这样。连列精子高这样的贤人都会在别人的迎合下有些飘飘然了，好在井水照醒了他，使他意识到了自己的短处。人都喜欢镜子能照出自己的缺点，却厌恶别人指出自己的缺点，特别当他们身居高位的时候。如果这样下去的话，那他们距离危险也就不远了！

如此勇敢

张三和李四是齐国的两个勇士，他们都喜欢夸耀自己的勇敢，两个人的名气都很大，但互相都对对方不服。张三住在城东，李四住在城西。两个人一直都想找个机会证明自己比对方勇敢。

有一天，张三和李四在路上意外地相遇了。两个人都说："幸会，幸会，我们不如一起喝几杯吧！"

喝了几杯酒以后，张三说："我看还是去弄点肉下酒吧！"

李四笑着说："你身上有的是肉，我身上也有的是肉，又何必再去别的地方弄肉呢？在这里只要准备一点佐料就够了，怎么样？你害怕吗？' '

张三大怒道："哼，谁会害怕？来，动手吧！"

于是两个人拔出了刀，割下自己身上的肉对吃了起来，一直到死。

（《仲冬纪·当务》）

【智慧解读】

这两位齐国人确实"勇敢"，然而这种勇敢只是匹夫之勇，毫无意义可言，在他们自己看来，"丹心"是留下来了，却没有照到"汗青"。他们更没想到自己的勇敢成了反面教材，没有流芳千古，却成贻笑万年。勇敢的可贵之处在于它能伸张正义，为社会服务，为人类服务。如果勇敢而不合乎正义，那么就像人神志癫狂却又握着利剑一样。这样下去就会扰乱天下。所以，像张三和李四那样的人，不过是个莽汉而已，于己于人于国，毫无益处。

如此直躬

楚国有一个以直道立身的人。有一天，他的父亲偷了人家的羊，他知道后便向官府告发了这件事。

官府抓住他父亲后，决定处以死刑。但这个以直道立身的人又要求代父受刑，并得到了允许。

在将要行刑的时候，他对司法官说："见父亲偷羊而告发了他，这样的人难道不诚实吗？父亲受罚而代他受刑，这样的人不是很孝顺吗？今日连又诚实又孝顺的人都要杀掉，那么国家还会有不遭刑罚的人吗？"

司法官把他的话禀告了楚王，楚王觉得很有道理，也就赦免了他。

孔子听说此事后不由得摇头叹息："这个人的所谓诚实真是太怪了！利用父亲两次为自己捞取好名声！"

（《仲冬纪·当务》）

【智慧解读】

诚实的可贵之处就在于它遵循理义。如果诚实而不合乎理义，那就像人的精神迷乱却又骑着快马一样，这样的诚实是虚伪的，如果让其任意发展下去，就会贻害无穷。

《吕氏春秋》智慧通解

乐正子春忧虑伤身

　　儒家的大师乐正子春下堂时不小心伤了脚，休养了一段时间就好了。但是，他脚好了以后好几个月都不出门，脸上仍然有忧愁的神色。

乐正子

　　乐正子春的弟子们对此大为不解，便问老师："先生您下堂时伤了脚，脚好了却几个月都不出门，脸上依然有忧愁的颜色，请问您这是为什么？"

　　乐正子春说："你们问得很好！我曾经从先师曾子那里听说过这句话：'父母完好地把儿子生下来，儿子要完好地把身体归还给父母，因此不亏损自己的身子，不毁坏自己的形体，这就可以叫作孝顺了。'而这句话又是曾子从孔子那里听来的。所以君子的一举一动都不要忘记孝道，而我忘记了孝道，损伤了自己的身体，所以才会忧愁。"

（《孝行览·孝行》）

【智慧解读】

　　古语说："百善孝为先"，中国人一直强调以孝道作为人立身处世的根本原则，这是中华民族的传统美德。乐正子春对学生的教诲就是强调以孝道为本。行孝道的基本前提是奉养。奉养父母容易做到，而对父母恭敬就难一些；对父母恭敬是可以做到的，而使父母安宁又更难一些；使父母安宁也是可以做到的，而能始终如一又是难上加难了。父母死了以后，自己言行谨慎，不要给父母带来坏的名声，就可以叫作善始善终了。古人所谓的仁，就是以孝道为仁；所谓的礼，就是实行孝道；所谓的义，就是以孝道为宜；所谓的信，就是以孝道为信。所以说，欢乐自然会由于孝道而产生，而罪恶自然会由违背孝道而造成。

孙叔敖教子

楚国的相国孙叔敖为官清廉正直，一直到死也没有积聚下什么财产。

临终前，孙叔敖告诫自己的儿子说："大王多次要赐给我土地，我都没有接受。我死了以后，大王一定会赏赐给你土地，你这次可以接受下来。但是你要记住，一定不要肥沃富饶的土地！"

"为什么？难道要贫瘠的土地吗？"孙叔敖的儿子很不理解。

孙叔敖强打起精神说："这是为了你的长远利益而考虑的。楚国和越国之间有一个叫寝丘的地方，这个地方的土地贫瘠，而且地名也十分凶险。楚人怕鬼，而越人也迷信鬼神。所以，能够长期占有的封地，恐怕只有这个地方了。"

孙叔敖死后，楚王果然要把肥美的土地封给孙叔敖的儿子。但他的儿子谢绝了，请求赐给寝丘，楚王答应了。孙叔敖的后人一直居住在那儿，没有人和他们争夺地盘。

（《孟冬纪·异宝》）

【智慧解读】

孙叔敖的智慧在于他懂得不把世俗人心目中的利益看作利益，懂得把别人所厌恶的东西当作自己所喜欢的东西。这也是有道之人之所以不同于世俗的原因。

楚人遗弓

楚国有个猎人上山打猎，回来时发现弓丢了，但是他并不回去寻找。

同行的人催促他说："弓丢了多可惜，如果不早点回去找就会被别人拾

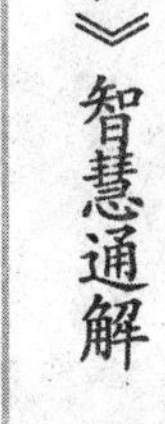

去了。"

那个猎人笑了笑，悠然地说："楚人丢了弓，反正会被楚人拾到，又何必去寻找呢？"

孔子听到了这件事后，说："他的话中去掉那个'楚'字就合适了！"

老子听到这件事和孔子的评论后摇头叹息道："孔子还是没有达到最高的境界啊！依我看，再去掉那个'人'字就好了！"

（《孟春纪·贵公》）

【智慧解读】

像老子这样的人，可以说是达到了公的最高境界了。天地是多么的伟大，养育人民却不把他们作为自己的子孙，成就万物却不占为已有，万物都承受他的恩泽，得到他的好处，然而却没有谁知道这些从哪里来。天下并不是某个人的天下，而是天下人的天下。万事万物都在同一片天地之中，在因果循环中不断更替，因而无法说清这是你的，那是我的。俗话说："人赤条条地来去无牵挂"，从天地至公的观点来看，确实如此。不管这个人在世时是轰轰烈烈，还是默默无闻，但他最后还是要回到自然的天地之中。现实生活中来去匆匆的人们，为了名利，不顾辛劳，不择手段，在短短的几十年中为名所累，为利所惑，有着无数的迷惑和茫然。如果从天地至公的角度来看，这样做又是何苦呢？

齐人相狗

齐国有一个人善于相狗，由他相出的良狗不计其数，许多人都慕名来求他相狗。

有一次，邻居对他说："我想买一条善于捕鼠的狗，这还得请先生您帮忙！"

"行，我会帮你找到的！"相狗者爽快地答应了。

而后，他整整花了一年的时间才找到一条合适的狗。他把狗交给邻居时啧啧不已地称赞道："这可是一条出色的狗啊！你可要好好地喂养它。"

他的邻居精心喂养了好几年，但狗却从来不捕鼠。邻居终于忍无可忍，就把情况告诉了相狗的人，责备道："先生您是不是看走了眼？"

相狗的人回答说："没有，绝对没错，这可是一条出色的狗啊！"

"出色？怎么连老鼠都抓不住呢？"

"它的志向在于猎取獐猪麋鹿，而不在于捕鼠。而你想让它捕鼠就得把它的后腿绊住。"

邻居回去后绊住了狗的后腿，狗这才开始捕鼠。

（《士容论·士容》）

【智慧解读】

骥骜的气质，鸿鹄的心志，能够使人们知晓，是因为这种气质和心志确实存在。那么，我们就不会让骥骜去赶马车，让鸿鹄在污池中苟活。俗话说：知人善任。因此，不知人，就无法让他很好地发挥才干，就如同故事中的邻居一样：要让狗捕鼠，只有绊住了狗的后腿，才会让狗屈尊干它不愿干的事。

子列子问射

子列子刚学习射箭不久，曾经射中了目标，于是就向关尹子请教射箭的道理。

关尹子问："你知道你射中目标的道理吗？"

子列子回答说："还不知道！"

"那么现在还不能与你谈论大道。你再去练习射箭吧！"关尹子不太高兴。

子列子回去后刻苦地练习了三年，又来向关尹子请教。

关尹子又问："你知道你射中目标的道理吗？"

子列子恭敬地回答："这次知道了！"

关尹子高兴地说："这就可以了，你一定要奉守它而不要失掉！"

（《季秋纪·审己》）

【智慧解读】

大凡事物之所以会这样，一定是有原因的。如果不知道它的原因，即使行为符合外物的变化，也和不知道一样，最终必定会为外物所困。古代的圣贤，例如关尹子、子列子，之所以会超过平庸之辈，在于他们肯探究事物之所以会这样的原因。

连环结不可解

有个鲁国边鄙地区的人送给宋元王一个连环结，宋元王玩了很久都没解开，于是传令国内，让灵巧的人都来解连环结。但是一直没有人能解开。

儿说的学生闻讯后请求去解绳结，结果只能解开其中的一环，不能解开另一个，他想了想，说："不是我不能解开，这个绳结本来就不能解开。"

宋元王派人向那个送连环结的人询问一下，那个人回答说："确实如此，这个绳结本来就不能解开。这个连环结是我亲手打的，所以知道它无法解开。现在这个人没有亲手打这连环结，却知道它不能解开，这就是比我巧啊！"

（《审分览·君守》）

【智慧解读】

能以不变应万变，没有方法却能做成事情的，只有有道之士才能这样。所以像儿说的学生，是用"不能解开"的回答解决了绳结的问题。郑国的太师文弹了一整天的瑟，而后站起来，在瑟前拜了两拜，说："我学习你，学习你的音律变化无穷。"像太师文这样的人，先让自己的心如兽类一样冥然无知，然后才能掌握弹瑟的规律。所以说，得道之人一定平静，平静的人什么都不知道。知道就像不知道一样，这样就可以与之谈论大道了。

黎丘奇鬼

梁国北部有个黎丘乡，那里有个奇鬼，善于模仿各种人的样子。

乡中有个老者到镇上赶集，喝醉了酒往回走。黎丘奇鬼模仿他儿子的样子，搀扶着他回家，在路上苦苦地折磨了他。

老者回到家里，酒醒以后责问他的儿子："我作为你的父亲，难道能说不慈爱吗？今天我喝醉了酒，你却在路上苦苦地折磨我，这是为什么呢？"

他的儿子一听父亲的责备，莫名其妙，哭着以头碰地说："您肯定是遇着了鬼怪！我根本没有做这事啊！今天我去东乡讨债，刚刚才回来，这您可以去问邻居张三，我是和他一起去的。"

老者一问邻居张三，果真如此。他叹了口气说："哎，这一定是那个奇鬼在作怪！我原来听人说起过他，没想到今天让我碰到了。哼，下次我要给他点颜色看看……"

第二天，老者又特意跑到镇上喝酒，希望能再次碰到奇鬼，把他杀死。他天刚亮的时候就去了镇上，又喝得酩酊大醉。

他的儿子怕父亲回不了家，就跑到镇上去接。老者一看见儿子来了，拔刀就砍，结果杀死了自己的儿子。

（《慎行论·疑似》）

【智慧解读】

老者最后之所以会杀死自己的儿子，是因为他的思想被像他儿子的奇鬼所迷惑。让人感到迷惑的，一定是相似的事物。玉工所忧虑的是像玉一样的石头；相剑的人所忧虑的是像吴干一样的剑；聪明的领导者所忧虑的是见闻广博、能

言善辩、好像是通达事理的人。亡国之君好像很聪明，亡国之臣好像很忠诚。所以对于令人疑惑的相似现象，不可不审察清楚，否则就会造成严重的后果。

子弓爱子

鲁国人子弓有个儿子，生得十分丑陋，见过他的人都认为世界上再也没有比他更丑陋的人了。子弓对此十分恼火，因此每当听到别人说某某人英俊漂亮时就很不高兴。

有一天，子弓听到有人说商咄是天下难得的美男子，心里很不高兴，暗想："哼，我倒要看看商咄到底有多漂亮！"

于是，子弓找一个机会拜会了商咄。与商咄谈话时子弓不停地打量商咄，从各方面与自己的儿子做了比较。

回到家里以后，子弓对他的朋友说："嗨，我今天见到了商咄，他真是徒有虚名，我觉得他还不如我儿子漂亮！"

"啊?!"朋友们听了无不愕然。

（《有始览·去尤》）

【智慧解读】

子弓的儿子是极为丑陋的，而商咄是极其漂亮的，但子弓却认为极其漂亮的不如极为丑陋的，这是被自己的偏爱所局限。《庄子·达生》说：用纺锤作赌注的人内心坦然，用衣带钩作赌注的人心里发慌，用黄金作赌注的人会感到迷惑。他们的赌技是一样的，之所以会感到迷惑，必定是因为对外物有所看重。对外物有所看重，就会对它亲近，因而内心也就不会安详，看问题就会失之偏颇。

高阳应建房

宋国人高阳应打算在春天建一栋新房子。于是他找来木匠商量。

木匠问："先生您是打算在夏天建呢，还是在秋天？"

高阳应说："我想现在就动手建，争取这个月完工。"

木匠摇摇头说："现在还不行！春天的雨水多，木料还很潮湿。如果木料上再加上泥的话，木料一定会被压弯的。用湿木料盖房子，建成后虽然一时不倒，但以后一定会倒塌的。"

高阳应胸有成竹地笑着说："这个我早就考虑过了。相反，照你所说，房子恰恰不会倒塌。因为木料越干就会越加结实有力，泥土越干也会越轻，用越来越结实的东西承担越来越轻的东西，肯定不会倒塌的！"

"这个……"木匠有些犯难了。

"这是我出钱，你干活，出了问题不用你负责。"高阳应有点不高兴了。

木匠无言以对，只好奉命行事。房子刚建成时很好，高阳应也很是高兴了一阵子。但好景不长，不久房子果然如木匠所说的那样倒塌了。

（《似顺论·别类》）

【智慧解读】

知道自己有所不知，可以算得上高明了。而犯错误的人的弊病，大多在于不知道自己有所不知，却又自以为知。很多事物都是好像如此，其实并不是如此，很多人也是似乎很聪明，其实并不聪明。高阳应就是这样的人。小的方形和大的方形是同类的，小马和大马是同类的，但小聪明和大聪明却并不是同类！

澄子寻衣

宋国人澄子外出办事，回来后发现自己身上穿的黑色纺丝外套不见了。"这

可是我最好的衣服啊！"澄子一下子着急起来了，急忙跑到大路上寻找。

澄子突然眼睛一亮，对面走来了一位穿着黑色衣服的妇女。他马上上前抓住那位妇女不放，要脱掉她的衣服。

那位妇女吓坏了，马上叫着："来人啊！非礼啊！"

"我不是想非礼你！"澄子急忙解释，但仍不放开她，"今天我丢了一件黑色的衣服。"

"哦！"妇女这才松了口气，"您虽然丢了黑色的衣服，但是这件衣服确实是我自己做的！"

那位妇女满以为澄子会放过她，谁知澄子摸了摸那件衣服，振振有词地说："我看你不如把衣服给我吧！刚才我丢的是纺丝的黑衣服，而现在你的衣服只是单面的黑衣服。而单面的黑衣服抵偿纺丝的黑衣服，你难道还不占便宜吗？"

"啊？"妇女和围观的人都愕然了。

（《审应览·淫辞》）

【智慧解读】

没有语言就无法交往，但只听信语言就会发生混乱。语言中又有语言，这就是思想。凡是说话，都是为了表达思想，语言是思想的外在表现。如果说的话与意思相违背，那么这就是凶险的了。澄子的本意是寻找丢失的黑衣服，但他说的话并没有符合其本意，反而成了乖戾事理的诡辩。这样的语言也就成了胡搅蛮缠了。

有用与无用

庄子带着几位弟子去山里看望一位老朋友。走到山里，远远地就望见前面路旁有一棵参天大树，枝叶十分茂盛。

庄子的学生都赞叹道："真是一棵好树啊！砍下来不知要做多少件家具！"

等到庄子一行人走近大树时，却发现有一群人正在伐树，但谁也不去理那棵参天大树。

大家觉得很奇怪，便问伐树的人："这棵树这么高大，你们怎么不去砍它呢？"

伐树人回答说："你们别看它那么高大，其实它的木质疏松，根本没有什么用处。所以我们懒得去砍。"

庄子听了以后说："这棵树因为不成材才得以终其天年啊！"

过了一会儿，庄子一行人就来到了老朋友的家里。老朋友很高兴，准备酒肉款待庄子师徒，还让童仆杀鹅。

童仆出去后又回来了，问："一只鹅能叫，而另一只不会叫，请问杀哪一只？"

主人说："杀那只不会叫的。"

主人的热情款待使庄子和学生度过了欢乐的一天。

第二天，庄子向朋友告辞回家。走到半路上，有个学生突然问庄子："昨天山里的树因为不成材而得以终其天年，但主人的鹅却因为不成材而被杀死。请问先生您将在成材和不成材这两者之间处于哪一边呢？"

庄子笑着说："我将处于成材与不成材之间。不过，在成材与不成材之间，似乎是合适的位置，其实不然，所以也不能免于祸害。"

"那该怎么办呢？"

"如果达到了道的境界，就不会这样了。既没有惊讶，也没有毁辱，时而为龙，时而为蛇，随着时势一起变化，而不肯专为一物。时而上、时而下，以顺应自然为准则，遨游于虚无之境，主宰外物而不为外物所主宰，那又怎么可能遭受祸害呢？这就是古代的神农、黄帝所奉行的处世法则。至于万物之情，人伦相传之道，又和这不一样了。比如，成功了就会毁坏，强大了就会衰微，锋利了就会缺损，尊崇了就会亏损，直了就会弯曲，聚合了就会离散，受到宠爱就会被废异，智谋多就会遭到算计，不贤德就会受到欺侮。那么这些东西又怎

么可以依靠呢？"

（《孝行览·必己》）

【智慧解读】

庄子的智慧就在于要人们认识到"外物不可必""君子必在己者"的道理。所谓"外物不可必"，是指外在的事物没有定则，千变万化，同一行为或事物，在不同的外部条件下会引导出不同的结果。而所谓的"必己"，即是要执守和依赖自身的修养，具体说来就是顺应自然，虚己待物。庄子之言可谓是一种成熟的处世之道。

特别提示：

本书在编写过程中，参阅和使用了一些报刊、著述和图片。由于联系上的困难，和部分作品的作者（或译者）未能取得联系，对此谨致深深的歉意。敬请原作者（或译者）见到本书后，及时与本书编者联系，以便我们按照国家有关规定支付稿酬并赠送样书。

联系电话：010-80776121　　联系人：马老师

《吕氏春秋》智慧通解